U0518613

应用型大学研究生教育的创新与实践
（第2辑）

姜鹏飞　　闫　晔　主编

知识产权出版社

全国百佳图书出版单位

—北 京—

图书在版编目（CIP）数据

应用型大学研究生教育的创新与实践. 第2辑/姜鹏飞，闫晔主编. —北京：知识产权出版社，2021.8

ISBN 978 - 7 - 5130 - 7274 - 8

Ⅰ.①应… Ⅱ.①姜… ②闫… Ⅲ.①研究生教育—研究 Ⅳ.①G643

中国版本图书馆 CIP 数据核字（2021）第 100574 号

内容提要

面对国内外发展新形势，应用型大学各学科研究生针对学界关注的问题进行创新研究，涉及历史、法律、艺术、大数据、旅游管理、教育教学等诸多方面，体现了应用型大学研究生的研究创新能力，也体现了应用型大学辐射全国、放眼世界，着力培养适应国民经济和社会发展需要的高素质应用型人才的定位目标。

策划编辑：蔡　虹

责任编辑：栾晓航　　　　　　　　　责任校对：潘凤越

封面设计：臧　磊　　　　　　　　　责任印制：孙婷婷

应用型大学研究生教育的创新与实践（第2辑）
姜鹏飞　闫　晔　主编

出版发行：知识产权出版社有限责任公司	网　　址：http://www.ipph.cn
社　　址：北京市海淀区气象路50号院	邮　　编：100081
责编电话：010 - 82000860 转 8324	责编邮箱：caihong@cnipr.com
发行电话：010 - 82000860 转 8101/8102	发行传真：010 - 82000893/82005070/82000270
印　　刷：北京九州迅驰传媒文化有限公司	经　　销：各大网上书店、新华书店及相关专业书店
开　　本：710mm×1000mm　1/16	印　　张：29.5
版　　次：2021 年 8 月第 1 版	印　　次：2021 年 8 月第 1 次印刷
字　　数：520 千字	定　　价：148.00 元

ISBN 978 - 7 - 5130 - 7274 - 8

出版权专有　侵权必究

如有印装质量问题，本社负责调换。

目　录

文化线路视野下京西古道价值及保护研究*

余　煌　杜姗姗　陈京雷**

摘　要　将经济、军事、宗教融为一体的京西古道，在长达两千多年的历史积淀下形成了独具特色的遗产资源与遗产环境。伴随着时代的发展，京西古道的角色和功能发生转变，而对遗产价值的判断是遗产保护和开发利用的基础和依据。从文化线路视角出发，重新阐明京西古道价值，指出构建新时代京西古道文化线路是实现其整体性保护与活化利用的有效途径。

一、引　言

京西古道区域因其独特的自然地理特征和战略位置，成为北京大西山地区在历史时期形成的连接北京与山西、内蒙古高原，实现北京老城与京西山区的内外交通、人员物资往来且具有线性文化遗产性质的古老道路，承担内外运输、商品交换、信仰传播和军事防御的作用。不同功能的京西古道在北京与山西高原、内蒙古高原的交流大舞台上扮演着不同的精彩角色。京西古道按照功能可分为古商道、古香道、古军道，三种不同功用的线路之间相互交错，互通有无。除了线路本体，能够佐证这条文化线路功能特征的物质和非物质文化遗产都十分充分、饱满。群峰之间，不仅有茂林修竹、古刹灵泉，更有人类繁衍生息而形成的聚落村庄，它们如遗珠缀玉散落在京西古道沿线。商旅通行、庙会祈福，以及数不清的传奇故事和诗词意象散落在京西古道两侧。

---

　* 基金项目：北京学研究基地开放课题项目（编号 BJXJD - KT2020 - YB06）；北京联合大学校级科研项目（编号 SK120202001）资助；"北京学高精尖学科学生创新项目成果"。

　** 余煌，应用文理学院地理学专业硕士研究生；杜姗姗，应用文理学院副教授。

如今京西古道的道路系统已经不如清代一般完整，京西古道随着社会经济的发展也逐渐沉寂。城市道路的修建使京西古道的道路格局已不再完整，京西古道未来的发展面临严峻的挑战。

纵观国际文化遗产保护的发展历程，有关遗产保护的宣言、宪章层出不穷，遗产整体性保护逐步受到国际学界的认同和重视，在世界遗产保护领域，区域遗产整体性保护成为学术研究的热点。"文化线路"作为遗产保护领域的前沿概念，强调区域遗产的整体性保护与价值认识。文化线路理念为重新认识京西古道价值提供了特定的视角。在新时代大发展大变革的形势下，重新认识京西古道的价值和功能，将决定这条线路遗产实现整体性保护与活化利用的方法。本文从理论和实践两个层面入手，论述了京西古道的新价值，以及京西古道的时代价值和潜在功能，为京西古道保护提供了战略依据。希望促进北京西部山区的文化内涵挖掘和遗产旅游开发，提升北京西部山区的整体遗产价值，并引起对其他潜在文化线路的重视，助力古道文化遗产资源的有效利用。

二、京西古道的历史演变

京西古道主体位于北京市门头沟区，由23条分支道路构成。作为古代人类天然移动的廊道，京西古道的道路交通功能在历史进程中逐渐被开发，路线也逐渐随着社会的发展及历代统治者需求的扩展而逐渐繁复。随着朝代更迭，人口增长，京西古道所在区域及其周边逐渐得以发展，道路作为人类社会活动的基础要素，商贸、交流、战争等各种活动都依托其进行。

不同的文化群体在京西古道沿线通过开展煤炭、石材、木材交易，进行佛教、道教等宗教活动而引发的人类流动导致了商贸来往、建筑营造、精神信仰、生产生活习俗等多方面的互动和影响。从战国时期西山军道的修建到辽金元时期运输建材、燃料、货品的商道开通，直至民国时期，京西古道前期仍主要作为商旅、运煤的道路使用，然而京西古道随着公路、铁路的修建而逐渐式微，部分古道被逐渐废弃，民国后期抗日战争开始，遍布门头沟境内的古道再次被充分利用以抗击日本侵略。中华人民共和国成立后，随着公路的修建与开通，京西古道基本交通功能被逐渐替代，古道日渐式微。

三、京西古道价值认识的背景

随着时代变迁，社会发展不断进步，京西古道的角色、功能、地位逐渐演变，京西古道遗产价值的判断会对其保护与利用产生根本性影响，而文化线路恰好为实现价值判断提供了有效途径。

（一）京西古道价值认识的必要性

遗产价值的认知程度与遗产保护的有效程度成正比，对遗产价值认识越全面、越深刻，遗产保护工作越是能够行之有效，价值观在某种程度上决定了保护观。

现代交通运输方式的发展使京西古道不再具有以往的商贸往来、军事防御等功能，历史线路较为破碎、部分道路完全废弃，其地位与角色发生转变。只有重新分析京西古道在现代社会对于民众的意义和其与民众之间的情感联系，剖析京西古道在新时代的地位与功能转变，对京西古道价值做出科学判断，才能实现京西古道区域遗产整体性保护与活化利用。

（二）京西古道作为文化线路的必要性

在遗产保护方面，保护力度不够和基础设施不完善导致京西古道区域遗产受到威胁。目前，京西古道文化遗产存在线路功能的缺失、线路实体的破碎化等问题，公路在带动门头沟区域空间发展上逐渐替代了京西古道，古道的通行基本功能日渐式微。同时地方政府的文化遗产的保护、利用工作侧重于对物质文化遗产单体的保护性开发，京西古道在新时代尚未得到整体性保护。作为京西重要历史文脉，当前对京西古道的传承发展问题不被重视，古道的价值挖掘仍有不足；作为线性文化遗产，并未得到充分保护。京西古道区域遗产的保护问题，亟待解决。

在遗产利用方面，京西古道及其沿线景观资源一直处于自发进行的低水平旅游开发状态，又面临其他旅游景区的强大竞争压力，一直处于不温不火的状态，对门头沟区经济贡献有限。此外，京西古道沿线村落各自为政，村落特色不突出，同质化竞争严重，使其对游客吸引力不足，亟待进行区域整合。目前，传统村落旅游辐射带动能力不足，面临游客只停不留、餐饮行业尚待提升、旅游特色产品缺乏等问题。

四、文化线路视野下京西古道价值认识

（一）资源整合价值

京西古道是北京大西山地区、永定河中下游流域地区在历史时期中因物质交换和文化交流而形成的、具有线性文化遗产性质的古老道路。京西古道作为西山永定河文化带的重要组成部分，其沿途分布的大量文化遗产资源，

均担负着古道重要节点和西山地域文化空间载体的重要职能，京西古道文化线路为整合这些具有共同地域文化特色的文化遗产资源提供了有效方式。京西古道文化线路可以搭建起一个以京西历史文化交流为线索，辐射京西地域的遗产保护层次体系。

（二）文化教育价值

京西古道区域文化遗产类型丰富，级别高，多元文化沿古道交流与传播；地域特色浓，依托古道而形成了众多特色民俗节庆活动，同时流传下来的富于内涵的人文历史典故，让京西古道更具特色和魅力，也为古道教育功能的实现提供了依据。其教育价值为：第一，调动人民群众对区域遗产保护与传承的积极性，充分发挥京西古道文化线路的整合效用，强化西山民众的遗产保护意识，培养公众对遗产的情感与认识能力；第二，教育民众增强地方文化自信和强化地方认同感。京西古道区域遗产是传承京西人民在不同历史时期经济、政治、文化领域的交往活动中产生的精神内涵的重要载体，凝结着地域的历史记忆、共同情感、经验智慧，激发了强烈的爱国热情和地方认同感，推进了京西人民精神文化建设。

（三）休闲游憩价值

京西古道区域游憩资源类型多样，文化底蕴深厚，且地处大城市近郊，需求旺盛，可作为北京城市居民游憩空间的重要载体进行开发，打造辐射京津冀的休闲活动与文化体验双重并举的战略性休闲廊道。京西古道区域在进行遗产保护和文化传承的同时，可通过发展京西古道文化线路旅游业，招商引资，带动相关行业实现绿色发展，振兴区域经济，以积极推动京西古道区域遗产整体保护与活化利用互动共赢。

（四）生态涵养价值

京西古道文化遗产所覆盖地域是北京西部的重要生态涵养区，其生态环境较为脆弱且环境承载力有限。京西古道遗产空间分布紧靠北京西部永定河河谷廊道，说明京西古道与所在自然地貌关系密切。以灵山风景区、百花山风景区为代表的自然遗产环境是实现区域遗产整体性保护与活化利用的关键元素，是文化遗产的留存环境。京西古道区域遗产环境保护与古道沿线的生态环境保护相辅相成。此外，基于京西古道开展生态文明建设，进行生态文化宣传教育活动也是京西古道文化线路功能的补充完善。结合图底理论，目前应促进京西古道区域文化遗产本体与周边环境相互协调，从而实现文化遗产的永久保存与遗产环境的可持续发展。

（五）区域合作价值

京西古道将经济、军事、宗教融为一体，在长达两千多年的历史积淀下形成了独具特色的遗产资源与遗产环境。京西古道的遗产内容构成再现当年北京与华北平原、内蒙古高原不同文化群体间交流的过程。如今，在区域协调发展战略的大背景下，历史上京西古道的銮铃军号、驼队马帮虽逐渐消失，但现代繁荣复杂的经济联系与多元文化相互交融依旧发生在京西古道区域，潜移默化地对沿线人民的生产生活产生着影响。因此，京西古道作为文化线路为北京与其西部临近地区构建了区域协调合作的通道。

五、基于京西古道价值认识基础上的传承发展

文化线路专门针对跨区域、综合性的线性遗产资源提出整体保护和具体保护的战略措施，对京西古道文化遗产整体保护利用具有极强的指导意义。建构京西古道文化线路是保护京西区域遗产、促进遗产活化利用、彰显古道新价值的不二之选，是推进北京市西山永定河文化带建设的重大战略举措。

为了建构京西古道文化线路，实现区域遗产的整体保护与开发，实现可持续发展，可以从以下几个方面着手：

第一，编制京西古道区域遗产整体保护与开发规划，通过空间分析和地理信息技术对区域遗产进行空间识别和按类型划分，结合地域特色和遗产资源禀赋明确发展定位和合理布局，对区域遗产范围内的各要素遗产采用统一规制进行保护和利用；

第二，积极开展京西古道文化遗产的宣传教育，普及线性文化遗产知识、遗产保护的知识和理念；

第三，通过融媒体手段对人民群众进行遗产保护理念的普及教育，培养全民保护京西古道区域遗产的意识，提高公众参与广泛度，确保京西古道区域遗产的物质和精神财富能够集体传承、延续下去；

第四，将线性文化遗产的学术研究工作与遗产保护立法工作相结合，从法律层面展开有效保护，可尝试建立《京西古道文化线路保护法（条例）》，依据法律法规开展遗产保护与活化利用工作；

第五，建立直属于全国文化中心建设领导小组的京西古道文化遗产管理委员会，直接管理京西古道沿线的遗产资源，指导文化遗产地开展工作，统筹协调、宏观指导有关遗产资源整合与保护的全局性、复杂性问题。

六、结　语

京西古道在历史长河中有着辉煌的履历，在新时代的社会发展进程中也必将发挥其独特的功用。新版《北京城市总体规划（2016 年—2035 年）》明确提出要整理京西古道打造文化线路，表明京西古道获得了政府部门的高度重视。全面认识古道多层面价值构成的内涵能够确保京西古道区域遗产的完整性和原真性。文化线路理念和方法有助于促进京西古道多样价值的深入理解和保护方法的全面适用，是充分活化京西古道新价值的关键环节。只有从文化线路视角充分认识京西古道的价值，才能实现京西古道区域遗产的整体性保护与活化利用，使其在全国文化中心建设中再接再厉，更创辉煌。

参考文献

[1] 王慧．中国世界遗产地保护与旅游需求关系 [J]．旅游纵览（下半月），2020（1）：186 – 187.

[2] 王建波，阮仪三．作为遗产类型的文化线路——《文化线路宪章》解读 [J]．城市规划学刊，2009（4）：86 – 92.

[3] 何帅．数字化视角下东莞千角灯文化内涵与价值 [J]．文化学刊，2018（10）：21 – 23.

[4] 侯晓乐．乡村旅游开发中历史文化遗产保护的探究 [J]．旅游纵览（下半月），2019（7）：179 – 180.

[5] 杨晓．博物馆视野中的滇越铁路遗产保护——以云南铁路博物馆为例 [J]．自然与文化遗产研究，2019，4（7）：43 – 47.

[6] 杜煌，张静．工艺类非物质文化遗产企业品牌发展现状及策略研究 [J]．北京印刷学院学报，2020，28（4）：25 – 28.

[7] 董琪珺．基于非物质文化遗产活化的安徽传统村落保护与更新研究 [J]．北京印刷学院学报，2020，28（8）：83 – 86.

[8] 王丽萍．文化线路与滇藏茶马古道文化遗产的整体保护 [J]．西南民族大学学报（人文社科版），2010，31（7）：26 – 29.

[9] 冷荣亮．数字媒体艺术在文化遗产数字化展示中的创新探究——以滁州地方文化遗产传承为例 [J]．北京印刷学院学报，2018，26（4）：35 – 37.

[10] 陈雷音，陈洋平，陆峰．工业遗产园区的导视系统设计研究——兼谈南京 1865 创意产业园现状及改进 [J]．北京印刷学院学报，2020，28（6）：37 – 40.

高铁站区地表温度时空演变及影响因素研究

陈子轩*

摘　要　高速铁路对城市及高铁站区的土地利用产生影响，进而导致相应热环境的改变，地表温度过高有可能对高铁站区的居民生活产生负面影响。利用单窗算法对北京等5个城市高铁站区2008年、2017年的地表温度进行反演，并分析了其空间格局和热岛效应的演变，并且通过下垫面、多种功能的场所和高铁相关指标对高铁站区的地表温度进行分析，结果发现高铁的虹吸效应使得城市和高铁站区的地表温度变化趋势不同，高铁开通不一定提升站区的地表温度，最后餐饮、就业、娱乐场所对于促进站区地表温度具有显著性作用，研究结果可为城市热环境相关规划提供建议。

一、引　言

地表温度（LST）是城市生态环境的重要部分，地表温度的高低对居民日常户外通勤、休憩、交往等活动具有较为重要的影响。城市的土地利用不断经历着改变，随着大规模的土地开发后建筑用地替代了原有的自然地表，从而增加了城市地表的长波辐射、土壤热容量和热传导性，造成地表温度升高。地表温度升高会影响到城市大气环境与生态格局，如城市热岛效应，它是指城市与郊区的温度差异，城市温度比郊区温度高得越多，热岛效应越显著。

目前，国内外已经对城市地表温度格局及其影响因素做了较为深入的研究，楼阁等以哈尔滨城市扩张为背景，探讨了地表温度格局的时空间响应，

---

*　陈子轩，应用文理学院地理学专业硕士研究生。

并且探讨了 NDBI 对地表温度的影响；孙明等也发现快速城镇化会带来区域地表温度提升，同时研究了 MNDWI、IBI 等水体、建筑、植被等相关指数对地表温度的影响；魏雪梅等也发现了植被的显著性抑制作用，即使不透水面的面积有所扩张；张宇等发现地表的湿度会对该区域及邻近区域的温度产生抑制作用；胡光庭等探讨了城市内部绿地的景观格局、植被覆盖度对地表温度的影响；沈中健等将下垫面细化，分为建筑体积、建筑平均高度、建筑密度，发现建筑密度对城市城乡温度差有促进作用，而其他建筑相关的空间特征与城乡温度差异的关系不明显；杨敏等结合工业区、大型商业中心等历史时期地图数据分析北京市地表温度及热岛效应的时空演变机理。纵观已有研究，城市扩张等引起的土地利用向城市用地改变导致地表温度上升是主要思路，选取的解释变量已经深入微观的景观格局，包括绿地空间、建筑空间形态等。然而研究区域尺度比较大，多为城市或区县，城市内部的地理现象异质性通常较为明显，因此应该深入研究更为小尺度的地表温度演变及其成因。

高铁促进了相隔较远的地区之间的人口流动与区域间联系，从而带来了大规模的城市开发，以适应人口大规模的流动带来的经济发展机遇，其中高铁站区是土地利用改变最为显著的区域，因此带来了站区热环境的改变，地表温度是直接反映。姜博等提出高铁对周边的土地利用影响最远到 1.5km，考虑到高铁站的半径，将高铁站区定为高铁站点 2km 的缓冲区，如果地表温度不断上升，城乡间的温度差距不断加大，站区的热岛效应加剧可能对站区内的生活环境产生负面影响。本研究首先利用单窗算法反演出 2008 年、2017 年的地表温度，并且叠合高铁站区对比其温度变化，最后寻找下垫面、城市设施、高铁作用等要素解释高铁站区地表温度的影响机理。

二、研究区域

京广高铁北京至武汉段于 2012 年开通，本研究仅选取北京和河北 5 个地级高铁站（北京西站、保定东站、石家庄站、邢台东站、邯郸东站），原因是它们一般距离中心城区较近，土地利用变化更为剧烈，因而地表温度的变化更容易对比。

三、数据来源与方法

（一）数据来源

由于保定东站、邢台东站、邯郸东站为新建车站，于 2008 年 10 月开始建设，因此 2008 年的影像成为研究高铁开通前的数据，为了保证数据质量尽可能高，采集的数据不集中于盛夏，均来源于 Landsat TM5；2017 年与 2012 年相差 5 年，对于土地开发活动的环境影响观测比较有利，数据来源于 Landsat 8，时间为七八月份。在进行地表温度反演之前，经过影像裁剪、辐射定标、大气校正等处理，数据的云量都很低，云层的影响可以忽略。

（二）研究方法

1. 地表比辐射率计算

地表比辐射率是后续地表温度反演的重要基础。选取由覃志豪等提出的地表比辐射率估算方法，估算自然表面混合像元尺度上的地表比辐射率。

2. 单窗算法

地表温度除了受到通过大气层的太阳辐射的影响以外，还与地物自身辐射出的能量和反射出的能量有关，单窗算法由覃志豪等提出，它对传统的辐射方程加以改进，并且经验证明有较高的精度，USGS 指出热红外 B11 波段存在定标不稳定性，所以在反演 2017 年的数据时将原始算法中所用的 Landsat TM/ETM + 的 B6 波段改进为 Landsat 8 影像的 B10 波段：

对于 Landsat TM5：

$$T = [a \times (1 - C - D) + (b \times (1 - C - D) + C + D) \times T_6 - D \times T_a] / C \quad (1)$$

对于 Landsat8 OLI：

$$T = [a \times (1 - C - D) + (b \times (1 - C - D) + C + D) \times T_6 - D \times T_a] / C \quad (2)$$

$$C = e \times t, \ D = (1 - t) \times [1 + (1 - t) \times t] \quad (3)$$

式中，T 为求得的地表温度（K），$a = -67.35535$，$b = 0.458606$，其中 $C = e \times t$，$D = (1 - t) \times [1 + (1 - t) \times t]$，$e$ 为前面求得的地表比反射率，t 为大气透射率。T_6 是卫星高度上传感器所探测的像元亮温度（K）。T_a 为大气平均作用温度（K），其与近地表温度 T_0（K）的关系参见文献 [14]。

3. 建筑用地提取

根据前人研究发现，城市建筑用地对于地表温度的影响比较显著，徐涵秋等用基于规则的谱间差异和逻辑判别的建筑用地指数（IBI）提取建筑用地信息，获得了较高的提取精度，本研究用该方法进行提取。

4. 地表温度等级划分

采用密度分割法对地表温度进行分级，可以减小成像时间差异带来的误差。首先是对反演得到的地表温度进行归一化处理，统一到 0 ~ 1，随后按照表 1 的方法进行划分。

表1　密度分割依据

地表温度等级	温度范围
极低温区	$T_i < T_m - 1.5T_n$
次低温区	$T_m - 1.5T_n < T_i < T_m - 0.5T_n$
中温区	$T_m - 0.5T_n < T_i < T_m + 0.5T_n$
次高温区	$T_m + 0.5T_n < T_i < T_m + 1.5T_n$
极高温区	$T_i > T_m + 1.5T_n$

注：T_i 表示地表温度；T_m 表示进行归一化处理后所有像元的平均值；T_n 表示归一化后所有像元的标准差。

四、结果分析

将尺度缩小至站区及其附近区域的尺度，分析高铁的开通对站区地表温度的影响（如图1），受到篇幅限制，仅展示北京西站与保定东站两年份的差异：

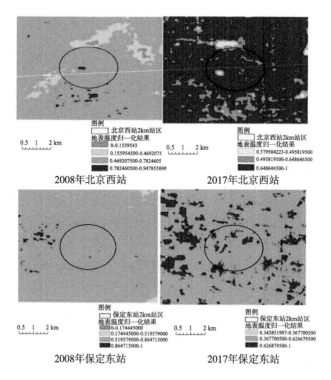

图1　北京西站与保定东站站区地表温度变化

根据实验结果，北京西站和保定东站极高温区增加，石家庄、邢台东和邯郸东三个站区的极高温区/高温区消退，取而代之的是低温区/中温区，表明其温度等级的格局向更加宜居的方向变化。运用站区矢量创建掩膜，然后按照掩膜统计高铁站 2km 站区内的地表温度归一化数值的平均数，由此可以观测出 9 年的时间里随着京广高铁的开通对站区地表温度的影响。

表2　2008 年、2017 年各高铁站区的平均地表温度（归一化）

高铁站区（2km）	2008 年（高铁开通前）	2017 年（高铁开通后）
北京西站	0.625	0.766
保定东站	0.736	0.519
石家庄站	0.688	0.685
邢台东站	0.390	0.467
邯郸东站	0.723	0.692

通过表2可以看出，高铁站的开通并不代表 2km 站区范围内的温度一定上升；与北京西和石家庄站既有车站（周围有较为成熟的建筑环境）不同，保定东、邢台东、邯郸东 3 个车站均为 2008 年开工建设的车站，但 3 个车站的站区温度有升有降，说明土地的开发也不一定使得站区的温度上升，可能的原因是高铁的开通使得邢台、邯郸和保定的劳动力大量被虹吸到较为发达的天津、石家庄、北京等城市务工，导致中小城市的高铁站区产业开发程度较低，不易聚集大量就业、居住人口。不过如果高铁站区的地表温度不断升高，其与郊区的温度差异持续加大，逐渐产生热岛效应，那么对于居民的生活与身体健康就会成为一种潜在的胁迫，这种现象在大城市（如北京、石家庄）的核心高铁站的站区较为显著，因此有必要研究高铁站区地表温度的主要影响因素。

五、高铁站区地表温度的影响因素分析

（一）指标选取

表3　影响因子解释

影响因子	解释
植被覆盖度平均值	利用覃志豪提出的经验公式计算
改进的归一化水体指数平均值	利用改进的归一化水体指数（MNDWI）计算
建筑用地指数平均值	参考文献［4］的 IBI 指数。

续表

影响因子	解释
高铁班次	来源于 12306 网站
3 小时能到达的 500 万人以上的城市	500 万以上人口的城市属于超大城市，表征高铁站的通达度
所在地级市其余高铁站的班次总和	观测该高铁站的首位效应
站区的餐饮场所数量	餐饮——吸引人流入到站区
站区的公司企业数量	就业——吸引人流入到站区
站区的休闲娱乐场所数量	休闲娱乐——吸引人流入到站区

选取 3 大指标（高铁站通达性、人流量、地表环境）分别探讨它们对城市地表温度的影响，从高铁站的通达性可以解释高铁站区的土地利用变化程度、开发效率，进而推测出其对城市地表温度的影响；利用高铁站区内的设施数量、所处地级市内其余高铁车站的班次表征高铁站区对人口的吸引力，选取后者还想要考察其首位效应，间接体现对人口流动的吸引力。此外，还增加站区中对人口流动有一定促进作用的就业、餐饮、娱乐设施。

（二）相关分析

以 2017 年各高铁站区的地表温度作为因变量，将各自变量分别与因变量做相关分析：

表 4   相关分析结果

因变量	自变量	Pearson 相关系数	显著性检验
站区平均地表温度（归一化）	植被覆盖度平均值	-0.246	$p = 0.697$
	改进的归一化水体指数平均值	0.482	$p = 0.411$
	建筑用地指数平均值	0.300	$p = 0.624$
	高铁班次	0.580	$p = 0.306$
	3 小时能到达的 500 万人以上的城市	-0.315	$p = 0.607$
	所在地级市其余高铁站的班次总和	0.358	$p = 0.554$
	餐饮场所数量	0.794	$p = 0.108$
	公司企业数量	0.781	$p = 0.119$
	休闲娱乐场所数量	0.839	$p = 0.076$

通过表 4 可知，三类设施场所因子对站区的平均地表温度提升最为显著，休闲娱乐类场所对人的吸引力最大，并且其相关系数最大、显著性最高，说明站区的温度与其关系最为密切，休闲娱乐设施不但能吸引较多的人，而且人在不同的休闲娱乐设施场所间流动也是比较频繁的。其余因子没有通过显著性检验，与样本量过少有关，但能够看出一定的趋势：植被能够起到降温作用、建筑用地温度更高。水体对站区的温度有促进作用，说明水体如果面积不够大或者其他社会经济因素处于主导作用时，其对温度的抑制作用只对小范围有效。高铁班次的数量较多能够引起人流的集聚且来往频繁，所以能促进站区的温度升高，所在地市的其余高铁站的频次总和越多，站区的温度越高，说明处于地级市中心城区的高铁站对人的吸引力最大。即便周边区县也有高铁站，但劳动力都被吸引至高等级城市中，说明有其余高铁站进行分担不一定使站区的温度降下来，因此高铁站对周边县市人口的虹吸作用是站区实现降温规划设计中考虑的重要一环。

六、结　语

本研究讨论了京广高铁开通后 5 个地级以上的城市站区的地表温度变化，因为这一范围是受到高铁影响最剧烈的区域，热环境容易产生显著变化，在考虑温度的影响因素时，除了讨论较多的下垫面因素，还包括高速铁路相关指标以及更加微观的建筑用地类型，主要结论如下：

高铁站区的地表温度并不仅仅受到高铁开通与否的影响，同时高铁的开通并不一定使其地表温度上升，虹吸效应、生态恢复、开发滞后等因素都可能使得站区的地表温度上升不明显甚至下降，说明城市规划对于控制热环境的意义；选取相关指标定量化解释高铁站区的地表温度大小，发现水体对整个站区的降温效应几乎没有作用，说明水体只对附近小区域的温度有调控作用，但是零散的几片水域对 $2km^2$ 的尺度作用甚微，高铁站自身的车次数量由于吸引来了大量的人进入站区停留，并可能进行其他活动，所以对站区的温度有促进作用，而就业、餐饮、娱乐三大类设施中休闲娱乐类设施对站区的地表温度提升作用最显著，说明人在城市中的休闲活动占比较大，对于站区设施场所的生态环境规划提供了方向。

本研究还存在有待深入的地方：土地利用的变化是改变城市热环境的一大因素，但没有分别解译两期实景影像的土地利用格局，而是通过相关指数以及设施场所数量予以表征，对于地表温度的影响因素分析还有待更加完善。

参考文献

［1］MOHAN M, KANDYA A. Impact of urbanization and land – use/land – cover change on di-
urnal temperature range：A case study of tropical urban airshed of India using remote sensing
data［J］. Science of the Total Environment, 2015, 453：506 – 507.

［2］徐涵秋，王美雅. 地表不透水面信息遥感的主要方法分析［J］. 遥感学报，2016,
20（5）：1270 – 1289.

［3］娄阁，宁静，孙琦惠，等. 城市扩张下的哈尔滨地表温度空间变化态势分析［J］.
中国农业大学学报，2018, 23（10）：122 – 129.

［4］孙明，谢敏，丁美花，等. 2001—2015 年间广西壮族自治区防城港市热岛效应时空变
化研究［J］. 国土资源遥感，2018, 30（1）：135 – 143.

［5］魏雪梅，马卫春，孔丽. 中小城市地表温度变化与下垫面关系［J］. 遥感信息，
2019, 34（3）：115 – 119.

［6］张宇，陈龙乾，王雨辰，等. 基于 TM 影像的城市地表湿度对城市热岛效应的调控机
理研究［J］自然资源学报，2015, 30（4）：629 – 640.

［7］胡光庭，王刚，杨崇俊. 阳江市绿地空间分布及其热环境分析［J］. 遥感信息，
2017, 32（2）：156 – 161.

［8］沈中健，曾坚. 厦门市热岛强度与相关地表因素的空间关系研究［J］. 地理科学，
2020, 40（5）：842 – 852.

［9］杨敏，杨贵军，王艳杰，等. 北京城市热岛效应时空变化遥感分析［J］. 国土资源
遥感，2018, 30（3）：213 – 223.

［10］姜博，初楠臣，黎赟，等. 高铁可达性与土地价值：文献述评与展望［J］. 经济地
理，2019, 39（7）：9 – 13, 21.

［11］覃志豪，李文娟，徐斌，等. 陆地卫星 TM6 波段范围内地表比辐射率的估计［J］.
国土资源遥感，2004（3）：28 – 32, 36 – 41, 74.

［12］娄佩卿，付波霖，何宏昌，等. 基于 GEE 的桂林市主城区热环境变化定量遥感分析
［J］. 桂林理工大学学报，2020, 40（2）：330 – 337.

［13］覃志豪，Zhang Minghua, Arnon Karnieli, 等. 用陆地卫星 TM6 数据演算地表温度的
单窗算法［J］. 地理学报，2001（4）：456 – 466.

［14］邓书斌，陈秋锦，杜会建，等. ENVI 遥感图像处理方法［M］. 2 版. 北京：高等教
育出版社，2014.

［15］徐涵秋，杜丽萍. 遥感建筑用地信息的快速提取［J］. 地球信息科学学报，2010,
12（4）：574 – 579.

基于宪法探析中国同性婚姻合法化的模式选择

王　娜　郑　晶*

摘　要　在社会不断发展的过程中，同性婚姻作为一种重要的两性结合方式，具有其独特之处。本文基于宪法提出相关政策建议与借鉴意义；探索推进我国现行法律制度下同性恋者合法权利保障措施，并为实现这一预期目标提供具体方法论支撑；同时也希望能够对丰富国内有关性自由法方面的研究文献内容，促进社会稳定发展、推动社会主义现代化建设进程等方面具有重要现实意义。

一、同性恋与同性婚姻

（一）同性恋

同性恋是指一个人将同性者作为对象，在相爱的基础上建立亲密关系的行为或现象。关于同性恋产生的原因，主要存在两种观点，即先天说和后天社会影响说。先天说强调基因对同性恋的影响。而后天社会影响说则强调社会环境和家庭成长环境的作用。

（二）同性婚姻

同性婚姻是指同性之间缔结的、彼此成为固定伴侣的一种关系。这里的同性婚姻可以理解为广义的同性婚姻，包含狭义的同性婚姻、准同性婚姻和同居伴侣3种不同的形式。其中，狭义的同性婚姻是指与主流异性婚姻相比只存在性别差异，在法律关系上大体上没有区别的一种婚姻关系；准同性婚姻是指同性双方经过法律规定的特定程序后，可以享受部分配偶权利的一种

---

* 王娜，应用文理学院法律专业硕士研究生；郑晶，应用文理学院法律系副教授。

婚姻关系；同居伴侣是指某种法律认可的、同性双方之间的民事结合关系或伴侣关系。民事结合制度是在传统的异性婚姻中开创的一种新型婚姻形式。在一些国家和地区，通过法律使同性婚姻合法化，为人们的生活提供了多样的选择。

同性恋和同性婚姻最大的区别在于，同性恋关系不在法律的调整范围之内，而同性婚姻关系是要受到法律的调整和约束。

二、同性婚姻与宪法规定

（一）平等权

《中华人民共和国宪法》（以下简称《宪法》）第三十三条规定，"中华人民共和国公民在法律面前一律平等"。从公民与国家的关系来看，《宪法》中的平等权意味着法律应该给予每个公民除合理差别外的平等法律地位。这种保护不会因个体的喜好而存在差别。因此，在同性婚姻问题上，公民个人的性取向不应该成为法律剥夺其婚姻自由权利的原因。

在现实中，同性恋者在婚姻方面并没有得到平等地对待。大部分的同性恋者只能通过隐瞒自己的性取向来迎合社会主流观点，以此来满足自身的生存和发展。法律不应该带有偏见的将同性恋者拒之法律的保护范围之外。在法律面前，每个人在"愿不愿意结婚、愿意与谁结婚"等问题上，应该拥有平等的权利，平等地享受法律保护的机会。

（二）人权

人权，是指一个人应当享有的权利，这种权利不是来自外界的赐予。我国于2004年将"国家尊重和保障人权"写进了《宪法》（第三十三条）。

同性婚姻是有关公民婚姻权利的内容，婚姻权是人权中的一种，那么每个人无论男女老少、喜好厌恶，法律都应该赋予他们缔结婚姻、组建家庭的权利。在现实生活中一部分同性恋者的"骗婚"行为，不仅违背自己的真实意愿，也不符合社会道德，同时会对婚姻、无辜的人造成更大的伤害。

（三）人格尊严

《宪法》第二章规定了公民所享有的基本权利，其中第三十八条规定，"中华人民共和国公民的人格尊严不受侵犯。禁止用任何方法对公民进行侮辱、诽谤和诬告陷害"。

而在现实中，我们常常看见许多同性恋者因公开自己的性取向而导致失业或遭受羞辱。因此，保障同性恋者的人格尊严不受侵犯，是我们社会和法律应该追求的目标。

（四）婚姻自由

《宪法》第四十九条规定，"禁止破坏婚姻自由"；第五十一条规定，"中华人民共和国公民在行使自由和权利的时候，不得损害国家的、社会的、集体的利益和其他公民的合法的自由和权利"。同性恋行为或者同性婚姻并没有给国家、社会和他人造成危害，所以没有理由限制同性恋者的婚姻自由权利。

政府或许是为了实现社会稳定和鼓励生育而拒绝将同性婚姻合法化，但是对于这个问题，有以下两方面的思考：第一，目前并没有切实可靠的证据表明同性婚姻家庭的存在一定会危害社会现有的秩序；第二，关于同性婚姻的后代问题，原则上每个人都有自主选择是否生育子女的自由，但是仍须谨慎考虑同性婚姻中的生育问题。

三、探析我国关于同性婚姻的立法模式

（一）国外已有的"同性婚姻立法模式"简介

截至 2020 年 11 月，全球已有 37 个国家和地区将同性婚姻合法化。国外已有的"同性婚姻立法模式"主要有以下 4 种，分别是同性婚姻立法模式、家庭伙伴立法模式、登记伴侣立法模式和零星地规制模式。

1. 同性婚姻立法模式

同性婚姻立法模式是指将本国婚姻法中"夫妻"改为"配偶"，将同性婚姻包含在原有的婚姻法中。这种模式也就是前文所说的"狭义的同性婚姻"。在全球范围内，有 6 个国家采用此模式，分别是荷兰、比利时、加拿大、西班牙、南非和阿根廷。

荷兰作为世界上第一个使同性婚姻合法化的国家，在同性婚姻方面有完善的法律体系，可以帮助我国结合具体国情尽快制定出符合实际的法律制度。1988 年荷兰首先在同性伴侣之间建立了"注册伴侣关系"，以监管同性伴侣之间的权利义务关系。此后，荷兰将同性婚姻纳入原有的婚姻法制度中使其合法化。荷兰的同性婚姻立法模式除在性别上与异性婚姻有差异，在其他方面也存在一些限制，比如在领养子女方面。

加拿大对同性婚姻的法律体系相比较其他国家而言最为宽泛。同性恋者在登记结婚时，没有国籍的限制，也没有限制双方在加拿大的居住时间。

南非是非洲首个将同性婚姻合法化的国家。南非通过《民事结合法案》规范了同性伴侣之间的人身和财产的权利义务关系。特别的是，南非法律允许同性伴侣通过人工手段生育。

2. 家庭伙伴立法模式

家庭伙伴立法模式源自法国，法国在传统婚姻制度之外设立了一种民事互助契约模式，该模式是指两个成年自然人为组织生活而订立一份确定双方权利义务关系的协议（合同或契约）的一种立法模式，其中"自然人"没有性别限制。双方所订立的协议属于一种无期限的民事合同。双方登记后受到法律保护。

澳大利亚通过事实伴侣模式确认双方关系，但还没有实现同性婚姻合法化。事实伴侣模式仅解决同居关系结束后遗留的财产问题，并不涉及双方人身关系问题。所以，澳大利亚法律对同性伴侣的保护范围仍然有限，实现真正的同性婚姻合法化还有很长的路要走。

3. 登记伴侣立法模式

登记伴侣立法模式是国家专门为同性恋者制定的一种全新法律的立法模式。该模式也被称为民事结合制度，是和本国的婚姻法并存的两种制度。虽然同性伴侣的"婚姻关系"不由本国的婚姻法规定，但是两部法律在同性伴侣与异性夫妻的身份认可上是一致的，只在权利和义务方面有所区别。

在全球范围内，主要有5个国家采用了这种立法模式，分别是英国、德国、挪威、冰岛和瑞典。其中，德国是登记伴侣立法模式的典型代表，德国通过制定《生活伴侣登记法》来保护本国同性伴侣的权益。《生活伴侣登记法》中规定，"同性恋伴侣经登记后和异性夫妻一样享有权利义务"。同时该法律还规定了关于同性伴侣之间的姓名、扶养义务和一方死亡后另一方成为法定继承人等事项。这种模式既没有强烈冲击传统的婚姻模式，又保护了同性伴侣的权利和法律地位。

4. 零星地规制模式

这种模式适用于同性或异性之间的同居关系，赋予了同居伙伴享有异性婚姻中的部分权利。根据美国夏威夷州《互惠关系法》的规定，该模式的显著特点之一是双方在确认同居关系后，两人在人身关系上仍为单身。解除双方关系有两个途径，一是出现与异性结婚的情况，二是双方到有关部门发表终止关系的文件。《互惠关系法》还有对同居双方因同居而产生的债权债务关系等方面的规定。

（二）探索我国关于同性婚姻的立法模式

1. 民事互助契约模式

现实中我们可以借鉴法国的民事互助契约模式，该模式不构成对某一群体的偏见和歧视。通过合同的形式，确立双方应享有的权利和应承担的义务，双方的关系自合同生效后成立，同时也会存在合同无效和有瑕疵的情况。

在探索同性婚姻合法化的初级阶段，制订的方案应该以稳妥为主，不能以是否建立同性婚姻立法模式来衡量一个社会的开放和包容程度。此外，民事结合模式应该仅适用于同性之间，对于异性只能由《婚姻法》约束。

2. 登记伴侣立法模式——制定《同性伴侣法》

在实现同性婚姻合法化的初期，我们通过"合同"的方式规定同性伴侣之间的权利与义务关系。随着社会的发展和公众对同性恋意识的提高，我们可以借鉴德国的同性伴侣登记制度，结合我国的《婚姻法》，制定出一部能够合理地保障同性恋者的基本权利的法律——"同性伴侣法"。"同性伴侣法"的制定不仅保障同性恋者的生命和财产安全，同时也在法律层面确认了双方的地位。

在"同性伴侣法"中，可以从4个方面来保证同性伴侣之间的权益，分别是伴侣关系的产生、解除、双方的人身关系和财产关系。这4个方面均可以参照现行婚姻法的具体条文来制定。值得注意的是关于同性伴侣的抚养权的行使，尤其对于男同性伴侣来说，他们一旦登记为伴侣关系，那么他们通过合法、合乎道德的途径无法拥有自己的亲生孩子，此时可以允许男同性伴侣领养孩子。对于领养的条件主要是男同性伴侣同居的时间、生活状况，以及被领养人的性别、年龄、自我认知等。对领养条件的设立与限制是为了有效避免代孕或骗婚情况的出现。

（三）推进我国"同性婚姻合法化"的其他措施

我们通过不断完善法律制度来保障同性恋群体的权利，但是想要扭转整个社会对同性恋群体的偏见和歧视，就必须在社会层面上保护同性恋的权益。

1. 开展广泛的科普教育活动

从小到大，我们几乎不会接触关于同性恋或者和性有关的教育。学校和家庭都是"谈性色变"。在新闻中，会看见许多家长反对学校开展相关的教育活动，认为不适合孩子身心健康。对于这个问题的解决，首先，高年级学校应开展多种形式的同性恋科普教育讲座；其次，家长应该积极与学校合作，引导孩子建立正确的婚恋观；最后，媒体也应积极引入同性恋等正面话题，引导公众将同性恋视为正常生活中的一部分。同时，我们希望能够凝聚其他社会力量共同影响公众对同性恋者的传统认知，增强公众对社会生活多样化的认识，共同努力创造求同存异的社会环境。

2. 为心理受损的同性恋者提供心理辅导

就目前的舆论环境而言，公开自己性取向的同性恋者可能会受到侮辱和诋毁。这种舆论攻击势必会给他们造成一些心理困扰，那么此时需要为他们无偿提供心理咨询和心理治疗，帮助他们学会如何在当前的困境中调整自己的状态并规划自己的生活。

3. 建立同性恋群体的公益组织

上海于2008年成立了中国国内最大的同性恋公益组织——同性恋亲友会。"亲友会"为同性恋者及其家人提供专业的家庭辅导和心理援助。家庭成员的接纳有助于化解同性恋者的悲观情绪。更重要的是，家庭的接纳能够很好地降低"同妻"或"同夫"现象。同性恋群体的公益组织不仅能够提供心理咨询、统计同性恋中的艾滋病患者的数据，还可以在他们受到不公正待遇时提供适当的法律帮助。

四、结 语

从宪法角度上看，同性恋者和其他人一样享有平等权、人权、人格尊严和婚姻自由，同时同性恋伴侣之间的行为没有危害国家、社会和他人的合法权益，相反，在一定程度上，若使同性婚姻合法化也可以促进社会形态的多元发展。

一方面，同性婚姻合法化需要社会各界特别是同性恋者的不断努力，让社会和国家听到他们的声音，努力为自己的平等权益奋斗；另一方面，公众也应积极改变自己的思维，以包容的心态尊重同性恋者。相信在全社会的共同努力下，我国同性婚姻合法化的进程一定有实现的可能。

尽管在同性婚姻合法化的过程中面临许多困难，但我国可以借鉴其他国家同性婚姻合法化的发展模式，尽快探寻出一条适合中国特色社会主义国家的同性婚姻合法化的道路。相信经过大家的努力后，同性恋者也会幸福地步入婚姻的殿堂。

参考文献

[1] 王菁. 同性婚姻立法比较研究 [D]. 武汉：武汉大学，2005.

[2] 龙湘元. 同性婚姻若干法律问题比较研究 [D]. 武汉：武汉大学，2015.

［3］张铮．浅析同性婚姻，宪法权利与自由［J］．法制与社会，2020（1）：217－220.

［4］邓岚．论我国同性恋婚姻合法化［J］．法制与社会，2013（36）：277－278.

［5］陈阳．荷兰同性婚姻合法化探析［J］．华中师范大学学报（人文社会科学版），2013（S5）：56－60.

［6］张剑波．加拿大同性婚姻立法发展研究［J］．环球法律评论，2010，32（5）：90－99.

［7］南非议会批准同性婚姻合法法案［J］．商务与法律，2006（5）：47－48.

［8］朱琦．澳大利亚同性婚姻合法化探析［D］．上海：华东政法大学，2018.

［9］叶强．德国同性伴侣的平等保护：以联邦宪法法院的判例为中心［J］．反歧视评论，2017.

［10］吕晴．美国同性婚姻合法化的历史之维［D］．上海：华东师范大学，2016.

无人驾驶汽车侵权责任主体研究

苏比努尔·沙比尔　郑　晶*

摘　要　随着科技的不断发展，无人驾驶汽车开始进入公众视野。无人驾驶汽车带来巨大的经济价值的同时，引发了人们对交通事故责任相关问题的思考。无人驾驶汽车缺少人力控制支配、高度自主运行的特性意味着人的责任向人工智能的责任转变。这一转变需要我们以新的视角对无人驾驶汽车侵权的民事责任承担进行探索。在认定无人驾驶汽车引发的交通事故责任主体时，应视具体情况和无人驾驶汽车的自动化等级，由驾驶人承担过错责任，保有人承担无过错责任，生产者承担产品责任。妥善解决无人驾驶汽车侵权责任主体认定问题，合理配置各方责任是推进无人驾驶汽车广泛应用的重要前提。

一、引　言

近年来，无人驾驶技术日趋成熟。无人驾驶汽车能够自主操控汽车运行，监测行车环境和道路情况，将驾驶员从注意力必须高度集中的驾驶任务中解放出来，方便人们出行的同时，可以有效减少交通事故的发生。因此，自其诞生伊始，无人驾驶汽车便以极高的安全性、便利性成为社会关注的热点。早在20世纪50年代，国外就开始了对无人驾驶车辆的研究。2009年，谷歌公司自主研制的全球第一辆无人驾驶汽车在城市道路上进行了行驶测试。我国对无人驾驶技术的研究起步较晚，但一直在循序渐进地推进之中。目前，自动驾驶技术已经部分运用到机动车中辅助人们驾驶，而真正意义上的无人驾驶汽车还都在测试阶段，并配有应急安全驾驶员。尽管无人驾驶汽车相对

---

*　苏比努尔·沙比尔，应用文理学院法律专业硕士研究生；郑晶，旅游学院副教授。

于传统机动车具备更高的安全性，但是目前相关技术还处于尚未成熟阶段，置身于复杂的道路环境之中，即使是无人驾驶汽车也不可能完全避免交通事故的发生。自第一辆无人驾驶汽车问世，仅在测试阶段就已经出现多起交通事故。法律固有的稳定性和滞后性，使得无人驾驶汽车的研发和走向大众面临着许多法律风险和挑战。因此，分析无人驾驶汽车的驾驶员、所有人，无人驾驶汽车的生产者与其他的道路交通参与者的侵权责任，使各方责任主体权责明确、责任分担公平合理，是十分具有研究价值和现实意义的。

二、无人驾驶汽车的概念、分类及特征

无人驾驶汽车是指依靠车内计算机系统、高级传感器、遥感技术、定位系统等多种新技术，能够部分或者完全自动驾驶的人工智能汽车。2014 年，国际汽车工程师学会（SAE International）基于无人驾驶汽车的自动化水平划分为以下 6 个等级（SAE level 0 – 5）（见表 1）。

表 1   无人驾驶汽车的分类

SAE 分级	名称	定义
level 0	非自动驾驶	驾驶人需要完全掌控车辆，由人类完成所有操作
level 1	辅助驾驶	辅助驾驶装置可以接管驾驶中一些非关键性的操作，如转向、加减速等，由人类完成其他动态驾驶任务
level 2	部分自动化驾驶	特定模式下由自动驾驶系统接管关键性操作，需要人类随时监控系统
level 3	有条件自动化驾驶	自动驾驶系统能独立进行所有的驾驶任务，但需要驾驶员在紧急情况下接管车辆
level 4	高度自动化驾驶	在特定模式下由自动驾驶系统独立完成所有的驾驶任务，不需要驾驶员接管车辆
level 5	完全自动化驾驶	在任何条件下自动驾驶系统都能独立完成所有驾驶任务，完全不需要人的介入

本文所讨论的无人驾驶汽车是指有条件自动化驾驶和高度自动化驾驶、完全自动化驾驶汽车，即 level 3 ~ 5，区别于目前流通中的辅助驾驶汽车（level 1 ~ 2）。辅助驾驶汽车只是通过智能驾驶系统帮助人类驾驶员完成一些基本的操作，而非严格意义上的自动驾驶。无人驾驶汽车具有传统机动车所不具备的高度自主性和安全性。当无人驾驶技术发展到最终级的全自动驾驶阶段，可实现汽车的独立思考和判断能力，完全不需要人类的干预和控制。

安全性是拉动无人驾驶汽车需求增长的主要因素。据统计，在我国，每年死于交通事故的人数超过 26 万人，其中 90% 的事故是人为失误导致的。无人驾驶汽车通过计算机系统精确的算法操控车辆的运行，从而减少因人的失误而发生交通事故的概率。

三、现行法律下的无人驾驶汽车侵权责任主体分析

"驾驶员"通常是传统机动车交通事故追究责任的第一法律主体，而无人驾驶汽车无须人类操控的特性，使得驾驶员的角色向"乘客"转变。根据国际工程师协会对无人驾驶汽车的分类及定义可知，无人驾驶汽车运行时使用者和自动驾驶系统对汽车的控制程度有所不同。在认定汽车的侵权责任主体时，应根据车辆自动化水平等级，分析使用者在无人驾驶汽车运行过程中的作用和承担的义务，以及自动驾驶系统及其他硬件是否存在缺陷，分析适用何种归责原则，从而确定侵权责任的主体。

level 1～2 阶段的自动驾驶汽车，仍然是人的活动主导汽车的操控运行，自动驾驶技术只是用于辅助人们驾驶，责任主体的认定与传统机动车责任主体的认定规则并无差异。level 3～5 阶段的无人驾驶汽车是真正意义上各国法律所讨论的无人驾驶汽车。在此阶段的无人驾驶汽车都由自动驾驶系统控制车辆，完成所有驾驶任务。根据我国道路交通法和民法典的规定可知传统的交通事故责任主体包括机动车驾驶员、保有人，根据无人驾驶汽车的特性以及现有文献的研究，增加生产者作为责任主体。

（一）驾驶人承担责任

目前，测试阶段的无人驾驶汽车以有条件自动化（level 3）的无人驾驶汽车为主，有条件自动化的无人驾驶汽车配有驾驶员，驾驶员不必时刻对运行状况和环境进行监视，减轻了驾驶员的注意义务，但仍需要在特定情况下回应自动驾驶系统发出的请求重新控制车辆。德国《道路交通法第八修正案》规定了无人驾驶汽车中驾驶人的注意义务，要求驾驶员在任何情况下都应保持警觉状态以准备随时接管车辆，当遇到无人驾驶汽车的计算机程序不能处理的紧急情况发出接管请求或者驾驶员自己发现系统不能正常工作时，驾驶人履行接管义务不当或没有履行其注意义务，则以驾驶人为责任主体追究其过错。

2018 年 3 月，在美国亚利桑那州坦佩克市，一辆 Uber 无人驾驶汽车撞上一位骑着自行车横穿马路的女子，该女子在送往医院后不治身亡。2018 年 6 月，坦佩警察局发布的报告显示，事故发生时，汽车运行处于自动驾驶模式，

车上配有一名应急驾驶员，系统未能正确识别行人与物体。在事故发生前，驾驶员正在用手机进行娱乐活动。警方根据分析结果，认为驾驶员在驾驶过程中没有尽到注意义务，如果驾驶员没有分心，那么这次事故完全可以避免。因此，坦佩警方认为，驾驶员应该承担过错责任。

综上所述，有条件自动化的无人驾驶汽车责任主体的认定与当前的法律规范没有冲突，发生事故时可以在现行的交通事故责任主体认定规则框架内得到解决。可适用我国《道路交通安全法》第七十六条的规定：与机动车之间发生意外事故，双方驾驶员按自身过错大小承担相应的侵权责任；与非机动车、行人之间发生意外，机动车驾驶员承担无过错责任。如果能够证明事故是因非机动车一方的过错引起的，则适当减轻无人驾驶汽车一方的责任。如果非机动车一方或行人的故意行为导致发生事故，则无人驾驶汽车一方可免责；无人驾驶汽车所有人有过错的，例如没有尽到按时升级软件和妥善维护的义务等，则基于其过错承担过错责任。

（二）保有人承担责任

当自动驾驶汽车达到高度至完全自动化水平（level 4～5）时，汽车靠自动驾驶系统的控制可完全实现自主驾驶，而不需要驾驶员对车辆运行状况和道路进行监控，或在危急情况下接管车辆。驾驶人的角色实际上相当于一个乘客。这种情况下，使用者不必承担驾驶过程中所应尽的注意义务，驾驶人和交通事故过错之间的联系不复存在。因此，在缺少了驾驶行为这一条件下，无法认定驾驶人的过错责任。

对此，有学者提出，针对高度至完全自动化的无人驾驶汽车的侵权责任，由保有人承担责任更具有合理性。保有人通常包括机动车所有人，管理人和合法借用、租赁的使用人。目前，我国《道路交通安全法》并未对汽车保有人和驾驶员进行区分，而是笼统的规定由"机动车一方"承担无过错责任。德国的判例与学界通说认为，保有人是指为自己的利益而使用车辆并对该使用的车辆有实际处分权的人。保有人是无人驾驶汽车运行利益的享受者，负有对汽车的所有关系，监管，妥善维护，按时升级自动驾驶系统的义务。虽然保有人同样无须承担驾驶中的注意义务，但仍然有其他决定权，包括运行路程的长短、运行道路路况的好坏、运行时段光照气候等因素，这些也会影响机动车事故发生的概率。根据报偿理论，谁在某一活动或事物中获得利益，谁就应该承担与之相伴的风险。保有人享有了运行利益就应当承担与之相应的责任和风险。所以事故发生时，无论是否是当时的使用人，保有人基于其对无人驾驶汽车的处分权，承担无过错责任。非机动车所有人的使用者只有在没有合理使用汽车或存在非法干预自动驾驶系统等加害行为时才能被认定为责任主体。

（三）生产者承担责任

无人驾驶汽车与传统机动车在配置上最大的区别在于自动驾驶系统，这也是无人驾驶汽车的运行核心。无人驾驶汽车的生产者以开发编程等形式，把各种可能遇到的状况进行数据化处理，并根据数据处理结果控制车辆的运行情况。在无人驾驶汽车能避免人为驾驶失误的情况下，导致交通事故最有可能的原因就是自动驾驶系统的危险探测系统存在故障或者车辆的自动驾驶系统出现无法处理的情况。这也导致产生了以驾驶员为中心的责任扩至无人驾驶汽车的生产者、研发者的趋势。在这一点上，很多国家已经达成了共识。2017年6月，德国伦理委员会颁布的《自动和联网驾驶》规定审判制度和法律责任必须对以驾驶员为主的责任扩大至无人驾驶汽车生产者和研发者的这一转变做出相应的调整。欧盟《机器人民事法律规则》指出，"基于现行的法律框架，产品责任适用于机器人或者人工智能造成的损害"。

生产者是人工智能技术应用的实践者，同时也是风险的控制者。生产者为人类服务的同时自身也获得巨大利益，理应有义务承担相应的社会责任和风险。在我国，《民法典》第103条对生产者的产品责任做出了明确的规定。因产品缺陷而造成他人合法权益损害的，受害人可以向生产者或销售方择一进行赔偿请求。我国对"产品缺陷"的认定一般采用"二元标准"：一是产品存在有害于他人人身、财产安全的不合理的危险；二是产品生产不符合国家和行业规定的标准。目前，由于无人驾驶技术的前沿性和高度技术性，世界各国都尚未形成关于无人驾驶汽车生产标准的规定，被侵权方证明产品不符合生产标准存在很大的现实困难。美国《侵权法第三次重述》的规定，采用"消费者期待"标准判定产品存在"不合理的危险"。无人驾驶汽车便利性和高度安全性是商家的卖点也是消费者的合理期待。因此，汽车未做到生产者宣称的自动化等级操作时也应当被认定为存在产品缺陷。在消费者合理使用的前提下，若能够证明存在制造或警示缺陷，如自动驾驶系统未能准确识别前方物体采取措施，未能及时发出警报，并因此造成他人损害，那就可以认定无人驾驶汽车的制造或者设计存在缺陷，由生产者承担无过错责任。生产者承担无过错责任后，再向具体的责任人（如自动驾驶系统研发者、软件设计者、硬件提供者）等追偿。

四、结　语

技术进步总是会给法律提出各种新的挑战，带有人工智能性质的无人驾驶汽车在一定程度上颠覆了目前的法律关系和权利义务，产生了侵权责任从驾驶员到无人驾驶汽车本身转移的趋势。很明显，在自动驾驶系统控制车辆运行、缺少人力支配的情况下，机动车交通事故责任主体的地位弱化，产品责任主体的地位凸显。无人驾驶汽车运行时人类使用者和自动驾驶系统对车辆的控制程度有所不同，在判断侵权责任主体时，应具体分析驾驶人、保有人在自动驾驶汽车行驶过程中的作用和承担的义务，以及自动驾驶系统及车辆是否存在不合理的缺陷来确定侵权责任的主体。有条件自动化（level 3）的无人驾驶汽车的驾驶人负有接管义务，其责任主体的认定在现有的道路交通法框架内得到解决，即以驾驶人注意义务为中心的过错责任。高度至完全自动化（level 4～5）的无人驾驶汽车驾驶人不对汽车的行驶过程进行操作和监控，不负有注意义务，无法认定驾驶人的过错。因此，交通事故的侵权责任转移到机动车保有人和生产者身上，车辆的保有人基于其处分权承担无过错责任，承担责任后再根据乘车人是否合法使用车辆讨论免责。如果是因为无人驾驶汽车的自动驾驶系统缺陷导致的交通事故，则通过适用产品责任制度将无人驾驶汽车生产者的民事责任界定为严格责任，对于乘车人、车辆保有人根据其过错承担责任。

无人驾驶汽车将改变人们的交通方式、生活方式。无人驾驶汽车的归责问题不仅牵扯所有人和使用人，还有汽车生产者，软件供应商等多重法律关系和人类伦理问题。不仅需要在法律上逐步明确无人驾驶汽车的责任主体、归责原则，还需要在实践上用技术手段查明无人驾驶汽车交通事故发生前后，车辆内部的具体情况，以便公平合理地分配各责任主体的侵权责任。无人驾驶汽车相关领域的立法还有待完善，未来的立法方向既要确保受害人获得充分救济，也要确保不过分加重消费者的侵权责任，同时防止生产者承担过重的侵权责任而消极对待技术的创新与发展。无人驾驶汽车是未来汽车的发展方向，其侵权责任相关问题也值得引起学界重视和深入研究，相信随着自动驾驶技术的发展和成熟，相关的法律体系必将进步和完善。

参考文献

［1］张涛. 论自动驾驶汽车侵权责任的分配［D］. 烟台：烟台大学，2019：20－21.
［2］王子正，程丽. 无人驾驶汽车简介［J］. 汽车技术，2016（8）：82－85.

［3］马雪洁，高蒙，王新房．全球无人驾驶汽车现状综述［J］．电脑知识与技术，2019，15（19）：189－190．

［4］国际自动机工程师协会．标准道路机动车驾驶自动化系统分类与定义［EB/OL］．国际自动机工程师学会官网，https：//www. sae. org/standards/content/j3016－201806/

［5］李彦宏．智能革命［M］．北京：中信出版社，2017：158．

［6］袁曾．无人驾驶汽车侵权责任的链式分配机制——以算法应用为切入点［J］．东方法学，2019（5）：28－39．

［7］黄嘉佳．自动驾驶汽车交通事故的侵权责任分析——以 Uber 案为例［A］//《上海法学研究》集刊，2019（9）：7．

［8］张新宝．道路交通事故责任归责原则的演进与《道路交通安全法》第76条［J］．法学论坛，2006（2）：117－121．

［9］汤维建，许尚豪．道路交通事故损害赔偿中的举证责任分配［J］．法学家，2005（1）：17－20．

［10］冯洁语．人工智能技术与责任法的变迁——以自动驾驶技术为考察［J］．比较法研究，2018（2）：143－155．

［11］谢薇，韩文．对《侵权责任法》上机动车交通事故责任主体的解读——以与《道路交通安全法》第76条责任主体的对接为中心［J］．法学评论，2010，28（6）：138－147．

［12］杨立新，王毅纯．机动车代驾交通事故侵权责任研究［J］．中国检察官，2015（19）：77．

［13］彭世忠，冉崇高．道路交通事故损害赔偿诉讼中的责任主体研究［J］．华南理工大学学报（社会科学版），2008（1）：22－26．

［14］谢惠媛．民用无人驾驶技术的伦理反思——以无人驾驶汽车为例［J］．自然辩证法研究，2017，33（9）：39－43．

［15］郑志峰．自动驾驶汽车的交通事故侵权责任［J］．法学，2018（4）：16－29．

［16］杨立新．民事责任在人工智能发展风险管控中的作用［J］．法学杂志，2019，40（2）：25－35．

［17］KEVIN FUNKHOUSER. Paving the Road Ahead：Autonomous Vehicles，Product Liability，and the Need for a New Approach［J］．Utah Law Review，2013（1）：446．

［18］梁庆．无人驾驶汽车交通事故责任主体研究［D］．海口：海南大学，2017．

［19］叶明，张洁．无人驾驶汽车交通事故损害赔偿责任主体认定的挑战及对策［J］．电子政务，2019（1）：67－75．

北京农地经营权流转要素对价格的影响研究[*]

邓思宇　向小倩　张远索[**]

摘　要　农村经济体制改革放活农地经营权，加快推进农地有序流转是实现农村生产力发展与经济发展的关键。基于2011—2019年北京市农业用地流转市场信息数据，通过数据可视化阐述北京农地流转交易状况，利用加权平均计算北京市农地流转价格，并通过偏相关分析验证流转要素对流转价格的相关性分析。研究结果表明，流转方式对流转价格的影响并不明显，流转年限与土地地点对流转价格呈弱负相关关系，流转面积对流转价格呈强负相关关系。

一、引　言

农地经营权流转是我国农村土地制度改革的一个重要成果，推动农地流转与适度规模发展是实现现代化农业的必由之路。目前，随着国家政策的支持与鼓励，农地流转市场繁荣，村镇积极响应号召，纷纷将待流转农地放入流转市场，提高土地利用效率，实现增产增收。但因地区发展程度、农地位置等多方面因素的影响，流转价格有所不同。

近年来，较多学者从宏观、微观视角对流转价格的影响进行研究，研究表明农地流转价格既受土地自身因素的影响，也受农户、政策环境等外部因素的影响。申云等人利用 Logistic 模型研究不同因素对流转价格的影响关系得出流转价格在地区之间存在传导性；孔祥智等人通过对农户、土地及农户资

---

　* 基金项目：国家社科基金一般项目"基于风险识别的农地经营权流转多方主体利益平等保护机制研究"（编号：17BJL088）。

　** 邓思宇，应用文理学院地理学专业硕士研究生；向小倩，应用文理学院文化遗产与区域保护规划专业硕士研究生；张远索，应用文理学院教授。

产配置决策因素分析得出农民的文化程度、土地经营内容及约定的流转年限对流转价格有影响。此外，还有学者提出从不同学科视角研究流转价格问题才能更全面的对流转价格的影响，如喻瑶等人从经济学视角采用因素修正法与收益还原法研究流转价格；田先红从社会学的视角强调流转价格会受社会结构、行政干预等社会因素影响。

二、数据来源与研究方法

（一）数据来源

数据来源于土流网，限定地区为北京市域范围；农业用地类型选中耕地，根据《农村土地经营权流转管理办法（修订草案征求意见稿）》第四十八条所称农村土地，是指农民集体所有的耕地；时间限定为 2011 年至 2019 年，整理后总计 786 宗土地信息。另外在分析流转要素对价格的影响研究中，实际流转的土地仅有 306 宗土地（含有流转价格），在一定程度上代表北京农地流转价格趋势，其中缺少西城区与石景山区价格数据。

（二）研究方法

本文通过 SPSS 数据统计分析、偏相关分析及加权平均等方法进行研究，利用土流网中北京 8 年间的农地流转交易信息数据对北京的农地流转市场状况进行分析，阐述流转市场概况，计算流转价格，分析价格差异，进而研究诸如流转地点、流转方式等相关流转要素对农流转价格的影响，探求对流转价格的相关关系。

三、北京耕地流转市场状况

（一）信息发布量与耕地用途

如图 1 所示，近 8 年间总计 786 宗土地信息进入土流网平台中进行流转，总体呈先增长后下降再增长的波折趋势。2011—2015 年信息发布量逐年增多，至 2015 年达信息发布量的顶峰，成交率约为 91%，2016 年成为拐点，2016 年前成交量普遍高于未成交量，2016 年后未成交量居高不下，造成这一现象的原因可能是受宗地信息发布时间的影响，流转信息发布时间越长，在流转市场中会接触更多的需求方，成交率越高。

在宗地数据中，其他耕地的信息发布量较多，其后为水浇地、其他农用地和旱地；但从成交量方面看，最受欢迎的土地类型为其他农用地，该类农地多以大棚、养殖用地为主（2018 年国土资源部发布的《全国土地分类》和《关于养殖占地如何处理的请示》里规定：农业中的养殖用安排养殖设施，不属于改变土地范畴），农地中有部分农业设施，便于流入方直接从事相关的农业生产活动，无须增加额外的费用，利于加快农地的流转交易。

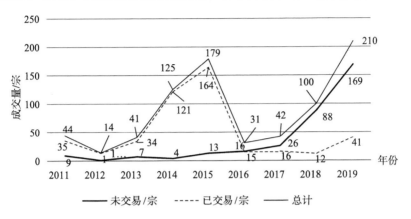

图 1 流转信息状况

（二）流转方式与流转面积

如表 1 所示，在流转方式交易中，主要以出租和转让为主。在农地流转过程中某一农地面临多家竞争时，会进行流转竞价，最终价高者得。在未交易农地中，以出租形式的农地流转剩余较多，其次是转让、转包、其他。

表 1 农地流转方式交易

农地流转方式	已交易/宗	未交易/宗	总计
出租	360	179	539
转包	18	27	45
转让	67	109	176
其他（入股等）	8	18	26
总计	453	333	786

2011—2019 年，北京的农地信息发布量与交易量均以小地块（0～50 亩）为主，有 471 宗小地块的土地信息进入流转市场，其中成交率为 55%；中小地块（51～100 亩）的数量次之，超大地块（501～1000 亩）及巨大地块（1000 亩以上）成交量较少。在巨大地块中有 19 宗面积在 1000～5000 亩的土地，还有 4 宗面积超 5000 亩的土地，已经有 13 宗地块已完成交易，此类型的巨大地块的流转类型多以出租和入股等形式流转农地，其转让方大都

为公司企业，极少数为个人转让。

（三）农地流转地点

研究农地位置信息可知，2011—2019 年，共有786 宗土地进入土流网信息平台，其中有13 宗土地没有具体位置信息，因此在分析中选取773 宗进行分析处理。如表2 所示，在已有位置信息的773 宗土地中，土地发布量最多的前三名市辖区分别为顺义区、通州区和昌平区。从成交量来看，成交量较高的前三名分别为昌平区、通州区和顺义区。这三个市辖区属北京近郊，且地势平坦，是和农业生产，以昌平的草莓为代表，大部流转农地均为草莓园或草莓大棚出租转让。

表 2　农地流转地点状况

土地地点	未交易/宗	已交易/宗	总计
昌平区	16	125	141
朝阳区	7	2	9
大兴区	47	16	63
东城区	1	2	3
房山区	32	29	61
丰台区	3	2	5
海淀区	4	14	18
怀柔区	1	16	17
门头沟区	3	6	9
密云区	11	7	18
平谷区	47	20	67
顺义区	79	83	162
通州区	37	109	146
西城区	1	1	2
延庆区	37	15	52
总计	326	447	773

注：786 宗土地信息中，有13 宗土地无地点信息，其中6 宗已交易，7 宗未交易，未计入本表。

四、流转要素对价格的影响研究

（一）北京农地流转均价分析

1. 计算方法

为保证数据的合理有效性，对数据进行均价计算时采用加权平均法，加权平均法的计算特点是所求得的平均数包含长期变动趋势，适用于本研究的 8 年间农地流转价格数据的计算。

计算公式为

$$\bar{x} = \frac{x_1 f_1 + x_2 f_2 + \cdots + x_k f_k}{n}$$

式中，$\bar{x}$ 为北京市 8 年间农地流转价格均价；

x_1，x_2，$\cdots$，x_k 为宗地土地单价（元/亩/年）；

f_1，f_2，$\cdots$，f_k 为宗地面积（/亩）。

2. 北京市流转价格均价

以宗地流转土地面积占比为加权系数，求得北京市域流转土地加权均价为 1497.09 元/亩/年，其中已交易宗地加权平均价格为 1489.83 元/亩/年，未交易宗地加权平均价格（期望价格）为 1675.60 元/亩/年。期望价格高于已交易的流转价格和北京市农地均价是正常现象，在农地流转过程中，预期价格有时受市场的影响会有上下浮动的机率，当转出方对农地流转价格处于乐观状态时，预期价格的制定会高于实际流转价格，且综合考虑，预期价格与实际流转价格差距在正常值范围内。

3. 北京市辖区流转价格均价

东城、海淀、丰台与朝阳 4 个城区的农地流转价格因数据获取量较少，且为城区，建设用地多，农地少，因此流转价格的计算代表性较弱并不能准确反映市辖区内部的真实流转价格，在此不做详细探究。

北京 10 个郊区的农地流转价格计算与实际流转价格更为贴近，数据量也较城区较多，因此在一定程度上能准确反映郊区的农地流转价格。流转价格在 1000 元/亩/年以下的只有怀柔（300.55 元/亩/年）；价格在 1000 元/亩/年 ~ 2000 元/亩/年的市辖区较多，如昌平（1821.8 元/亩/年）、大兴（1177.71 元/亩/年）、平谷（1235.96 元/亩/年）、顺义（1309.77 元/亩/年）、通州（1509.44 元/亩/年）、延庆（1100.62 元/亩/年）；农地流转价格在 2000 元/亩/年以上的郊区有房山和密云，流转价格分别为 2963.43 元/亩/年和 2050.29 元/亩/年。郊区农地流转价格多集中在 1000 元/亩/年 ~ 2000 元/亩/年，个别区的流转价格在 2000 元/亩/年以上和 1000 元/亩/年以下。怀柔农地流转价格较低的原因可能是因为怀柔是个典型的山区地貌，地面平坦的耕地面积较少，山林的流转价格稍低也是正常范围。

（二）流转要素对价格的影响分析

1. 分析方法

分析各流转要素对流转价格的影响因素研究时采用偏相关分析。偏相关分析是在研究两个变量间的线性关系时控制可能对其产生影响的变量，这种方法的目的就在于消除其他变量关联性的传递效应，如在分析流转面积对流转价格的影响时，首先要控制流转年限、流转方式与流转地点 3 方面因素的影响，在此基础上分析的流转面积对流转单价的影响是有意义且准确严谨的。

2. 研究假设

本研究的目的意在分析各流转要素对流转单价的影响关系。假设以上流转要素均对流转价格有影响。

3. 偏相关变量说明

对数据进行初步的处理与分析后，本研究的因变量为农地流转的单价 Y，自变量有 4 个，分别是 X_1（流转方式）、X_2（流转年限）、X_3（流转面积）、X_4（土地地点），如表 3 所示。

表 3　变量说明

变量类型	变量名称	赋值	含义	备注
因变量	流转价格 Y（元/亩/年）	$1 = 0 \sim 500$； $2 = 501 \sim 1000$； $3 = 1001 \sim 2000$； $4 = 2001 \sim 3000$； $5 = 3001 \sim 5000$； $6 = 5001 \sim 8000$； $7 = 8001 \sim 10000$； $8 = 10000 \sim 15000$； $9 = 15000$ 以上	农地流转交易单价	
自变量	流转方式 X_1	$1 =$ 出租；$2 =$ 转包；$3 =$ 转让	农地流转交易方式	
	流转年限 X_2（年）	$1 = 0 \sim 5$； $2 = 6 \sim 10$； $3 = 11 \sim 15$； $4 = 16 \sim 20$； $5 = 21 \sim 25$； $6 = 26 \sim 30$	农地流转交易年限	一般流转合同年限在30 年以内有效，流转年限超 30 年需重新签订流转合同

变量类型	变量名称	赋值	含义	备注
自变量	流转面积 X_3（亩）	1 = 0~50； 2 = 51~100； 3 = 101~200； 4 = 201~500； 5 = 501~1000； 6 = 1001~5000； 7 = 5000 以上	农地流转交易面积	
	土地地点 X_4	1 = 昌平区； 2 = 朝阳区； 3 = 大兴区； 4 = 东城区； 5 = 房山区； 6 = 丰台区； 7 = 海淀区； 8 = 怀柔区； 9 = 门头沟区； 10 = 密云区； 11 = 平谷区； 12 = 顺义区； 13 = 通州区； 14 = 延庆区	农地流转交易地点	价格数据中缺少石景山区与西城区土地价格

4. 偏相关分析

为了验证研究假设，使用 SPSS 统计软件作为数据分析的工具，分别对各流转要素进行偏相关分析，探究流转要素对流转价格的影响关系，分析结果如表4所示。

表4　各流转要素与流转价格的相关性分析

变量名称	偏相关系数	双尾检验	结论
流转方式 X_1	0.063	0.278	
流转年限 X_2	− 0.120 *	0.036	弱负相关
流转面积 X_3	− 0.295 **	0.000	强负相关
土地地点 X_4	− 0.179 **	0.002	弱负相关

注：显著性水平为5%，** 表示通过了显著水平为1%的检验，* 表示通过了显著性水平为5%的检验。

表4显示了不同流转要素与流转价格的关系，结果为：

（1）在流转方式对流转价格的分析中，二者没有显著的相关性，即不论是以出租、转包还是转让方式流转，均对流转价格没有影响；

（2）相关性显著的影响因素中，流转面积对流转价格呈强负相关关系，即流转面积越大，流转价格相对越低，避免因为实现规模经营收集农户细碎农地而产生的高额流转价格，土地能实现规模化经营；

（3）流转年限、流转地点与流转价格呈弱负相关关系，即流转经营权承包年限越长，农地价格相对会低于承包年限短的流转价格；在农地地点与流转价格关系中，地点、区位条件、土地质量等均对流转价格产生影响。

五、流转要素对价格的相关性原因分析

（一）流转年限对流转价格呈弱负相关

农地流转年限的影响决定着从事农业经营的人能否进行长期稳定的生产。在探究农地流转年限对价格的影响中，二者呈弱负相关，造成这一现象的原因是在流转过程中，不规范的流转行为导致部分土地流转价格的不合理现象，在农地流转的早期交易中，流转机制发展不成熟，常有流转合同的签订损害利益人的现象，如在约定的流转农地中以定额签订流转交易合同，且流转年限签订时间较长，在通州的一宗土地中，土地信息备注为"合同标的物面积7.8亩，搞大农业，每年每亩80元，金额为624元，承包期限根据1997年口头协议，从1997年1月1日到2026年12月31日"。这类合同的签订损害了农地流出方的利益，但由于合同的签订也无法重新制定流转价格。

（二）流转面积对流转价格呈强负相关

流转面积的影响决定着流转能否成规模化发展。农地流转过程中整合细碎分散、流转面积小的土地，实现规模经营。在流转面积对流转价格的影响中，有两类不同的观点：一是认为流转面积越大，流转价格越高，在细碎化条件下的土地实现大面积流转，就要进行多农户的协调，流转价格自然就会偏高；二是认为大面积的农地流转有利于实现规模经营，因此流转价格相对较低。经营组织或企业才能承担大面积的农地流转，因此大地块的流转效率低，通过降低价格优势有利于提升大面积地块的流转效率，实现增收。

（三）土地地点对流转价格呈弱负相关

农地地点对流转价格的影响较大，通过了显著水平为1%的检验。在流转价格的影响因素中，农地地点涵盖农地的区位条件。在自然条件中，平原

地区的价格会稍高于山区，平原地势平坦，利于农作物的种植，农作物的产量高，收益多；山区的农地多以林地为主，收益见效期长。

根据相关研究，北京宗地数据中近郊平原地区的土地流转价格高，顺义、通州的土地流转价格高于怀柔、密云等地的流转价格。除土地自身资源外，流转价格还受作物种植的价值影响，明显可以看出昌平的农地流转价格稍高于顺义、通州等地，造成这一现象的原因有二：一是因为昌平以草莓种植为主要经济作物，草莓种植相比于顺义、通州的粮食作物种植的收益价格高，因而农地流转的价格也稍高于粮食作物的种植；二是因为草莓种植多以草莓园为单位，需要在农地上有一定的农业基础设施，如暖棚、温室等，在这一类的农地流转过程中，流转价格为土地使用权流转加农业设施使用价格，因而总体价格高于近郊农地流转价格。

六、结　语

本文重点分析了流转要素对流转价格的影响关系，通过已有相关数进行实证研究，利用偏相关分析研究各流转要素对流转价格的影响程度，在后续实践中，要重点关注流转合同签订过程中流转年限、流转面积对流转价格的影响，形成价格递增机制，在保证多方主体利益的条件下，逐步规范流转行为，设计合理有序的流转路径。

参考文献

[1] 申云，朱述斌，邓莹，等．农地使用权流转价格的影响因素分析——来自于农户和区域水平的经验 [J]．中国农村观察，2012（3）：2－17，25，95．

[2] 伍振军，孔祥智，郑力文．农地流转价格的影响因素研究——基于皖、浙两省413户农户的调查 [J]．江西农业大学学报（社会科学版），2011，10（3）：1－6．

[3] 喻瑶，段建南，金萍．影响农村土地流转价格因素分析 [J]．农业经济，2009（11）：9－11．

[4] 田先红，陈玲．地租怎样确定？——土地流转价格形成机制的社会学分析 [J]．中国农村观察，2013（6）：2－12，92．

"互联网+"背景下视障大学生的职业发展初探

王少维　张　琳*

摘　要　随着我国经济社会发展，作为高等教育重要组成部分的高等特殊教育面临新的挑战与机遇，特别是视障针灸推拿专业的大学生的职业发展所存在的"短板"在 2020 年新冠肺炎疫情期间更趋明显。在"互联网+"背景下探索网络运营的模式方法，将对视障针灸推拿大学生通过互联网实现就业创业提供支持，并探索适合该人群的无障碍网络环境。

一、视障针灸推拿高等教育及毕业生职业发展现状

视障针灸推拿专业是高等特殊教育体系的重要组成部分，面向视力障碍人群招生。该专业在我国已有 30 余年的发展历史，随着社会对该专业学生的要求以及该群体对于自身发展需求的不断提高，目前有几所高等教育院校开办了大学专科、大学本科阶段的教育，2 所高等教育院校开办了此专业的硕士层次教育，硕士点分别设于北京联合大学特殊教育学院和长春大学特殊教育学院。

2009 年国家四部委联合颁布《盲人医疗按摩管理办法》，明确规定了盲人医疗按摩人员属于卫生技术人员，可以在医疗机构中开展相关业务活动，从业应符合规定条件，并可在具备条件的情况下，开办符合政策的盲人医疗按摩所，并可经盲人医疗按摩人员专业技术评审委员会评定合格后，取得盲人医疗按摩师（士），主治盲人医疗按摩师、主任（副主任）盲人医疗按摩师专业技术职务任职资格。视障针灸推拿专业毕业的大学生群体已经发展成

---

　　* 王少维，特殊教育学院中医专业研究生；张琳，特殊教育学院高级实验师。

临床中从事盲人医疗按摩行业的主力军，其从业场所也由保健按摩所逐渐扩展到基层医疗机构，出现了不少受到患者和社会认可的毕业生，受到社会各方面的肯定。

在国家相应政策的鼓励支持下，盲人医疗按摩从业人员的人数逐年增加，该行业已经成为视障人群就业的主渠道职业。2016 年由中国残疾人联合会、国家发展改革委等七部委联合发布的《残疾人就业促进"十三五"实施方案》中明确提出要大力发展盲人按摩业。2017 年教育部等七部门印发的《第二期特殊教育提升计划（2017—2020 年）》中明确提出"支持普通高校、开放大学、成人高校等面向残疾学生开展继续教育，支持各种职业教育培训机构加强残疾人职业技能培训，拓宽和完善残疾人终身学习通道。为其实现可持续的职业发展提供政策支持。2018 年中国残疾人事业发展统计公报显示，2018 年全国有医疗按摩机构 1126 个，共培训盲人医疗按摩人员 10160 名，953 人获得盲人医疗按摩人员初级职务任职资格，122 人获得中级职务任职资格。

二、视障针灸推拿大学生职业发展存在问题

视障针灸推拿专业大学生在接受过高等教育后，可以顺利取得盲人医疗按摩资格并具相应的从业资格，具备在医疗机构中注册，以及开办盲人医疗按摩所的资格。因此，其就业渠道主要为就职于正规医疗机构与自行开业创办盲人医疗按摩所，多数人员更倾向于前者。但在其职业发展过程中明显存在以下几个方面问题：第一，部分省市盲人医疗按摩师在医疗机构中的注册问题仍未解决，造成编制、待遇及职称晋升等多方面问题，也造成他们的求职地域方向过于集中，形成群体内竞争。第二，盲人医疗按摩机构办理许多省市缺乏落地政策，难以区分与保健按摩之间的差别，也难以取得国家医疗保险政策的支持，面对高昂的场地租金费用和人员工资，以及缺乏财务管理、企业行政管理等相应技能的针灸推拿专业大学生来说往往难以承受。第三，针对此部分人员的继续教育体系还十分欠缺，其方式和内容也较为固定和落后，支持体系缺乏针对性、一贯性和系统性，影响了该专业大学生的全面发展和持续性发展。第四，受到该职业对场地、设备需求的影响，盲人按摩目前的主要方式仍然为到店服务，这种方式在 2020 年新冠肺炎疫情期间受到了巨大的打击，由于无法正常开业，多数的盲人按摩所处于严重亏损状态，按摩师也处于失业状态。这不但使 2020 年应届毕业生求职遭受到前所未有的困

难，也使得现有该行业的从业人员受到重创。这也让大家清楚地认识到，作为公共服务行业，该行业存在着先天问题，该行业如何开拓新的运营方式，弥补单纯实体运营的"短板"，保证该行业的抗风险能力与持续发展。从而为该专业大学生就业及职业发展提供更为多样的选择和空间。

三、"互联网＋"背景下的残疾人职业新模式兴起

互联网经济时代的来临反映了工业社会向信息社会转变过程中，经济体制、组织与管理方式、供给与消费市场等领域全方位、多层次的颠覆式变化，对全球就业市场特别是残疾人就业产生了深刻影响。2015年3月，国务院总理李克强在第十二届全国人大三次会议上首次提出"互联网＋"行动，《"十三五"加快残疾人小康进程规划纲要》中为残疾人就业、脱贫进行了顶层设计，明确提出要多渠道扶持残疾人自主创业和灵活就业，大力发展残疾人辅助性就业和多种形式就业，拓宽盲人、聋人就业渠道。其中明确提出要借助"互联网＋"行动，鼓励残疾人利用网络就业创业，给予设施设备和网络资费补助，扶持残疾人社区就业、居家就业。2017年阿里研究院携手中国残疾人联合会发布的《网络时代助残：普惠与创富》的报告显示，淘宝网上有16万残疾人成功创业，创造销售额124亿元。但是我们也看到提供的几个比较成功的残疾人多为肢体残疾类人员，其创业方式多集中在农产品或其他产品销售的方式，视障人员通过此方式进行创业或者盈利的人数并不多，多数的针灸推拿专业大学生仍以传统形式在进行服务获取报酬，这可能与视障人上网时仍然存在信息浏览困难或者职业选择有关。

四、"互联网＋"背景下的视障针灸推拿专业大学生职业发展现状

目前，视障针灸推拿专业的从业人员主要分布在中国和日本，两国的从业方式比较相近，均在医疗机构、保健机构、养老机构进行服务，且类型为到店（机构）服务或上门服务，其职业发展多数集中在专业技术的学习和提高方面。

有研究者认为，互联网提供残疾人自我赋权过程，残疾人通过互联网聚焦于能力建设和能力提升，而互联网帮助他们关注自我，重新定位自我。新技术将为残疾人参与劳动带来极大的便利与支持，创造更多适合残疾人就业的新型产业形态。有研究者侧重于在社会生态系统理论视角下构建该人群的

就业支持系统。近年来国家陆续颁布的《残疾人就业条例》《残疾人职业技能提升计划（2016—2020 年）》《关于扶持残疾人自主就业创业的意见》等一系列法规政策，为残疾人就业提供了有效的制度保障。在此背景下，视障针灸推拿专业大学生的职业发展应该有更为广阔的空间。

五、"互联网＋"背景下的视障针灸推拿专业大学生职业发展对策

2015 年，党中央提出"供给侧改革"后，"新消费"概念也变得越来越热。随着互联网时代的到来，各种信息服务、情感服务、生活服务大部分都可以被有效地融入线上服务中。2019 年，中国直播电商行业总规模一举超过4000 亿元。由疫情初期的"宅经济"打底，复工复产后的全产业链，几乎都开始进入"直播＋"的节奏。传统实体商家尝到了直播带来的多重实惠。传统的实体健康产业在遇到疫情等突发公共卫生事件时所受到的巨大挫折和挑战也使得大家把发展目光投向互联网运营模式。

健康产业已成为 21 世纪引导世界经济发展和社会进步的重要产业。据《2015—2020 年中国大健康战略发展模式与典型案例分析报告》显示，健康产业在 GDP 的占比方面，美国超过 15%，加拿大、日本等国超过 10%，而中国的健康产业仅占 GDP 的 4%～5%，相比之下与发达国家差距较大，因此我国健康产业具有较大的发展空间，也得到了各方面的关注。据相关预测，2021 年中国健康产业产值将达 4 万亿元人民币。

在"互联网＋"时代背景下，视障针灸推拿专业大学生在就业选择上可突破以往的途径，根据自己的专业特点，通过互联网实现就业创业并进行自身的职业发展。如可通过互联网提供健康营销，采用到店服务与远程指导有机结合的方式，打破仅依靠到店服务才能获取报酬的传统模式；通过互联网提供更多服务，实现就业并达到有效规避风险的目的；可以通过互联网从事健康咨询、网店运营、个性化调理等工作；同时可通过互联网来进行学习以促进自身的职业发展。

推动互联网环境的无障碍化改造，如针对视障者推出更多具有大字体、大图标、高对比度的文字等功能的网络界面；推动网站与手机 App 与读屏软件兼容，如解决"验证码"操作困难，按钮标签和图片信息不可读的问题等。

参考文献

[1] 李繁荣，王健，孙千淼. 针灸推拿学专业就业现状及前景分析［J］. 中国卫生产业，2017（11）：170－173.

[2] 张伟，等. 残疾人职业动机影响因素研究［J］. 华中科技大学学报：社会科学版，2012，26（5）：118－121.

[3] 王建光，高羚. 残疾大学生自主创业现状分析［J］. 长春大学学报，2017（11）：120－124.

[4] 邓锁. 信息化背景下残疾人就业模式及政策支持路径分析［J］. 残疾人研究，2016（1）：62－68.

[5] 张承蒙. 浅析全面小康背景下推动残疾人创业的重要性［J］. 劳动保障世界，2016（5）：15－23.

[6] 孙晶华，张洪杰. 基于 SWOT 分析的残疾人创业效益分析与选择策略［J］. 税务与经济，2019（3）：62－68.

[7] 焦若水，李国权. 残疾人就业：互联网时代的机遇与挑战［J］. 残疾人研究，2019，36（4）：45－53.

[8] 周姊毓，李颖. 残疾学生职业能力评估发展对策研究［J］. 长春大学学报，2019，30（1）：117－120.

科技成果转化金融支持的研究现状与趋势[*]

韦 翠 赵 睿^{**}

摘 要 通过知识图谱分析方法，运用 CiteSpace 可视化文献分析工具，以 1998—2019 年收录于中国知网（CNKI）的 11409 篇与科技成果转化研究领域相关的学术论文作为分析样本，对科技成果转化的金融支持进行了提取，并以 1998—2019 年来源于中国社会科学引文索引（CSSCI）的 1477 篇学术论文作为分析样本对当前科技成果转化研究的演进趋势进行分析。数据分析结果表明科技成果转化金融支持的相关研究成果并不丰富，科技成果转化的风险成本研究得到了学界的最新关注。国内外经验表明金融支持是科技成果转化能否成功的重要因素之一，当前理论研究并不适配实践发展的需求，科技成果转化的金融支持值得学界深入研究。

一、引 言

在党的十九大明确提出实施创新驱动发展战略的背景下，科技成果转化始终是国家重视的关键一环，在科技创新与经济社会发展之间起到了极为关键的桥梁作用，而金融支持又是科技成果转化能否成功的重要因素之一。当前科技成果转化的相关研究形成了一个相互关联、不断延伸的系统，已有众多围绕科技成果转化、技术转移的研究成果，对其进行知识图谱分析可以帮助我们向前追根溯源、向后窥探发展动向。因此，本文从金融支持的视角出发，对前人研究成果进行了可视化文献计量分析，探讨与科技成果转化有关

* 基金项目：北京市哲学社会科学基金联合会一般项目（19YJB016）：北京市科技成果转化的金融支持模式及利益分配机制研究。
** 韦翠，商务学院金融专业硕士研究生；赵睿，管理学院教授。

的金融支持政策、方法及成效等问题，以期为我国学界拓展科技成果转化的金融支持研究领域提供思路。

二、研究方法与数据来源

（一）研究方法

本文通过 CiteSpace 软件这一可视化分析工具绘制知识图谱，对科技成果转化、技术转移相关的金融支持研究现状，以及研究演进动态做出分析。运用 CiteSpace5.7 版本，对来源于中国知网（CNKI）以及中国社会科学引文索引（CSSCI）的数据文件进行格式转换，继而通过关键词共现等分析，对 1998—2019 年国内科技成果转化的有关文献进行了内容可视化。

（二）数据来源

为使数据尽可能全面，金融支持关键词分析的核心数据集主要来源于 CNKI。以"科技成果转化"或"技术转移"为关键词，将时间限定在 1998—2019 年进行检索（检索时间：2020 年 12 月 21 日），得到 13327 篇中文文献，经筛选剔除重复文献及未标明作者的文献，最终确定有效学术论文共计 11409 篇作为该部分分析的核心数据。

CSSCI 来源期刊在我国属于权威性高、水平高、影响力大的学术期刊，因此研究前沿采用 CSSCI 来源期刊进行分析。以"科技成果转化"或"技术转移"为关键词，时间限定在 1998—2019 年进行检索（检索时间：2020 年 12 月 21 日）得到 1477 篇中文文献，剔除重复文献及报告等类型的文献，最终得到有效学术论文共计 1457 篇作为该部分分析的核心数据。

三、核心数据集的分析结果

（一）文献发表年代分析

如图 1 所示，与科技成果转化有关的文献发表量呈现出总体上升、小幅波动的状态，其中以 1999 年和 2014 年为波峰增幅较大，1998 年波峰产生的可能原因在于 1996 年 10 月 1 日我国开始实施《促进科技成果转化法》，学界往往对于刚刚兴起的领域有着浓厚的研究兴趣和高度的关注，在随后的两年文献发表量有了快速增长；2014 年波峰产生的可能原因在于 2014 年科技部、财政部设立了"国家科技成果转化引导基金"，此时我国有多个省市如北京、上海、广东等设立了地方科技成果转化引导基金对接国家产业基金，引发了学界又一次的关注热度。

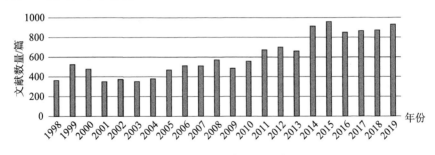

图1　1998—2019年文献发表量

（二）关键词共现分析

1. 所有关键词的共现分析

Whittaker指出共现分析的假设前提之一是论文中标引出的关键词是能够反映文章内容的、值得信赖的指标（Whittaker，1989）。科技成果转化和技术转移的关键词共现网络结点数量为1407，连线数量为8999，网络密度为0.0091，表1显示了频次排在前10的关键词，可以发现有关金融支持的相关研究频度并不高，而金融支持在科技转化中的桥梁作用又十分关键，因此对科技成果转化的金融支持研究是学界目前可以进行探究的一个方向。

表1　词频排名前10的关键词

关键词	词频	首次发表年份
科技成果转化	6545	1998
技术转移	2053	1998
科技成果	622	1998
高校	384	1998
成果转化	374	1998
产业化	337	1998
对策	324	1998
转化	315	1998
科技创新	312	1998
高新技术	252	1998

数据来源：由Citespace5.7软件生成结果归纳得出，下同。

2. 金融支持的关键词分析

将上文科技成果转化、技术转移相关的关键词共现的所有分析结果进行提取，可以得到表2所示共计31个金融支持关键词。其中"风险投资"的首次发表年份在1998年，表明我国对科技成果转化的金融支持相关研究起步较早。

表2　科技成果转化的金融支持关键词

关键词	频次	首次发表年份	关键词	频次	首次发表年份
风险投资	68	1998	直接投资	7	1999
外商直接投资	33	2003	科研经费	6	2016
科学技术奖励	30	2009	金融支持	6	2014
科技金融	25	2011	财税政策	5	2019
研发投入	24	2006	税收优惠	5	2019
股权激励	18	2015	研发经费投入	4	2019
引导基金	18	2014	融资	4	2015
创业投资	14	2001	天使投资	3	2017
税收优惠政策	14	2000	金融资本	3	2011
科技风险投资	13	1998	国家科技奖励	2	1999
风险资本	13	1998	科技经费投入	2	2003
专项资金	12	2007	知识产权抵押贷款	2	2010
科技型中小企业融资	8	2011	城市合作银行	2	1998
风险投资基金	7	1999	注册资本	2	1999
创业投资引导基金	7	2010	创业投资基金	2	2012
创业风险投资	7	2009			

以上有关科技成果转化的金融支持关键词总体可分为三类：投融资研究、科技投入研究以及国家财税政策研究。由于以"科学技术奖励"为关键词的文献几乎均源自国家科技奖励工作办公室主办的《中国科技奖励》，本研究对比不做过多述评。将词频作为主要依据，沿时间脉络对"风险投资""外商直接投资"和"科技金融"进行研究述评内容如下：

（1）风险投资

李永周（2000）通过对国外科技园区运作管理的经验进行总结，发现风险投资可以产生"资金放大器"和"企业孵化器"的功能，健全的风险投资政策是帮助风险投资促进科技成果转化的有利条件；李刚（2002）等学者强调了高新技术产业化进程中孵化器与风险投资之间存在的互补性，通过成立孵化器管理公司可以综合两种模式的优势，助推科创企业的成果转化；王雪峰（2002）提出将知识密集场所与知识技术密集行业——高校与风险投资业二者相联结，由于高校有着"孵化与利益并重，更注重孵化"的导向，因此，在高校内建立风投机制具有可行性；崔国红（2003）以山西省风险投资为例，分析发现风险投资在科技成果转化的研究、开发、成果转化三个阶段中产生了资金效应和体制效应；刘骏（2014）通过实证分析，发现风险投资在资金支持、体制改进和管理辅助的作用机制下能够显著促进科技成果转化；学者齐欣原（2016）指出我国处于"科研机构独立于企业之外，科技与经济相分离"的态势，建议我国借鉴美国依托于研究型大学设立的概念证明中心来助力科技成果转化；在实际运用方面，袁杰（2018）等研究发现，创业风险投资在我国科技型企业中存在着来源单一、理论指导匮乏、行业避险机制不完善、法制条件不完善等问题；崔学海（2019）通过构建 DEA – Tobit 模型对长江经济带技术转移的金融投入产出效率进行了分析，结果显示技术转移金融支持的有效投入不足，会制约投资效率的提升。

（2）外商直接投资

陈国宏（2000）通过格兰杰因果检验和 EG 两步法发现，短期内我国外商直接投资是技术转移的重要原因，但长期不存在共同发展趋势；有研究显示我国引进外商直接投资产生了负效应，谢伟（2001）基于设计外商直接投资评价框架的迫切需要，提出了一个包含激励效果、节约效果、溢出效应和负效应的评价框架；张小蒂（2005）同样发现我国基于外商直接投资自主创新能力并未得到应有提升，建议我国从改善投资环境和政府积极引导着手，提升我国的自主研发能力；与前述观点相反，彭峰（2013）通过随机前沿生产函数模型分析发现，国外技术引进和外商直接投资能够显著促进高技术产业技术效率的提升，其中外商直接投资与自主研发产生的互补效应可以显著提升技术效率；范建婷（2015）通过问卷调查数据研究发现，子公司的出口导向能够显著影响母公司的技术转移，主要是通过生产制造技术转移间接影响生产作业方式转移；考虑到外商直接投资存在一体化和非一体化这两种引入模式，邢斐（2015）对于上下游 FDI 一体化引入东道国，却挤压了东道国企业利润这一"产业升级悖论"提供了合理解释，即东道国上游本土企业数量及其模仿能力共同决定了上下游企业利润的多寡。

（3）科技金融

徐义国（2012）评价了我国的科技金融政策效应，建议赋予科技金融以国家级战略地位，整合布局当前科技金融资源，妥善处理政策性功能与市场机制的协同。吴翌琳（2013）以中关村为例，分析了科技金融服务体系的协同发展模式，并运用 CDM 模型进行实证研究，发现中关村具有各类创新资本比例平均、各类资本间排斥性强、成果转化具有明显的阶段性特征等特点，为我国的科技金融有效协同提供了经验和启示；针对上述特点她进一步提出了完善科技成果转化的金融服务动态匹配机制，构建多层次科技金融服务体

系，以及发挥金融服务体系的资源整合效应这三项措施。相似地，王宁
（2013）基于我国金融支持科技成果转化的现状，建议我国建立以政府为引
导、多种金融服务机构资源为主体、金融要素和工具互相搭配的科技金融生
态系统，以提升我国科技成果的转化率；"高校"作为研究热点之一，如郑
洁红（2019）指出，高校是科技资源配置的重要主体，但我国高校科技资源
配置的市场化水平与发达国家仍有不小的差距，建议针对高校进行深化科技
体制改革、提升技术交易软硬件水平、鼓励科创多元化投入和加强高校与园
区合作的改革，形成市场化科技资源配置与科技成果转化相承载的体系。

四、研究演进趋势分析

运用 CiteSpace 软件对我国科技成果转化研究的关键词进行分析，选择参
数节点类型为 Keyword，时间段为 1998—2019 年，分析得到我国科技成果转
化研究的关键词共现网络，其中聚类分析的网络模块化（Modularity）评价指
标 Q = 0.6436 和平均轮廓值（Silhouette）评价指标 S = 0.9136，当 Q > 0.3 时
意味着划分出来的社团结构是显著的，S > 0.7 时表明聚类结果内部相似性和
外部差异性都较高，聚类结果理想。根据子聚类内容进行划分得到 17 个聚
类，经筛选归纳得出 14 个聚类具体内容如表 3 所示。其中"#12 风险成本"
的聚类生成年份最新，表明科技成果转化的风险成本研究是当前演进趋势之
一，得到了学界的最新关注。追溯发现该聚类中还包含外商直接投资、国有
资产管理等在内的金融支持相关研究，也进一步说明科技成果转化的金融支
持领域值得深入研究。

表3　科技成果转化研究中文文献关键词的聚类分析

聚类 ID	节点数	轮廓值	生成年份	聚类标签	主要内容
#0	139	0.929	2010	科技成果转化	科技成果转化的支持与运作平台研究
#1	134	0.917	2008	技术转移	技术转移的过程分析
#2	66	0.897	2005	国际技术转移	国际环境相关的技术转移
#3	55	0.893	2000	产学研结合	产学研各主体间的往来与博弈
#4	55	0.904	2006	技术创新	科技成果转化的技术创新
#5	48	0.87	2002	技术市场	科技成果的评估与交易
#6	42	0.929	2012	影响因素	推动科技成果转化的影响因素研究
#7	36	0.878	2009	知识创新	知识创新模式的国际借鉴
#8	32	0.886	2010	大学技术转移	与大学有关的技术转移与利益分配研究

聚类 ID	节点数	轮廓值	生成年份	聚类标签	主要内容
#9	31	0.951	2004	农业科技成果转化	农业科技成果的投入、产出与交易
#10	22	0.954	2003	技术转移模式	技术转移模式探究
#11	20	0.914	2006	高校技术转移	高校的技术转移创新与管理机制研究
#12	5	0.999	2019	风险成本	科技投入的风险成本评估
#13	5	0.998	2014	创新价值链	科技成果转化创新价值链的内容分析

五、结 语

综合以上分析结果并根据科技成果转化的国内外研究背景和现状，结合学界近年的研究演进趋势来看，未来科技成果转化的金融支持研究应当将关注点投向：投融资支持、科技投入支持、国家财税政策扶持等。科技成果转化的研究表明，科技研究成果实现商业化通常需要跨越"死亡之谷"，即公共资助基础研究由于缺乏资金支持难以实现向应用研究成果转化，由于这种难题的存在，目前对科技成果转化的金融支持研究有相当的必要性和紧迫性。

参考文献

[1] 李永周，辜胜阻. 国外科技园区的发展与风险投资 [J]. 外国经济与管理，2000 (11)：42 - 46.

[2] 李刚，张玉臣，陈德棉. 孵化器与风险投资 [J]. 科学管理研究，2002 (3)：18 - 22.

[3] 王雪峰，王淑云. 高等院校校内风险投资机制的探讨 [J]. 科学学与科学技术管理，2002 (9)：63 - 65.

[4] 崔国红. 风险投资在科技成果转化中的作用与发展模式——以山西风险投资发展为例的研究 [J]. 科学技术与辩证法，2003 (6)：58 - 63.

[5] 刘峻，唐振鹏. 风险投资对科技成果转化作用机制的实证研究 [J]. 福建论坛（人文社会科学版），2014 (12)：13 - 18.

[6] 齐欣原. 借鉴国际经验推动我国科技成果有效转化 [J]. 中国党政干部论坛，2016 (6)：42 - 44.

[7] 崔学海，王崇举，曾波. 基于 DEA - Tobit 的长江经济带技术转移金融支持效率研究 [J]. 统计与信息论坛，2019，34 (9)：77 - 84.

[8] 陈国宏，郑绍濂，桑赓陶. 外商直接投资与技术转移关系的实证研究 [J]. 科研管

理，2000（3）：23－28.

［9］谢伟. 外商直接投资技术转移效果的评价框架［J］. 科学管理研究，2001（1）：35－39.

［10］张小蒂，徐旻. 我国基于 FDI 自主创新能力的培育［J］. 国际贸易问题，2005（12）：104－109.

［11］彭峰，李燕萍. 技术转移方式、自主研发与高技术产业技术效率的关系研究［J］. 科学学与科学技术管理，2013，34（5）：44－52.

［12］范建亭，汪立. 出口导向、技术类型与跨国公司内部技术转移——基于在华日资企业的实证分析［J］. 财经研究，2015，41（10）：83－95.

［13］邢斐，宋毅. FDI 纵向一体化、技术转移与东道国产业发展［J］. 财经研究，2015，41（5）：123－133.

［14］徐义国. 科技金融的政策性禀赋［J］. 中国金融，2012（23）：24，26.

［15］吴翌琳，谷彬. 科技金融服务体系的协同发展模式研究——中关村科技金融改革发展的经验与启示［J］. 中国科技论坛，2013（8）：134－141.

［16］吴翌琳，谷彬. 科技与资本"联姻"：科技成果转化的金融服务体系研究［J］. 科学管理研究，2013，31（4）：109－112.

［17］王宁，王丽娜. 论我国科技成果转化的金融支持机制与发展对策［J］. 科技管理研究，2013，33（19）：38－40，45.

［18］郑洁红. 资源配置市场化对高校科技成果应用的促进作用［J］. 中国高校科技，2019（6）：19－22.

企业资源配置效率研究：文献综述

明　华　尹夏楠*

摘　要　本文以资源配置效率为关键词、以企业为检索主题，对核心期刊及以上的 86 篇文献进行文献综述，对文献的分布情况及关键词的知识图谱进行了介绍，从研究领域、研究内容、研究方法、研究特点对资源配置效率的研究情况进行了总结，最后得出资源配置效率现有研究的特点和未来的一些研究思路：研究主体偏向微观化、研究方法的创新、资源配置效率测算方法的改进。

一、引　言

党的十九大五中全会指出，要以推动高质量发展为主题。经济新常态下企业面临着更加激烈的竞争，如何合理利用好企业的资源，形成企业的核心竞争力至关重要。市场资源的稀缺性使得企业必须对资源进行有效的组合和利用以提高资源配置效率，促进企业的创新和发展。

二、文献描述

效率的基础含义是投入产出比值，资源配置效率源于经济学，具体有两个方面的内涵，一方面是指资源向最能发挥资源作用的主体集中的程度，比如"发挥市场在资源配置中的主体作用"；另一方面是指各要素在内外部环境间运作、协调的结果，比如"提高企业内部的资源配置效率"。

在 CNKI 上以"资源配置效率"为关键词进行相关期刊检索，期刊来源

---

*　明华，管理学院工商管理专业硕士研究生；尹夏楠，管理学院副教授。

类别限定为 SCI、CSSCI、EI、北大核心、CSCD，时间截至 2020 年 11 月 15
日，共检索出 277 篇文献，在关键词"资源配置效率"的基础上将检索主题
限定为"企业"共得到 86 篇文献。文献的时间跨度为 1998—2020 年，文献
分布如图 1 所示。

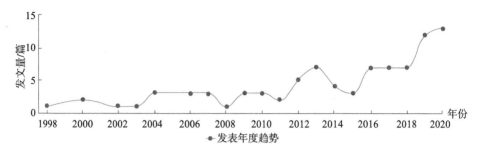

图 1　资源配置效率时间分布

本文将相关文献在内容上研究类型划分为：实证型、现状探究及对策型、
理论梳理、概念辨析四种类型。各类型文献年份分布如表 1：实证型的文献
占比过半，并且近几年关于企业资源配置效率的文献数量大幅提高，增加的
文献主要是实证型。

表 1　企业资源配置效率研究类型分布

年份	实证型	现状探究及对策型	理论梳理型	概念辨析型	小计
1998			1		1
2000		1	1		2
2002			1		1
2003		1			1
2004	1		2		3
2006		1	2		3
2007			1	2	3
2008				1	1
2009	1	2			3
2010	2	1			3
2011	2				2
2012	3	2			5
2013	6	1			7
2014	3	1			4
2015	3				3

年份	实证型	现状探究及对策型	理论梳理型	概念辨析型	小计
2016	6	1			7
2017	6	1			7
2018	5		1		6
2019	10	3			13
2020	10	1			11

三、研究领域

（一）企业经济

关于企业资源配置效率的文献起源于微观企业经济，企业经济侧重于企业内部的生产要素的配置效率，以及生产要素的投入产出效率。也有文献从交易成本的角度探讨如何提高企业的资源配置效率。

（二）宏观经济

资源配置效率的相关文献在宏观经济领域较为丰富。该领域的研究首先是从企业融资入手，进一步发展到了金融资源、金融市场融资结构等相关资源的配置效率研究。其次，宏观经济方面的文献研究内容开始转向整个市场结构和类型，相关内容包括国际垄断、多元化内部资本市场、要素市场扭曲等对资源配置效率的影响。而且，关于不同行业间及行业内部的资源配置效率近些年来一直很受研究者的青睐，包括产业转型、产能过剩、产业政策等。

（三）财务

相关方面文献对企业内部变化对市场配置效率的影响进行研究，包括公司治理状况、企业内部交易、政府补贴的配置情况、会计信息可比性等。

四、研究内容

研究内容按照研究资源所属的范围可划分为宏观结构资源配置效率、行业资源配置效率，以及企业内部的资源配置效率。

（一）宏观结构资源配置效率

宏观结构资源配置效率文献集中在对其影响因素的研究上，影响因素可进一步划分为：政策因素、市场因素和微观企业因素。

在研究政策因素对于资源配置效率方面，行政审批可以提高资源配置效率，但其影响程度大小取决于企业的要素投入状况。规范和开放资本市场运作的相关政策能够提高资源配置效率，包括沪港通政策，融资融券制度引入卖空机制。其他政策，比如科技管理体制创新、法律制度环境建设、财政税收制度创新、人才引进管理机制改革、产业结构政策创新等也会影响资源配置效率。

市场因素方面，最低工资标准上涨能提高资源配置效率；而劳动力市场分割会抑制最低工资标准上涨对资源配置效率的改善作用。总体而言，市场化程度高，资源错配程度越低，市场的资源配置效率越高，但是这种影响存在显著的区域不平衡性，也有研究发现资本深化对资源配置效率的影响呈现倒U形。在市场结构方面，寡占市场结构更有利于一国企业国际竞争力的提高，且一般不会引起本国资源配置效率的降低；经济性垄断有别于行政性垄断，其对企业资源错配所导致的效率损失可能具有纠正效应。金融市场方面，商业信用的信号效应、债券市场的发展对优化资源配置效率具有积极意义，但也有研究发现中国的金融自由化进程对提高资源配置效率没有明显作用。

微观企业因素方面，不同所有权性质、注册资本、行业类型、员工规模、资质类型、成立年限和年营业收入之间的均衡程度不同会影响资源配置效率。高质量的信息有助于引导公司的资源实现优化配置，国有上市公司信息质量对资源配置效率的影响不显著，在中后期与资源配置效率呈负相关关系。企业集团内部关联担保交易和关联资金交易会降低资本市场资源配置效率，造成负面的经济后果。行业平均公司治理状况越好，企业资源配置效率越高。

（二）行业资源配置效率

行业资源配置效率集中在影响因素和对现状探索的研究。

在行业资源配置效率的影响因素研究中，可以发现对外直接投资能够提高中国行业资源配置效率；我国制造业整体总生产率的增长主要源于资源再配置效率，而外资的进入是资源配置效率提升的重要渠道之一。空间因素会影响行业的资源配置效率，高速公路通达性对非中心城市制造业资源配置效率优化的促进作用显著。要素市场扭曲对行业资源配置效率有负面影响，企业的跨行业转移不仅促进了转移企业的效率，也会改进转入行业的资源配置效率及其整体的生产率。

在行业的资源配置效率现状探索方面，有学者对行业资源配置效率的研究结果表明中国资源配置效率的改善空间平均达到160%。行业内部企业之间的资本配置效率年均恶化程度至少是劳动配置效率的两倍，而行业之间的资源配置效率对全要素生产率的影响微弱。

（三）企业内部资源配置效率

资源配置效率相关的文献中关于企业内部的资源配置效率探讨的文献比较少，并且均在资源配置效率研究的早期，多为概念辨析和理论的梳理。阳昌云（2000）认为成本本质上表现为资源配置的效率，资源耗用和时间因素构成成本的基本要素。李家俊（2004）认为传统的企业效率理论突出的产出效率和资源配置效率，强调外在约束、忽视内在约束。纪玉俊（2007）认为不同的企业，其资源配置效率存在着差异，因而影响企业边界变动的动态性与复杂性。熊筱燕，韩慧平（2007）认为企业的资源配置效率主要取决于企业的产业定位的方向、核心技术竞争力、制度创新的管理能力与市场开拓的成功。

五、研究方法

关于宏观资源配置及行业资源配置方面基本都是实证研究，无论是现状探究还是实证估计，都会建立模型进行计算。数据来源通常为工业数据库、制造业数据库、统计年鉴或上市公司数据，也有研究通过设计调查问卷收集数据。在资源配置效率的测算方面，使用的测算方法有 DEA、生产率分解、构建测算指标体系的方法。早期的研究中，在相关概念和理论梳理上基本都是进行理论的逻辑推导。

六、未来研究思路与趋势

现有的文献多集中在宏观和中观的资源配置效率影响因素上，对于"市场在资源配置起决定性作用"方面研究成果丰富，研究企业内部资源配置效率的内容不足。究其原因，一方面是宏观和中观方面的数据相对比较全面，比如我国的工业数据库、制造业数据库，而微观企业方面，非上市公司的数据较难获取，上市公司的数据局限于财务数据，投入和产出的数据不够齐全。另一方面宏观和中观资源配置效率测算方法多样，国外相关测算方法比较成熟，可用计量经济学解决测算问题，实证研究和规范研究适用模型多样，企业内部资源配置效率测算暂时还没有较为合适的测算方法，比如 DEA 模型测算法的局限在于对于大样本量测算结果差距很小，并且对于投入产出指标学术界并未达成一致。

关于资源配置效率研究思路与趋势如下：（1）研究对象可偏向微观化，即企业内部资源配置效率，近一步拓展到企业内部资源配置效率的内部影响因素和外部影响因素的研究。目前，企业内部资源配置效率与全要素生产率的概念较为接近，但全要素生产率是否代表资源配置效率有待商榷。（2）研究方法上可继续创新，比如选用更加适合的计量模型。（3）企业内部资源配置效率的测算方法改进，测算方法能够较好地衡量资源配置效率，且具有应用的普适性。

参考文献

[1] 叶栋梁. 企业融资效率的分类及事后交易成本的影响因素 [J]. 生产力研究，2008（10）：135 – 136.

[2] 熊筱燕，韩慧平. 资源配置效率与企业的生存发展 [J]. 生产力研究，2007（24）：11 – 12，25，161.

[3] 李家俊. 重新认识企业效率 [J]. 江苏商论，2004（12）：91 – 93.

[4] 杜晓荣. 企业发展循环经济的经济学分析 [J]. 中国流通经济，2007（10）：41 – 44.

[5] 郭铭文. 我国金融效率宏观矛盾的微观措施 [J]. 长白学刊，2006（3）：82 – 83.

[6] 刘国风. 银行中介和股票市场资源配置效率比较研究 [J]. 财经问题研究，2009（1）：63 – 67.

[7] 温太璞. 关于规模经济、跨国兼并与贸易模式的理论考证 [J]. 经济师，2002（4）：41 – 42.

[8] 王蓉，周芸，陈良华. 中国"系族企业"分部经理影响力活动、内部资本市场及其配置效率 [J]. 上海金融，2012（9）：16 – 22，116.

[9] 毛其淋. 要素市场扭曲与中国工业企业生产率——基于贸易自由化视角的分析 [J]. 金融研究，2013（2）：156 – 169.

[10] 刘兴赛. 主体自生、结构优化与市场深化——论东北振兴战略实施中的内生发展能力构建 [J]. 东北大学学报（社会科学版），2009，11（2）：128 – 134.

[11] 刘满凤，刘熙，徐野，等. 资源错配、政府干预与新兴产业产能过剩 [J]. 经济地理，2019，39（8）：126 – 136.

[12] 周中胜. 公司治理改善与资源配置效率优化——来自中国上市公司的经验证据 [J]. 山西财经大学学报，2011，33（2）：69 – 75.

[13] 陈艳利，乔菲，孙鹤元. 资源配置效率视角下企业集团内部交易的经济后果——来自中国资本市场的经验证据 [J]. 会计研究，2014（10）：28 – 35，96.

[14] 耿强，胡睿昕. 企业获得政府补贴的影响因素分析——基于工业企业数据库的实证研究 [J]. 审计与经济研究，2013，28（6）：80 – 90.

［15］来明敏，裴莉莉. 会计信息可比性对企业资源配置效率的影响［J］. 世界科技研究与发展，2013，35（4）：534－538.

［16］詹新宇，王一欢. 行政审批改革与企业全要素生产率——基于行政审批中心设立的准自然实验［J］. 中山大学学报（社会科学版），2020，60（5）：195－207.

［17］张天华，刘子亮，陈思琪，等. 行政审批中心的资源配置效率研究——基于中国工业企业数据的分析［J］. 财经研究，2019，45（9）：127－140.

［18］丁一，李启佳. 资本市场开放与企业资本结构决策——基于沪港通效应的准自然实验研究［J］. 河南大学学报（社会科学版），2020，60（4）：44－55.

［19］顾乃康，周艳利. 卖空制度、企业投资与资源配置效率［J］. 中山大学学报（社会科学版），2020，60（1）：198－207.

［20］叶刘刚，黄静波. 农副食品加工业企业全要素生产率研究［J］. 农林经济管理学报，2016，15（4）：435－445.

［21］宗慧隽，李真. 最低工资标准、劳动力市场分割与资源配置效率［J］. 产业经济研究，2020（4）：74－89.

［22］冯英杰，钟水映，赵家羚，等. 市场化程度、资源错配与企业全要素生产率［J］. 西南民族大学学报（人文社科版），2020，41（5）：100－112.

［23］宋建，郑江淮. 资本深化、资源配置效率与全要素生产率：来自小企业的发现［J］. 经济理论与经济管理，2020（3）：18－33.

［24］张明. 寡占市场与国际竞争力［J］. 生产力研究，2006（12）：15－16，25.

［25］林梨奎. 经济性垄断与企业资源错配：纠正效应或错配效应［J］. 山西财经大学学报，2019，41（6）：13－25.

［26］祖国鹏. 政府在企业债券市场上的定位及其干预效应分析［J］. 东岳论丛，2004（4）：126－129.

［27］于博. 商业信用、信号效应与银行融资——基于A股制造业上市企业的实证分析［J］. 证券市场导报，2017（1）：34－42.

［28］贾春新. 金融深化：理论与中国的经验［J］. 中国社会科学，2000（3）：50－59，204.

［29］成海燕，徐治立，张辉. 科技金融政策促进科技企业发展的资源配置效率研究——来自北京市的实证调查［J］. 科技进步与对策，2020，37（4）：119－128.

［30］王一舒，陈佩雯. 信息质量对企业资源配置效率的影响［J］. 统计与决策，2020，36（7）：171－174.

［31］张屹山，赵立文，刘玉红，等. 论国有企业改革的基本方向［J］. 吉林大学社会科学学报，2018，58（2）：51－59，204.

［32］林敢，陈廷贵. 对外直接投资对行业资源配置效率的影响：以农业加工产业为例［J］. 世界经济研究，2020（7）：46－59，136.

［33］李兰冰，阎丽，黄玖立. 交通基础设施通达性与非中心城市制造业成长：市场势

　　　力、生产率及其配置效率［J］．经济研究，2019，54（12）：182－197.

［34］曹亚军．要素市场扭曲如何影响了资源配置效率：企业加成率分布的视角［J］．南
　　　开经济研究，2019（6）：18－36，222.

［35］余壮雄，米银霞，董洁妙．中国制造业企业跨行业转移的机制与效率［J］．经济学
　　　报，2019，6（1）：29－61.

［36］尹恒，李世刚．资源配置效率改善的空间有多大？——基于中国制造业的结构估计
　　　［J］．管理世界，2019，35（12）：28－44，214－215.

［37］步晓宁，张少华，张天华．中国工业企业的增长动能、配置效率与经济利润［J］．
　　　南方经济，2019（6）：48－70.

［38］阳昌云．关于成本理论若干问题的探讨［J］．财经论丛（浙江财经学院学报），
　　　2000（3）：59－64.

［39］纪玉俊．企业资源配置效率差异与企业边界变动［J］．中南财经政法大学学报，
　　　2007（4）：54－58，143.

增量奖惩电商小微企业信用风险动态评价[*]

陈柏彤　　鲍新中[**]

摘　要　目前关于小微企业信用评价的研究往往局限于静态分析，且评价指标体系很不适用于电商平台的小微企业。本研究以农村电商平台小微企业为研究对象，基于相关性和数据可得性的考虑，首先，构建农村电商小微企业的信用评价指标体系，通过方法优化，在利用传统 TOPSIS 法得到的静态评价结果的基础上，嵌入信用增量奖励值或惩罚值、时间权重，并运用灰色关联分析法反映企业的信用发展趋势；其次，构建考虑增量奖励和惩罚的改进 TOPSIS 法电商小微企业信用风险动态评价模型；最后，将模型应用于电商小微企业的信用动态评价，验证模型的可行性和合理性。

一、引　言

随着互联网经济的快速发展，涌现出大批电商小微企业，对电商小微企业信用进行更为合理全面的评价，对提升现有电商小微企业信用的合理性和全面性具有重要意义。进行信用评价要有合理全面的指标体系和合适的方法。在指标体系构建方面，部分学者构建了指标体系，如范黎波等、韩琴、范方志等、袁海瑛和舒歆。另有部分学者构建了适用于不同类别电商、网商企业的信用评价指标体系。但研究中的指标体系并不完全适用于电商小微企业的信用评价。现有研究在方法选择上具有多样性的特点，Messier 在信用风险分析中引入了专家系统，张发明、李小霜、周文坤、王俊峰等学者运用了 TOP-SIS 法、肖斌卿等和胡海青等运用了支持向量机、肖斌卿等和 Desai 运用了神

　* 基金项目：本研究受北京市属高校高水平教师队伍建设支持计划长城学者培养计划项目"基于风险分担的电商供应链融资合作机制构建与溢出价值分配研究"（项目编号：CIT&TCD20180327）资助。

　** 陈柏彤，管理学院硕士研究生；鲍新中，管理学院教授。

经网络、So Young Sohn 运用了 Weibull 模型，但方法动态性仍须加强。因此，本文以农村电商平台上的小微企业作为研究对象，建立小微企业信用评价指标体系。在运用传统 TOPSIS 方法的到静态信用评价值的基础上，构建考虑增量奖励和惩罚的改进 TOPSIS 法电商小微企业信用动态评价模型，并进行实证研究。模型在方法优化的同时提升了电商小微企业信用评价的动态性、全面性和合理性。

二、电商小微企业信用评价指标体系的构建

（一）指标体系的确定

在以往学者构建的电商信用评价相关指标体系中，文献中的基础信用、交易信用、服务信用等类别的部分指标、文献中的政府信用评级等部分指标、文献中的描述相符率等部分指标和文献中的客服回复速度等部分指标同样适用于本文的指标体系，同时通过淘宝界面浏览，补充其他相关指标，保证指标体系的全面性。电商小微企业信用风险评价指标体系见表1。

表1 电商小微企业信用风险评价指标体系

一级指标	指标编号	二级指标	指标说明	文献来源
店铺资质	A1	注册年限	开店时长	李怀栋[6]
	A2	卖家信用等级	—	李怀栋[6]
	A3	客户满意度	好评率	—
	A4	粉丝数		—
	A5	粉丝增加数	每7天的粉丝数变化	—
	A6	是否通过金牌卖家认证		—
	A7	是否通过个体工商户认证		—
	A8	店铺商品数量		—
	A9	店铺所在城市信用排名	—	王学东、金芳芳等[7]
产品质量水平	B1	描述相符率	高于或低于同行	梁蕴婧、吴敏怡等[8]
	B2	订单数量	销量最大产品代表	李怀栋[6]
	B3	订单增长率	销量最大产品代表	李怀栋[6]
	B4	价格合理程度	低于或高于同类	王学东、金芳芳等[7]
	B5	主要商品价格变化幅度	销量最大产品代表	—
	B6	点评数量	销量最大产品代表	李怀栋[6]
	B7	负面点评率	销量最大产品代表	李怀栋[6]
	B8	收藏率	销量最大产品代表	—
	B9	产品参数披露项数	—	梁蕴婧、吴敏怡等[8]

一级指标	指标编号	二级指标	指标说明	文献来源
服务质量水平	C1	服务态度	高于或低于同行	—
	C2	客服回复速度	—	王宸圆、李丹[9]
	C3	物流服务	高于或低于同行	王宸圆、李丹[9]
	C4	货物包装完好程度	—	李怀栋[6]
	C5	商品发货速度	—	梁蕴婧、吴敏怡等[8]
	C6	商品退换速度	—	王学东、金芳芳等[7]
	C7	快递服务水平	—	王学东、金芳芳等[7]
	C8	货运费用	是否包邮	—
	C9	卖家承诺服务项数	—	—

（二）指标权重的确定

给指标进行合理赋权对信用评价结果的合理性至关重要。本文采用三角模糊法和变异系数法分别得到指标主客观权重后，运用加法合成法将主客观权重整合得到组合权重。

三、基于增量奖惩的电商小微企业信用动态评价模型

（一）TOPSIS 方法下的电商小微企业信用静态评价模型

步骤1：假设参与评价的电商小微企业有 m 家，即 A_j（$j = 1$，2，$\cdots m$），每家电商小微企业有 n 个二级指标 C_i（$i = 1$，2，$\cdots n$），用 x_{ij}（$i = 1$，2，$\cdots n$；$j = 1$，2，$\cdots m$）表示第 j 家电商小微企业的第 i 个二级指标数值。根据以上信息构建 m 行 n 列的原始矩阵，并将每个指标数值标准化，得到如式（1）所示的矩阵 $\boldsymbol{R} = (\tilde{x}_{ij})_{m \times n}$

$$\boldsymbol{R} = \begin{pmatrix} \tilde{x}_{11} & \cdots & \tilde{x}_{1n} \\ \vdots & & \vdots \\ \tilde{x}_{m1} & \cdots & \tilde{x}_{mn} \end{pmatrix} \tag{1}$$

步骤2：本文选用三角模糊法和变异系数法分别确定指标主客观权重，并运用加法合成法将主客观权重整合。得到的指标权重分别为 $w_1, w_2, \cdots, w_i$；

步骤3：记电商小微企业 A_i 在 n 个二级指标中的最优值为 x_i^+，最差值为 x_i^-，且满足 $x_i^+ = \max\limits_{j=1,2,\cdots,m} x_{ij}$，$x_i^- = \min\limits_{j=1,2,\cdots,m} x_{ij}$，则正理想解 $A^+ = (x_1^+, x_2^+, \cdots, x_n^+)$；

负理想解 $A^- = (x_1^-, x_2^-, \cdots, x_n^-)$。

步骤4：计算各指标加权后与正负理想解的欧氏距离，公式如下：

$$d_i^+ = \sqrt{\sum_{j=1}^{n} (v_{ij} - x_i^+)^2} \tag{2}$$

$$d_i^- = \sqrt{\sum_{j=1}^{n} (v_{ij} - x_i^-)^2} \tag{3}$$

式中，v_{ij} 表示第 j 家电商小微企业的第 i 项二级指标加权后的指标数值。d_i^+ 和 d_i^- 分别代表电商小微企业 A_i 与正理想解 A^+ 和负理想解 A^- 之间的加权欧氏距离。

步骤5：计算各电商小微企业与理想解的偏离程度，计算公式为：

$$y_i(t) = \frac{d_i^-}{d_i^+ + d_i^-} \tag{4}$$

式中，$y_i(t)$ 反映电商小微企业偏离负理想解的程度，若 $y_i(t) = 1$，则表示有 $A_i = A^+$；若 $y_i(t) = 0$，则表示有 $A_i = A^-$。$y_i(t)$ 的值越接近1，表示该电商小微企业距离正理想解越近，从而该电商小微企业的信用越好。将每个电商小微企业的接近程度都计算出来后，根据计算结果对所选的 m 家电商小微企业进行排名得到最终结果。

（二）考虑增量奖惩的改进 TOPSIS 法电商小微企业信用动态评价模型

该模型将嵌入增量奖励和惩罚值的 TOPSIS 法与灰色关联分析法结合。构建该模型的具体步骤如下：

步骤1：电商小微企业应对风险的能力由其对应的增量奖励值或惩罚值表示。在同一时间内，增量奖励值或惩罚值与店铺信用水平成正比。被评价对象 O_i 与除 O_i 外的其他评价对象 O_k 在 $(k \neq i, i = 1, 2, \cdots m)$ 增量奖励或惩罚值的计算公式为：

$$\Delta y_i(t) = \frac{1}{m-1} \sum_{k=1, k \neq i}^{m} [y_i(t) - y_k(t)] \tag{5}$$

计算出增量奖励或惩罚值后将该值嵌入静态信用评价结果中得到考虑增量奖励或惩罚的决策矩阵 $\boldsymbol{Z}^*$，$\boldsymbol{Z}^* = [y_i(t) + \Delta y_i(t)]_{m*T}$，其中 $y_i(t)$ 是指被评价对象 O_i 在 t 时刻的静态综合评价值。

步骤2：结合 TOPSIS 方法将静态综合评价值集结。首先运用"厚今薄古"归一法计算出时间权重，并与考虑增量奖励或惩罚的决策矩阵整合。用式（6）确定正理想解。相比正理想解而言，负理想解在趋势上是下降的，并不被人偏爱，因此用公式（7）确定负理想解。

$$y^+(t) = \max[y^+(1), y^+(2), \cdots, y^+(T)] \tag{6}$$

在式（6）中，$y^+(1) = \max[y_i^+(1)]$

$$y^+(2) = \max[y_i^+(1), y_i^+(2)]$$

$$y^+(T) = \max[y_i^+(1), y_i^+(2), \cdots, y_i^+(T)]$$

$$y^-(t) = \min[y_i^-(T)] \tag{7}$$

得出正负理想解后运用公式（8）和公式（9）计算各方案到正负理想解的距离 d_i^+ 和 d_i^-，并运用公式（10）计算得到嵌入信用奖惩和时间后各方案与理想解的贴进度 U_i，

$$d_i^+ = \sqrt{\sum_{i=1}^{T} [y_i(t) - y^+(t)]^2} \tag{8}$$

$$d_i^- = \sqrt{\sum_{i=1}^{T} [y_i(t) - y^-(t)]^2} \tag{9}$$

$$U_i = \frac{d_i^-}{d_i^+ + d_i^-} \tag{10}$$

步骤 3：企业的未来信用发展趋势由其对应的灰色关联度反映。由于信用水平的理想状态是连续增加的状态，因此设各时间状态下的理想信用集合为 Y^*，

$$Y^* = [y^*(1), y^*(2), \cdots, y^*(T)] \tag{11}$$

在式（11）中，$y^*(1) = \max[y_i^*(1)]$

$$y^*(2) = \max[y_i^*(1), y_i^*(2)]$$

$$y^*(T) = \max[y_i^*(1), y_i^*(2), \cdots, y_i^*(T)]$$

由式（11）可以得到一个理想信用形状，依据灰色关联度法的原理，运用公式（12）计算各评价对象与理想信用形状的相近程度：

$$\begin{cases} \xi_i(t) = \dfrac{\min\limits_{i \in m}[\min|Y^*(t) - y_i(t)| + \rho \max\limits_{i \in m}(\max|Y^*(t) - y_i(t)|]}{|Y^*(t) - y_i(t)| + \rho \max\limits_{i \in m}(\max|Y^*(t) - y_i(t)|} \\ \xi_i = \dfrac{1}{T} \sum\limits_{t=1}^{T} \xi_i(t) \end{cases} \tag{12}$$

式（12）中，ξ_i 是灰色关联度，其值的大小与理想信用形状成正比。ξ_i 越大，代表评价对象的未来信用发展趋势越好，在进行信用评价时的评价值也应增加，反之则减少；ρ 是分辨系数，ρ 的大小与分辨力成反比，ρ 的取值范围是（0，1），$\rho \leq 0.5463$ 时分辨能力最好，因此 ρ 通常取值为 0.5。

步骤 4：风险应对能力由增量奖励或惩罚值衡量；初始信用水平通过考

虑增量奖励或惩罚值和时间权重后得到的信用评价值反映；未来信用潜力通过灰色关联分析法体现。三者通过公式（13）融合，

$$Z_i = \theta U_i + \gamma \xi_i \tag{13}$$

式（13）中，θ 和 γ 是调节系数，且 $\theta + \gamma = 1$，θ 代表重视当前信用状况的系数，γ 代表重视未来信用状况的系数，通常情况下由于当前信用状况稳定而未来信用状况未知，因此 $\theta = 0.8$，$\gamma = 0.2$。

四、农村电商小微企业信用评价实证研究

（一）样本选择和数据获取

本文以淘宝网为例，选取其中的 20 家农村电商小微企业为样本，编号 T1 – T20。数据获取周期为 7 天，2020 年 1 月 13 日首次数据，2020 年 4 月 27 日末次数据获取，共 16 期数据。

（二）模型验证

首先依据传统 TOPSIS 方法下的电商小微企业信用评价静态评价模型得出 20 家淘宝小微企业的静态信用综合评价值，模型计算过程如下：

（1）构建原始矩阵 r，将数据标准化后构成新的标准化矩阵 R。

（2）计算主观权重、客观权重和整合后的组合权重。

（3）确定正负理想解，并计算指标加权后与正负理想解的欧氏距离。

（4）计算出各店铺与理想解的偏离程度，得到信用静态综合评价值。

后构建的考虑增量奖励或惩罚的改进 TOPSIS 法电商小微企业信用动态评价模型计算最终的动态信用评价结果，计算过程如下：

（1）计算得出每一时段每家店铺的增量奖励或惩罚值。

（2）将奖惩值嵌入静态综合评价结果中，并在新的决策矩阵中嵌入时间权重，确定正负理想解，并计算各方案与正负理想解的距离，最后计算与理想解的接近程度。

（3）结合灰色关联分析法，得出一个理想信用形状。

（4）计算出灰色关联度和 20 家店铺与理想信用形状的相似程度，将 20 家店铺的风险应对能力、初始信用水平和未来信用发展潜力融合，得到最终的动态评价结果。

分析动态评价结果发现，融合风险应对能力、初始信用水平和未来信用发展潜力后，店铺的信用水平发生细微变动，以编号为 T18 的店铺为例，将初始信用水平和发展趋势融合后该店铺的整体动态信用水平变化为 0.7139，

排名上升两名。

在表 2 中,将 20 家淘宝店铺截至 4 月 27 日显示的店铺信用等级与计算得出的动态综合信用评价值进行对比。

表 2 信用对比表

店铺编号	店铺界面显示信用等级	排名	动态综合信用	排名
T1	3 银	8	0.8632	5
T2	1 银	19	0.5561	16
T3	5 银	2	0.6182	15
T4	3 银	8	0.7113	11
T5	2 金	1	0.8827	4
T6	3 银	8	0.9633	1
T7	3 银	8	0.5552	17
T8	3 银	8	0.5436	18
T9	3 银	8	0.7998	7
T10	4 银	6	0.6574	14
T11	3 银	8	0.4905	19
T12	5 银	2	0.8026	6
T13	5 银	2	0.7861	8
T14	4 银	6	0.6959	13
T15	2 银	17	0.9124	2
T16	4 钻	20	0.8905	3
T17	3 银	8	0.0611	20
T18	3 银	8	0.7139	10
T19	1 金	2	0.6979	12
T20	1 银 3 钻	18	0.7430	9

通过表 2 的对比发现,店铺信用水平均发生变动,信用水平上升的店铺有 7 家,下降的有 13 家。编号 T16 的店铺上升幅度最大。经验证,编号 T16 的店铺开店时长仅 1 年,依据买家评价累积反映信用状况的规则,其累积的买家评论较少,因此店铺界面显示的信用水平较低,但本文对其进行信用评价后其信用排名明显上升,这充分说明该店铺的信用水平因评价数量等客观因素影响被低估。

因此,运用考虑增量奖励或惩罚的改进 TOPSIS 法对电商小微企业进行动态评价具有以下优势:①与累积买家评论评估信用的方式相比,评价结果具有动态性；②综合考虑风险应对能力和未来信用发展水平，与累积买家评论评估信用的方式相比，更具全面性；③运用本文改进模型对电商小微企业进行信用动态评价，可以修正店铺信用被高估或低估的情况，更具合理性；④经过实证研究，模型具有可行性。

五、结　语

随着互联网的快速发展，电商小微企业数量快速增长，现有仅依靠累积买家评价进行信用评估是远远不够的。本文以农村电商小微企业为研究对象，为电商小微企业构建了信用评价指标体系，在传统模型计算出静态结果的基础上构建了改进信用评价模型，以实证研究的方式验证模型的可行性。对农村电商小微企业更加合理的进行信用评价具有一定的促进作用，让考虑增加奖励或惩罚的改进 TOPSIS 法在农村电商小微企业信用动态评价方面的应用成为可能。

参考文献

[1] 范黎波，贾军，贾立. 供应链金融模式下中小企业信用风险评级模型研究 [J]. 国际经济合作，2014 (1)：90 – 94.

[2] 韩琴. 供应链金融视角下的中小企业信用风险评价指标体系构建 [J]. 时代金融，2019 (9)：171 – 172.

[3] 范方志，苏国强，王晓彦. 供应链金融模式下中小企业信用风险评价及其风险管理研究 [J]. 中央财经大学学报，2017 (12)：34 – 43.

[4] 袁海瑛. 大数据背景下的互联网融资信用评价体系构建 [J]. 上海经济研究，2017 (12)：66 – 72.

[5] 舒歆. 小微企业信用评级指标体系构建研究 [J]. 金融理论与实践，2015 (5)：105 – 108.

[6] 李怀栋. B2C 农产品电子商务信用评价指标体系的构建 [J]. 征信，2019，37 (2)：45 – 49.

[7] 王学东，金芳芳，朱洋，等. 模糊综合评价法在网商信用指数测度中的应用研究 [J]. 现代情报，2013，33 (9)：10 – 14.

[8] 梁蕴婧，吴敏怡，刘君麟，等. 基于过程的 C2C 电商信用评价指标体系构建 [J]. 科技经济导刊，2018，26 (30)：20 – 21.

[9] 王宸圆，李丹. 电子商务平台下农产品信用评价指标体系构建 [J]. 电子商务，2016 (9)：59 – 60，70.

[10] MESSIER W F, HANSEN J V. Inducing rules for expert system development an example

using default and bankruptcy data [J]. Management Science, 1985 (9): 253 –266.

[11] 张发明, 王伟明, 李小霜. TOPSIS – GRA 法下的企业动态信用评价方法及其应用 [J]. 运筹与管理, 2018, 27 (9): 132 –138.

[12] 李小霜. 商业银行视角下的企业动态信用评价方法研究及其应用 [D]. 南昌: 南昌大学, 2016.

[13] 周文坤, 王成付. 供应链融资模式下中小企业信用风险评估研究——基于左右得分的模糊 TOPSIS 算法 [J]. 运筹与管理, 2015, 24 (1): 209 –215.

[14] 王俊峰, 吴海洋. 基于改进的 TOPSIS 法的 B2C 企业信用评价 [J]. 软科学, 2014, 28 (6): 21 –24.

[15] 肖斌卿, 柏巍, 姚瑶, 李心丹. 基于 LS – SVM 的小微企业信用评估研究 [J]. 审计与经济研究, 2016, 31 (6): 102 –111.

[16] 胡海青, 张琅, 张道宏. 供应链金融视角下的中小企业信用风险评估研究——基于 SVM 与 BP 神经网络的比较研究 [J]. 管理评论, 2012, 24 (11): 70 –80.

[17] 肖斌卿, 杨旸, 李心丹, 等. 基于模糊神经网络的小微企业信用评级研究 [J]. 管理科学学报, 2016, 19 (11): 114 –126.

[18] DESAI V S. A comparison of neural networks and linear scoring models in the credit union environment [J]. European Journal of Operational Research, 1996, 95: 24 –37.

[19] SO YOUNG SOHN, HYEJIN JEON. Competing Risk Model for Technology Credit Fund for Small and Medium – Sized Enterprises [J]. Journal of Small Business Management, 2010, 48 (3): 378 –394.

[20] 李刚. 基于标准差修正群组 G1 的组合赋权方法研究 [J]. 系统工程学报, 2012, 27 (1): 9 –18.

新冠疫情下新生代农民工创业企业现状及对策

吴克强　汪昕宇*

摘　要　通过对10位来自甘肃和山东两地在本地创业的新生代农民工进行访谈，分析了新冠肺炎疫情下新生代农民工创业企业的经营现状和问题，发现新生代农民工创业企业的经营受疫情波动的时间特征明显且各行业间受疫情的影响差异较大，同时，新生代农民工创业企业面临的问题在疫情下也变得更加突出。基于此，从个人和政府角度提出相应的对策建议，以帮助新生代农民工的创业企业更好地发展。

一、引　言

随着新生代农民工返乡创业数量的不断增加，新生代农民工创业成长性问题变得越来越突出。虽然新生代农民工较老一代农民工在个人创业能力与创业积累上有了较大改善，但由于文化水平的限制，和其他创业群体相比，他们的整体素质偏低，创业知识和技能也相对有限，其创业的多重弱性特征相对明显，也更容易陷入成长困境。同时，2020年的新冠肺炎疫情是新中国成立以来传播速度最快、感染范围最广、防控难度最大的一次重大突发公共卫生事件，政府采取的一系列防控措施导致了企业正常的生产经营活动在一定时期内出现中断和停滞，克服疫情引起的倒闭风险成为很多中小微企业面临的重大挑战。在此背景下，为了了解新冠肺炎疫情对新生代农民工创业经营的影响，本文对甘肃和山东两地的新生代农民工创业者进行了深度访谈，争取以点带面来呈现疫情下新生代农民工创业企业的经营现状，探析疫情折

---

* 吴克强，管理学院工商管理专业硕士研究生；汪昕宇，生物化学工程学院教授。

射出来的新生代农民工创业企业成长的主要问题，并提出相应的对策建议，以帮助新生代农民工创业企业更好地成长。

二、数据来源

本文选取了 10 位来自甘肃和山东两地在本地创业的新生代农民工，分别和他们进行了线上访谈，内容包括主营业务、疫情期间的经营状况和遇到的主要困难及采取的应对措施与效果、当地政府提供的主要帮扶举措、周围创业者经营情况等方面。考虑到不同行业受疫情的影响不同，本文在选取访谈对象时也尽可能选择不同行业的创业者，并尽可能保证两地受访者的创业行业分布相近，具体的受访者企业情况如表 1 所示。

表 1　受访者企业情况表

甘肃创业者	企业经营业务	山东创业者	企业经营业务
A	农家乐	F	蔬菜种植与电商销售
B	农产品电商	G	羽绒被加工厂
C	艾草加工	H	服装加工
D	小餐馆	I	小餐馆
E	服装实体零售店	J	日用品零售超市

三、疫情下新生代农民工创业企业经营状况特点

（一）疫情下新生代农民工创业经营波动的时间特征明显

根据访谈结果，疫情对新生代农民工本地创业经营的影响可分为三个阶段：

第一，全国疫情形势相对紧张时期，这个阶段大多数企业处于歇业或者半经营状态，经营业绩受疫情的影响很大。在 10 位受访者中，甘肃的创业者 A、D、E，山东的创业者 I 和 J，以及他们周围的大部分住宿餐饮、实体店铺在此期间基本都处于歇业状态。同时，有一些创业者在这一阶段依然坚持经营，如创业者 B 经营的农产品电商企业，在疫情最严重时期停止经营了一个星期，之后应老客户的要求，在做好防疫措施的前提下恢复农产品收购和电商销售业务。

第二，全国疫情形势渐趋平稳时期，这个阶段大多数创业者逐渐恢复经营，多数企业业绩低于 2019 年同期，其中以线下经营为主的实体店铺受疫情

冲击大。访谈对象中，甘肃的创业者 D 和 E、山东的创业者 I 和 J，直到 3 月底才逐渐恢复营业，其中，类似 D 和 I 这样的小餐馆客流量有限，借助外卖服务业绩稍有好转；创业者 J 因经营的是日用百货，恢复的情况较好，但也低于正常时期；而像 E 这样的服装实体店，客流量回升缓慢，情况依然不乐观。总体上看，疫情对线下实体店铺的影响较大，恢复周期较长。与上述情况不同的是，从事农产品电商类的企业情况总体较好。疫情期间，甘肃创业者 B 的农产品电商销售额比去年同期增长了 35% ~ 40%，疫情对诸如面粉、食用菌之类的初级干货农产品的电商销售有一定的促进作用。无独有偶，山东创业者 F 的蔬菜线上销售情况也比较好，销售额比上年同期增长了 25% 左右。

第三，全国疫情相对稳定时期，大部分地区的生产、生活逐步恢复正常，大多数企业经营状况逐渐好转，其中具有一定规模的工业企业表现良好。例如，山东创业者 H 在 5 月底的复工率接近 100%，产能恢复到了原有水平的 95% 左右。不过，以线下销售为主的小餐饮业、服装店、小旅馆，以及一些非日用品的零售店，因受市场上消费信心下降、网购增加、旅游消费需求下降等方面的影响，经营业绩恢复仍有些乏力。

（二）疫情下新生代农民工本地创业经营波动的行业差异较大

第一，以农产品种植、收购和电商销售为主的行业，企业受疫情的冲击不仅时间短、影响小，疫情还在一定程度上促进了企业销售业绩的增长。创业者 B 表示，甘肃陇南地区新生代农民工创业主要集中在种植业、养殖业和电商，因当地疫情不严重，且所经营的产品都跟人们的生活息息相关，再加上电商这些销售平台，疫情反倒给这些行业的经营带来了发展契机。

第二，以经营非生活必需品和防疫用品加工制造为主的行业，企业受疫情影响经营受阻情况较严重，但与健康、养生品加工制造有关的行业却表现突出。例如，山东创业者 G 以生产羽绒被等羽绒床上用品为主，且主要依托网络平台进行销售，疫情导致本该畅销的商品滞销，库存积压。再如山东创业者 H 主要从事品牌服装的生产，疫情期间订单量减少，5 月的开工率不足 60%。而从事艾草制品加工的创业者 C 表示，"由于艾灸有助于增强人的免疫力，进而抵抗病毒入侵，疫情使得今年艾制品特别畅销"。该企业疫情期间生产没有中断，并从中获得了新的商机，企业客户由原来的养生馆扩展到了医院等医疗机构，销售额比去年同期增长了 60% 以上。

第三，服务业领域中非生活必需品零售业、住宿业、餐饮业等行业的企业经营状况回升乏力，而线上零售，特别是生活必需品的线上零售经营状况改善较快。根据阿里研究院的研究报告，70%以上的中小企业营收受疫情影响发生降幅，其中家居、餐饮、快消、百货、服饰和酒店住宿等行业受疫情负面冲击较其他行业严重。而新生代农民工在服务业领域创业较多的行业正是餐饮、快消、百货、服饰等，在以线下经营为主的情况下，受疫情的负面影响会更大。例如，甘肃创业者 D 和 E，以及山东创业者 I 面临的就是这种情况。不过，由于疫情激发了线上消费的活跃度，一些农产品电商，还有提供到家服务、借助外卖平台经营的餐饮小店等在疫情期间都有较好的经营表现。

（三）线上平台助力新生代农民工本地创业者应对疫情实现经营转型

新冠肺炎疫情在给线下实体经济带来负面冲击的同时，也将线上赋能推上了助力中小微企业应对疫情、实现经营转型的核心位置。例如甘肃的创业者 A 经营农家乐，受疫情影响，游客量虽然下降了不少，但她通过抖音销售自家手工生产的特色食品及药材、山货等，不仅弥补了客流量下降的损失，还较上年同期略有增长。类似地，山东创业者 G 在疫情期间面对羽绒制品滞销的情况，除了继续利用淘宝进行低价促销外，还充分利用微信朋友圈、快手、抖音等百姓喜闻乐见的各种平台销售产品，截至 5 月底，企业已经扭亏为盈。

四、疫情凸显新生代农民工本地创业成长的主要问题

（一）资源获取渠道单一且依赖性强

新生代农民工本地创业经营中的资源获取渠道单一且依赖性强主要体现在两个方面：一是资源获取主要依赖亲戚朋友，特别是资金筹措的依赖性较强。由于新生代农民工的社会网络构成较为单一且多为来自家乡的亲友，他们所能获得的经营资源比较有限，限制了创业经营升级与规模扩张。二是对政策资源依赖性较强。例如创业者 A 经营农家乐，其客源主要依赖政府开拓，一方面政府开拓的客源有限，且属于公共资源，本地创业者之间的竞争会变得更加激烈，不利于形成规模经营；另一方面降低了企业抵御市场风险的能力，一旦政府提供的客源中断，企业将面临无法继续经营的局面。

（二）模仿型创业较多，缺乏创新性，难以实现品牌效应

新生代农民工本地创业以第三产业的个体经营为主，且多为低端服务性行业；第一产业创业主要为种植养殖业，缺乏农产品深加工产业链；第二产业创业也多为传统加工制造业，创业规模小、同质性高、产品技术含量低、

自主创新不足。所有这些特点使得新生代农民工创业所经营的产品难以打造品牌，实现品牌效应。

（三）资源与环境制约问题依然比较突出

在资源方面，缺资金、缺场地和缺人是限制新生代农民工创业企业成长的三个瓶颈。首先，融资难是农民工创业者普遍需要面对的问题。从访谈结果看，新生代农民工的创业、运营资金多数来自企业营收、亲戚朋友以及社会融资等，其中来自亲戚朋友的资金支持有限，而社会融资渠道不宽且成本高。其次，地方政府对中小微企业用地关注不够、考虑不足，新生代农民工创业"用地难"的问题也比较突出。最后，由于本地青壮年劳动力大多外出务工，导致不少创业企业需要四处招募劳动力。同时，由于新生代农民工创业地点多在县城、村镇，且所能提供的薪酬福利水平不高，一些已经具有一定规模且经营相对比较稳定的企业难以招到优秀人才。

在创业环境方面，近年来各地政府为新生代农民工创业努力改善创业环境，不过，部分地区在道路交通、物流、网络建设等方面的建设仍有待改善。除了硬件环境，软件环境也需要进一步提升。有创业者表示，当地农户缺乏契约精神，这主要表现在两方面：一是与农户签订农产品协议后，农户经常不按照协议提供农产品；二是创业企业招收当地农户到企业工作，农户时常不按时上班，影响生产进度等。

五、对策建议

（一）新生代农民工创业者应主动学习创新和拥抱变化

面对新冠肺炎疫情冲击，有的创业者主动应对，实现扭亏为盈，有的创业者则保持等待，其中仅有小部分企业逐渐渡过难关。因此，不断学习、创新，并以积极的心态拥抱变化是新生代农民工创业者实现创业成长的重要法宝。正如陈春花教授所说，"疫情期间，如果创业者还只是习惯于线下开店，就没有办法在物理距离被阻隔的情况下有增长。而那些很快从线下变到线上的店铺，有些获得的增长甚至比它原来在线下开店获得的还要多"。因此，创业者面对新挑战、新问题，应该"持续学习，不断重构知识体系""接纳挑战，学习未知"。

（二）政府需合理把握政策支持力度

创业扶持政策不能也不可能解决新生代农民工本地创业过程中的所有困难，而且，过度干预和大包大揽既不利于创业者个人创业能力的提升，也不利于创业企业的健康发展与成长。因此，政府对于新生代农民工本地创业活动的扶持应把握合理力度，秉承"适度干预"理论，认清哪些该作为和哪些不该作为，在政策扶持注重提高创业者及其企业的软实力和自身"造血"功能，避免形成政策依赖。

（三）政府应进一步提升创业服务水平

第一，加强创业培训与技术指导。一方面，加强对新生代农民工创业者的创业培训和帮助其创业企业开展员工培训，提高员工技能；另一方面，也要对新生代农民工创业者在创业过程中出现的技术性问题给予指导，帮助其进行创新。第二，创新政府担保融资方式，破解融资难题。新生代农民工创业企业经营规模较小，融资需求具有"短、小、频、急"的特点，政府应加强与银行的沟通合作，积极创新政府性担保融资方式，以满足创业者融资的需要。第三，注重人才引进与吸引劳动力回流，为企业解决"缺人"问题。一方面可通过智力引进、人才借入、业余兼职、人才派遣等形式使优秀人才为本地提供智力支持。另一方面通过改善家乡面貌和生活环境、创造更多就业岗位等方式，吸引外出务工人员回流就近就地就业。第四，政府应合理地开展地方基础设施建设，促进实现城乡基础设施建设规划的对接，使之与城镇化和产业结构发展趋势相一致。同时，也要明晰产权，建立基础设施建设管理维护的长效机制，以加强对基础设施使用的管理与维护。

（四）打造地方产业品牌，背书创业企业品牌，助力创业企业成长

缺乏品牌效应是制约新生代农民工创业企业发展的重要因素，打造地方产业品牌，有助于提升创业企业品牌效应和促进创业企业成长。具体可从两方面着手：一是大力发展地方特色产业，树立地方区域品牌，为创业企业产品品牌做好背书；二是加大区域品牌宣传力度，充分利用各种媒体平台开展多渠道、多种形式的品牌宣传活动，提升品牌拉动效应。

参考文献

[1] 孙中博. 吉林省返乡农民工创业成长发生机制及路径 [J]. 农业与技术，2018 (17)：177–179.

[2] 文汇网. 国家卫健委主任马晓伟：新冠肺炎是新中国成立以来重大突发公共卫生事件 [EB/OL]. http：//www.whb.cn/zhuzhan/ztqfkxxgzbdfyyq/20200228/329115.html，2020–02–28.

[3] 搜狐网. 中国中小商业企业协会联合阿里云发布报告：后疫情时代需加快中小微企业数智化 [EB/OL]. https：//www.sohu.com/a/405578336_384789，2020–07–03.

人口疏解对大城市经济发展的影响文献综述

王如意　　胡艳君*

摘　要　伴随工业化水平的提高，城市进程不断加速，大量人口向城市特别是大城市转移，在带来巨大的人口红利的同时，诸如交通堵塞、资源紧张、住房困难等一系列"大城市病"随之而来。为解决人口压力带来的城市问题，各大城市纷纷提出人口疏解政策。本文主要从研究内容和研究方法两个方面，梳理了人口疏解对大城市经济发展的影响，并提出未来研究方向，以期为未来相关研究提供借鉴和参考。

一、引　言

近些年，我国特大城市人口压力偏大，与综合承载能力之间的矛盾加剧，"大城市病"也日益严重。为了缓解人口压力带来的问题，北上广等特大城市相继提出人口调控和疏解政策。目前，国内外对于人口疏解的相关研究已经形成了丰硕的成果，关于人口政策对经济发展的影响多集中于研究狭义的人口政策，即计划生育政策。国内关于人口疏解对大城市经济发展的影响多集中于对北京的研究。本文通过梳理人口疏解政策对大城市经济发展影响的相关文献，以期为未来相关研究提供借鉴和参考。

二、人口疏解相关理论和政策实践

人口疏解的概念起源于 20 世纪初伊利尔·沙里宁提出的"有机疏散理论"，是一种城市分散发展理论，对解决当前的"大城市病"具有十分重要

---

* 王如意，管理学院工商管理专业硕士研究生；胡艳君，管理学院副教授。

的借鉴意义。

（一）人口疏解的动因

人口疏解的动因主要包括解决人口压力过大带来的问题、促进经济高质量及均衡发展。孙启明、赵成伟（2018）提出产业和人口疏解的目的是提升经济质量，淘汰低端、低效、高能耗产业，促进产业高级化。姜鹏飞、唐少清（2017）指出人口疏解的动因包括两个方面，一方面是人口过度聚集引发了"大城市病"，另一方面是人口流动失衡，使得区域经济发展的"马太效应"加剧。此外，冯双丽（2010）指出相关法律和政策、公共基础设施及新城反磁力的增强同样是人口疏解的重要动因。

（二）人口疏解的测度

国内外学者对于人口疏解的测度主要运用不同区域人口数量、比重及密度变化、人口外迁比率、人口密度梯度、人口增长率，以及胡佛指数等来直观反映城市人口的聚集或疏解情况。如 Falk（1978）根据瑞典城市人口及城市人口比重的变化，分析了 1970—1975 年不同城市人口的集中和分散情况。Vinning 和 Fuguitt 等学者（1979）在数量分析的基础上，结合人口迁移分析，从人口迁移的角度对人口疏解的方向进行了测量。Hudec 等（2014）通过缓冲区分析，以斯洛伐克最大的四个城市为例将中心城市的腹地划分为同心圆环，利用人口密度和梯度在不同圆环的变化下检测了 1991—2010 年四个城市的人口分散趋势。Long 等（1988）使用人口增长率指标对美国内部四个主要的大都市区和非都市区进行差异分析，在此基础上，通过人口百分比和单位土地面积百分比计算出胡佛指数来反映人口分布的不均衡程度。

（三）国外人口疏解政策实践

根据现有研究对巴黎、东京、首尔等首都城市功能疏解的相关经验进行梳理，可以发现各首都圈的疏解模式大同小异，都是"法规（规划）＋新城（城市副中心）＋人口、产业疏解＋交通基础设施建设"模式。其中人口和产业疏解是首都圈首都城市功能疏解的主要对象，通过疏解过度集聚的人口与产业，既可以缓解"城市病"，还可以实现优化首都圈城市体系的目标。

以首尔为例，通过"严堵""狠疏"相结合，细化中心城市各区块的功能，政策引导机构迁移，使城市中心的产业结构高级化，同时在卫星城完善交通网络，支持轨道交通来解决通勤问题，并在 2004 年宣布世宗市为新的行政首都。

三、人口疏解对大城市经济发展的影响：研究内容

（一）人口政策对经济发展的影响

人口政策是一个国家根据本国的人口增长速度而采取相应的政策措施，往往是随着人口实践活动而发展的，且随着人口发展实际情况的变化而进行调整，主要包括调节人口自然增长的政策、国内人口迁移的政策、国内人口分布政策及国际移民政策。人口政策对经济的影响主要体现在以下三个方面。

1. 宏观影响

美国经济学家勃斯普鲁提出，人口政策能够刺激资本需求的增加，并产生显著的人口推动力，促进经济增长和技术进步。朱家明、胡榴榴等（2018）综合利用 Leslie 矩阵、灰色预测模型以及回归分析得出，在不考虑其他因素的影响下，二胎政策的实施从长期来说，有助于改善我国目前不合理的人口结构，促进经济增长。海丽其古丽·玉苏莆（2017）指出，人口政策的调整直接影响到的就是劳动力的数量，保持劳动力数量和结构的合理性，有利于保持经济发展健康活力。

2. 中观影响

首先，人口政策有助于促进地区经济的发展。沈映春、王逸琪（2019）通过采用 Barro 模型及其衍生模型发现，人口迁移政策对地区经济增长具有促进作用，尤其有助于承接人口转移地区的经济发展。

其次，人口政策在一定程度上可以促进产业转型升级。叶苗、屠建伟（2018）指出我国目前人口政策的实施从长期来看可以提高人口的平均受教育程度，为产业发展从规模扩张向内涵提升转变提供高素质、高水平的人才，有利于升级产业结构，转变经济增长方式。

3. 微观影响

人口政策的调整和完善，有利于改善家庭的消费结构和储蓄分配方式。如随着"全面二胎政策"的开放，对于生育家庭尤其是有老龄人口的家庭而言，人口的增多会减少家庭储蓄的倾向，家庭支出将会涉及教育、医疗、保险、金融等各个方面，进而促进家庭消费和储蓄分配比例的合理化。

（二）人口疏解对大城市经济发展的影响

1. 直接影响

人口疏解政策的实施最直接的表现就是人口数量的变化。以我国的北京、上海、广州和深圳为例。北京市和上海市分别在 2014 年及 2010 年起常住人

口数量增速放缓，并出现下降趋势。相比之下，广州和深圳总人口的数量仍然保持较高的增长速度。可见在人口疏解表现方面，不同城市之间的人口疏解进程受到人口密度、教育医疗等约束条件的影响。

人口疏解政策的实施对大城市人口质量、结构等方面也会产生影响。谭日辉、马钰宸（2019）通过实证检验得出，不同特征的流动人口在大城市居留意愿上存在显著差异，从而导致大城市人口质量、结构等方面产生变动。

2. 间接影响

首先，人口疏解可以优化大城市的市场空间。鲍龙生（2020）指出，大城市人口有规律、合理的调控，可以使市场需求更为合理，同时社会用工、劳动报酬等方面会得到合理的调整，企业也将获得良性发展。

其次，人口疏解可以促进产业结构调整。张新颖（2018）指出，人口疏解政策使大城市人口素质平均水平提高，与之相对应的产业结构向知识密集型、深加工、高精尖的方向发展，带来产业结构转型升级，并对新产业、新部门的产生起到推动作用。

最后，人口疏解政策的实施会对大城市社会情绪、居民生活满意度产生一定影响。谭日辉、马钰宸（2019）通过实证法得出，在人口疏解政策的实施过程中，社会情绪基本稳定积极，同时受性别、年龄、婚姻状况，以及有无固定资产等因素的影响，存在诸如悲观、浮躁、不满等消极社会情绪需要适度疏解。

四、人口疏解对大城市经济发展的影响：研究方法

目前，关于人口对经济发展的影响多是基于回归分析、灰色关联度分析及比较研究分析来进行的。如朱家明、胡榴榴等（2018）结合 Leslie 矩阵计算结果，通过回归分析发现人口结构的变化，尤其是老年人口数量和老年人口抚养比的变化对人均 GDP 的影响尤为显著。孙启明、赵成伟等（2018）通过灰色关联度分析对首都人口疏解与经济质量发展之间的趋势关系进行研究，发现北京 11 区的人口疏解均对北京各区的经济质量有正向影响。迟明（2015）运用比较分析方法对我国的人口生育政策进行了横向和纵向的比较分析，指出我国当前全面放开二孩生育政策将有利于我国未来经济的发展。

除此之外，我国学者研究人口与经济发展之间关系的研究方法多样，还包括描述统计分析、TOPSIS 方法和系统分析法等。如梁强（2010）借助系统论的观点，从不同角度和层面对人口与经济、环境等系统间的相互关系进行

了分析（见表1）。

表1　人口疏解对大城市经济发展的影响相关文献

作者	年份	分析对象	分析方法
张婷麟	2019	空间结构对个人成本的影响	回归分析
张新颖	2018	妇女总和生育率对人均 GDP 增长率影响	回归分析
朱家明、胡榴榴等	2018	人口结构与人均 GDP 的预测	回归分析
冯馨	2020	对不同层次的产业结构进行分析	比较分析
迟明	2015	人口生育政策横向和纵向比较	比较分析
姜鹏飞、唐少清	2010	人口系统与经济系统之间相互作用机制	比较分析
孙启明、赵成伟等	2018	首都人口疏解与经济发展质量间关联联系	灰色关联分析
赵成伟	2018	首都人口疏解对北京各区经济发展质量影响	灰色关联分析
王杨、胡逸群等	2018	不实施新政策我国未来人口结构的预测	灰色关联分析
翟瑞瑞、孙启明等	2018	首都各区的经济发展质量	TOPSIS 方法
赵成伟、孙启明等	2017	北京 6 个核心区人口疏解情况	TOPSIS 方法
张婷麟	2019	空间结构对个人支出成本的影响	个人成本核算

五、北京人口疏解对经济发展的影响研究

2014 年，习近平总书记对北京的核心功能做出明确的城市战略定位，努力把北京建设成为国际一流的和谐宜居之都。近年来，北京市通过"以证管人、以房管人、以业控人"的综合调控手段来疏解非首都功能，并带动人口疏解。

北京市人口疏解最直接的影响就是人口变动，包括常住人口分布的变动、户籍人口以及流动人口的变动。随着北京人口疏解政策地不断推进，刘小敏（2019）指出，自 2010 年以来，北京外来人口数量不断减少，户籍人口开始主导北京常住人口总量的增长方向。赵成伟、孙启明等（2017）通过加权 TOPSIS 方法对北京市 6 个主城区人口调控的效果进行了评价，根据结果可知丰台区受产业布局、产业对人口的黏性效应的影响，短期内人口疏解的成效甚微。

肖周燕（2018）认为首都人口调控的基本思路就是产业疏解带动人口疏解，北京多数衰退产业都可以在天津、河北找到选择区位，可以增加天津和河北的劳动力需求，促进就业，有利于京津冀协同发展。

六、结　语

人口疏解政策对于大城市经济发展的影响巨大，从宏观而言，人口疏解有利于大城市空间结构的优化，促进经济增长。从中观而言，人口疏解与产业疏解密不可分，人口疏解的执行对于各产业均有不同程度的影响。从微观而言，人口疏解会对居民的消费水平、生活成本等产生影响。本文主要从研究内容和研究方法梳理了人口疏解政策对大城市经济发展的影响，认为在现有研究的基础上，还可以对以下几个方面进行探讨。

第一，扩大研究对象的范围。因为市情、国情的不同，具体的人口疏解政策应根据具体的市情、国情进行分析，扩大研究对象范围可以为其他城市或国家提供更为丰富的理论依据及模式选择。

第二，扩大评价范围。除直接和间接影响、宏观和中观、微观影响外，人口疏解对大城市经济发展的影响还可以从更多的维度进行分析，如创新、协调、绿色、开放、共享等。

第三，注意风险分析。在人口疏解过程中会存在诸如法律环境类风险等多种风险因素，结合人口疏解政策对经济发展的风险因素进行分析，则分析结果更为客观，也更具借鉴意义。

参考文献

[1] 孙启明，赵成伟，翟瑞瑞．人口疏解经济质量分析——基于灰色关联度方法的实证研究 [J]．学习与探索，2018 (5)：121 – 127.

[2] 姜鹏飞，唐少清．首都人口疏解的制约因素与突破思路——基于国外城市人口疏解的经验 [J]．河北大学学报（哲学社会科学版），2017，42 (4)：150 – 155.

[3] 冯双丽．北京市中心城人口与功能疏解研究 [D]．北京：首都经济贸易大学，2010.

[4] THOMAS FALK. Urban turnaround in Sweden：The acceleration of population dispersal 1970—1975 [J]. GeoJournal, 1978, 2 (1).

[5] VINING D, KONTULY T. Population dispersal from major metropolitan regions：a correction concerning New Zealand. [J]. International regional science review, 1979, 4 (2).

[6] HUDEC, RÓBERT, TÓTH, VLADIMÍR. Population density gradient and its changes in the regions of the largest cities in the Slovak Republic [J]. Journal of the Geographical Institute "Jovan Cvijic", SASA, 2014, 64 (1).

[7] US Population Redistribution：A Perspective on the Nonmetropolitan Turnaround [J]. Population and Development Review, 1988, 14 (3).

[8] 李俊杰．北京非首都功能疏解与首都圈城市体系优化研究 [D]．保定：河北大

学，2016.

[9] 魏玉君，叶中华．东亚国家首都地区新城人口疏解路径及对雄安新区的启示［J］．现代城市研究，2019（5）：106-113.

[10] 朱家明，胡榴榴，王杨，等．基于灰色理论预测人口新政策对经济发展的影响［J］．中州大学学报，2018，35（5）：27-30.

[11] 海丽其古丽·玉苏莆．我国人口政策调整对社会经济发展的影响研究［J］．人人健康，2017（8）：278.

[12] 沈映春，王逸琪．京津冀人口流动与经济增长关系的实证分析与政策建议［J］．经济纵横，2019（5）：94-101.

[13] 叶苗，屠建伟．全面二孩政策对泰州市经济的影响分析［J］．教育教学论坛，2018（27）：224-225.

[14] 潘凤．一线城市中心城区人口疏解态势的对比考察［J］．河北地质大学学报，2017，40（2）：38-44.

[15] 谭日辉，马钰宸．非首都功能疏解对北京市流动人口居留意愿及其社会情绪的影响［J］．城市发展研究，2019，26（12）：95-101.

[16] 鲍龙生．我国人口政策变迁对经济发展的影响分析［J］．科学咨询（科技·管理），2020（12）：5-8.

[17] 张新颖．改革开放后我国人口政策的演变及经济效应研究［D］．济南：山东财经大学，2018.

[18] 迟明．中国人口生育政策调整的经济学研究［D］．长春：吉林大学，2015.

[19] 梁强．人口与经济、环境协调发展问题研究［D］．大连：东北财经大学，2010.

[20] 刘小敏．疏解非首都功能下的北京人口变动分析［J］．中国集体经济，2019（28）：9-10.

[21] 赵成伟，孙启明，王砚羽．北京核心区人口疏解效果评价研究［J］．北京邮电大学学报（社会科学版），2017，19（6）：84-90.

[22] 肖周燕．北京产业疏解带动人口疏解的政策效应［J］．地域研究与开发，2018，37（6）：160-164.

企业员工情绪智力对工作绩效的影响分析

赵　鑫*

摘　要　为了探究企业员工情绪智力与工作绩效之间的关系，对 A 企业部分员工进行关于情绪智力、工作绩效的问卷调查。结果表明：情绪智力对工作绩效有显著正向影响，通过研究进一步发现，情绪智力的四个维度——情绪知觉、情绪利用、自我情绪管理、他人情绪管理分别对工作绩效有显著正向影响。据此，为加深对于情绪智力在企业管理的作用，有效提升企业绩效，提出积极有效的管理建议。

一、引　言

近年来，在竞争激烈的市场环境中，企业均面临着许多机遇和挑战。如何提升组织绩效成为提升企业竞争力的关键因素，而组织绩效与企业员工的个人绩效有着直接关系。然而，在工作中，我们经常能够发现，教育背景和能力相似的员工，他们的工作绩效却有很大的不同。这说明，存在影响员工工作绩效的非智力因素。

"情绪智力"一词最早由 Payne 提出，Goleman 在《情绪智力》一书出版后，"情绪智力"的概念开始成为人们广泛关注的一个焦点。Goleman（1995）认为，传统的智力测验只能解释影响个人成功原因的 20%，而其他80% 可以解释为情绪智力，并将情绪智力定义为广义的情绪，包括了人格特质，如乐观、动机、热情和适应性。进一步地，Salovey& Mayer（1997）认为情绪智力包括了四个因素，分别为感知情绪、使用情绪准确地促进思维、理

---

* 赵鑫，管理学院硕士研究生。

解情绪和情绪的含义、管理自己和他人的情绪，这也是被学术界广泛接受的一个定义。目前有学者对情绪智力与工作绩效的关系进行了研究，针对不同研究对象，采用不同的测量量表，所得出的研究结论并不相同。张辉华等（2009）认为管理者情绪智力对管理者的工作绩效有显著的正向影响。吴维库等（2011）认为领导情绪智力水平对员工组织承诺和员工分外工作绩效有显著的正向影响，与员工分内工作绩效和工作满意度的相关性不显著。陈猛等（2012）认为情绪智力与工作绩效之间并非直接的正向线性关系，较低情绪意识可能削弱与他人交往的能力，但太高的情绪意识也会导致一些问题。同时，情绪智力和工作绩效是多维度概念，情绪智力的不同维度与工作绩效的不同维度之间的关系可能存在差异，但现有研究较少对此进行深入探究。因此，有必要深入到情绪智力和工作绩效的各个维度进行关系探究。

综上所述，本文将从员工情绪智力的不同维度出发，讨论哪些维度对于工作绩效有显著的影响，同时将工作绩效分为任务绩效和关系绩效，提高研究的全面性和科学性，弥补目前情绪智力研究中的不足，并通过研究结论为人力资源管理实践提供针对性建议。

二、研究设计

（一）数据来源与样本情况

A 企业是一个发展较为快速的技术型企业，近期经常活跃在校园招聘中。通过进一步了解发现，该企业青年员工占比较高，员工流动性较大，青年员工的稳定性较低，影响了企业的整体绩效。同时，不少管理者表示，"90 后"员工个性鲜明，情绪不稳定，管理难度较大。因此，本文以 A 企业员工为研究对象，旨在把握 A 企业员工情绪智力和工作绩效现状的基础上，重点揭示 A 企业员工的情绪智力和工作绩效的关系，并根据定量分析结果所反映出的问题，提出相应的建议，为 A 企业改善和开发员工的情绪智力，提高员工的工作绩效提供参考。

通过对 A 企业及其分公司的员工发放问卷，本次调查共收到问卷 160 份，其中有效问卷为 158 份，问卷有效回收率为 98.75%。调查样本分布情况如表 1 所示。

表1　基本情况统计表

项目	选项	频数	百分比（%）	项目	选项	频数	百分比（%）
性别	女	73	46.2	受教育程度	高中及以下	32	20.25
	男	85	53.8		大专	56	35.44
年龄	25岁以下	76	48.1		本科	55	34.8
	25~30岁	49	31.01		硕士及以上	15	9.49
	31~35岁	21	13.29	职位等级	一般工作人员	112	70.89
	35岁以上	12	7.59		基层管理者	19	12.03
工作年限	不满一年	39	24.68		中层专业人员	11	6.96
	1~3年	57	36.08		中层管理者	9	5.7
	3（不含）~5年	30	18.99		高层专业人员	2	1.27
	5年以上	32	20.25		高层管理人员	5	3.16

（二）研究工具

对情绪智力、工作绩效的测量采用李克特5点量表，1表示"完全不同意"，5表示"完全同意"。

情绪智力量表。借鉴的是Schutte等人基于情绪智力理论编制而成的情绪智力量表，量表共有33道题目，可分为四个维度，分别为：情绪知觉（Emotions Perception）、情绪利用（Emotions Utilization）、自我情绪管理（Managing Self Emotions）和他人情绪管理（Managing Others Emotions）。克隆巴赫Alpha值为0.914，KMO为0.889，量表信效度良好。

工作绩效量表。借鉴的是Motowidlo等人开发的工作绩效量表，此量表有14道题目，可分为任务绩效和关系绩效两个测试维度。任务绩效是指与具体工作内容、任务熟练程度和个人能力密切相关的绩效；关系绩效主要包括人际交往能力、帮助他人有效完成工作的动机、帮助领导者，以及保持良好的工作关系。克隆巴赫Alpha值为0.912，KMO为0.915，量表信效度良好。

三、结果与分析

（一）不同人口统计特征对情绪智力和工作绩效的差异分析

利用单因素方差分析，本文对不同人口特征下，员工情绪智力、工作绩效是否具有显著差异进行了检验。

由表2可知，从性别来看，员工的情绪智力没有显著差异（$p > 0.05$），表明男性、女性员工在情绪智力上没有显著差异；从年龄来看，员工的情绪智力有显著差异（$p < 0.05$），其中，31～35岁员工的情绪智力最高，25岁以下员工情绪智力最低；从工作年限来看，员工在情绪智力水平上有显著差异（$p < 0.05$），工作3～5年的员工情绪智力水平较高，工作未满一年的员工情绪智力水平较低；从学历来看，员工在情绪智力水平上有显著差异（$p < 0.05$），其中硕士及以上学历的员工情绪智力水平最高，高中及以下学历的员工情绪智力水平较低。

表2　不同人口统计特征对情绪智力的差异性

控制变量	均方	F	p
性别	0.051	0.008	0.93
年龄	48.969	8.542	0.00
工作年限	29.801	4.881	0.003
学历	105.33	22.728	0.00

由表3可知，从性别来看，员工在工作绩效上没有显著差异（$p > 0.05$）；从职级来看，员工在工作绩效上有显著差异（$p < 0.05$），其中得分最高的为高层管理人员，得分最低的为一般工作人员；从学历来看，员工在工作绩效上有显著差异（$p < 0.05$），硕士及以上得分最高，高中及以下得分最低。

表3　不同人口统计特征对工作绩效的差异性

控制变量	均方	F	p
性别	0.14	0.209	0.648
职级	56.789	10.46	0.00
学历	65.882	12.64	0.00

（二）情绪智力、工作绩效的相关性分析

如表4所示，情绪智力与工作绩效之间呈显著的正相关（$r = 0.948$，$p < 0.05$），进一步地，情绪知觉、情绪利用、自我情绪管理、他人情绪管理四个维度分别与任务绩效、关系绩效以及工作绩效呈显著的正相关，为后续进一步地分析提供了基础。同时，也可以看到，员工情绪智力（$M = 3.13$）、工作绩效（$M = 3.16$）及其各个维度均为较低水平，还存在很大的提升空间。

表4　情绪智力、工作绩效各维度的相关性检验

	M	SD	1	2	3	4	5	6	7	8
情绪知觉	3.14	0.872	1							
情绪利用	3.19	0.803	0.739 **	1						

	M	SD	1	2	3	4	5	6	7	8
自我情绪管理	3.22	0.812	0.689**	0.701**	1					
他人情绪管理	3.11	0.824	0.692**	0.711**	0.687**	1				
情绪智力	3.13	0.61	0.699**	0.753**	0.741**	0.751**	1			
任务绩效	3.24	0.816	0.873**	0.898**	0.854**	0.892**	0.854**	1		
关系绩效	3.08	0.862	0.879**	0.897**	0.838**	0.892**	0.892**	0.605**	1	
工作绩效	3.16	0.823	0.879**	0.897**	0.838**	0.892**	0.948**	0.637**	0.643**	1

（三）情绪智力、工作绩效的回归分析

本研究采用多元回归法，检验情绪智力对工作绩效影响的回归模型，结果见表5。模型1以工作绩效为因变量，加入情绪知觉、情绪利用、自我情绪管理、他人情绪管理进行回归，结果显示：情绪知觉（$\beta = 0.269$，$p < 0.05$）、情绪利用（$\beta = 0.274$，$p < 0.05$）、自我情绪管理（$\beta = 0.136$，$p < 0.05$）、他人情绪管理（$\beta = 0.321$，$p < 0.05$）都对工作绩效有显著的正向影响，员工情绪知觉、情绪利用、自我情绪管理、他人情绪管理越高，工作绩效越高。模型2以工作绩效为因变量，情绪智力为自变量，进行回归，结果显示：情绪智力对工作绩效有显著正向影响（$\beta = 0.421$，$p < 0.05$），员工情绪智力越高，工作绩效越高。

表5　回归分析结果

变量	模型1			模型2		
	β	SE	t	β	SE	t
情绪知觉	0.269	0.175	4.764**			
情绪利用	0.274	0.147	3.817**			
自我情绪管理	0.136	0.168	2.455**			
他人情绪管理	0.321	0.123	5.213**			
情绪智力				0.421	0.213	6.523**
R^2	0.901**			0.965**		
调整后的 R^2	0.898**			0.905**		

四、结　语

（一）研究结论

本文以 A 企业员工为研究对象，利用描述性统计和回归分析方法，分析了员工的情绪智力与工作绩效之间的关系，研究结论显示：

首先，在情绪智力方面，A 企业员工的情绪智力均值为 3.13，其中"他人情绪管理"能力较低，然后为"情绪知觉""自我情绪管理"能力较强。情绪智力在性别上无显著差异，在年龄、工作年限、学历 3 个维度均存在显著差异。其次，在工作绩效方面，A 企业员工的工作绩效均值为 3.16，其中"关系绩效"水平较低，"任务绩效"水平略高。工作绩效在性别上无显著差异，在职位等级和学历两个维度均存在显著性差异。最后，在情绪智力与工作绩效的关系方面，员工的情绪智力与工作绩效存在显著正相关，情绪智力水平越高，工作绩效水平越高。

（二）建议

基于上述研究结论，本文对人力资源管理实践提出以下三点建议：

第一，制订基于员工情绪智力的人力资源招聘与选拔计划。企业在人才招聘选拔过程中，不能仅以员工的能力、学历作为参照标准，还应该加入对于情绪智力的评估，在同等条件下可优先考虑积极情绪倾向的员工。

第二，注重对员工情绪智力的培训，开发和完善员工情绪智力培训体系。除了专业技能的培训，企业要针对不同岗位，根据培训前的需求分析安排合理的培训内容，提供有针对性的情绪管理方面的培训。

第三，塑造灵活性、责任心、奖励性、富有团队精神的组织氛围。一个良好的组织氛围，对于情绪智力的发展具有促进作用，如果企业之间的人际关系危机四伏，对于新进员工的融入也会产生很大程度的制约，在这样的环境下，员工很难把握自身的情绪管理，阻碍工作绩效的提升。

参考文献

[1] GOLEMAN D. Emotional Intelligence [M]. New York：Bantam Books，1995：43 – 44.

[2] 张辉华，李爱梅，凌文辁，等. 管理者情绪智力与绩效的关系：直接和中介效应研究 [J]. 南开管理评论，2009（3）：104 – 116.

[3] 吴维库，关鑫，胡伟科. 领导情绪智力水平与领导绩效关系的实证研究 [J]. 科学学与科学技术管理，2011，32（8）：173 – 179.

［4］陈猛，卞冉，王丽娜，等. 情绪智力与工作绩效的关系［J］. 心理科学进展，2012，20（3）：412 – 423.

［5］SCHUTTE N S, MALOUFF J M, HALL L E, et al. Development and validation of a measure of emotional intelligence［J］. Personality and Individual Differences, 1998（25）：167 – 177.

［6］MOTOWIDLO S J, BORMAN W C, SCHMIT M J. A theory of individual different in task and contextual performance［J］. Human Performance, 1997, 10（2）：71 – 83.

大数据时代情报学的发展与展望

国　敏　梁　磊*

摘　要　随着大数据时代的到来，情报学在大数据环境下的发展成为焦点。梳理了情报学的历史，也对学科的未来进行展望，有助于促进情报学科理论与实践的发展。通过文献分析法详细阐述了大数据的概念和特点，同时剖析了情报学的起源及发展，从宏观角度分析情报学在大数据时代遇到的问题和挑战，然后预测日后情报学科的发展趋势。在大数据时代，情报的处理更全面、高效、及时，与企业相结合也创造了许多特色服务，但同时面临信息鉴别、分析技术、信息安全等诸多挑战。在未来的发展中，情报学应重视信息安全，云计算技术的应用，以及动态情报的获取利用，使情报学在未来发展及走向知识融合的道路上顺利前行。

一、引　言

随着信息时代的到来，电子科技的迅速发展，人类生活与互联网深度结合，智能设备记录了人类复杂且个性的活动和行为从而产生了巨大的数据量。这些信息记录着人们的生活，也改变了人们的生活。大数据环境是技术发展的动力，是生产效率的加速器，是经济增长的助推器，也让竞争情报在新时代背景下有了新的发展方向。

二、大数据时代背景

（一）大数据的概念

20 世纪 80 年代以来，计算机科技迅速发展并渗透社会生活，呈指数

---

　*　国敏，应用文理学院图书情报专业硕士研究生；梁磊，应用文理学院副教授。

增长的信息量引发了信息的质变，"大数据"的概念应运而生。然而，目前人们对大数据并没有一个准确的定义。正如 Viktor 和 Kenneth 在《大数据时代》指出的，大数据指的是使用所有的数据方法，而不是像随机分析（抽样）这样的捷径。维基百科将大数据定义为规模大到无法在一定时间内用常规软件工具对其内容进行抓取、管理和处理的数据集合。麦肯锡全球研究所认为，大数据是一种规模大到在获取、存储、管理、分析方面远超出了传统数据库软件工具能力范围的数据集合。

综上所述，大数据是通过计算科学还能分析网络中的海量数据的综合体系，其中包括不断扩展和多样化的信息资源，以及对这些数据集的高速收集、处理和分析，以提取有价值的信息。

（二）大数据时代的特征

IBM 认为大数据的特点可以概括为三个"V"，即 Variety（多样）、Velocity（高速）和 Volume（大量）；而 NetApp 将大数据的特征归纳为 A、B、C 三个关键因素，即 Analytic（大分析）、Bandwidth（高宽带）和 Content（大内容）。

概括起来，大数据具有 5V 特征（见图 1）：Volume（大量），据 Statista 发布的《大数据白皮书》预测，全球数据量在 2020 年将到 50.5ZB，庞大的数据量分布在线上互联网信息和线下图书信息等各个方面，巨大的存储量也导致计算量的大大增加；Variety（多样），是指数据类型复杂多样，今天的数据类型不再是单一的文本形式，而是结构化数据、半结构化数据和非结构化数据等多种形式的组合，这对数据的处理提出了更高的要求；Velocity（高速），是指数据实时变化迅速，是大数据区别于传统数据的最显著特征。现在涉及感知、传输、决策、控制大数据的开放循环，数据具有很高的时效性；Value（价值），在信息爆炸的大数据时代，从海量数据中寻找有用信息如沙里淘金，在浩如烟海的数据中寻找有价值的数据，使利用计算机技术高效筛选有价值的数据成为大数据汹涌背景下急需解决的问题。Veracity（真实），是指获取的信息是真实、可靠的，大数据搜集到的信息是用户行为活动产生的最原始的、未加工的信息，这是保证分析结果准确、有效的前提。

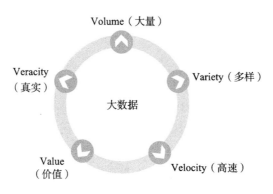

图1　大数据的 5V 特征

三、情报学的发展历程

（一）情报学的产生与发展

国际情报学起源于文献学，旨在对人类的知识进行科学的加工整理。如图 2 所示，20 世纪 40 年代是情报学学科的形成期。第二次世界大战结束后，世界各国吸取战时经验和教训，大力发展科学技术，科学情报呈井喷式增长。这期间 Bush 发表的《诚如所思》，标志着情报学的诞生；20 世纪 50 年代是情报学初级发展期，这期间定义了情报的基础理论和研究方法，形成了学科体系；20 世纪 60 至 70 年代是情报学的快速发展期，计算机的出现使情报学科如虎添翼，走上了"信息高速公路"，信息管理也从传统的人工管理发展为自动化管理；20 世纪 80 年代至 21 世纪初是情报学的深入研究期，情报学的研究对象回归本身，更关注使用对象，和其他学科相结合发展。21 世纪初至今，情报学进入动态生长期，随着计算机技术的成熟，情报的更新迭代速度加快，传统的情报流程已不能满足用户的高频需求，动态情报成为人们关注的重点。

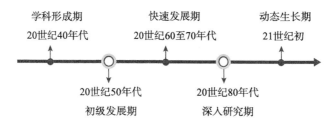

图2　世界情报学发展阶段

（二）大数据环境下的情报学

随着大数据时代的到来，数据科学的兴起和发展推动着人类研究世界的思维和方法，科学研究范式发展到数据密集型科学，情报研究与服务对象从事实型情报发展到综述型情报再到计算型情报，已经发生了两次转变。在大数据时代，数据竞争可以帮助企业创造并维持核心竞争力。从宏观层面来说，各方面的海量数据可以构建出企业的运营结构，不仅能够统计我方企业的各种数据，分析现状、预测前景，也可以观察敌方运营情况及动向，为己方制定策略提供参考。从微观层面来说，庞大的统计数据可以反馈企业营销现状，便于管理层以此为根据做出调整，比如通过降低成本、提高生产率的方式提升企业的盈利能力。

四、大数据环境对情报学的影响

（一）大数据环境对情报带来的机遇

1. 情报处理更全面、高效、及时

传统的情报分析受成本与时间限制，多源于抽样调查，分析结果存在一定偏差。而在大数据环境下，通过计算机技术可以快速、全面地采集到的全部样本，通过自动化分析高效生成最新分析结果，以供随时采用。

2. 创造特色服务

在大数据环境下，计算方法、计算速度的变革所生成的信息反馈创造了许多不同于以往的特色服务。如电商购物时，平台会根据用户购买记录和检索、浏览商品推算出用户的需求和喜好，从而将符合特征的商品推送给用户。

（二）大数据环境对情报学带来的挑战

1. 信息鉴别的挑战

相较于传统信息，尤其是整理规范的科技信息，大数据环境下的信息更加巨量、零散、原始且杂乱，这些信息伴随着人类行为活动快速产生，混乱无序且大部分数据为未加工的原始数据，并不能成为直接利用的有效信息。并且大量数据是难以鉴别真假的杂乱数据，反映了人类行为分散、杂乱、无序的特性。

2. 分析技术的挑战

随着科技的发展，现有的技术虽然达到处理 PB 级别的信息，但难以智能鉴别其中的无效信息，在传统情报分析的基础上，仍需要人工参与，巨大、冗杂的数据使工作量和工作难度大大增加。如何使用技术智能分析情报，也是未来需要考虑的问题。

3. 信息安全的挑战

传统计算机网络可通过网络防火墙、保密管理等手段保护信息安全，然而在大数据环境下，更多的信息和个人隐私会通过隐秘途径被提供给服务方，如打车平台会收集用户定位了解用户的居住地点和工作地点，一旦信息被不法分子利用，将给用户安全构成极大威胁。在这些不可控的安全隐患情况下，保护信息安全也成为具有挑战的研究。

五、情报学未来的展望

（一）大数据环境下情报的安全

1. 健全相关法律法规

随着互联网技术逐渐成熟，大量信息被上传至互联网并任意转发，其中不乏涉及军事、商业等有价值的隐私信息。这使互联网上的信息安全难以被保障，所以需健全相关法律法规来保护情报安全。

2. 利用技术保护信息安全

技术不仅能使信息公开，也可以保护信息。企业可以通过对数据加密、建立防火墙、建立独立业务系统等方法，实施防止黑客入侵、防止病毒入侵、防止盗窃等技术，从而抵御外来威胁。

3. 提高公众信息安全意识

造成情报泄露的原因除了被故意窃取，还可能是在数据、信息、情报流动过程中被无意透露。因此，提高公众的信息安全意识，能大大减少信息流转过程中的泄露风险，减少个人或企业的损失。

（二）云计算在情报中的运用

竞争情报的流程一般是将情报进行收集、处理、分析、应用和反馈。在大数据环境下，信息的处理和分析成为一项挑战。云计算是一种利用多种计算模式计算、分析互联网信息的新的信息资源供给模式。它不仅能实现信息自动化管理，还能降低信息管理的复杂性，提高信息资源的利用效率。云计算具有"资源共享、快速交付、按需服务"三个显著的特点，这些特点能够改善大数据带来的诸多问题，如数据量大、计算慢、情报时效性差等。

（三）动态情报的获取及利用

在数据瞬息万变的与增量环境下，收集信息后再进行分析得出的情报难以满足"高速时代"人们对信息的需求。动态情报的获取和利用就显得尤为重要，可以利用成熟的计算机技术对数据进行持续性收集，然后高频率地对最新数据进行分析，使情报处于一个随时更新、动态变化的状态，从而对未来进行预测。例如，微博热搜榜每分钟更新一次，给人们提供实时热点和新闻。

（四）走向知识融合

近些年，情报逐渐走入大众视野，除了最开始的军事情报、科技情报研究，越来越多其他行业的人也开始重视情报的作用。把情报的分析方法运用到经济、医学、农业等方面，结合产生了经济情报领域、医学情报领域、农业情报领域等。情报学的融入使这些领域的信息收集与整理更加高效，也为判断和决策提供了科学依据。

六、结　语

当今社会已全面进入大数据时代。大数据具有体量巨大、类型繁多、价值稀疏、变化迅速及真实可靠的特征，这些特征给情报科学的发展带来了诸多机遇和挑战。本文详细阐述了大数据的概念和特点，同时剖析了情报学的起源及发展，从宏观角度分析情报学在大数据时代遇到的问题和挑战，然后预测日后情报学科的发展趋势。研究不仅梳理了情报学的历史，也对学科的未来进行展望，有助于促进情报学科理论与实践的发展。

参考文献

［1］维克多·迈尔－舍恩伯格，肯尼斯·库克耶．大数据时代［M］．盛杨燕，周涛，译．杭州：浙江人民出版社，2013．

［2］Big data［EB/OL］．［2020 – 12 – 18］http：//en. wikipedia. org/ wiki/Big_data.

［3］程学旗，靳小龙，王元卓，等．大数据系统和分析技术综述［J］．软件学报，2014（9）：1889—1908．

［4］涂兰敬．专家观点："大数据"与"庞大数据"的区别［J］．网络与信息，2011，（12）：37 – 38．

［5］陈文俊．大数据包括大分析、高带宽和大内容［EB/OL］．［2020 – 12 – 18］．http：//www. D1net. com/news/hyxg/88828. html.

［6］李肇明，姜明星．大数据时代网络信息安全的研究［J］．电脑知识与技术，2016，12（16）：66 – 68．

［7］臧弘毅．大数据环境下情报分析的发展前景研究［J］．内蒙古科技与经济，2020（2）：120 – 121．

［8］王知津．大数据时代情报学和情报工作的"变"与"不变"［J］．情报理论与实践，
2019，42（7）：1 – 10．

［9］BUSH V. As we may think［J］．Atlantic Monthly，1945，176（1）：101 – 108．

［10］刘高勇，汪会玲，吴金红．大数据时代的竞争情报发展动向探析［J］．图书情报知
识，2013（2）：105 – 111．

［11］宋杰鲲，赵志浩，张业蒙，等．大数据背景下企业竞争情报系统评价研究［J］．情
报杂志，2020，39（8）：186 – 192，136．

［12］郭小芳，王克平，沈莹，等．大数据环境下新创企业竞争情报预警研究［J］．情报
科学，2020，38（6）：83 – 89，162．

［13］杨絮飞．大数据环境下旅游企业竞争情报系统的构建研究［J］．情报科学，2019，
37（11）：59 – 63，72．

［14］肖连杰，成洁，蒋勋．大数据环境下国内情报分析研究方法研究［J］．情报理论与
实践，2020，43（2）：40 – 47．

［15］苏玲，娄策群．我国情报学和传播学领域大数据研究探析［J］．情报科学，2019，
37（5）：31 – 37．

［16］唐晓波，郑杜，翟夏普．基于大数据智能的竞争情报系统模型研究［J］．情报理论
与实践，2018，41（11）：133 – 137，160．

［17］郭路生，刘春年，胡佳琪．工程化思维下情报需求开发范式——情报需求工程探析
［J］．情报理论与实践，2017，40（9）：24 – 28．

［18］王曰芬，李冬琼，靳嘉林，等．近十年图书情报领域的研究状况及其大数据时代的
研究趋向［J］．情报资料工作，2017（1）：17 – 24．

［19］张晓瑜，邹凯，毛太田．国内图书情报领域大数据研究进展［J］．图书馆学研究，
2015（24）：2 – 8，13．

［20］黄晓斌，钟辉新．大数据时代企业竞争情报研究的创新与发展［J］．图书与情报，
2012（6）：9 – 14．

大数据环境下的情报分析研究进程

徐莹钰　姜素兰*

摘　要　基于大数据环境下国内情报分析研究进展进行研究，分析国内情报分析方法的变更历程，探究大数据下情报分析研究所面临的机遇与挑战，对未来的情报分析研究进行展望。主要使用了文献调研法，对情报分析研究的相关概念进行了阐述，继而从大数据环境的特点入手，对国内目前情报分析研究工作面临的机遇和挑战进行分析，从而对未来情报分析工作做出展望。在大数据环境下，国内情报分析研究方法多种多样。总的来说，未来的情报分析研究会更加依赖于计算模型和数据收集分析，数据智能化的全源搜集将会是未来情报分析研究的发展方向。

一、引　言

大数据背景下，基于互联网、物联网、区块链、人工智能、云计算等高新技术的应用，使我们的生活无时无刻不在被大量的数据、信息所包围，大数据在很大程度上改变了我们的生活方式。根据 IDC 相关统计的数据显示，近十多年来，全球范围内产生的数据量以每年至少 58% 的速度飞速上涨。仅2020 年一年的数据生产量已经超过 40ZB。在庞大的数据环境中，数据之间的竞争也成了当代市场竞争中一个重要的环节，如何高效合理挖掘并利用数据信息已经成为情报分析与研究工作的重点。

笔者从大数据环境的定义、特点入手，分析大数据环境下情报分析研究工作中存在的机遇和挑战，并对未来的情报分析做出展望。

---

* 徐莹钰，图书情报研究生；姜素兰，（档案）校史馆教授。

二、情报分析与研究的基本认识

（一）情报分析与研究的基本概念

情报分析与研究是以特定用户的特定社会需求为导向，以现代化信息技术和软科学研究方法为主要手段，用数据的采集、挖掘、整理、分析、评价等方法对数据进行筛选处理，最终形成新的、增值的、具有指导借鉴意义的情报产品，为不同层次的科学决策进行服务，是一种专业性较强的社会化的智能活动。情报分析与研究最终目的是生成情报产品，其形式具有多样性，具有整理、评价、预测和反馈等作用，具有继承性、创造性等特点。

（二）情报分析与研究发展历程

我国情报分析研究工作是从新中国成立之后开始逐渐发展起来的，大体上经历了四个发展阶段。

（1）1956 年至 1966 年的萌芽阶段。1956 年，中国科学院科学情报研究所的成立，在中国的情报学界具有里程碑式意义，标志着我国科技情报工作的正式开始。

（2）1966 年至 1976 年的停滞时期。这个时期由于"文化大革命"等整体环境原因，情报分析与研究进入了停滞期。

（3）1976 年至 1992 年的发展成熟阶段。在这个阶段，全国开始出现大大小小的情报机构，情报分析研究工作逐渐走上系统化、正规化。同时，传统的全盘无偿信息服务模式被打破，情报工作向有偿的知识付费方向发展。

（4）1992 年至今进入决策咨询的发展新阶段。目前，我国的信息分析活动的范围不断扩大，情报分析研究机构团队不断壮大，服务对象主要有政府机构、企事业单位以及教育科研机构，情报分析研究的方法也有了很大的变化。

（三）情报分析与研究的基本程序

如图 1 所示，情报分析与研究的程序主要经历了课题选择，信息收集，信息整理、分析和预测，信息产品的制作和利用四个过程。首先由特定用户提出研究课题，研究人员针对课题进行组织开题报告，开题报告通过后才能进行进一步的研究计划制定。计划制订过程中包含了人员的分配，情报分析研究具体环节的设置等。收集的素材可以从类似的课题、新的课题里面寻找线索，同时注意不断增添新的素材。素材收集完成后，进行数据分析研究、撰写报告、成果评价等环节，每个环节都需要严格把控，并不断进行反馈调节，最终形成的情报产品为用户提供情报服务，解决实际问题。

图1 情报分析与研究基本程序

三、大数据环境下的情报分析与研究

（一）大数据环境的概念及特点

大数据是指无法在一定时间内用常规软件工具对内容进行抓取、管理和处理的数据集合。大数据是理论、技术和方法积累到一定阶段的产物，极具时代特色，其发展带来了研究范式的变革，让数据有了资产的属性。

大数据具有数据量大、数据类型多、变化速度快、价值密度低等特点。在大数据的环境之下，情报分析研究具有数据为基，数据分析为轴，面向用户服务的特点。但由于大数据过于庞大，在为人们带来数据财富的同时，也加大了从中获取有效信息的难度。

（二）大数据环境下情报分析研究的方法

（1）面向数据挖掘的分析方法。这类分析方法主要是从海量的数据资源中挖掘有价值的数据信息，获取数据之间的关联性，其中包含模型分析法、时空数据挖掘法、文本挖掘法等。

（2）面向数据可视化的分析方法。这类的分析方法是运用数据统计分析法、知识发现法等，用可视化的技术手段，将获取的信息进行更加直观的可视化展示。

（3）面向发现的分析方法。这类方法是按照一定的方法将低级的数据中所包含的潜藏数据转化为高层知识，进而提高有价值数据所占的比例，提高数据的质量。主要方法有语义分析法、知识计算法、分析与综合法等。

（三）大数据环境下情报分析研究工作流程

情报分析流程是情报科学理论研究中的一项重要内容，确定了情报活动的基本环节，运行模型等。对于情报工作流程，国内外学者产生了不同的观点。比较著名的情报分析模型主要有：线性推进模型、情报周期模型、中心目标模型、情报流程模型、情报价值链模型等。笔者在通过对前人的模型进行学习研究后，将情报工作流程总结归纳为5步，如图2所示。

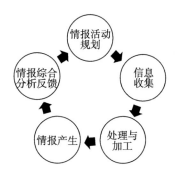

图2　情报分析流程

情报分析研究工作流程主要有情报活动规划、信息收集、处理与加工、情报产生、情报综合分析反馈5个环节。每个环节层层递进，相互影响，其中综合分析反馈环节伴随着情报分析工作的整个过程，反馈的结果会体现作用在各个环节。

（四）大数据环境下情报分析研究工作分析

对于广大用户来说，大数据既是挑战，也是机遇。据相关部门统计，我国年数据产量约为全球的23%，这样规模的数据量的确为我国的情报分析工作增加了难度。在此笔者对情报分析研究工作存在的机遇和挑战进行了简要分析。

1. 机遇分析

知识经济的到来，使得信息资源的竞争更加激烈，知识的竞争以及情报信息的竞争成为社会竞争力的重要组成部分。计算机技术、软件工程技术，以及互联网工程等技术的不断进步，均为情报分析研究不断提供新的理论依据和技术支持。

此外，服务科学的提出也为情报分析研究提供了好的发展条件。随着经济社会的发展，人们的物质需求得以满足，文化素质大幅提高，消费观念产生巨大变化，人们更加趋向于个性化服务，信息服务也逐渐由以"信息资源为中心"向以"用户为中心"转变。这对于一些以产业信息服务为主的情报服务机构来说是极好的，为他们提供了新的市场，有利于这些企业的生存和发展。

2. 挑战分析

目前情报研究工作对情报分析人员的要求越来越高，不仅要求掌握情报学相关理论知识，同时还要求精通计算机技术，以及各种数据分析软件。目前，我国关于这方面的人才储备、人才培养仍处于初级阶段，有许多地方需要改进完善，未来的发展过程中还有很大的发展空间。

此外，在数据获取方面，基于保密性等原因，很多数据是不能公开展示的，因此信息获取不全面，情报部门工作难度加大。同时，整体大数据环境也存在很多问题，如信息爆炸，计算机病毒，数据资源的异构性，数据资源的多来源产生的数字鸿沟，信息污染，垃圾信息泛滥等，这些问题都是情报分析研究工作的重难点。

四、大数据环境下情报分析与研究的发展趋势

随着互联网、物联网的发展，以社交媒体、网络社交、电子商务为代表的庞大的网络系统在全球范围内相互渗透、互相影响，各种科技成果已在方方面面应用于我们的生活，情报分析研究的领域也在逐渐由单一转向全领域。具体表现为情报分析的数据来源更为多元化，数据基础由抽样变为全体，分析的目标由最初的追求精准性转变为追求效率，分析的过程也更加偏向数据信息之间的相关性研究。未来情报分析的发展趋势如下：

首先，情报分析与研究的目的是为决策者提供重要的决策信息。对于用户来说，情报分析承担的是耳目、尖兵甚至参谋的职责，具有十分重要的作用。未来情报分析研究工作会将用户需求放在第一位，借助大数据的环境，加速自身知识服务水平和业务能力的提升。

其次，在今后的发展中，情报分析与研究会更加依赖计算机模型和更多的数据分析软件工具，因此对情报分析者也有了更高的要求。对于海量的数据，研究者会更加偏向于使用认知计算的方法对数据进行处理，加大数据的利用效率。此外，也可以通过构建更多的大数据平台，对一些异构化的数据进行分析处理，将结构化数据和非结构化数据进行整合转化加以利用，从而获取更多潜在的、有价值的但目前尚未被发掘的信息。

最后，大数据环境下情报分析研究也应注意大数据陷阱和情报分析研究工作中人与工具之间的关系。面对大数据陷阱，学者应该学会运用适当的方法进行慎选和鉴别，发现数据之间更加深层次的联系。此外，数据挖掘和分析的工具只是实现情报分析工作的一种工具，人应当是情报分析与研究工作的主体，在研究工作中具有绝对的主导地位。相关数据来源和数据内容的判断、情报问题的模型的构建与选择等仍要基于情报分析人员的主观判断。

五、结　语

综上所述，大数据为当前的情报分析研究工作带来机遇的同时，也带来了巨大的挑战。情报分析的研究工作正处于快速发展的阶段，将来会应用于更多的领域，具有良好的发展前景。目前，国内关于情报分析研究，无论是理论层面还是实践层面，都还有很大的发展空间，需要研究者继续努力完善，弥补不足。

参考文献

[1] 许鑫. 大数据环境下竞争情报分析的变化与方法创新 [J]. 科技情报研究，2020，2 (2)：20 - 38.

[2] 梁春华. 大数据环境情报研究平台发展现状与思考 [J]. 情报理论与实践，2017，40 (6)：63 - 66，50.

[3] 李言瑞，陈超，姚瑞全，等. 大数据对情报工作的影响研究 [J]. 图书情报工作，2016，60 (S1)：179 - 183，58.

[4] 庞娜. 认知情报学：大数据背景下情报分析的新机遇 [J]. 情报理论与实践，2018，41 (12)：55 - 60，98.

[5] 王曰芬，邹本涛，宋小康. 大数据驱动下情报研究知识库及其体系架构设计 [J]. 情报理论与实践，2019，42 (1)：28 - 33.

[6] 官思发，朝乐门. 大数据时代信息分析的关键问题、挑战与对策 [J]. 图书情报工作，2015，59 (3)：12 - 18，34.

[7] 迟玉琢. 大数据背景下的情报分析 [J]. 情报杂志，2015，34 (1)：18 - 22.

[8] 李广建，杨林. 大数据视角下的情报研究与情报研究技术 [J]. 图书与情报，2012 (6)：1 - 8.

北京地区中小担保企业档案管理问题研究

杜婉鹏*

摘　要　现阶段北京地区中小担保企业在档案管理方面存在一些问题，如担保业务档案管理制度不健全、档案开发利用水平不高等，现主要从五个方面提出关于北京地区中小担保企业档案管理的改进措施与建议，包括健全档案管理制度、提高档案信息化水平、提升档案开发利用水平、加强档案文化建设及提升档案管理人员专业能力与素养。

一、担保业务档案及其管理概述

（一）担保业务档案概述

1. 担保业务档案的概念

目前，关于担保业务档案的概念都是针对某一行业提出的，对担保业务档案的定义并没有统一的认识。裴鑫指出："企业担保业务档案是企业在办理各项业务过程中形成的用以记录、反映业务办理和管理过程的重要文件（纸质文件和电子文件）和原始凭据，以及图表、声像等资料，是公司综合档案体系的一部分。"

北京地区中小担保企业档案主要指公司在办理担保业务过程中形成的记录并反映担保业务的重要凭据，包括确立业务关系的经济合同类资料、反担保措施类资料、客户基础信息资料和其他资料。该类型公司仅办理担保业务，因此该公司担保业务档案也可称为担保项目档案。担保企业运营模式如图1所示。

＊　杜婉鹏，应用文理学院图书情报专业硕士研究生。

图1 担保企业运营模式

2. 担保业务档案的类型

作为一个担保企业，其担保业务档案具有一定特殊性，包括所有与保障公司利益有关的具有法律效力的正本文本及合同——如担保项目审批表、评审会决议、担保协议书、董事会决议、各类反担保合同、监管协议、借款合同、保证合同，还包括被担保企业基本信息、银行流水清单等。

3. 担保业务档案的利用价值

担保业务档案反映企业担保业务的进行过程，具有很重要的决策支持作用、法律凭证作用，同时可以帮助树立企业形象。

（1）决策支持作用。对担保企业而言，申请被担保的企业的信用质量直接决定了担保企业要不要接受该企业的担保申请，一旦发现该企业信用存在"污点"，担保企业可以拒绝为其办理担保业务，这样一来可以有效降低担保企业需承担的经济风险。

（2）法律凭证作用。对于已担保且在担保责任期限内的担保项目，一旦出现问题，与被担保方发生争议时，业务办理过程中形成的全部档案皆可作为维护担保企业经济利益的凭证，同样也可以在一定程度上保证公司的经济效益。

（3）帮助树立企业形象。从担保业务档案中可以反映出公司的业绩，公司通过对担保业务档案资源进行挖掘、开发和传播，可以在其领域扩大影响，从而树立良好的企业形象，以吸引更多需要办理担保业务的其他企业。

4. 担保业务档案的特点

对于担保业务档案面向的主体担保企业来说，它的主要特点表现在多元性、分散性和时效性。

（1）多元性。这一特点是针对该公司担保业务档案的形成主体来说的。担保业务档案的形成不仅是依靠担保企业和被担保企业，还有银行、公证处等多单位的参与，最终形成完整的担保业务档案。

（2）分散性。担保企业担保业务档案的形成主体不唯一，这也就导致了其担保业务档案的分散性。担保企业的部分担保业务档案不只存在于担保企业，例如反担保合同等是有部分原件存于公证处的。

（3）时效性。担保企业的一项业务一般持续时间较长，其担保业务档案是随着业务办理的过程进展不断变化更新的，因此具有一定时效性。未能及时更新的担保业务档案会在一定程度上影响担保企业的经济效益，以及与其他公司的合作发展。

（二）担保业务档案管理概述

1. 担保业务档案管理的内容

担保业务档案管理与一般档案管理大致相同，主要包括档案的收集、整理、鉴定、保管、统计、检索、编研和利用。不同之处在于，对于担保企业的担保业务档案来说，管理方式多采用专题管理的方式。这样的管理方式更能适应担保业务档案多元性和分散性的特点，便于企业担保业务档案的整合和利用。

2. 担保业务档案管理制度规范

据调查，国家尚未出台关于担保业务档案的管理制度规范，但是关于企业档案管理，国家档案局、国家经贸委、国家计委联合颁布了《企业档案管理规定》，国家档案局发布的《企业文件材料归档范围和档案保管期限规定》（国家档案局第 10 号令）、《DA/T 42—2009 企业档案工作规范》、《关于加强企业档案信息化建设的意见等相关制度规范》。北京地区中小担保企业参照《档案法》和《企业档案管理规定》等制定了《担保业务档案管理办法》。该办法中，主要详细规定了归档资料的要求，同时对档案的收集、移交保管、借阅领用做出了较为具体的要求。

二、北京中小担保企业担保业务档案管理存在的问题

（一）档案管理制度不健全

许多担保企业制定的档案管理办法为综合性、整体性制度，具体到担保业务档案管理的专项制度并不全面、具体。首先在档案收集工作的相关制度中，没有说明在项目进行中如何处理已经产生的担保业务档案，也不存在档案流动时的信息记录要求。其次是档案归档制度。许多中小企业往往缺少相应的归档记录和规范的档案移交清单，给日后的档案核查工作造成了一定困难。

（二）档案信息化建设水平较低

档案信息化建设是指应用信息技术生成、管理、开发利用档案的过程。目前北京中小担保企业档案信息化建设主要存在 3 个问题，即计算机数量不足、档案数字化落后、缺少用于档案信息化的基础设施。

1. 计算机数量不足

负责管理担保业务档案的档案员无法每人拥有一台电脑，接触不到相应电子档案和目录检索系统，仅能依靠手动整理档案。

2. 档案数字化落后

已经归档的担保业务档案不能做到全部数字化，只有少量档案存有数字化文件，无法满足员工日常对于担保业务档案的工作需求。

3. 缺少用于档案信息化的基础设施

担保业务档案信息化往往既需要软件设施也需要硬件设施，部分公司尚未做到建立完整的担保业务档案数据库。

（三）档案开发利用水平较低

由于研究对象是中小型担保企业，绝大多数企业发展尚未完全，存在担保业务档案的开发利用水平不高的问题。下面分别从开发和利用两个方面来看。

1. 对担保业务档案的信息开发方面

中小担保企业对已经完结的业务形成的档案较少开发其利用价值。一份完整的担保业务档案，它的价值不仅仅在于它在担保业务办理过程中，在这个项目完结后也可以体现出它的价值，用于开发方面的主要表现为档案的情报性价值。在已完结担保业务档案中再次开发出的信息，可以有效帮助业务人员以史为鉴，总结经验教训，也是这些档案可以体现更多价值的方式。

2. 对担保业务档案的利用方面

据了解，当业务员们遇到办理业务中的问题绝大多数都采取与有经验的业务人员进行口头问答的方式，真正从已完结担保业务档案中学习经验，合理利用已有资源的人几乎没有。这样的情况使得一份档案体现不出它更多的价值，也大大降低了公司担保业务档案的利用水平。

（四）档案管理人员能力有待加强

中小担保企业档案管理人员能力不足的原因主要体现在三个方面，即档案意识、业务能力、信息化素养。

1. 档案意识

业务部门员工并非档案专业人员，也未接受过相应培训，因此大多数基层员工缺少管理档案意识，对档案的概念也很不明确，担保业务档案得不到普通员工的重视。

2. 业务能力

收集整理工作主要存在于业务部门，由该部门档案员完成。并非所有档案员都是从事档案工作或学习档案专业的专门人员，也没有相应的人员对档案员进行指导培训，导致从事档案工作的人员业务能力不足。

3. 信息化素养

员工对档案信息化的意识薄弱。基层的业务人员对档案信息化一词没有具体概念，没有参与过有档案信息化这一技术支撑的业务工作，缺少档案信息化意识，且较多担保企业中缺少相应的信息化技术人才。

综上所述，中小担保企业的业务部门档案管理工作极度缺乏专业性指导，且档案管理人员的专业业务能力有待加强。

三、北京中小担保企业担保业务档案管理的改进措施

（一）建立健全档案管理制度

为了更好地管理档案，适时解决工作中产生的问题，就要及时发现管理办法中的漏洞，在保证档案管理办法整体性的同时，针对具体的档案管理环节补充新的专项管理措施。

首先要完善档案收集制度。在业务进行过程中形成的担保业务档案要有明确规定，何时在何种情况下可以将业务档案交给档案员，且是否有相应的纸质记录等备查信息等，都需要做明确的要求。

其次要完善档案归档制度。在档案员向风险投资部上交整理完毕的担保业务档案时，要有一定的移交记录。另外，风险投资部要清楚地知道正在进行的担保业务名称以及进展情况，对移交的档案进行及时记录并核查，对业务完结应上交却仍未上交的档案进行督促。

（二）提高档案信息化建设水平

在中小担保企业的担保业务档案管理工作中，通过档案信息化这一技术可以使档案管理工作变得更加方便快捷，若是档案数量和项目数量较为巨大的担保企业，更应合理利用这一技术。

第一，尽可能做到每名员工配备一台计算机，预算不足的可以两人使用

一台计算机，例如档案员对计算机需求不大，可以 2 ~ 3 人配备一台，提供担保业务档案目录查询和信息记录等基础工作，免去人工记录的麻烦。

第二，对担保业务档案进行定期数字化处理，并及时更新目录检索系统的信息，不要等需要的时候再去进行档案数字化。

第三，采购相应信息化设备。由于大数据时代现代化信息技术的飞速发展，档案信息化建设需要建立具备科学性和系统性的档案信息化智能系统。档案信息化建设，在硬件上，需要采买大型数字设备、扫描仪等；在软件上，需要有一定的数据库系统。同时要对信息化设备进行及时的维护和更新，以保证公司日常的工作需要。

总而言之，实现档案信息化虽不是为了管理档案而生的，却是顺应时代所必需的一种有效的档案管理技巧和手段。档案信息化建设水平高的企业可以在一定程度上得到更好的收益和工作效率。

（三）提高档案开发利用水平

在这个信息化的时代，档案作为一种信息的载体，是一种极其珍贵的信息资源。档案信息资源是重要的生产要素、无形资产和社会财富。对于本文的研究对象——中小担保企业来说，做到以下几点可以更好地提高档案的开发利用水平。

1. 从开发角度

第一，要加强档案的开发工作，挖掘担保业务档案的情报性价值。对担保企业来说，开发工作是针对已经完结项目的担保业务档案进行再次采集、分析、加工、整序，形成一份新的档案。由此产生的新档案可以作为员工的培训资料和公司担保业务的典型案例，在增强了档案开发水平的同时，提升了档案的第二价值，丰富了员工的工作经验，一举三得。

第二，要加强部门与部门之间的交流共享。业务部门之间产生的业绩冲突，不能作为将这些担保业务档案作为本部门的私有财产的理由。各部门之间应当加强合作，以及可以公开担保业务档案之间的交流共享，不仅能互相学习业务经验，培养团队意识，还能有效提高档案的利用水平。

2. 从利用角度

要优化担保业务档案利用途径和借阅手续。建立一个公司内部的担保业务档案查询系统，与档案数字化工作进行配合，设定不同员工的查阅权限，员工不必再担忧翻找纸质档案费时费力的问题，大大提高已归档档案的利用率，同时不必担心档案丢失或损坏的问题。

（四）提升档案管理人员的专业能力和素养

在现如今这个高速发展的信息时代，公司企业应针对时代特点和档案发展形势，在熟练和强化档案人员基础业务能力的同时，对档案人员进行专业管理和定期培训。

就中小担保企业担保业务档案人员来说，应加强以下几方面：

1. 提高档案意识

对员工定期进行培训，培养他们的档案意识，这一培训不仅仅针对档案人员，对普通的业务人员也可以有专门培训。普通的业务人员可以不做具体的档案管理工作，但是一定要求他们有尊重档案、保护档案的意识。

2. 加强业务能力

对于中小担保企业员工而言，缺乏档案专业知识，导致档案整理、保管、开发和利用等方面难以满足工作需要。作为档案管理人员，要有耐心且细心、要自觉维护档案完整性与安全性、要有良好的沟通协调能力，还要有不断学习的能力。在聘用档案管理人员时应尽量聘用专业人员，减少非专业人员对档案的管理。

3. 加强人员信息化素养

要培养员工的信息化素养和信息化意识，让他们在日常工作中适应档案信息化的加入，并逐步合理运用信息化手段去辅助完成业务工作，提升工作效率。还可以聘用信息化专业人才帮助相应部门完成档案信息化工作，推动公司信息化建设与发展。

四、结　语

综上所述，北京地区中小担保企业档案管理工作要不断地改革创新，在顺应时代发展的同时也不能忘记传统的档案管理方式，将二者结合为更适应企业、适应新社会形式的管理方法，利用科学技术手段管理档案以提高工作效率。企业中的档案工作不可轻视，更不可忽视，只有重视档案管理并合理有效地进行档案管理才能为企业发展做出更多的贡献。

参考文献

[1] 裴鑫. 融资租赁企业业务档案的管理与利用分析 [J]. 现代商贸工业，2018，39（30）：90 - 91.

[2] 徐亦平，孙精苹. 浅谈融资担保项目档案的管理 [J]. 兰台世界，2014 (35)：

5 – 6.

［3］黄莉．大数据时代推进档案信息化工作的思考［J］．智库时代，2020（15）：5 – 6.

［4］冯慧玲，张辑哲．档案学概论［M］．3版．北京：中国人民大学出版社，2006：102.

［5］钱明辉，耿祎楠．基于品牌形象视角的企业档案资源利用效果探析［J］．档案学通讯．2019（1）：73 – 78.

［6］王露露．华为境外企业档案管理的特征与启示［J］．档案学研究，2019（4）：56 – 65.

［7］张斌，李子林，黄蕊．我国企业档案宏观管理体制的演变与发展［J］．档案学研究，2018（2）：50 – 56.

［8］宫晓东．我国企业档案管理理念改进［J］．档案学通讯．2018（3）：4 – 8.

［9］中国档案学会企业档案学术委员会．企业档案管理风险与评估［M］．北京：中国文史出版社，2018：78 – 80.

［10］四川省档案局．企业档案管理实务［M］．成都：四川人民出版社，2017：235 – 237.

［11］成雪东．企业档案管理与创新研究［J］．办公室业务，2019（22）：154 – 168.

［12］INEKEDESERNO. The value of international business archives: the importance of the archives of multinational companies in shaping cultural identity［J］. Archival Science, 2009（9）: 3 – 4.

基于大数据环境下的企业竞争情报研究

王曼茜　孙　洁*

摘　要　大数据环境下，竞争情报分析工作正面临巨大的变革，本文旨在梳理竞争情报领域在数据驱动下的研究现状，为学者日后研究提供更全面、科学合理的理论基础。

首先对竞争情报研究现状进行概述，此前竞争情报研究内容大致可分竞争情报基础理论、企业技术竞争情报、反竞争情报三个方面。然后，从三个维度总结大数据环境下竞争情报分析的变革，分别是数据来源、处理技术和分析方法。

基于当前对大数据环境下竞争情报研究的综述分析，我国在该领域具有后续研究的价值，应尽快突破近三年来该领域研究瓶颈期。

一、引　言

随着大数据环境的不断深入和实践领域的不断拓展，社会生活、行业发展和政治经济发展因大数据的驱动而进入了全新的时代。本文概述竞争情报的发展现状，尝试探索竞争情报工作在大数据的推动下正朝着智能化方向发展，在数据来源、处理技术和分析方法及视角等方面有了巨大的创新和变革。有鉴于此，本文在对相关学者研究的基础上进行了回顾与分析，并提出了合理的评价。目的是使读者了解该领域的当前研究现状，找出文献中的各种关系，差距和矛盾之处，并对该领域进行后续研究。

---

　*　王曼茜，北京联合大学图书情报专业硕士研究生；孙洁，商务学院副教授。

二、竞争情报研究概述

（一）竞争情报研究内容

1. 竞争情报基础理论

目前竞争情报的相关研究中普遍认为"竞争情报"是指"企业竞争情报"（包昌火等，2002），且该领域的基础理论在早期发展阶段相对较多，包括以下三点：

第一，竞争情报的定义和意义。根据美国竞争情报专业人员协会给出的定义，竞争情报是人们以合理的方式收集、分析、传播有关组织本身、竞争环境和竞争对手信息的过程，作为情报的信息应具有准确性、及时性、前瞻性、相关性和可操作性的特征。王媛媛（2014）提出竞争情报应包含以下四个方面的内容：①情报是关于组织内部及外部环境的；②情报是专门采集而得来的，是经过加工而具有增值价值的；③情报是为决策所需要的；④情报是为了组织长期执行以赢得并保持竞争优势。这其中也揭示了竞争情报的意义所在，基于竞争战略的制定和调整，很大程度上让企业在变化多端的竞争市场中站稳了脚跟，面对不确定性的机遇和挑战时，抓住机会缩短与竞争对手的差距。

第二，竞争情报服务对象和业务流程。竞争情报服务于企业本身，帮助企业了解掌握自身的发展趋势，为企业提供决策支持等服务。竞争情报业务流程一般分为以下六个步骤：情报收集、加工整理、情报存储、分析研究、加工服务和情报需求。

第三，竞争情报的价值评估。竞争情报过程中应用价值分析理论，可以对相应流程进行调整，从而提高竞争情报过程的整体价值。吕著红（2002）认为竞争情报的价值评估包括期望收益的增加、投资的节约和损失的减少三个方面。

2. 企业技术竞争情报

企业技术竞争情报是指满足公司的技术战略决策需求，提高技术的业务价值并实现公司的竞争目标所必需的信息和技术知识。这是加深公司对内部和外部技术环境了解的基本条件。企业技术竞争情报工作代表以技术为核心、以竞争为导向的情报服务理念与行为。刘志辉（2019）认为技术竞争情报突出了技术与市场的关系，技术竞争是服务于企业竞争的，是面向企业决策的。

目前在大数据环境下，技术信息源数量非常庞大，为竞争情报的获取能力带来了极大的挑战，同时也遇到了许多问题，例如出现信息过载而情报稀缺、信息源集成度不高、获取处理信息缺乏智能性、获取结果质量差等现象。我国部分学者也基于此提出了有关研究，杨芳（2019）提出数据挖掘技术在企业动态竞争情报中的应用研究，应用数据挖掘技术从海量复杂的动态信息中找到真正有价值的情报；唐晓波（2019）提出利用人工智能技术帮助企业智能化获取情报，有利于获得和保持企业的竞争优势；冯雪飞（2018）提出一套更全面的专利组合分析方法，并以中国中药行业为例做实证研究，以期为中药企业和其他企业提供一种技术监控和情报预警的方法。

3. 反竞争情报

关于反竞争情报的相关理论研究，我国已有许多学者从含义、特点及相关对象等问题进行了研究，但目前对反竞争情报的定义并不一致。邱晓林（1998）认为反竞争情报是对企业内部信息的一种保护，是企业为减少竞争对手收集情报的威胁所采取的防御方法。邵波（2005）认为反竞争情报是一种信息调查活动，其目的是保护自身商业信息。

关于反竞争情报的策略方法及体系模型构建方面的研究，张云中（2017）构建了面向价值链的企业竞争情报策略矩阵（VC - CCI 策略矩阵），将企业反竞争情报战略概括为稳健战略、迷惑战略、激进战略和防御战略；陈旭华（2009）提出基于知识产权保护的反竞争情报体系模型。周九常（2011）提出基于知识转移的战略联盟反竞争情报体系研究。基于大数据环境下，有关反竞争情报的策略及体系模型构建研究相对较少。王丹丹（2014）提出云计算环境下企业反竞争情报体系的构建研究，学者认为云计算技术越来越成熟，应从组织机构、人员及相关制度、应用技术、云计算运营商的选择标准 4 个方面进行框架的构建。

关于反竞争情报与竞争情报整合的研究，反竞争情报与竞争情报的相似之处在于同时具有竞争性和对抗性、合法性和正当性、系统性和连续性的特征。两者之间的不同点在于反竞争情报更注重对自身的防控，阻止竞争对手窃取自身的情报信息。

（二）我国竞争情报研究发展态势

李广建（2012）提出大数据环境下竞争情报的主要发展趋势是：研究领域从单一领域分析逐渐扩展到更广的领域分析、通过各种收集方法获得的不同结构数据的综合利用、专注于情报分析的不断智能化。

关键词突现知识图谱可以反映一个领域的研究前沿和发展趋势，在

CiteSpace 文献计量软件中选择"Burstness"功能，以获取我国竞争情报研究的突现词分布情况。图 1 为 1987—2020 年有关竞争情报研究的突现强度排名前 30 位的关键词突现情况，从图中可以看出，自 1994 年以来，国内竞争情报研究领域的研究热点和研究前沿一直处于变化之中，不同时期的研究重点不同。从突现强度来看，"情报研究"的突现强度最高，在 1994—2001 年是该领域的研究热点。从突现时间来看，2010 年以前，较为热点的研究问题涉及"企业信息""知识经济""知识管理""反竞争情报"等；近几年较为热点的研究问题为"中小企业""大数据""产业竞争情报""情报服务""情报需求"等。由此看来，众多学者已经意识到现如今的竞争情报研究应该与大数据紧密结合起来，应用更多新技术手段。除此之外，将竞争情报的研究对象定位于中小企业，且应该加强情报的利用意识，关注人们对情报的需求，注重情报的服务价值。

Top 30 Keywords with the Strongest Citation Bursts

Keywords	Year	Strength	Begin	End	1987—2020
情报研究	1987	6.3444	1994	2001	
企业信息	1987	4.9603	1994	2004	
商业秘密	1987	3.9314	1996	2001	
竞争情报研究	1987	4.7956	1996	2001	
internet	1987	6.0072	1998	2002	
知识经济	1987	5.1854	1999	2003	
competitive intelligence	1987	18.0034	2000	2003	
enterprise	1987	7.4498	2001	2003	
知识管理	1987	8.5865	2004	2006	
人际网络	1987	4.9335	2006	2009	
反竞争情报	1987	5.859	2007	2009	
人际情报网络	1987	3.6205	2007	2008	
企业竞争情报	1987	6.4737	2007	2008	
技术竞争情报	1987	10.2108	2008	2016	
中小企业	1987	6.0363	2010	2020	
情报分析	1987	3.9665	2010	2016	
大数据	1987	15.6407	2014	2020	
知识图谱	1987	5.5595	2014	2020	
产业竞争情报	1987	10.7426	2014	2020	
情报需求	1987	3.924	2015	2020	
情报服务	1987	4.895	2016	2020	
研究热点	1987	5.4794	2016	2020	

图 1 关键词突现知识图谱

三、大数据环境下竞争情报分析的变革

数据分析和处理作为竞争情报工作的基础，数据来源、数据处理技术及分析方法等都在大数据的环境下有了诸多新的变化。

（一）数据来源

大数据环境下，数据来源更为丰富和多源化，不仅局限于传统的数据和政府公开数据，还包括了物联网传感数据和互联网数据。

1. 传统数据

进行竞争情报分析时，传统的数据可以分为以下三类，第一类是有关社会环境、政治环境、经济环境、技术环境等竞争环境的数据，此类数据是可以通过客观了解直接获取的信息；第二类是有关竞争对手的市场营销水平、专利技术研发、人力资源储备、服务质量评级等情报内容，可以通过专利局查询、专业调研等方式获取信息；第三类是有关企业商业行为产生的信息，即商业数据，此类数据包括企业之间交易产生的数据、企业内部流转产生的数据、企业网站对外公开的数据等。

2. 政府公开数据

政府拥有大量的社会信息，在电子政务和信息高速发展的背景下，通过公开政府信息，公众不仅可以更好地了解和监管政府行为和政府决策，而且可以重用数据来创造新的经济和社会价值。同时，政府信息的公开丰富了竞争情报的数据源渠道，为企业竞争情报提供了有价值的数据。当前，我国高度重视政府数据公开，建立了统一开放的国家政府数据平台。政府合理开放数据资源可以起到人人访问、免费访问、商业可用、机器可读等优势。

3. 互联网数据

大数据背景下，互联网与移动平台交叉融合产生了大量的互联网数据，其中包括网络交易数据、评论数据、社交媒体数据、新闻数据等，为企业竞争情报提供了重要的数据来源。

4. 物联网传感数据

物联网是基于互联网运转的一种新型技术，物联网与互联网应运而生。随着各种新传感器和传感技术的不断成熟，大量物联网传感器数据应运而生，且呈现逐年上升的趋势。例如在生活中，人们可以通过手环记录步行数据、心率数据、睡眠质量数据等，这些数据的产生与企业的战略决策息息相关，是大数据未来的主要数据源。

（二）处理技术

由于大数据的飞速发展，云计算技术、人工智能技术、物联网技术正推动竞争情报工作向科技化发展，是目前提升竞争情报工作质量、增强情报价值和可信度，以及辅助企业各层级决策的重要技术。结合当下智慧城市的背景，许多学者对于核心技术的应用做出了一定的研究，如通过大数据采集方法和自然语言处理技术从多源信息中获取有关竞争对手、竞争环境等信息；利用 LDA 主题模型和关联规则对专利文本数据挖掘及创新趋势分析；利用情感分析技术对用户群体进行划分等。

数据存储管理模式日新月异，从传统的数据仓库存储到以 Hadoop 为代表的分布式文件系统管理，再到现如今市场上最受欢迎的多源异构数据存储解决方案，即分布式 NoSQL 非关系型数据库。当前的企业竞争情报大数据处理和分析平台可以由构建在云计算平台上的 Hadoop 框架和 Spark 框架组成。通过快速处理和分析数据集，它可以为数据挖掘和情报分析提供更多有价值的数据。

（三）分析方法

针对目前的发展趋势，企业不仅要掌握传统的竞争情报分析方法，还应不断顺应大数据环境下的新技术和新视角。传统的竞争情报分析方法通常使用简单的分析工具，虽然相对成熟但存在诸多明显的弊端。例如问卷调查法和专家调查法易受被调查者或专家的主观意识影响，当调查主体受到情感偏向、专业知识局限等因素影响时，客观性难以保证。除此之外，此类方法耗时费力，不适用于目前快速发展且多变的市场环境；PEST 分析模型过于宏观，没有具体的落脚点；价值链分析没有涉及宏观环境，但实际上，政治、经济、文化等因素的变化对企业的生存和发展起着重要作用；SWOT 分析未考虑企业改变现状的主动权，企业组织流程是当今时代企业重点关注的对象。因此，竞争情报分析方法应结合大数据环境进行拓展和创新。

基于大数据的竞争情报分析方法应该更注重数据挖掘、统计分析和可视化结果的呈现。例如，可以利用两家企业同时在新闻中被提及的次数来分析企业间的竞争程度；通过绘制两家企业网站共同被第三方链接引用频次的企业竞争矩阵，识别企业间竞争关系；通过文本挖掘、情感分析等技术分析用户在各类移动平台中发表的内容或其他数据信息；利用社交网络分析法及时发现企业在运营过程中与供应商、竞争对手及竞争环境动态变化且错综复杂的关系。

四、结　语

大数据环境下，竞争情报分析方法在数据来源、处理技术和分析方法上都在传统的工作基础上融合了新兴信息技术做出了重大变革和拓展。针对目前研究较为热点的竞争情报基础理论、企业技术竞争情报、反竞争情报三个方面做了总结分析。大数据为竞争情报分析带来诸多机遇的同时也带来了不少挑战，基于上述综述总结了以下三点目前学术界存在的研究空白，为日后学者的研究发展方向提供参考价值。

第一，注重大数据环境下竞争情报分析与新兴技术的融合研究，竞争情报领域对于物联网、云计算、大数据、人工智能等信息技术的结合研究相对较少，且发现的可用于竞争情报分析过程的智能技术同样较少，应当基于热点内容进行深入且广泛的研究。

第二，仅有的研究中表明人工智能等技术应用于情报分析环节，情报分析粒度太粗，深度挖掘和智能性较为有限。情报 5.0 时代应将机器学习等更多人工智能技术应用于情报采集、分析、管理和服务整个流程。

第三，注重竞争情报分析的实证研究。针对不同企业，评估竞争情报分析方法的适用度、评估基于信息技术的情报分析环节的可操作性、检验竞争情报系统模型构建的匹配度与适用性、判断应用新技术对竞争情报工作的影响力等都需要今后进行广泛的实证研究，验证理论研究的可操作性，弥补理论研究的不足之处，使大数据环境下的竞争情报分析研究不断创新与拓展。

参考文献

[1] 王媛媛. 近十年我国企业竞争情报研究综述 [J]. 情报探索，2014 (9)：57 – 60.

[2] 刘志辉，魏娟霞. 面向开放式创新的中小企业技术竞争情报方法体系研究 [J]. 农业图书情报，2019, 31 (6)：12 – 20.

[3] 邱晓琳. 企业秘密信息的反竞争情报保护 [J]. 中国信息导报，1998 (12)：3 – 5.

[4] 张云中，李超. 企业反竞争情报策略选择：以价值链为导向 [J]. 情报杂志，2017, 36 (5)：42 – 48, 30.

[5] 黎小平，刘春年. 反竞争情报能力的发展脉络与演进逻辑 [J]. 情报理论与实践，2018, 41 (8)：144 – 148.

[6] 李广建，杨林. 大数据视角下的情报研究与情报研究技术 [J]. 图书与情报，2012 (6)：1 – 8.

[7] 唐晓波，郑杜，翟夏普. 基于大数据智能的竞争情报系统模型研究 [J]. 情报理论与实践，2018, 41 (11)：133 – 137, 160.

大学生个人知识管理能力提升研究

袁 雪*

摘 要 信息的迅速发展将人类带入信息经济和知识经济时代。通过对大学生知识管理能力的现状分析，提高其个人知识管理能力，进而提升其核心竞争能力。通过对影响大学生知识管理能力的要素分析，发现目前大学生个人知识结构不完善、容易忽视知识创新能力，学校层面尚缺乏系统的知识管理制度体系，因此需要从大学生个人和学校两个角度对于大学生的知识管理能力进行提升。

一、引 言

目前，知识作为重要的资源，其价值已经远远高于人力、财力、物力等传统的生产要素，是社会发展的重要生产力。大学生作为知识时代的主力军，需要具备知识提炼能力，即从无序信息中获取对自己有价值的信息融入自身的知识体系中，不断将自身具有的隐性知识挖掘出来转化为显性知识，通过一系列知识管理活动，对知识进行筛选、组织、创新、利用，将理论知识与实践知识相结合形成自身独特的知识管理素养，这也是目前学校和大学生提升个人知识管理能力亟待思考的问题。

本文通过梳理知识管理及知识管理能力的概念认识，提出大学生提升个人知识管理的目标，分析大学生知识管理结构要素，总结目前大学生知识管理能力提升存在的问题及影响因素，最后对大学生提高个人知识管理能力提出具体建议，以期提升大学生个人的核心竞争力。

---

* 袁雪，应用文理学院图书情报研究生。

二、大学生个人知识管理能力研究现状

（一）个人知识管理能力的相关概念

1. 知识管理定义

知识管理与其他管理类不同的是它是以知识为核心，将知识作为重要的有价值的资源进行开发和管理，使知识在创新和增值的过程中发挥最大的作用。国内外许多学者对知识管理的概念进行了界定。Holsapple 认为，知识管理是组织为实现既定目标和计划，增强自身价值取向而做出的努力和活动。张润彤对知识管理的狭义与广义的定义做了区分，狭义知识管理主要涉及知识的传播、管理和应用，它强调知识和过程的管理；广义的知识管理强调企业组织的管理。其过程不仅涉及知识本身的管理，还包括知识保护、知识组织、知识共同体等与知识相关的因素。综合以上学者的说法，笔者认为知识管理的本质就是为提高知识储备及个人价值而采取的一系列知识活动。

2. 个人知识管理定义

Frand 等人认为个人知识管理就是个人拥有的策略，是个人把自己掌握的知识进行系统的收集、整理、传播和利用的方法，并且能够将零散的知识内化为自身知识的一部分的战略。国内知识管理领域的学者田志刚认为个人知识管理的目的就是整合自身信息，提高工作效率，从而提高个人的核心竞争能力。赖纯胜指出个人知识管理就是对自身知识管理的一部分，在信息不断丰富的时代，各个学科的结构和内容也在不断丰富，知识以指数形式成倍增加，个人需要根据自己的兴趣爱好和价值取向，进行人生职业规划，并且选择适合自己的信息资源，从而高效率地吸收转化知识。

综合国内外学者的定义，笔者对个人知识管理做出以下定义：个人知识管理就是通过运用相应的技术、方法、工具，将知识不断内化，并且能够通过知识转化满足自身知识需求，从而不断促进个人知识增长，提高个人综合竞争能力。

3. 个人知识管理能力的定义

在心理学中，"能力"通常被认为是一个人在理解和改变客观世界的过程中所具有的内在特征。个人知识管理能力是个人在知识管理过程中需要具备的基本能力，是个人对知识的处理及运用能力。国外学者 Andrew H. Gold 将知识管理能力分为两个部分：知识基础建设能力和知识管理流程

能力。他认为知识管理建设能力中应该包括技术支持、组织结构、文化及环境因素；知识管理流程是指知识的获取、转化、创新、利用、分享等活动。综合各学者定义，笔者认为个人知识管理能力是指个人合理配置关键的知识资源，通过创新、传递、整合和分配知识以获取长期持续的竞争优势的能力。而对于知识管理能力中所包含的要素，国内外学者众说纷纭，但是不难发现所有知识管理能力的分类方式都离不开知识管理过程，即知识创造、知识传递、知识共享、知识利用。这一过程不仅适用于组织，同样适用于个人，也就是个人对于知识获取、加工、创造、分析、传播及利用的能力。

（二）大学生个人知识管理能力研究现状

目前，国内仅有部分学者研究个人知识管理能力的相关内容，研究成果相对较少。孔德超在《论个人知识管理》一文中提出个人知识管理能力的提升分三步：首先，个人从外界获取并吸收知识，通过分析整理指导个人的实践活动；其次，通过实践发现知识漏洞，并学习新知识；最后，将自身的知识和他人分享，分享知识的过程也是知识管理能力提升的重要阶段。李洪杰认为，知识管理在大学生的学习和研究过程中非常重要，它可以打破他们的固有知识，扩大未知知识的范围，因此应训练大学生收集、输入和使用数据，他还提出建立一个实践知识管理能力的体系来帮助学生提高实践能力。贾波总结了隐性知识在大学生创新实践过程中的重要性，探索了适合大学生教育中隐性知识获取、知识交流和知识共享的模式，目的是帮助学生建立属于大学生自己的隐性知识体系，以此提高其创新能力。

三、大学生个人知识管理能力提升影响因素分析

个人知识管理能力强的大学生往往具有以下特点：①专业素养高，综合素质强；②信息素养较高，对信息较为敏感；③学习的内容涉及多个方面，知识结构较完善；④不断追求更高的学习目标，同时保持创新能力。目前，一些学校已经意识到了学生进行知识管理的重要性，并且开设了相应的课程，但是还没有建立起系统的知识管理制度体系。此外，制约大学生个人知识管理能力提升的要素还包括大学生个人自身因素的影响，现分析如下：

（一）大学生个人知识结构不完善

就目前来看，大学生需要依靠自主学习，获取新知识，完善知识结构。但有些大学生存在缺乏学习目的性等问题，不了解自身的知识需求，在学习

知识时，没有关注知识对自身发展的促进作用，导致了大学生知识结构不完善，进而阻碍了其综合发展。

（二）大学生容易忽视主动知识创新能力

大学生掌握的知识分为显性知识和隐性知识。显性知识指通过自己主动学习，或者被动接受教师讲授的知识就能获得的专业知识。而隐性知识包括大学生的逻辑思维能力及知识创新能力等。这部分知识很难通过书本直接获得，也不太容易由他人直接传授，只能通过不断地思考与实践内化成为自身的素养和能力。优秀的大学生能够更容易的将显性知识转化为隐性知识，这也是知识内化与知识创造的重要过程。但是，根据现状调查，目前大学生的综合素养有待提升，知识创新能力强的大学生很少，大部分大学生的关注点都是如何提高自己的成绩，避免挂科，很少有大学生对所学的知识进行深入的思考和创新，也不重视对个人知识管理能力的培养。

（三）学校缺乏系统的知识管理制度体系

高校作为培养人才的重要场所，需要考虑如何通过建立相应的制度和机制刺激学生进行知识管理活动。目前，一些高校已经开始重视对学生知识管理能力的培养，但是，很少有学校建立系统的针对学生的知识管理制度体系。高校的管理需要回归到学生教育的本质，重视并建立真正有利于学生知识管理的良好制度，这样有助于刺激学生不断提高个人的知识管理能力。

四、提升大学生个人知识管理能力的策略

就大学生个人而言，提高自身知识管理能力能够有效帮助自己提高甄别知识价值，并合理利用知识进行知识创新，从而提高个人的核心竞争力。为此本文从以下几点探讨对策建议。

（一）大学生需要提高知识管理意识

现如今，知识作为重要的资源能够帮助个人提升核心竞争能力。对于大学生来说，提高个人知识管理能力，培养创新意识应该作为其长远目标和要求。随着知识时代的不断发展，社会对于大学生知识管理能力的要求也在逐渐提高。目前，大学生需要考虑在毕业就业时展现出个人的核心竞争力，这就需要大学生具备专业的知识和素养，在面试工作时体现出个人的综合素质和学习能力。因此，大学生需要努力完善自身的知识结构，提高知识管理意识和创新观念，通过合理调配自身资源主动获取知识，对知识进行加工创造，从而进行知识创新。

（二）大学生需要合理使用知识管理工具共享新知识

知识管理工具和平台能够辅助大学生实现知识的高效管理。比如可以利用思维导图梳理个人专业知识；利用印象笔记随时记录学习中的点滴灵感；也可以利用知乎等问答平台了解自己想学习的知识。这些工具或平台，使用简单，大学生可以通过使用这些不同的知识管理工具及方法来构建和完善自己的知识体系，使用这些工具主动地进行知识共享和知识交流，提升自己的知识管理能力。

（三）学校应该加强大学生知识管理宣传

学校可以定期对知识管理活动进行宣传，开展一些相关竞赛知识问答或讲座活动，让大学生一开始就具备浓厚的知识管理意识，并且出台知识管理与考试成绩挂钩的制度。教师可以在课程内容中融入知识管理的相关内容，激发学生对知识管理的热情。对于知识管理能力稍差的学生，教师可以对其采取针对性训练，让他们了解知识管理的整个流程，也可以让有经验的同学帮助其开始进行知识管理活动，不断帮助学生建立属于自己的知识管理体系，从而在此基础上进行知识创新。

（四）学校应该为大学生提供知识管理实践活动

学校可以定期举办知识管理实践活动，例如，可以通过让学生撰写综述的方式，使其能充分利用积累起来的大量素材与数据；也可以通过对学生进行专业化知识管理水平测试，来检验学生目前知识管理的能力和水平；学校或者学院给学生设定课题或者鼓励学生参与教师的课题等。在写作的过程中需要阅读大量资料，这些前期工作能够增加自己的知识储备，丰富自身的知识结构，进一步促进自身知识的更新和完善，从而为知识管理活动提供扎实的基础。因此，学校积极为大学生提供知识管理的实践活动能够有效促进学生对知识管理整个流程的应用，从而更好地提升大学生个人知识管理能力。

五、结　语

综上所述，在知识管理的新时代，大学生知识管理能力的提高能够有效帮助大学生展现自身优势和竞争力。作为向社会输送人才的高校，肩负着培养具备个人知识管理能力人才的重任。对于大学生个人来说也需要具备知识管理经验、提升知识管理意识。因此，让大学生重视知识管理能力的提升是目前大学生个人和学校亟待考虑的问题，本研究仅从个人和学校两方面提出一些对策建议，研究角度尚不全面，希望能为大学生提升个人知识管理能力提供一些理论基础。

参考文献

[1] 刘映，杨鸣亮，向渝. 大学生个人知识管理研究 [J]. 高等农业教育，2014 (9)：96 - 99.

[2] 冯世朋. 彼得·德鲁克的知识管理思想探析 [J]. 情报探索，2012 (7)：32 - 34.

[3] HOLSAPPLE C W, JOSHI K D. A formal knowledge management ontology：Conduct, activities, resources, and influences [J]. Journal of the American Society for Information Scienceand Technology. 2004, 55 (7)：593 - 612.

[4] 张润彤，曹宗媛，朱晓敏. 知识管理概论 [M]. 北京：首都经济贸易大学出版社，2005：16.

[5] JASON FRAND, CORAL HIXON. Personal Knowledge Management：who, what, When, where, How？ [DB/OL]. http：//www. anderson. ucla. edu/faculty/jason. frand/researcher/speeehes/PKM. htm, 2009 - 12 - 24.

[6] 田志刚. KM 与 PKM 之争 [J]. 软件工程师，2003 (12)：60.

[7] 赖纯胜，卢泽辉. 个人知识管理方法的初探 [J]. 锦州医学院学报，2000 (5)：76 - 78.

[8] 范岩磊. 浅谈心理学在知识型员工管理中的运用 [J]. 中外企业家，2020 (8)：240.

[9] ANDREW H. GOLD, ARVIND MALHOTRA, ALBERT H. Segars. Knowledge management：An organizational capabilities perspective [J]. Journal of Management Information Systems, 2001, 18 (1)：185 - 214.

[10] 李浩. 社会资本视角下的网络知识管理框架及进展研究 [J]. 管理世界，2012 (3)：158 - 169.

[11] 孔德超. 论个人知识管理 [J]. 图书馆建设，2003 (3)：17 - 18.

[12] 李洪杰. 大学生知识管理能力培育简析 [J]. 学校党建与思想教育，2017 (20)：60 - 61.

[13] 贾波. 刍议大学生创新能力培养中的隐性知识管理 [J]. 学校党建与思想教育，2017 (1)：80 - 81, 89.

[14] 陈能，刘汉龙，邹群艳. 利用知识管理促进终身学习能力的探索 [J]. 软件导刊（教育技术），2015, 14 (12)：46 - 49.

[15] 金叶. 浅析知识管理背景下大学生创新能力培养 [J]. 西北医学教育，2016, 24 (5)：672 - 675.

[16] 赵振华. 基于 Web2.0 的大学生个人知识管理能力发展策略研究 [D]. 郑州：河南

大学，2012.

[17] 郑小军，莫葵凤，杨上影，等．工具与技巧：职业院校教师如何提升个人知识管理能力（下篇）[J]．广西职业技术学院学报，2019，12（3）：67-78.

[18] 刘伟．知识管理视阈下地方高校大学生核心竞争力研究 [J]．文教资料，2016（22）：137-138.

大数据时代情报学的机遇与挑战

王　也*

摘　要　大数据在情报学领域的发展给传统情报学研究带来巨大的机遇与挑战。大数据环境下的情报学面临着更加复杂多样的数据信息及先进的数据分析方法。大数据时代的情报学领域，在介质、空间、研究对象、研究方法这四个方面与传统情报学相比都发生了很大的变化，因此，情报学在发展的过程中需要关注大数据时代带来的机遇与挑战。

如今，技术革新为人们带来了云计算、人工智能等理念，从而形成了技术时代的新环境。大数据作为这个新环境的"标签"，不仅改变着社会生活的各个领域，而且在不同程度的影响着不同的行业和学科，也为不同领域的学科融合发展提供了崭新的机遇与挑战。对于情报学这门与数据和信息分析具有紧密联系的学科来说，技术的变革带来的影响十分深远。大数据所拥有的"4V"表现，即：Variety（多样性）、Volume（容量大）、Velocity（速度快）、Vitality（时效性）极大地丰富了传统情报学的研究内容，推动了情报学传统理论和方法的新变革，技术的不断变革也为其带来了崭新的机遇和挑战。

一、情报学领域的大数据研究

"大数据"的概念于 2008 年在 *Nature* 发表的其题目为 *Big data：Science in the Petabyte Era* 文章中提出，随后各国积极展开了研究。2012 年，中国通信学会专门成立大数据专家委员会，讨论大数据的核心科技等问题，目的是推动大数据学科建设和持续发展。由此，各个领域开始关注和研究"大数

---

*　王也，应用文理学院图书情报专业硕士研究生。

据"。当前，大数据的概念暂且没有统一。维基百科将大数据定义为在可接受的时间内大幅度超过普通软件的收集、管理，以及处理能力的海量数据集组成的数据。贺德方认为大数据能够为传统情报学提供数据支持，让情报学领域更加数据化。相关学者综合了大数据与情报学的研究内容，认为情报学领域的大数据是将数据作为核心，将网络作为基础，以科学技术为手段，以智能分析为目标的数据。

20 世纪 50 年代以来，国外的信息科学研究一直侧重于对大量实验数据的分析，探索基于大量信息的内容发现规律和方法。情报学作为信息科学的一个分支，其重点研究的领域也离不开对信息与数据的挖掘和分析。随着大数据时代的发展及其在信息科学领域的广泛应用，信息科学领域中数据的获取方式、数量、存储空间和处理方法都在不断扩展；从基于文献的书目关系到基于概念内容的知识联系，可以探索从文献型数据到基于科学数据的知识整合的更多数据之间的关系；从基于 Web 内容元素的链接到基于大量数据的科研关系的网络化表现，情报学研究的数据量已逐渐进入大数据的范畴。基于科学研究的大数据分析、处理和利用已经成为信息科学的一个重要课题。研究人员也从信息科学领域着手，重点探求了大数据背景下大数据给信息科学带来的变化，以及信息科学未来的发展趋势。

二、传统情报学与大数据时代情报学对比分析

目前，随着大数据时代的到来，各类数据信息呈爆发式增长，信息科学研究领域明显呈现出大数据的典型特征，已经从各个方面都对传统的情报学研究产生了较大的冲击。传统情报学在介质、空间、研究对象、研究方法等多个方面都发生了巨大的变化。如表 1 所示。

表 1　传统情报学与大数据环境下的情报学对比

	传统情报学	大数据环境下的情报学
介质	纸质文献（包括论文、专利、报纸、科技报告等）	数字介质（数字化书籍、数字化报刊等）
空间	物理空间（图书馆、情报中心、文献中心）	虚拟空间（互联网、通信网）
研究对象	情报科学（包括情报分析流程、情报用户与服务等）	重视数据清洗与整合（包括事实型数据、关联数据等）
研究方法	社会调查、文献计量、统计分析、内容分析等	大数据算法、数据挖掘、聚类分析、可视化分析等

（一）基于介质的对比

在大数据环境中，信息学媒介发生了极大的变化。信息学的传统介体是以纸质文献为代表，主要以论文、专利、科学技术报告等为表象。这种介质不但保存不便，而且再加工处理和传递交流中也存在诸多困难。而在大数据信息学领域下，数字媒体所带来的直接并明显的变化事态是记录介质正在被现在的技术代替，数字书籍、数字报刊、数字图书馆等纷纷出现了。数字化的方式让人类及其思想从文本变成巨大的数字仓库。数字技术诞生于纸质为载体的信息环境，对于信息学领域来说，数字媒体最直接的作用是解决了人类知识需求和供给之间的问题。除了把传统的文献、文本资源应用到数字媒体上外，数字媒体产生的部分原生数字资源也进一步拓展了信息学研究，并且与之形成一体。比如，图像、音频、视频等现在也已经成为情报学领域研究的重要资源。与此同时，数字化的快速变革，使人类获取信息的过程也发生了多方位的变化。

（二）基于空间的对比

在传统纸质媒体背景下，情报学研究的场景主要是图书馆、情报中心等。在新的场景中，信息科学的工作流程被彻底颠覆。互联网改变了传统的信息传播方式，出现了以用户为核心的组织传播信息的场景；物联网推动了传统信息传播主体的改变，即信息的发送者和接收者不是用户而是物体；机构知识库改变了信息的存在方式和利用的形式，并且作为一种集体性的知识成果进入了人们的研究领域。伴随着科学技术的发展和广泛应用，逐步出现了突破以往固定的信息工作流程的新场景，新的问题也会浮出水面，由此推动了情报研究的发展。在传统的媒介下，情报学研究的空间是物理上实际存在的图书馆、文献中心、信息中心等场所。传统的信息活动流程在图书馆等物理空间内形成相对固定的模式，各环节存在的问题基本定型，没有更多开源空间。而在当代大数据的环境中，信息科学面临的空间是互联网、传感器网络和通信网络三位一体的网络空间。利用虚拟空间，情报科学研究的表现是前所未有的。而传统的情报学研究方法、工具和手段也在新的空间中得到运用和拓展。

（三）基于研究对象的分析

传统情报学的研究对象是情报科学，随着信息处理与分析技术方法的不断完善，情报学研究对象的范围也在不断扩大。大数据环境下的情报学研究对象更加关注对于数据的处理、清理、标准化集成和分析计算。在原有基础信息资源的基础上，研究对象类型包括更多的事实数据资源、相关注释资源（如关联数据、书目数据等）和术语资源等。

（四）基于研究方法的对比

在大数据时代下，我们更加将重心放在大数据存储、计算和定量分析上，形成模块化的组合工具及可视化平台。伴随情报学领域数据内容的增长和信息分析内容的深度加工，对事实数据和分析工具资源的需求出现了增加的趋势。用户更倾向于使用可视化的方法，通过大量的分析数据来表达自己的看法。目前，情报学的分析方法只用于结构化数据和有限数量关键字的聚类分析和共现分析中，信息处理能力表现出局限性和不足。分析、处理和使用数据的能力，为情报学服务质量提供了必要的技术保证。近年来，情报学研究主要集中在技术层面上，作为云计算的代表，Hadoop、MapReduce 等在数据可视化中取得了长足的进步。目前，最受欢迎的数据处理和分析平台是Hadoop，这是一个基于 Google 技术的开源平台，主要用于处理非结构化的数据。这个平台可以进行大规模和更复杂的数据处理，同时可以支持更多的检索功能，极大地优化了数据压缩和访问路径。可以说，在大数据环境下，对各类数据进行清洗、存储、计算、挖掘、处理和可视化等都会有进一步提升。

三、数据时代情报学的机遇与挑战

（一）机遇

大数据的本质是对数据进行管理、开发及利用。它与传统信息科学所关注的信息资源管理的开发和利用有着十分广泛的共同之处，也为受到挑战的传统信息科学提供了新的发展与机遇。

1. 提供多种数据与分析方法

在数据来源日渐复杂和数据化日益明显的条件下，情报学对于数据分析方法也产生了新的需求。数据多元化的发展使传统情报学改变了情报收集的模式，从收集纸质文献到收集图像、声音、视频等非结构化数据，大大丰富了情报收集的内容。在数据的获取、对数据进行分析和数据存储的过程中，也推动着情报学使用先进的数据分析工具和分析方法。大数据时代的一系列数据分析应用程序帮助信息科学研究人员更加高效、更准确地处理数据。现在，依靠大数据技术体系，计算机系统可以进行高效、低成本的分析和处理。

2. 体现情报人员的价值

传统情报学中，研究人员在进行实证分析、案例分析时都需要与用户和调查对象建立密切的联系。但是在大数据时代，情报人员可以通过技术和工具从网上获取客观数据，可能不需要被调查对象的配合和响应，这样不仅提高了情报研究的效率，而且基于数据的客观性，也使研究结论更加客观准确。此外，情报学的学科属性要求情报人员具有数据分析处理能力，所做的工作也和数据、信息有关，虽然目前 web2.0 时代每个人都能在互联网上收集数据和信息，但情报分析工作需要情报人员具有敏锐的观察能力，能够从海量的数据中收集有价值的信息进行分析并形成情报产品，非情报人员如果没有进行过专业的学习和训练可能不具备这种能力。因此，可以说大数据时代能够更大地发挥情报人员自身的价值。

3. 推动情报学学科发展

大数据推动了情报学研究向深度发展，向广度扩张。情报学学科具有开放、包容的特性，能够不断吸收其他学科的知识形成新的理论与方法，也能够将自身优势应用到其他学科中，由此形成了战略情报学、安全情报学、情报心理学等交叉学科。情报学的研究方法具有综合特性，善于从多个角度分析问题，所分析的问题涵盖人文、自然科学、社会科学等基础问题，在大数据背景下，通过数据的融合与分析，能够实现多种学科融合交叉共同发展的新态势。为此，情报学需要与时俱进，不断进行方法革新和理论创新，重视智库平台化建设，强化情报学学科体系，使情报学真正被社会认可。

（二）挑战

大数据时代为情报学的发展带来了三个方面的挑战：数据获取难度增加、传统情报学研究方法的局限性、对情报人员综合素质提出更高要求。

1. 数据获取难度增加

与传统的信息相比，大数据的信息更零散、更冗杂，数据质量无法得到保证，数据真假难分。一方面，在数据规模上，过去情报学中的数据范围有限，智能分析、用户调查、行动调查和测量研究通常集中在几十个用户中研究；在当前阶段，存储和计算环境发生了很大的变化，在现有技术条件下可进行综合数据处理。面对如此庞大的数据量，给情报人员数据的获取增加了很大难度；另一方面，在数据获取的方式上，传统情报学主要运用结构化数据库，但如今面对信息的快速更新，情报研究的时效性要求情报人员获取实时数据，这就需要情报人员时刻关注网络实时日志、社交媒体等网站来实时获取，对情报人员及时获取数据也提出了更高的要求。

2. 传统情报学研究方法具有局限性

传统的探索方法包括社会学研究、文献分析、统计分析、共现分析。这些方法很难处理对于半结构化和非结构化的数据。此外，传统的数据库不能处理 TB 级数据或直接处理非结构化数据。因此需要采用新方法、新技术去收集大规模、多样化的数据分析和使用各种数据集，以确保数据资源的相互作用。

3. 对情报人员综合素质提出更高要求

大数据的价值特征提升了用户对信息和智能的预期，这就要求情报人员具备高的素质和能力。情报学未来的发展需要更多跨专业复合型人才，不同学科的人才能够发挥不同的优势，为情报学的发展注入新鲜的活力，同时现有的情报工作者也需要多学习前沿领域知识，掌握并精通数据处理技术，为信息用户提供更有价值的情报产品，不断促进情报学的发展和完善。

四、结　语

综上所述，大数据时代的发展，为情报学的发展和研究提供了积极的推动力，不仅推动了情报分析过程中的新思想、新方法，也为情报人员的发展提供了方向。与此同时，大数据的发展也为情报学带来了很多挑战，本文通过分析对比传统情报学与大数据环境下情报学的不同，旨在发现情报学目前面临的新变化，以期为情报学的研究与发展提供理论上的指导意义。

参考文献

[1] 曾建勋，魏来. 大数据时代的情报学变革 [J]. 情报学报，2015，34（1）：37 – 44.

[2] 范美玉，陈敏. 大数据时代的情报学发展战略 [J]. 科技情报开发与经济，2015，25（2）：118 – 119.

[3] Big data [EB/OL]. http：//en. wikipedia. org/wiki/Big_data. 2014 – 12 – 04.

[4] 贺德方. 大数据环境下的情报学 [J]. 数字图书馆论坛，2012（11）：2 – 5.

[5] 郝龙，李凤翔. 社会科学大数据计算——大数据时代计算社会科学的核心议题 [J]. 图书馆学研究，2017（22）：20 – 29，35.

[6] 马费成. 推进大数据、人工智能等信息技术与人文社会科学研究深度融合 [N]. 光明日报，2018 – 07 – 29（6）.

[7] 马费成，张瑞，李志元. 大数据对情报学研究的影响 [J]. 图书情报知识，2018（5）：4 – 9.

[8] 王知津. 大数据时代情报学和情报工作的"变"与"不变" [J]. 情报理论与实践，2019，42（7）：1 – 10.

[9] 彭知辉. 数据：大数据环境下情报学的研究对象 [J]. 情报学报，2017，36（2）：123 – 131.

［10］李广建，杨林．大数据视角下的情报研究与情报研究技术［J］．图书与情报，2012，（6）：3－5.

［11］蒋卓然．"大数据"时代情报工作面临的机遇与挑战［J］．吉林广播电视大学学报，2016（4）：73－75.

［12］马费成．在改变中探索和创新［J］．情报科学，2018，36（1）：3－4.

［13］杨建林，苗蕾．情报学学科建设面临的主要问题与发展方向［J］．科技情报研究，2019，1（1）：29－50.

［14］江俞蓉，张天明．大数据时代情报学面临的挑战和机遇［J］．现代情报，2013，33（8）：58－60.

［15］刘志辉，赵筱媛，许晓阳，等．文献计量分析视角下的情报学理论研究进展［J］．情报学进展，2016，11（1）：27－46.

［16］钱思晨，肖龙翔，岑旸莲．我国图书情报学数据素养教育内容及框架研究［J］．图书馆研究，2019，49（3）：115－122.

西文装帧形式古籍修复研究述评

张　羽　吴晓红*

摘　要　通过对国内外关于西文装帧形式古籍修复的文献分析，并从"保存现状""修复原则""修复方法"三个方面对当下的研究现状进行了分析、整理。国外对于西文装帧形式古籍的修复研究较为成熟，已经取得了丰富的研究成果；国内的研究现状落后于国外，研究尚不充分。我国未来应加强有关西文装帧形式古籍的病害类型、西文装帧形式古籍本体的研究和认识、修复方法的研究，以推动其发展。

一、引　言

我国各级各类的档案馆、图书馆等公藏单位现存有两种形式的古籍，一种为书写或者印刷于 1912 年以前具有古典装订形式的中国古代书籍，称为古籍；另一种为装帧形式有别于传统中国古典装订形式且具有一定出版年限的书籍，现未有统一称谓，其来源多为他国赠送或国内仿照装帧出版。因此，笔者参考西方国家对古籍的出版时间限定，并基于其装帧形式，划分概念范畴：将出版时间在 1950 年之前、装帧形式有别于我国传统装帧形式且以西方锁线法为主要装帧形式的古籍称为西文装帧形式古籍。

西文装帧形式古籍蕴含着丰富的文化资源，具有学术研究和保存价值，为了延长其保存寿命，国务院于 2007 年发布了《关于进一步加强古籍保护工作的意见》，由此我国开展了"古籍保护计划"，并取得一定成果。本文将全面梳理有关西文装帧形式古籍修复研究成果，以期为我国修复工作的开展提供参考。

---

* 张羽，应用文理学院图书情报专业硕士研究生；吴晓红，应用文理学院副教授。

二、文献统计分析

（一）文献检索

本文数据主要来自中国知网、万方、Web of Science、EBSCO、ProQuest 数据库，检索时间为 2020 年 12 月 10 日，检索项为"主题"，检索时间范围 不限，结果如表 1 所示。

表 1　西文装帧形式古籍的国内外检索结果

数据库类型	数据库名称	检索词	检索数量
中文数据库	中国知网	西（外）文文献/西（外）文书籍/西（外）文古籍/西（外）文善本/西（外）文图书 + 修复/修补/保护	110
	万方	西（外）文文献/西（外）文书籍/西（外）文古籍/西（外）文善本/西（外）文图书 + 修复/修补/保护	102
外文数据库	Web of Science	Ancient Works/Rare edition/Books + restoration/ to repair/protection	2566
	EBSCO	Ancient Works/Rare edition/Books + restoration/ to repair/protection	10126
	ProQuest	Ancient Works/Rare edition/Books + restoration/ to repair/protection	99196

（二）主题分布

笔者对检索到的文献进行细读、筛重，并根据参考文献进行追溯索引，将研究的主题概括为以下三个内容：第一，西文装帧形式古籍的保存现状；第二，西文装帧形式古籍的修复原则；第三，西文装帧形式古籍的修复方法以及所开展的修复实践。

三、主要研究内容

（一）西文装帧形式古籍的保存现状

西文装帧形式古籍的保存现状是开展修复研究工作的基础，国内已有学者开展了对西文装帧形式古籍保存现状的研究，发现了书体所存在的破损情况并总结了病害类型。

张丽静提出国内各级各类图书馆馆藏的西文装帧形式古籍随着保存时间的增长，一触即碎，急需保护和修复，以及发现"北大图书馆馆藏西文装帧形式古籍已出现干燥变形、书脊封皮破损，内页散裂、脱落，纸张泛黄、掉渣等病害，急需修复和保护。"王文娟、金凤提到黑龙江省图书馆馆藏日文、俄文等装帧形式古籍现已开始发黄老化，翻动掉渣，部分古籍破损严重，书脊断裂，一碰即碎。张靖、张盈等人对国内十几家图书馆馆藏的西文装帧形式古籍进行调查发现，其中5家图书馆的西文装帧形式古籍纸张老化程度达到严重级别，1家纸张严重老化的馆藏占50%~60%。5家纸张老化程度达到一般级别，其中1家纸张一般老化的馆藏达到70%。8家西文古籍装帧结构破损程度达到严重级别，其中2家装帧结构严重破损的馆藏占50%。3家装帧结构破损达到一般级别。11家图书馆西文古籍存在封面破损情况，其中2家封面破损严重的馆藏占30%，8家封面破损达到一般级别。各家图书馆的西文装帧形式古籍均存在轻微级别的虫蚀鼠啮、霉烂等破损情况。

截至目前，从文献数量和研究对象来看，关于西文装帧形式古籍保存现状的研究尚不充分，国外未检索到相关研究的文章，国内关于保存现状的文章数量较少；研究对象涉及的范围较为狭窄，多为单一馆藏单位的保存现状，缺乏全面性。

（二）西文装帧形式古籍的修复原则

西文装帧形式古籍的修复原则是修复工作开展的准则，是修复方法、修复材料选择的标准。因国外的古籍均为西文装帧形式的古籍，所以国外关于修复原则的研究更为丰富。

早在1963年，荷兰的 Lucie M. Gimbrèreu 提出应遵循书籍原有装订传统，远离化学实验和现代技术对书籍开展修复工作。Martinez, Jo Anne 等人提出应"尊重物品的原有风格，保持最小干预，微小修复，并适时使用防护罩"。周耀林发现法国遵守"可逆性、可见性、尊重传统技术、装帧修复的精确性、材料与修复产品之间的协调性"五大原则；李咏、向辉随后对法国的修复原则进行补充："尊重作品的历史感与美学特征，信守作品的完整性、原件的可读性、修复的可逆性与修复程序的精简性"。娄明辉认为日本的修复原则是"遵守保持古籍的原有状态与风格，保证古籍所承载的各种文献信息的安全"；黄荣光提出日本的修复理念逐渐发生变化，已由"修旧如新"转变为"修旧如旧"，以及遵守"尊重文物的历史风貌，讲究修复的可逆性，遵守'可视变'等原则"。

我国中文古籍修复原则现已有统一的要求，即遵循"整旧如旧""抢救为主、治病为辅""最少干预""过程可逆"四点要求，但目前我国对于西文装帧形式古籍修复原则的相关研究较少，唯有黄海在开展西文装帧形式古籍修复工作时，提出应遵守"最小干预、保持原貌"，以确保"修旧如旧"等原则。

国内外虽均已开展了关于"西文装帧形式古籍的修复原则"的相关研究，但与国内相比，国外的相关研究更为成熟和全面，能够对修复工作的开展起到一定的统筹和指导作用；国内的相关研究成果数量较少，研究并不充分，对修复工作的开展无法起到指导作用。

（三）西文装帧形式古籍的修复方法

西文装帧形式古籍的修复方法是指采用一定的方法和手段，消除或者减小西文装帧形式古籍的病害影响，尽可能去还原其本来面貌。国内外均开展了此方面的研究，一些发达国家的研究成果早已能够大规模的应用。

美国开展关于修复方法的研究相对较早，且研究成果最为丰富。早在1999 年，Schechter AA 在 *Basic Book Repair Methods* 中就已论述了一些常见的书籍修复技术，主要包含如何"修补纸""书页合页拧紧""修理内铰链""重装封面"及"重新整理"等工艺。Estick、Vernon 提出在修复西文装帧形式古籍时，使用甲基纤维素溶化黏合剂；使用氢氧化钙溶液擦拭书脊，降低纸张的"酸"含量；使用亚麻布、桑树纸或皮革等材料为古籍重新制作封面；使用水彩或者丙烯酸漆仿制原有封面的图案，以保证"修旧如旧"；选用日本纸对封面与书体的内接缝进行加固等修复方法。Tyson Rinio 提出使用日本纸作为补背纸和补页纸；使用小册子缝法代替黏合剂；使用图书压力机代替橡皮筋进行书籍书角的压制修复等方法。

日本注重传统修复工艺与现代科技的结合。娄明辉提出日本通过构建文物纸张分析数据库，对修补用纸进行深入研究。黄荣光提出通过精密仪器对文物进行科学的检测和分析，能够确定文物原来使用的材料以及老化程度。例如"数控古籍补纸技术"，基于对文物的纤维分析，利用电子成像技术，抄制出与档案上受损处形状相同的补纸，消除文物损毁的隐患，保证了文物的安全。曹晋提出日本选用夜叉五倍子作为染料对材料进行染色；使用小麦淀粉和海藻胶制作糨糊等传统修复方法开展修复工作。

法国的国家图书馆已形成了一套科学有效的文献保护方法。李咏和周耀林通过实地调研，提出法国国家图书馆现已建立了书籍消毒中心和去酸中心，采用热揭法、冷揭法、蒸汽法等方法揭开粘连图书，以还原其本来面貌。

国内的西文装帧形式古籍修复研究并不深入，耿宁认为可以使用热吹风消除黄色胶带对书籍所造成不规范修复的影响；选用红茶、绿茶作为染色剂，用煮制的茶水染制修复用纸；选用薄棉纸作为补纸修复破损书页。耿宁、王莹提出溜口纸能够用来拼接断裂书页，对纸张进行修补。黄海提出关于纸张断裂处包含文字信息的纸张修复方法，可以选用透明度较高的三桠皮纸作为补纸；选用经多次染色的白色平纹布补全封面残缺，以解决封面的各色漆布或者漆皮难以找到同色同质材料的问题；选用尼龙线或者蜡棉线对完成修复后脱离书体的破损书页重新打孔，进行缝制。

国外关于西文装帧形式古籍的修复方法现已非常成熟，能够大规模地投入使用，有效减少病害对书体的影响，尽可能恢复原有面貌；国内的修复方法虽然能够消除或者减小病害对书体本身的伤害，但是修复效果欠佳，完成性较差。

四、研究述评及展望

西文装帧形式古籍制作精良，书体通常比较厚重，修复难度较高。因国外很多国家的古籍装帧形式为西文装帧形式，所以国外的修复研究早于国内，并取得了丰富的实践成果。例如法国、美国、日本等国家在政府的支持和推广下，已具有完备的修复体制。国内因对西文装帧形式古籍的装帧形式、所用工艺及材质的认识不足，以及行业观念、重视程度不够等相关因素的影响，导致现有研究并不充分，与国外研究进展存在较大差距。

在未来，我国应着重开展西文装帧形式古籍的修复研究，将其放到与中国传统古籍修复研究的同等重要地位，促进其发展。因此，笔者结合国内外相关的修复研究进展及现存不足，对国内未来的修复研究提出以下三个方面的展望：

第一，加强有关西文装帧形式古籍病害类型的研究，划分病害类型。各级各类的档案馆、图书馆等公藏单位可适当开展西文装帧形式古籍的保存现状调查，了解保存现状，从而归纳其病害类型，以求得共性的认识，帮助日后的修复工作更具针对性和同一性。

第二，加强对西文装帧形式古籍本体的研究和认识，梳理西文装帧形式古籍的装帧形式、装帧所用材料和工艺。现有的几例修复实践并不能完整地恢复原有面貌，其中有一部分因素是缺乏对其原有面貌的认识，无法找到匹配度更高的修复材料，造成无法准确地还原。因此，需要加强对西文装帧形式古籍本体的研究和认识，为修复工作的开展提供参考。

第三，推动西文装帧形式古籍修复方法以及修复原则的研究。国内主要开展了中文古籍、纸质档案的修复工作，对于西文装帧形式古籍的实际参考借鉴意义有限，且国内现未形成统一或者接受度较高的修复原则，容易在开展修复工作时造成地方性的差异。所以，未来应开展修复原则的研究，将修复原则予以明确；同时，随着科学技术的进步，改良和提升传统的修复手段，并逐步尝试应用现代科技手段，实现"传统 + 现代"修复方法的统一，以减小修复难度，获得更好的修复效果。

参考文献

［1］WH/T 20 – 2006，古籍定级标准［S］.

［2］张丽静. 从馆藏西文善本的现状引发对其保护的思考［J］. 图书馆，2013（5）：115 – 116.

［3］张丽静. 高校图书馆基于区域联盟开展珍贵西文图书保护与修复工作探究［J］. 图书馆理论与实践，2015（6）：24 – 26.

［4］王文娟，金凤. 黑龙江省图书馆藏中民国时期地方文献整理与对策［J］. 知与行，2019（5）：102 – 107.

［5］张靖，张盈，林明，等. 中国大陆及港澳地区图书馆西文古籍保护与修复情况调查［J］. 大学图书馆学报，2017，35（2）：99 – 108.

［6］KORTHAGEN, ILSE. Pioneering in the Preservation and Restoration of Medieval Manu-scripts and Early Printed Books in the Netherlands：The Work of Sister Lucie M. Gimbrère O. S. B［J］. Quaerendo, 2016, 46（4）：251 – 274.

［7］MARTINEZ, JO ANNE, REEVES, MARC. Collections Maintenance Activities at the New York Public Library, Research Libraries［J］. Book & Paper Group of the American Institu-te for Conservation, 1992.

［8］周耀林. 法国国家图书馆的图书保护探析［J］. 中国图书馆学报，2003（5）：73 – 75.

［9］李永，向辉. 法国古籍保护工作概况［J］. 国家图书馆学刊，2009，18（2）：92 – 95.

［10］娄明辉. 论日本古籍修复工作［J］. 图书馆建设，2011（8）：91 – 93.

［11］黄荣光. 文物修复的职业化与传统工艺的保护和创新——以国宝修复装潢师联盟的研究为中心［J］. 文化遗产，2008（2）：128 – 134.

［12］黄海. 西文书籍的修复——以修复馆藏日文精装书为例［J］. 兰台世界，2020（S1）：100 – 101.

［13］SCHECHTER B A A. Basic Book Repair Methods. ［J］. Praeger, 1999.

［14］ESTICK, VERNON. Conservation Practice Carried Out on the Main Collection of the Library of the School of Library and Information Science at the University of Western Ontario ［J］. Book & Paper Group of the American Institute for Conservation, 1992.

［15］TYSON RINIO. Starting a Book Repair Program From Scratch：The Book Repair Program at the University of Alaska Fairbanks, Rasmuson Library ［J］. Technical Services Quarterly, 2015, 32 (1).

［16］娄明辉. 论日本古籍修复工作 ［J］. 图书馆建设, 2011 (8)：91 – 93.

［17］曹晋. 中、日古籍修复方法之异同——以《重修扬州府志》为例 ［J］. 河南图书馆学刊, 2009, 29 (5)：159 – 160.

［18］李永, 向辉. 法国古籍保护工作概况 ［J］. 国家图书馆学刊, 2009, 18 (2)：92 – 95.

［19］耿宁. 中、西古籍修复的比较研究 ［D］. 合肥：安徽大学, 2014.

［20］耿宁, 王莹. 西文文献《Heaven and its wonders and hell》修复纪要 ［J］. 新教育时代电子杂志 (教师版) 2018 (4)：252.

民族地区网红经济：生成、演化及贡献

高　娟*

摘　要　网红是随着互联网发展而出现的一种新兴群体，随之产生的网红经济是一种新型商业模式。近年来，随着互联网的普及和脱贫攻坚战的推进，我国民族地区网红经济发展迅猛。网红经济在帮助民族地区民众增收脱贫和推动地方经济发展方面发挥了重要作用。基于民族地区产业发展的视角，结合网红经济发展现状，对网红经济在民族地区的生成逻辑、演化路径和经济社会贡献进行了研究，分析了网红经济对民族地区经济社会的影响，摸清了网红经济在民族地区发展遇到的困境，并从基础设施建设、质量监管体系、特色民族文化等角度提出相关政策建议。

一、引　言

互联网时代，海量的互联网用户以微信、微博、抖音等自媒体平台为媒介，随时随地发布、转发和评论焦点内容，通过在互联网上迅速传播现实生活或网络热点事件，能够在短时间快速提升焦点人物的公众知名度，网红便应运而生。实体经济的商业模式主要通过多种渠道变现以获得利润。目前，最常用的变现方式是影视节目、线下活动、广告商务、电商直播等，但无论是接广告商务还是从事电商直播，都需要线下实体经济的支撑。换句话说，网红的最终付费者是商家，商家依靠网红的名人效应来增加产品销量，以达到快速变现的目的。随着互联网技术的升级和网红市场的快速发展，网红如

---

* 高娟，应用文理学院图书情报专业硕士研究生。

今正从一种现象逐渐转型为一种经济产业。然而，现阶段民族地区城乡收入差距大，农业特色化、规模化发展是促进农业生产效率提升的有效途径。网红经济的兴起，激活了民族地区电子商务系统的发展，民族地区民众开始借助自媒体或电商平台进行网络直播销售农产品，不仅使民族地区种植的农副产品不再滞销，还能宣传民族地区特有文化、地区特产、地质风貌。

二、民族地区网红经济的生成逻辑与演化路径

（一）民族地区网红经济的生成逻辑

网红经济是指网红自身或背后的团队利用网红自身的知名度、公众影响力或粉丝基础，依赖粉丝群体进行定向销售的一种新型商业模式。随着互联网的发展和民族地区信息工程的推进，民族地区民众在农活之余，能够利用手机在自媒体或电商平台进行网络直播销售，整合农业资源，形成三产高度融合的产业链。与通常的网红经济生成逻辑相比，民族地区网红经济和一般网红经济生成逻辑略有不同，主要表现在以下几个方面：从成名特征看，通常的网红成名得益于其自身的个性、表演或才华等原创内容，而民族地区网红最突出的特征在于充分利用民族地区的特色产品，内含丰富的民族文化色彩。以民族网红为媒介，公众可以深入了解民族地区独特的人文风貌。从经济主体看，一般网红经济主体是社会人士借助自身才华个性吸引公众关注，民族地区网红经济主要依靠地方官员的公信力。民族地区可以将地方官员打造成"民族地区电商网红"，政府官员通过自身学识素养及公信力帮助推广民族地区特色产品，形成较为完整的地区电商产业链，积极推动民族地区精神文明建设，进而充分发挥网红经济对地区发展的积极作用。

民族地区网红经济商业发展模式如图1所示，主要分为两类。一类以电商直播的形式推动区域产品销售，民族地区网红通过手机进行直播，走进农副产品的种植园区，一定程度上能够解决消费者对货源的信任问题；另一类以媒体宣传的方式，拍摄民族地区有代表性人物的日常生活，通过媒体弘扬民族文化、自然生态及地区特色，展现民族地区民风朴素、生态宜居的环境，推进民族地区旅游事业发展，增加地区民众收益。

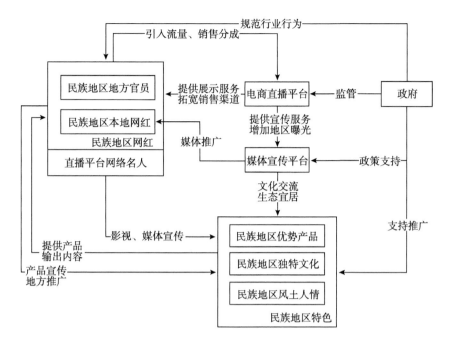

图1 民族地区网红经济的商业模式

（二）民族地区网红经济的演化路径

由于地区限制和地方互联网技术落后，民族地区网红经济演化较一般网红经济而言，起步相对较晚，经济效益较低，其演化如图2所示，分为萌芽期、成长期和成熟期三个阶段。

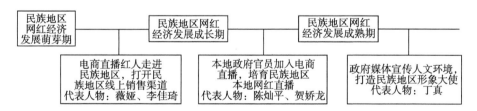

图2 民族地区网红经济的演化路径

1. 萌芽期

外来网络电商直播红人走进民族地区，借助自身流量，在民族地区建立视频直播、电商平台相结合的模式，帮助当地民众销售农副产品，为民族地区产品销售打开了电商直播的新渠道。但外来网络红人带来的是短期经济效益，难以实现民族地区经济的持续发展。

2. 成长期

在经济发展需求的推动下，民族地区政府官员纷纷走进电商平台直播间，通过直播的方式在线展示产品特性，讲解产品生产加工流程，为地方产品背书。这不仅改变了大众对地方产品的认知短板，还能实现与观众的良性互动，改善党群关系。此外，政府部门还特别注意引导当地民众进行直播，避免过度依赖外部力量，以保持民族地区网红经济的持续发展。

3. 成熟期

政府结合官方媒体共同策划宣传民族地区居民日常生活，以纪录片、宣传海报、文化长廊等形式，吸引外地民众前往当地旅游和消费。通过加速塑造地区形象，打响地方产品知名度，实现农业和旅游服务业的深度融合，缓解单一产业可能造成的经济波动，为民族地区弯道超车创造了重要机遇。

三、网红经济对民族地区经济社会的贡献

（一）优化产业结构

21 世纪以来，民族地区产业结构相对单一，主要集中在农牧业。网红经济在民族地区的兴起，能够帮助民族地区突破产业单一化格局，加快产业转型，主要表现在以下两个方面：

第一，延展农业产业链，提升企业自主创新能力。各民族地区在网红经济发展的背景下，结合自身农业基础和地方特色资源，提高农产品的加工层次，实现产品价值增值。通过引进互联网技术，提高产业技术性因素，加强产业链中相关产业联动，鼓励现有产业链中相似类型的企业空间聚集，形成产学研紧密结合的技术创新体系。最后形成更具市场竞争力的民族地区产业链联盟，增强民族地区经济的综合实力。

第二，加快旅游服务业发展，培育和壮大第三产业。结合民族地区资源优势，以旅游业为中心，带动交通运输、文化产业、现代物流等相关实体经济行业的蓬勃发展。2020 年突如其来的新冠肺炎疫情，重创了我国的旅游服务业，但丁真作为民族地区的网红，打破了公众对民族地区的刻板印象。他凭借自身魅力推广当地民族文化，扩大民族地区在社交平台的曝光度，以此推动旅游业的发展，为当地巩固脱贫攻坚成果起到积极作用。因此，可以说网红经济为夯实民族地区脱贫的有效成果注入了强心剂。

（二）吸引人才回流

人才是发展的出发点和落脚点，也是扭转民族地区不可持续发展的关键

因素之一。民族地区网红经济可以通过派遣官员、内化人才和培训人才，弥补民族地区人才流失的现状。

1. 政策制度派遣官员

新冠肺炎疫情暴发以来，由于疫情防控的需要，全国各地线下实体经济都受到不同程度影响，尤其是民族地区，民众仅仅依赖农业来维持生计，存在较高的返贫风险。面对此番困境，政府基层官员并未置身事外，而是主动利用网络直播平台积极探索，帮助当地民众打开线上销售渠道，推动产品变现获益，进而促进当地经济复苏。

2. 产业发展内化人才

网红经济不仅能优化农业生产结构，吸引众多企业家和资本家投资，还推动民族地区旅游业务，带动民族地区服务业发展，为当地居民提供大量的就业机会，从而减少民族地区青壮年劳动力外流。此外，依托美丽乡村建设，优化自然生态环境，还能够增强对外地人才的吸引，最大程度调动人才的积极性，激发人才的创新潜能。

3. 技术教育培训人才

一方面，网红经济带来了较高的经济效益，可以有效改善民族地区落后的基础教育设施条件，强化与区域优质教育资源的对接，提升整体教育教学水平，解决当地孩子上学难和教育条件差的问题，阻断贫困的代际传递。另一方面，通过积极推动职业教育发展、强化技能培训，能持续提升当地居民的技能水平，培育懂技术、善经营的新型职业民众，巩固脱贫增收成效。

（三）培育地方品牌

民族地区地方品牌受民族文化潜移默化的影响，在品牌建设中融入了民族风土人情，含有丰富的民族文化内涵。地方品牌通常仅在区域内生产和销售，网红则可以通过电商直播、短视频等形式，一边传播民族地区特色产品背后的文化内涵，一边展示民族产品标准化的制作流程、质检平台和无菌仓库等质量监管体系，以此迅速吸引互联网端的买家，与全国各地潜在买家建立直接的信用关系，达到扩散产品知名度、打造区域公共品牌的目的，使地方品牌成为区域内外耳熟能详的标签。

四、网红经济在民族地区发展的政策建议

网红经济的兴起，在一定程度上为民族地区的经济社会发展带来了希望，但网红经济在民族地区的发展仍面临较大挑战，本文将提出以下几点建议。

（一）夯实基础设施建设

为促进民族地区网红经济的发展，有必要改善民族地区的交通、通信、教育等基础设施，提高民族地区民众的科学与文化素养，增强民族地区经济发展的核心带动能力，促进民族地区整体经济发展水平的提高。政府可以打造民族地区物联网生态，增加民族地区物流点、快递点的覆盖面积，联合邮政助农扶贫的项目，以更低廉的物流运输费用，让民众获得更快的物流体验，加强引导线上销售企业进行物流网点建设。对于互联网基础设施，应着力于通信基站、宽带接入端口的建设，推出提速增量等优惠政策，逐步推进民族地区信息化建设，为网红经济的发展提供基础保障。

（二）健全质量监管体系

网红经济发展带来了新型平台交易模式，网红产品质量的高低决定了公众的最终购买意愿。政府应完善质量评价体系，动态评估网红产品质量，保证网红产品能持续满足消费者需求，以实现网红经济对民族地区经济社会发展的持续推动作用。企业要从不同角度出发，对农产品的质量评价采取统一的质量标准，联合农产品质量监测部门，建立质量安全追溯平台，实现与国家农产品质量安全追溯平台的对接，及时采集产品流向，接收公众质量评价，及时改进产品品质。

（三）展示特色民族文化

民族地区的宣传需要充分考虑当地少数民族的地域特点和文化差异。尤其是，当地政府官员或民众在电商直播平台上宣传当地农产品时，应将民族特色融入直播间，使得消费者充分感受到民族地区特色产品的独特魅力与价值，满足消费者多元化的消费需求。例如，在直播时不拘泥于推销产品，而是从民族地区的风土人情入手，向直播间的网友们分享当地的风俗习惯和特有文化，打造出有市场竞争力的特色文化产品。

五、结　语

通过上述研究发现，民族地区网红经济的商业模式主要是电商直播和媒体推广，民族地区网红主体从外来网络直播红人过渡到当地政府官员，最后普及到当地民众，从产业结构、人才队伍、地方品牌三个视角推动民族地区经济蓬勃发展。网红经济作为线上销售的新型渠道，积极应对民族地区基础设施、思想观念、地方品牌等多方面挑战，不仅展示了未来互联网的发展宏图，还给民族地区的经济发展带来了更多可能性。因此，现阶段关于网红经济的相关研究和讨论，对推动我国经济社会建设，特别是破解民族地区经济发展困境有着重要的现实意义。

参考文献

［1］王卫兵. 网红经济的生成逻辑、伦理反思及规范引导［J］. 求实，2016（8）：43－49.

［2］奚路阳，程明. 试论网红经济及其发展路径——基于传播逻辑与商业逻辑的双重视角［J］. 企业经济，2017，36（12）：102－108.

［3］杨江华. 从网络走红到网红经济：生成逻辑与演变过程［J］. 社会学论，2018，6（5）：13－27.

［4］孙婧，王新新. 网红与网红经济——基于名人理论的评析［J］. 外国经济与管理，2019，41（4）：18－30.

［5］张琦，张涛，贺胜年. 供给侧改革视角下民族地区产业精准扶贫的路径探索［J］. 西南民族大学学报（人文社会科学版），2019，40（1）：97－104.

［6］赖斌，杨丽娟，李凌峰. 精准扶贫视野下的少数民族民宿特色旅游村镇建设研究——基于稻城县香格里拉镇的调研［J］. 西南民族大学学报（人文社会科学版），2016，37（12）：154－159.

［7］王永莉，且增遵珠. 政府管理体制改革视角下民族地区经济发展方式转变［J］. 民族学刊，2013，4（1）：17－23，100－102.

［8］陆九天，付雪莲，陈灿平. 湘西州县域产业结构的现状、成因及产业融合发展策略研究［J］. 民族学刊，2019，10（4）：83－91，125－127.

混合现实技术在档案展览中的应用探究

薛 婷 谢永宪*

摘 要 在积极建设爱国主义教育基地的背景下，档案展览作为体现爱国主义教育基地的重要形式，正在面临着如何能使其更加富有吸引力这一关键问题。将混合现实技术应用于档案展览中，能够打破时空的局限性，提高沉浸感，提高参观者对展览内容的理解，推动文化传播。本文通过对混合现实技术应用于档案展览中所出现的问题进行分析，基于混合现实技术的特征，为该技术在档案展览中的应用对策提供思路。

一、引 言

随着现实技术的日益发展，虚拟现实技术和增强现实技术已经逐渐发展成熟，越来越多地应用于展览布置及展示设计中。混合现实技术是近年来处于发展中的热门技术，它的目的是将真实世界与虚拟世界融为一体，在虚拟世界、真实世界，以及用户这三者之间构建起一条能够实现信息交互反馈的桥梁。它是虚拟现实的进一步发展，结合了虚拟现实技术与增强现实技术的特征与优势。

黄进等人在2016年提出增强现实技术（AR）是混合现实技术（MR）中最典型的代表，并且总结出三个基本特征，包括虚实融合、实时交互、三维注册。许哲在2018年提出混合现实技术的三个特征，分别为真实性、实时性、互动性。姚陆吉等人在2019年提出混合现实技术系统的交互方式包括三个方面的特征，具体为交互过程中主体位置和物理世界三维结构信息的实时

---

* 薛婷，应用文理学院图书情报专业硕士研究生；谢永宪，应用文理学院教授。

获取、符合人类行为逻辑的交互指令、交互过程中的遮挡感知。付尧在 2019 年提出混合现实技术的交互程度要比虚拟现实和增强现实更高，实用性增强，同时还提出混合现实技术的其中一个优势就是再现真实。张馨文在 2019 年提出混合现实技术的特征主要包括三点，分别为多感知性、沉浸感、自主性。

综上所述，混合现实技术的主要特征包括：真实性、实时性、交互性、自主构想性、沉浸感。正是因为混合现实技术所具备的上述特征，才能更好地应用于档案展览中，将展品通过数字技术的加工渲染展示给观众，在具有互动沉浸感和真实性的氛围中，向观众展示出传统的静态档案展览所无法展示的具有特色的文化内涵和底蕴。

档案展览的类型是多种多样的，如果将档案展览以时间为分类标准，可以分为：永久性档案展览、临时性档案展览；将档案展览以场地为分类标准，可以分为：固定性展览（永久性档案展览或者临时性档案展览）、巡回性展览；以展览性质为分类标准可以分为：专题展览、综合展览。

二、混合现实技术应用于档案展览中的优势

将混合现实技术应用于档案展览中，能够为展览内容提供立体的、多角度的解读，可以通过从各种方式传达出的内涵信息对展品进行更加详尽地诠释，使有些枯燥难懂的纸质档案资料变成清晰生动的知识，弥补传统档案展览中的平面化和单一性。

混合现实技术能够打破时间和空间上的局限性，通过虚实融合等沉浸式交互体验，解决观众无法感受展品所处时代或现场体验的局限性，通过交互方式及实时反馈，达到沉浸式体验的目的。利用混合现实技术的平台，能够再现当时的场景，不仅可以打破时空限制，还能够增加文化体验感，使观众能够在虚实融合的环境中充分发挥自主性，更能身临其境地去接触到无形的文化内涵，增强观众对展品的历史背景及内涵的认知，以及在时间和空间层面上对展品的理解。

混合现实技术的特性能够将展览信息更为直观和具有情绪化的传播，使观众在参观档案展览中逐渐形成完整的思维认知。其具有沉浸感的情景塑造能够为抽象知识概念的表达提供视觉化、多样化的展示形式，将不同维度的概念以具象化的表达形式在观众面前展示出来。虚实融合的体验能够降低纯虚拟世界所带给观众的不适感，弥补在现实世界中对于展品背后信息呈现的不足。

三、混合现实技术应用于档案展览中的问题

（一）应用技术手段不成熟

随着技术的发展，越来越多的混合现实技术应用展示出来，但是能够成功走出实验室并且应用于各个领域的技术类型却还不够成熟，这里面主要是包括两个方面原因：一是因为目前混合现实技术的设备和技术手段还不丰富，以至于在实际应用中不能更好地设计过程；二是因为目前的混合现实技术没有更多考虑人为因素，如果想让用户完全接受混合现实技术，就势必要将人为因素的影响纳入考虑范围，并且需要遵循设计原则，在投入使用之前通过评估，确定其可用性。

（二）对于技术过度依赖

混合现实技术作为一种技术手段，只是一种将展览设计和文化传承进行创新的方法，是作为辅助手段出现在档案展览中的，因此不能过度应用。在现阶段的档案展览中，经常会出现的一个问题就是技术在展览中所占比例过高，导致参观者会分散注意力到混合现实技术上，影响对于档案展览内容的理解。如果过度使用技术，很容易造成喧宾夺主的情况出现，会冲淡文字手稿、书籍、历史照片等档案展品对于参观者的吸引力，降低展览的历史感，使其失去了档案展览原本想表达出的意义与内涵。

（三）投入资金少

资金投入的问题主要是分为两个方面，一方面是没有意识到混合现实技术应用于档案展览中的优势，认为档案展览只要摆上档案展品就可以了，不需要过多的技术用于辅助，不需要技术进行场景的渲染，以及虚实融合等；另一方面是由于技术专利的问题导致技术自身的成本过高，从而影响了资金的投入。

（四）技术应用混乱或不到位

混合现实技术的类型是多种多样的，不同的类型应用于不同的档案展览中，所展示出来的效果也是大不相同的。在档案展览中应用技术时经常会出现的问题就是技术应用混乱，或者出现技术应用不到位的情况。因此，哪些技术适合应用到某种类型的档案展览中，是在前期布展设计时需要考虑的重要问题。

四、混合现实技术应用于档案展览中的对策

（一）将人为因素纳入考虑范围

要解决参观者对于混合现实技术的兴趣不高这一问题，就一定要考虑人为因素，在考虑人为因素影响程度的同时，在前期设计时还必须要遵循设计原则。

混合现实技术中的人为因素主要包括：①延迟；②位置感知；③真实感；④疲劳。系统延迟会影响人机交互的效率和表现情况，因此，要重视用户与系统的实时交互能力。方位错误或者是遮蔽错误等注册技术方面的错误会影响使用者对于虚拟物体和环境所处位置的判断，造成出现固定视角或者是无法进行交互等情况的出现，从而降低用户体验，因此，需要在初期对位置感知的注册技术进行多次调试。虚拟物体的细节和光线会影响使用者对于虚实融合的环境认知力，因此，需要注重虚拟物体的显示效果，在细节方面要注重真实感。许多头戴式的显示器使用过久容易造成疲劳以及用眼过度，因此要注意控制使用显示器的时间。

（二）技术与展览适度结合

应用混合现实技术的目的是挖掘出展品蕴藏的文化内涵和内部价值，以突破时间、空间限制的手段来展示展品，丰富展览形式，拓宽展览空间，激发参观者的观展兴趣，渲染气氛。因此，在应用中应该注意虚拟与现实的适度融合，要将技术手段与展览中的主题内容进行统一，融入展览内容中，不能将技术过度使用，甚至从档案展览的实际环境中抽离出来，忽略了展览本身的文化价值和想要传达出的精神。一定要将重点放在如何将碎片化的档案联系起来，思考如何在现实场景的基础上通过虚拟技术渲染气氛，使参观者更加沉浸于档案展览中，并且获取更多知识。

（三）解决资金不足的问题

在档案展览中涉及技术方面的资金投入比例是一大问题，需要增强相关人员意识，以及解决技术自身成本的问题。

1. 树立正确意识

要树立正确意识，提高有关人员对于技术应用于档案展览重要性的认识，就需要从多个角度进行思考。一是可以从实际应用技术好的案例进行分析，分析出在档案展览中应用混合现实技术的优势特征，以此证明应用技术的好处。二是要从爱国主义教育基地的建设进行考虑，要建设好爱国

主义教育基地，就势必要通过档案展览来进行宣传，而应用得当的混合现实技术完全可以成为一个好的宣传点，吸引参观者来观展，并且提高参观者的观展兴趣。

2. 尽可能解决技术成本高的问题

解决技术成本及专利的问题需要技术人员的努力，开发更为丰富的技术类型以及增强技术的适用性，以此来降低自身成本。

除此之外，档案展览的主办单位还可以制作与展览内容相关的周边产品来进行售卖，可以通过网络平台和媒体平台的宣传增加在大众中的知名度。所得的资金可以用来提高或者更换技术设备，以达到应用技术的最佳效果。

（四）应用于不同类型档案展览中的具体对策

1. 混合现实技术在固定场地档案展览中的应用策略

对于在固定场地的大型档案展览中，可以基于混合现实技术设置符合主题的小剧场，通过技术层面的革新，可以将布景设计的范围从舞台扩大到整个剧场空间，做到完全的置身其中。

混合现实技术将主题小剧场的布景设计从封闭走向了开放，通过将二维影像和三维影像进行融合来渲染气氛。同时，基于混合现实的虚拟布景要比传统布景更为方便，更能够烘托剧情气氛，提高可变性与灵活性。通过观看以档案展览内容为主题的剧场，参观者更能够提升对展览内容和所处时代的共情能力。

2. 混合现实技术在专题档案展览中的应用策略

专题档案展览需要突出展览内容，突出展品信息，将档案碎片联系起来，形成一个完整的故事，因此可以在布展设计中增加混合现实技术。具体可以将展览中最为重要的展品通过全息投影投射在室内，以展品历史背景相符的虚拟环境的配合作为辅助，使参观者对展品和展览留下更为深刻和直观的印象。相较传统平面化的展示，运用混合现实技术不仅更加生动逼真，还能将小细节随着参观者的兴趣来放大、反复浏览，提高了交互能力。

此外，在传统的档案展览中，经常会使用一些用于展示景观设计、建筑设计、城市规划的实物沙盘，这些沙盘多为静态沙盘。将混合现实技术应用于沙盘的设计中，参观者能够更加直观地看到设计过程、建筑施工过程、随时间而变化的城区外貌，以及对展示对象的详细介绍等，通过丰富有趣的可视化内容让静态沙盘"动"起来。

3. 混合现实技术在综合档案展览中的应用策略

由于综合档案展览中的展示内容丰富，并且分为不同区域，因此可以应用混合现实技术对参观者进行导览指引。首先，通过应用混合现实技术进行对展览知识背景的介绍，将参观者带入虚实融合的展品参观环节。其次，利用技术将正在参观的展品信息通过文字、图像或者动画的形式叠加在展品上，对展品进行全面的分析与展示。再次，通过混合现实系统，参观者可以在虚实结合的场景中进行沉浸式的情景体验。最后，参观者还可以聆听混合现实系统对所处展区系统化的总结讲述，提升对展示主题的理解。

混合现实技术能够在参观者观展时提升认知活动和实践能力，解决对于展品信息认知不全面的问题。并且在设计导览系统时应该注重展览本身的现实环境，在虚实融合中提供沉浸式的参观环境。

五、结　语

混合现实技术作为核心技术，通过三维建模、计算机影像实时叠加等科技手段，为档案展览搭建了一个良好的展示平台。通过虚实融合、实时交互以及三维注册等技术手段，向参观者展示了以往传统平面化展览所展现不出的文化内涵和底蕴，深入挖掘了展品的细节及其背后的信息。在展示过程中增加了交互性与实时性，提高了沉浸感，提升了参观者的观展兴趣。

相信随着时代的发展，混合现实技术会越来越完善，能够应用于不同档案展览类型中的技术也会更加丰富。最终以更便捷的方式在参观者与档案展览之间实现更完善的良性互动，借助混合现实技术达到高效利用、保护档案的目标，促进档案事业繁荣发展。

参考文献

[1] 许哲. 混合现实技术在博物馆视听系统中的应用研究 [J]. 艺术教育, 2018 (10): 89 – 90.

[2] 陈宝权, 秦学英. 混合现实中的虚实融合与人机智能交融 [J]. 中国科学: 信息科学, 2016, 46 (12): 1737 – 1747.

[3] 陈潇潇. 浅谈混合现实技术的发展趋势 [J]. 大众文艺, 2016 (15): 264.

[4] 童渭森. 混合现实在文化遗产保护中的应用发展综述 [J]. 旅游纵览 (下半月), 2019 (6): 177, 179.

[5] 李婷婷, 王相海. 基于 AR – VR 混合技术的博物馆展览互动应用研究 [J]. 计算机工程与应用, 2017, 53 (22): 185 – 189, 263.

［6］王贞．现代展示技术在档案展览中的应用［J］．中国档案，2015（7）：40－42.

［7］钟其炎．论如何创新档案展览的宣传工作［J］．兰台世界，2012（35）：80－81.

［8］李颖，王洪凯．基于档案资源开发与利用的城市文化软实力提升探析——以档案展览为例［J］．北京档案，2012（5）：26－28.

［9］薛匡勇．论档案展览服务［J］．北京档案，2003（8）：18－20.

档案学毕业生对培养方案的主观评价调查研究

李　希　王巧玲*

摘　要　培养方案是专业教学目标和质量的依据，对专业人才培养有重要意义。为结合社会的发展进行培养方案的动态修订，探索档案学专业培养方案的优化方向。以北京联合大学档案学专业人才培养方案为关注内容，以近十年毕业生为调查对象，运用问卷调查法与深度访谈法收集数据，并运用归纳分析和逻辑推理等方法分析本专业毕业生对培养方案的主观评价。档案学专业培养方案需要不断修订和完善以适应社会需求，其优化可从强化信息技术在专业技能中的地位，着重培养学生的人际交往、综合办公、写作与创新能力，突出档案专业培养特色三个方面入手。

一、引　言

中华人民共和国成立后，社会逐渐稳定，各个领域都在此时逐步发展起来。国家对于教育事业尤为重视，故深化本科教育教学改革，培养优秀社会主义新生力量备受关注。而在档案领域，档案具有历史文化价值、查考价值、证据价值等多种价值，有效地收集、整理、保存和利用档案，对国家稳定、社会和谐、文化繁荣都有重要意义。这也使得实际工作中需要大量高层次的档案专业人才，由此就凸显出档案学专业本科教育的重要性。

从 1952 年中国人民大学设立档案专修班开始，近 70 年来，档案专业教育体系基本形成，档案学专业培养方案的不断完善与修订也受到重视。但数字时代下，信息技术的发展使档案工作进入新里程，同样对于档案学本科培养方案的修订提出了新要求。据此，笔者以北京联合大学应用文理学院档案

---

* 李希，应用文理学院图书情报专业硕士研究生；王巧玲，应用文理学院副教授。

系近十年毕业生为调查对象，分析本专业毕业生对专业培养方案的主观评价，并以此为基础探索档案学专业培养方案的优化方向。

二、调查方案

（一）数据收集方案

选取北京联合大学应用文理学院档案系近十年毕业生为调查对象，于2019年4月23日至26日开展毕业生对培养方案的看法和建议的调查。一方面，运用访谈法，邀请部分优秀毕业生开展座谈会；另一方面，运用问卷调查法，邀请毕业生扫码填写在"问卷星"网站发布的问卷。

（二）问卷设计逻辑

问卷可分为三部分，共12个问题。①第一部分为基本情况，从姓名、性别、毕业年份、现工作单位名称及个人职务、单位性质、工作内容了解调查对象；②第二部分为毕业生能力和基本要求，调查对象对所掌握的毕业生能力进行自我评价，然后对每项毕业生基本要求进行重要程度打分；③第三部分为专业课程，调查对象对专业核心课程、专业选修课程、专业实践课程中的每门课程进行重要程度打分，并提出对于还需增设哪些专业课程或需改进某门课程的建议。

三、调查样本基本情况

调查样本总量为192个，均为有效问卷。调查样本中，男性18名，女性174名。毕业年份从2009—2018年均有涉及，2017—2018年样本较多。毕业后工作单位主要是事业单位和国企，其次是民营企业、政府机关和外资企业。另有14人选择其他，这些人目前在民办非企业组织、自由职业或正在读研期间（见图1）。

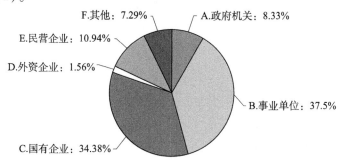

图1 调查样本目前工作单位的性质

调查样本目前的工作内容大多数是文件档案管理和综合办公，分别占 58.33% 和 55.21%。还有 21.88% 的少数毕业生从事信息管理工作。另有 31.25% 的毕业生选择"其他"选项，他们从事的工作主要有党务、人力资源、教师、科研等工作。

四、调查结果

（一）调查样本对档案学专业毕业生应有能力的自查

往届毕业生能力自查总体情况为中等偏上，毕业生基本具备各项能力。将所有选项化为数据，完全不具备计 1 分，基本不具备计 2 分，一般计 3 分，基本具备计 4 分，完全具备计 5 分（具体数据见表1）。由此可分析出：

1. 毕业生能力第一项完全具备的人数最多，占 60.94%，选择基本具备及以上的人数占 95.84%。该项平均分最高，为 4.52 分，故样本对自己社会责任感的平均评价为完全具备。

2. 毕业生能力第三项平均分最低，36.46% 的人选择了一般，39.58% 选择了基本具备，并且在四项毕业生能力中基本不具备的人数占比最大，为 7.81%。这样的结果可能源于两个方面原因：其一，档案学专业文科生较多，学习信息类课程较其他课程难度更大；其二，信息技术近年间发展迅速，而该类专业课程是近些年逐渐开展的，体系还不够完善。

3. 毕业生能力第二项和第四项平均分较为接近，分别为 3.9 和 3.74，绝大多数人基本具备这两项能力。

4. 选择完全不具备某项能力的样本，摘出后共 12 份。进一步分析，存在以下几种可能：①从事的工作确为档案管理工作，但对自己要求过高，认为自己在某项能力上非常欠缺。②未从事档案工作，故认为自己已不具备相关能力。③毕业年限较长，在工作中又不太需要某项能力，故认为自己已不具备。④不小心选错。

表1　调查样本对档案学专业毕业生应有能力的自查

毕业生能力	完全不具备	基本不具备	一般	基本具备	完全具备	平均分
第一项具有较强的社会责任感，有良好的职业道德和敬业精神，有意愿并有能力服务社会	4 (2.08%)	1 (0.52%)	3 (1.56%)	67 (34.9%)	117 (60.94%)	4.52

续表

毕业生能力	完全 不具备	基本 不具备	一般	基本具备	完全具备	平均分
第二项能在档案工作的收集、整理、保管与提供利用各个业务环节完成具体操作任务，能对档案工作全流程业务进行系统规划与宏观管控	4 （2.08%）	9 （4.69%）	39 （20.31%）	91 （47.4%）	49 （25.52%）	3.9
第三项能利用现代信息技术进行档案信息资源的多维开发	7 （3.65%）	15 （7.81%）	70 （36.46%）	76 （39.58%）	24 （12.5%）	3.49
第四项能熟练撰写各种公文，独立开展文件管理、会议管理与办公事务管理	7 （3.65%）	11 （5.73%）	53 （27.6%）	74 （38.54%）	47 （24.48%）	3.74
总计	22 （2.86%）	36 （4.69%）	165 （21.48%）	308 （40.1%）	237 （30.86%）	3.91

（二）调查样本对毕业生基本要求重要程度的打分

培养方案对毕业生的基本要求，基本符合档案行业就业要求，往届毕业生对所有毕业生基本要求重要程度打分的平均分达到了7.72（满分为9分）。

根据样本对毕业生基本要求重要程度的打分情况（见表2，该表以重要程度从高到低排序）。其中，第一项对思想政治精神的要求平均分8.39，被认为是最为重要的一项。被认为最不重要的是第七项对信息分析与开发服务的要求，平均分7.23。但事实上此项与创新能力相关，创新意识强才能加工、开发、创造出更为优质的档案资源，这也是档案工作的重要发展方向之一。

表2　调查样本对毕业生基本要求重要程度的打分

项数	毕业生基本要求	平均分
第一项	具有人文社会科学素养、社会责任感，能够在实践中理解并遵守职业道德和规范，践行社会主义价值观。（精神）	8.39
第二项	具有适应发展的能力、终身学习能力，以及一定的创新意识和创新思维。（创新）	8.08
第九项	具有一定组织管理能力、文件档案管理及综合办公等专业核心应用能力。（综合办公）	7.9
第十项	具有较强表达能力、人际交往能力和在团队中发挥作用的能力，以及一定的国际视野和跨文化交流及合作能力。（人际交往与表达）	7.82

项数	毕业生基本要求	平均分
第五项	具备综合运用所学专业理论知识和技术手段分析并解决档案工作实际问题的能力。（专业工作技能）	7.73
第三项	具有运用从事档案学专业相关工作所需的人文社会科学知识和自然科学知识的能力。（通识知识）	7.6
第六项	具有文献检索、资料查询及运用现代信息技术获取及分析相关信息知识的能力，并掌握其基本方法。（信息获取）	7.58
第四项	具备扎实的档案学专业基本理论知识，了解本专业的历史、现状和发展趋势。（专业基础）	7.44
第八项	熟悉与专业相关的职业和行业的方针、政策和法律、法规、标准。	7.43
第七项	掌握档案信息资源组织与挖掘的基本方法，具备信息产品深度加工、开发与服务等专业基本技能。（信息分析、开发服务）	7.23

（三）调查样本对专业课程重要程度的打分

在培养方案中，专业实践课程和专业核心课程对今后实际工作的影响力较大，往届毕业生评价其重要程度很高。在专业选修课程中，部分课程有一定行业指向性，并非就业单位所需档案人才的必要能力，重要程度较低。

调查样本对所有专业核心课程重要程度进行打分，从各项平均分来看，专业实践课程最为重要，专业核心课程次之，最后是专业选修课程（具体分值见表3，各课程类别按降序排列）。专业实践课程重要程度从高到低的排序为模块四、模块三、模块二、模块一，可初步得出随着年级增长，对专业的学习和了解越多，对自我未来工作目标越明确，实践也就越重要的结论。专业核心课程和专业选修课程中重要程度最高的分别是文书学和公文写作，此两门课程与综合办公能力、写作能力相对应，在实际工作中尤为重要。

表3　调查样本对专业核心课程重要程度的打分

课程类别	课程名称	平均分
专业核心课程	文书学	8.18
	档案管理学	7.95
	电子文件管理	7.9
	科技档案管理学	7.84
	信息资源管理	7.76
	数字档案馆建设	7.48

续表

课程类别	课程名称	平均分
专业核心课程	档案学概论	7.44
	档案保护技术学	7.28
专业选修课程	公文写作	8.29
	管理学	7.67
	秘书学	7.67
	多媒体技术与应用	7.67
	管理信息系统	7.65
	人力资源管理	7.47
	信息检索	7.45
	行政管理学	7.38
	信息分析与预测	7.36
	档案检索语言	7.29
	信息组织	7.28
	信息法规	7.2
	档案工作调查研究	7.08
	档案文献编纂学	6.98
	图书馆学	6.88
	专业英语	6.79
	专业导论	6.74
	美国企业文件管理	6.58
	历史文书学	6.54
	中外档案事业史	6.35
专业实践课程	模块四：毕业实习（16周；第4学年）	8.4
	模块三：档案工作综合实践（3周；第3学年）。模拟档案工作流程，锻炼运用档案理论实践某项档案工作的能力	8.2
	模块二：档案工作调研（3周；第2学年）。进入档案部门调查档案工作情况，认识和领会档案工作的社会需求和重要性	8.13
	模块一：专业认知实习（2周；第1学年）。参观图书馆、情报、档案相关部门，初步形成对图书馆、情报、档案工作的印象或概念	7.94

（四）调查样本对专业课程的建议

调查样本对专业课程的建议集中在学习上应着重培养写作能力、档案管理能力，实践上应增加更多的实际工作机会。通过对建议的词频分析，得到词云图（见图2）。总结对于课程的建议主要有：①注重档案管理相关课程，将纸质档案、电子档案、科技档案等档案管理流程熟记；②注重公文写作和文书学课程，实际工作中需要撰写的通知、总结等公文很多；③增加实习、实践、实操机会，多动手可激发对档案的兴趣，提高档案实际工作水平。

图2　调查样本对专业课程建议的词云图

五、结　语

档案学本科培养方案作为人才培养的根本依据，需要不断修订和完善，以适应社会的需求，从根本上提高就业率。根据上述调查结果，培养方案的修订可从以下三个方面入手。

（一）强化信息技术在档案专业技能中的地位

在数字化时代，信息技术在各领域都处于高速发展的阶段，其必然是未来档案领域发展的最强助力。因此，强化信息技术在档案专业技能中的地位，增设更多信息技术类课程，在专业课程中注重培养此方面的能力尤为重要。相较于信息技术的高速发展，档案信息技术类专业课程是近几年才逐渐开展起来的，该类课程体系急需完善。

（二）着重培养学生人际交往、综合办公、写作与创新能力

无论是哪个专业的学生，树立正确的价值观都是最重要的。而对于档案专业的学生来说，往届毕业生认为最为重要的三项能力是创新能力、综合办

公能力、人际交往与表达能力。这也与招聘单位所要求的档案专业能力、写作能力及综合办公能力基本一致。综合办公能力、人际交往与表达能力无疑是在各个工作场合中皆需要的，而专业能力是学生在选择专业时就注定要培养的能力。至于写作能力与创新能力在实际工作中则多用于档案资源的开发和宣传上，在档案编研开发的过程中创造更多闪光点。着重培养学生的这些能力，对于档案专业毕业生的未来发展皆有益处。

（三）突出档案专业的培养特色

档案专业的培养特色可以总结为两点：应用型特色和人文特色。应用型特色指注重应用人才的培养，具体可细化为完备的实践教学中心、丰富的校外人才培养基地、理论与实践双强的师资队伍。基于该特色培养出的档案专业本科生，能够尽早地接触毕业后可能遇到的实际工作，对就业与就业后的发展都有益处。人文特色，一方面是结合档案领域热门的数字人文研究，将信息技术与人文建设相结合；另一方面是立足于地区文化，服务高校所在的北京地区，结合普通高校生源以本地区为主的特点，为北京地区培养人才。

参考文献

[1] 向立文，李培杰. 以学生为中心全面完善课程体系——湘潭大学档案学专业本科人才培养方案的修订 [J]. 档案学通讯，2018（3）：74-78.

[2] 张斌，马晴，苟俊杰，等. 我国档案学专业人才培养状况调查分析 [J]. 北京档案，2015（4）：11-15.

[3] 王巧玲，吴晓红，谢永宪. 基于"双融合思想"的档案学专业综合实践能力培养模式探索——以北京联合大学档案学专业实践教学改革创新为例 [J]. 档案学通讯，2019（3）：99-105.

大数据时代国内竞争情报研究现状分析

吴东雪[*]

摘　要　近年来，大数据的发展为竞争情报研究提供了更多可能性，探析大数据时代竞争情报研究热点与发展趋势，有利于推动竞争情报的理论、应用等研究进展。以中国知网（CNKI）收录的 2012—2020 年大数据环境下的竞争情报相关文献数据作为分析样本，利用文献计量法，从年度发文量分析、核心作者分析、核心机构分析、关键词共现分析上展开研究，以此为基础，结合定性分析对大数据环境下竞争情报的相关研究内容及发展趋势进行探究分析。大数据环境下的竞争情报主要围绕企业展开，企业竞争情报领域的研究成果丰富，包括企业竞争情报系统、竞争情报分析、竞争情报服务等多方面内容，同时也是应对新形势情报挑战的主要研究内容。

一、引　言

竞争情报是对竞争中的环境、对手，以及策略的相关信息进行研究、分析处理，形成情报信息或产品，助力企业获得竞争优势，提高企业竞争力。随着大数据战略的推进及其实践应用领域的拓宽，竞争情报工作的开展思路、流程、技术和方法也相应地进入了受数据驱动和制约的创新发展新阶段。

近年来学者从定量和定性的分析角度对竞争情报的研究成果进行了述评。基于计量学的方法对文献进行定量分析中，杨利军等利用文献计量法，探究国外竞争情报需要的知识基础、涉及的学科领域，以及研究热点和前瞻性研究内容。王若佳等对 1998—2014 年来自 CSSCI 数据库和 Web of Science 数据

---

* 吴东雪，应用文理学院图书情报专业硕士研究生。

库的竞争情报相关文献从知识基础、研究热点和演化发展三个角度进行了分析研究。而定性分析是对竞争情报的研究文献进行研读、综述以寻求新发现，如刘高勇等综述分析了竞争情报在大数据背景下面临的机遇和挑战，同时对发展趋势和研究重点进行了预测。李明等对国外相关领域的研究文献进行梳理与评述，在中小企业竞争情报系统、竞争情报流程、竞争情报网络、竞争情报管理、情报收集与分析等方面进行现状研究和发展趋势探析。文献计量法的优点是数据来源客观，但是其研究侧重于文献结构，且由于聚类等方法的限制使得在研究深度上有所不足；而基于文献内容研读的定性分析在研究深度上又缺乏一定的数据支撑。

本文以文献计量数据为基础，结合一定程度的定性分析，对大数据推动下竞争情报的文献研究结构特征和研究内容进行探析，重点对大数据环境下的竞争情报系统、竞争情报分析和竞争情报服务三个方面进行述评，并以此为基础探索目前该领域的后续研究方向。

二、数据来源及研究方法

本文以中国知网（CNKI）为检索文献来源数据库，以"竞争情报"为主题检索词，"大数据"为篇关摘检索词，不限制时间，检索模式为精确匹配，共检索出 2012 年至 2020 年的相关论文 227 篇（截至 2020 年 12 月 25 日），采用文献计量法，利用 CiteSpace 软件对检索文章进行分析，通过年度发文量分析、核心作者分析、核心机构分析，以及关键词共现分析观察竞争情报在近 10 年来的发展态势和研究状况，以此展示大数据环境下竞争情报研究的作者分布、机构分布和研究热点并结合精读代表性研究文献深入分析。

三、文献结构特征分析

（一）年度发文量分析

大数据技术发展至今仅十余年，其驱动下的竞争情报相关的文献数量从 2012 年开始呈逐年递增的趋势，一定程度上印证了学术界，以及企业界对竞争情报的关注，2017 年文献发文量到达顶峰，之后呈平稳趋势，如图 1 所示，虽然近两年论文发文数量相比 2017 年有所减少，但平稳的曲线走势也说明竞争情报的研究需求仍存在，同时新媒体、新技术的引进和应用也为研究注入了新鲜血液。

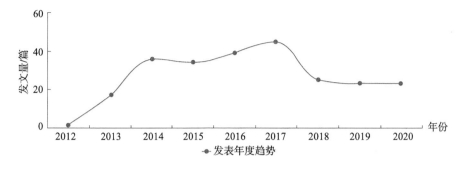

图1 年度发文量

（二）核心作者分析

作者合作图谱展示了领域作者之间的合作关系。如图2所示，近年来竞争情报研究领域中，发文量较高的作者依次为吴金红、张玉峰、曹如中、汪亚青、史健勇、黄晓斌、孙琳、刘桂锋、化柏林、李明、张兴旺、李广建，其中以张玉峰（武汉大学信息资源研究中心）及吴金红（武汉纺织大学管理学院）为代表的作者群合作程度较大，这得益于一定程度上的地域合作。但总体来看，作者间的合作度比较低。

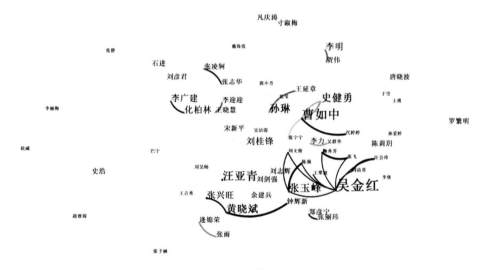

图2 作者合作网络图

（三）核心机构分析

通过机构合作图谱分析，可以发现领域内的主要研究机构，以及机构间的合作情况。如图3所示，发文量排名前列的机构有武汉大学（16篇）、吉林大学（10篇）、南京大学（8篇）、中山大学（8篇）、上海工程技术大学（8篇）、武汉纺织大学（8篇）、北京市科学技术情报研究所（6篇）、北京大学（6篇）、中国科学技术信息研究所（6篇）。从发文机构分布来看，研究机构主要集中在高校和研究所，这说明研究方向侧重于对领域内相关竞争情报构建、服务等理论体系的研究。从机构合作情况来看，地域性的合作关系较为明显，比如武汉大学与武汉纺织大学间的合作，但总体上机构间的合作并不强烈，需要进一步加强跨地域之间的合作。

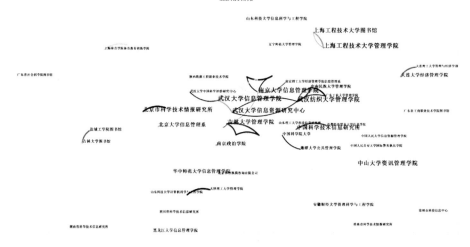

图3 机构合作网络图

四、关键词共现热点分析

关键词作为文章内容的高度概括和提炼描述，其共现分析能够较为直观地展示领域的研究热点，一定程度上代表了领域的主流研究方向。由图4可知，大数据背景下"企业竞争情报""竞争情报系统""竞争情报服务""情报分析及方法""竞争情报服务"等领域的研究比较多。研究方法有内容分析、主题聚类分析、计量分析、共词分析及社会网络分析和专利分析等。竞争情报在企业领域的深入，形成了包括产业竞争情报、技术竞争情报、情报系统构建及服务等在内的研究分支。除此之外，信息源获取也从单一文本信息获取逐渐发展为多结构、多模态的多源信息获取，情报融合、知识融合逐渐成为学者的重要研究视角。

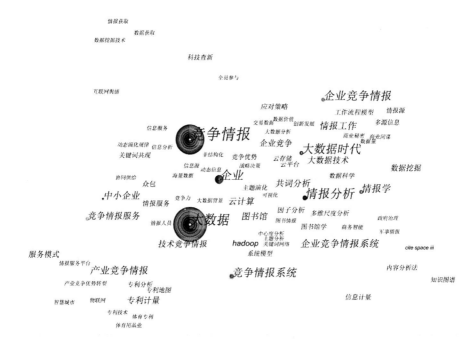

图4 关键词共现图

基于关键词共现图所展示的竞争情报领域的研究内容，本文主要对企业的竞争情报系统构建、竞争情报分析和竞争情报服务三个方面的研究现状进行述评。

（一）大数据环境下企业竞争情报系统构建

企业竞争情报系统作为企业竞争情报服务的基础和必要条件，系统的模型建立、系统评价、系统应用与管理等方面是其主要研究内容。

学者们从新环境的角度探讨了竞争情报系统的构建及优化。为应对大数据时代信息严重过载给情报工作带来的影响和挑战，需要利用智能化、知识化技术来提高竞争情报服务的智能化、知识化水平。杨絮飞等指出竞争情报系统未来的发展方向是融合云计算、知识库、大数据处理技术，将其应用到竞争情报系统的各个环节以提升情报质量。而如何运用大数据处理等技术到竞争情报的各个环节是竞争情报系统构建的关键，众包模式、云数据库、Hadoop 大数据处理工具等都为大数据环境下的竞争情报发展提供了动力和方向。

系统模型的建立只有运用到实践中才能检验其效果，因此，企业竞争情报系统也需构建科学的评价指标体系与评价模型，有助于企业把握竞争情报系统的质量水平，为改进、升级竞争情报系统提供决策支持，更好地满足用户的多样化需求。宋杰鲲等构建了包含产出、能力和资源三个方面的 15 个指标的评价体系，形成了单一评价、相容性检验、组合评价、一致性检验的评价流程。随着系统面临的数据大环境及情报需求者需求的变化，竞争情报系统的模型建立、系统评价的优化研究仍将是后续的研究重点。

（二）大数据环境下基于多源信息和多元方法的企业竞争情报分析

大数据时代，企业（尤其是大型企业）每天需要处理 PB 级别的数据，来源包括企业数据库数据、人际网络数据、互联网数据和社会化媒体数据等，不同来源、形式、维度的信息数据交织在一起，催生了"全源情报"大数据的形成，以便于从不同视角、不同情境反映企业科技动态与竞争对手热点议题。多源数据在提高竞争情报分析的准确性、有效性的同时，也面临很大的挑战。

肖连杰提出可通过回归分析、因子分析法等定量分析方法，以及关联分析、聚类分析等定性定量相结合的方法对多元异构数据进行挖掘分析。由此可见，随着数据密集型科学范式带来的情报研究对象的转变和情报研究理念的转变，除了传统的定标比超、SWOT 分析法、PEST 分析法、情景分析法等，机器学习、知识库、模式挖掘、数据可视化和多源信息催动下的多元方法的融合运用是竞争情报技术发展的新趋势。

（三）大数据环境下企业竞争情报服务

竞争情报服务是竞争情报收集、分析、处理的最终阶段，"被动式服务"被"主动式服务"替代的趋势不可逆转，为完成辅助决策科学化和效益最大化的目标，探索更智慧的竞争情报服务模式及具备情报能力和素养的人员是其关键。

在竞争情报人员的胜任力研究上，吴金红等指出为应对大数据驱动下企业决策支持模式的改变，需构建具有大数据知识和能力的竞争情报专业团队，情报工作者需增强大数据情报意识，竭力挖掘对企业有利的价值；宋新平等构建了认知能力、专业技能、管理能力、心理特质、人际网络 5 个维度大数据下的企业竞争情报人员胜任力模型。

大数据的来临对于企业竞争情报人员而言，既是机遇也是挑战；既精通情报学相关理论又熟练运用大数据处理技术且情报经验丰富的复合型人才严重匮乏，影响竞争情报工作的开展和企业竞争力的有效提升，因此，企业竞争情报人员如何更好地胜任大数据时代下的情报工作是一个亟须解决的问题。

企业竞争情报获取、整合、分析、挖掘，以及决策支持需求的提高，推动竞争情报的服务模式从传统的情报分析型服务向情报预测型服务转型，向情报智慧型服务迈进。张兴旺等基于大数据提出一个新型竞争情报服务模式，旨在为企业提供各类按需服务。龚花萍等以大数据、"互联网＋""智能＋"等为支撑，构建了以区域科技创新需求为导向，多方资源协作共享的竞争情报联动服务体系。竞争情报服务模式的实现与完善需要平台的支持，石进等基于区块链构建的共享平台保障了中小企业间情报共享的安全可信。但由于目前针对用户需求的数据挖掘技术尚不完备，服务模式优化和平台协同仍是需要深入探究的问题。

五、结　语

大数据的发展推动了数据使用方式的根本性变革。构筑在数据分析、数据挖掘和信息处理上的竞争情报，其发展面临着竞争情报的分析需求增强、服务模式转变、地位提升等机遇，以及多源异构信息的整合挖掘对竞争情报系统的构建和体系组织模式等方面带来的挑战。

大数据环境下的竞争情报主要围绕企业展开，本文在对大数据环境下的竞争情报相关文献进行计量分析并了解主要研究内容的基础上，重点论述了企业竞争情报系统构建、多元融合的竞争情报分析及竞争情报服务模式的转变三个方面，从一定程度上能够反映大数据新形势下竞争情报的研究态势和发展要求，也是研究人员对新形势、新要求下信息组织和挖掘方法、情报服务方式变革的响应，且仍将是图情领域未来几年的主要研究内容。

参考文献

[1] 包昌火，谢新洲. 竞争情报与企业竞争力 [M]. 北京：华夏出版社，2001：10.

[2] 杨利军，魏晓峰. 国外竞争情报研究热点，前沿及趋势的可视化分析 [J]. 图书情报工作，2011，55（20）：62－66.

[3] 王若佳，李颖. 基于知识图谱的国际和国内竞争情报对比研究 [J]. 情报杂志，2016，35（1）：74－80，63.

[4] 刘高勇，汪会玲，吴金红. 大数据时代的竞争情报发展动向探析 [J]. 图书情报知识，2013（2）：105－111.

[5] 李明，贺伟，丁本洲. 国外中小企业竞争情报研究评述及对我国的启示 [J]. 情报科学，2019，37（2）：161－166.

[6] 杨絮飞. 大数据环境下旅游企业竞争情报系统的构建研究 [J]. 情报科学，2019，

37（11）：59－63，72.

［7］宋杰鲲，赵志浩，张业蒙，等. 大数据背景下企业竞争情报系统评价研究［J］. 情报杂志，2020，39（8）：186－192，136.

［8］肖连杰，成洁，蒋勋. 大数据环境下国内情报分析研究方法研究［J］. 情报理论与实践，2020，43（2）：40－47.

［9］吴金红，张飞，鞠秀芳. 大数据：企业竞争情报的机遇、挑战及对策研究［J］. 情报杂志，2013（1）：5－9.

［10］宋新平，李慧，熊强，等. 大数据下企业竞争情报人员胜任力模型研究［J］. 现代情报，2020，40（5）：88－95.

［11］张兴旺，麦范金，李晨晖. 基于大数据的企业竞争情报动态信息处理的内涵及共性技术体系研究［J］. 情报理论与实践，2014（3）：121－128.

［12］龚花萍，刘嘉良，余建兵. 面向区域科技创新的竞争情报联动供给服务模式研究［J］. 情报杂志，2020，39（5）：64－70，88.

［13］石进，邵波，苗杰. 基于区块链的中小企业竞争情报共享平台研究［J］. 图书情报工作，2019，63（20）：112－120.

大数据环境下企业科技信息服务变革策略研究

张琪琪*

摘　要　大数据的快速发展给企业科技信息服务带来了新的冲击与挑战，传统工作模式已经无法满足现代企业发展的需求，需要对其进行变革。基于企业科技信息服务和大数据的特点，以及大数据技术对科技信息服务系统各个方面的作用进行研究，为大数据环境下的企业科技信息服务变革策略提出建议，希望可以为企业科技信息服务注入新的活力，从而使其得到突破与提升。

一、引　言

我们已经进入了一个大数据的时代，我国对大数据发展战略高度重视，近几年连续发布关于大数据发展的指导文件，2015 年、2016 年连续发布了《促进大数据发展行动纲要》和《大数据产业发展规划（2016—2020 年)》。2018 年国务院发布的《科学数据管理办法》规范了数据的采集、保存、共享利用等相关行为，2020 年工信部相继发布了《工业数据分类分级指南（试行)》《关于工业大数据发展的指导意见》等，都标志着大数据已成为各行各业发展的基础资源，许多传统模式都需要做出改变，比如企业科技信息服务。

我国学者关于大数据环境下企业科技信息服务的研究始于 2016 年，胡笑梅和刘帅对中小企业科技信息服务模式，从服务平台各层次的构建和运行机制两方面提出了创新建议，以此来应对大数据环境带来的冲击。此后陆续有相关研究成果的发表。付芳杰提出企业在大数据背景下，可以从收集信息、

---

　*　张琪琪，应用文理学院图书情报专业硕士研究生。

分析信息和信息服务成果三个方面来做出改变。汪潮认为，在大数据时代，企业还应顺应市场经济的规律，将科技信息服务融合到市场化开发的进程中，把握市场才能更好地发展。

企业科技信息服务与其他信息服务相比，有其独特性所在。首先，在服务提供方面，企业科技信息服务要求提供的服务全面、准确，特别是在为企业的战略决策提供辅助支持时，还要具有一定的预测性与实时性。其次，收集的信息资源要求具有特色性，包括国家公布的标准信息、行业已有的专利信息、竞争对手的动态信息，以及企业自身的经验信息等。最后，企业科技信息服务要求服务成果的种类多样，包括知识产权信息服务、战略决策服务、标准信息服务，以及科技文献、科技成果的服务等。

目前，我国提供企业科技信息服务的主要主体有企业自身的情报部门或档案部门，专业的科技情报机构及政府建立的科技信息服务平台等。在实际工作中，企业科技信息服务更多的是由公司内部提供。企业情报部门在不同的企业有不同的运行模式，有的企业是集中分散式，即由重点职能部门提供自己业务产生的信息，情报部门只负责分析处理、加工成情报产品；有的企业是完全集中式，即情报信息的收集、整理、加工均由情报部门统一负责。档案部门也为企业提供科技信息服务，2020 年由国家档案局和科技部共同修订的《科学技术研究档案管理规定》中指出，企业科研项目产生的数据处理文件、科学数据、阶段性成果、知识产权等文件材料都属于企业科技档案的归档范围，档案可以发挥其强大的情报价值。

二、大数据环境下企业科技信息服务的现状

对于企业科技信息服务来说，大数据是一把双刃剑，既为企业科技信息服务带来许多便利，也导致科技信息服务暴露出诸多不足。

（一）大数据环境下企业科技信息服务需求的特点

大数据时代，企业对于科技信息服务的需求，呈现出许多不同的特征。

首先，个性化。大数据时代的数据处理就是为了获得更精细、更个性化的结果。由于不同企业面对的是不同的竞争环境，产生的也是自己独特的数据信息，因此，企业科技信息服务需要个性化，最终的战略决策是为企业量身打造才能带来最大的效益。

其次，多元化。大数据时代，数据的类型多样，企业要处理的不仅是传统的文献信息，更多的是比如专利信息、知识产权信息、网页信息等。同时，

企业科技信息服务不仅包括科技文献服务，还包括科技信息咨询、科学技术普及和跨领域、跨地区的技术转移服务等。

最后，及时性。大数据时代，数据的更新迭代是非常快速的。企业所做的决策必须能赶得上市场的变化，以及竞争对手的变化。这就要求科技信息服务及时、准确，在必要时需要提前做出预测来应对瞬息万变的行业。

（二）大数据环境下企业科技信息服务的不足

第一，解决问题手段落后。部分企业，尤其是中小型企业，对于科技信息服务重要性的认识还不够，仍使用传统的信息服务方式，同时信息收集资金投入低，导致科技信息服务效率低、信息更新慢，无法适应现在的大数据环境。

第二，方式简单，服务机制不灵活。一般的企业科技信息服务大多是间接的、被动的，企业根据行业与市场发展，确定需求后传递给情报部门，情报部门做出分析后再把结果反馈给企业。这样的机制耗时长、效率慢，无法帮助企业快速做出应对市场的准确决策，可能导致企业失去先机。

第三，主体单一，机构之间合作较少。企业一般主要依靠自己的情报部门来获得信息服务，这样的服务质量有限。但由于科技情报机构宣传不够与企业自身意识薄弱等原因，较少的企业，尤其是中小型企业没有与外部专业机构合作，形不成服务合力，也就无法为企业创造最大的效益。

三、大数据环境下企业内部科技信息服务的创新策略

在大数据环境的影响下，企业科技信息服务必须改变传统的服务模式，变被动为主动，化间接为直接，最大限度地助力企业发展。

（一）采用多元化外包服务

中小型企业可以通过服务外包方式获得企业科技信息服务。中小型企业由于成本、资源等方面的限制，自身无法开展较好的科技信息服务，限制了企业的发展。因此，对于中小型企业而言，把科技服务外包给科技信息服务机构或科研院所等专业机构，利用公共的科技信息服务平台，是其获得科技信息服务的主流形式。比如，福建省三明市生产力促进中心，建设本地化的网络信息服务平台，以"会员制""会员服务"为核心，向该市中小型企业推广"外包服务"的理念。通过规范化的标准、专业的技术，以及与市内多家机构联合，使该市 50 多家企业获得了专利技术、网站开发等科技信息服务。

（二）构建科技信息服务模式

在大数据环境下，构建完善的企业科技信息服务模式，加强企业科技信息服务，可以从以下三个方面出发。

第一，多部门、多机构协同，形成服务合力。企业首先应对自己内部的情报信息做到有效处理与利用，尤其是自身数据种类繁多的大型企业，要增强企业各部门间的合作，重视档案部门，充分发挥科技档案的作用。当企业外部竞争环境的相关情报无法获取时，要主动向专业的情报机构寻求帮助。另外，科研机构、信息情报机构等，也要多加宣传，与企业保持密切联系、加强合作，构建起地区的情报网和信息资源共建共享机制。在此基础上还可进行跨地区的资源共享，实现更专业、更深层次的科技信息服务。

第二，提升科技信息服务人员的专业素质。面对海量信息的数据挖掘与分析，离不开工作人员的专业能力与信息素养。企业情报部门、专业的科技信息服务机构不仅要加大对情报专业高级人才的引进，还要对已经从事服务工作的人员进行再培训和再教育，增强工作人员的信息敏感度和专业的情报分析能力，能够熟练运用现有的新技术为企业提供服务。

第三，多角度分析为企业提供个性化的服务。在分析数据时，既要着重分析企业自身的发展经验和产业优劣势，也要关注国内外行业政策与市场动态，包括专利技术等多方面的信息。通过多角度的分析是为了能给企业提供个性化的服务，满足企业具体的发展目标。实现实时推送和查询，使得企业突破时间和空间的限制，获得科技信息产品，为企业战略决策提供支持。

（三）构建科技信息服务系统

大数据时代的科技信息服务系统要能够实现专业化、个性化、协同化、智能化的服务，在构建系统时要关注以下几点内容。

首先，重视数据资源的积累。大数据时代最重要的就是数据资源，科技信息服务系统首先要做的是奠定良好的数据基础。系统建设要重视原始数据和相关数据的采集，还包括网络或官方发布的信息内容。系统还应该能够保持对行业热点的持续追踪，收集各方面的数据来满足企业服务的分析需求。

其次，完善平台架构。通过计算机集群的方式运行系统，将资源合理分配到不同的层级，提高系统的流畅度和容错率，搭建基础层、数据信息层、应用层和服务层，将数据逐级分析过滤，呈现出的最终结果要能够为企业决策提供直接的服务，提高企业的运作效率。

最后，丰富服务功能。科技信息服务系统应顺应大数据时代的要求，给企业提供多样化的服务，比如，数据挖掘、清洗、加工等数据处理，科技创新服务，异构数据处理，以及参考咨询服务等，紧紧围绕服务企业的核心任务，提升服务体系的各项能力。

四、结　语

大数据环境使得许多行业需要做出改变，企业科技信息服务要打破传统的服务模式，化被动为主动，搭建完善的科技信息服务体系，加强多部门多单位协同合作，为企业提供专业的、个性化的服务。在未来，信息科技产业会成为主导产业，企业科技信息服务将向知识服务转变，并且借助人工智能和云计算等数字技术实现企业科技信息服务的跨越式发展。

（一）信息科技产业成为主导产业

在国家科技创新的战略下，科技信息资源成为非常重要的资源，信息科技产业也会随着数字技术的不断发展成为主导产业，并且呈现出国际化的发展特征。企业科技信息服务向多元化的模式转变，更加强调创新与跨越。

（二）科技信息服务向科技知识服务转变

随着大数据时代的发展，我们正迈入知识经济时代，追求的是将信息转化为知识，知识管理成为热点。知识关联、知识库系统等知识组织方式要求存储更全面的元数据，挖掘出更具价值的结果。知识服务将通过建立知识库等措施，推动知识创造与共享，为企业提供增值化的服务。

（三）人工智能与云计算助力科技信息服务发展

人工智能与云计算是具有蓬勃生命力的数字技术。人工智能与情报分析结合可以加强计算机的语义理解，实现知识的多元化应用。云计算可以实现科技信息云服务平台的构建，不再受单一系统的限制，用户可以跨库跨平台获取信息。

综上所述，市场瞬息万变，企业科技信息服务只有不断更新服务模式，顺应时代的变化，提供真正符合企业需求的服务，增强企业及自身的核心竞争力，才能站稳脚跟，实现行业的可持续发展。

参考文献

［1］胡笑梅，刘帅．大数据时代中小企业科技信息服务模式研究［J］．情报探索，2016（6）：7－11，16.

［2］付芳杰．大数据环境下企业科技信息服务模式研究［A］//北京科学技术情报学会．

2018 年北京科学技术情报学会学术年会—智慧科技发展情报服务先行"论坛论文集. 北京科学技术情报学会：北京科学技术情报学会，2018：7.

［3］倪志宏．企业信息情报部门设置的常见问题与实证分析［J］．竞争情报，2009（3）：8－15.

［4］庄承淮．中小企业科技信息服务体系建设的实践与思考［J］．情报探索，2004（3）：64－66.

［5］汪潮．大数据时代企业科技信息服务探究［J］．计算机产品与流通，2020（1）：93，124.

［6］杨立新，王莉娜．科技信息共享云服务机制初探［J］．图书情报工作，2013，57（16）：46－50，34.

［7］闵昌兆，张宇．大数据时代中小企业科技信息服务模式研究［J］．计算机产品与流通，2019（7）：153.

［8］刘冬．科技情报信息服务机构对中小企业提供信息服务现状及对策研究［J］．内江科技，2019，40（2）：23－24.

［9］胡雯雯．基于大数据技术的科技信息服务系统建设研究［J］．中国新技术新产品，2020（12）：131－132.

［10］侯杰．基于大数据技术的科技信息服务系统研究与建设［J］．中国管理信息化，2019，22（2）：167－168.

［11］孙慧敏，林静．浅谈企业科技信息服务现状及对策［J］．中国科技纵横，2017（4）.

［12］赵汝龙．信息科技产业发展趋势及企业服务模式构建［J］．营销界（理论与实践），2020（2）：262.

大数据环境下的情报分析方法研究

熊泽润*

摘 要 ［目的/意义］探讨国内大数据环境下的情报分析方法，为情报分析方法未来的研究起到一定的参考作用。［方法/过程］采用文献分析法，结合大数据时代背景及大数据环境下情报分析对象特征，在国内学者有关情报分析方法研究的基础上，分析了传统情报分析方法的局限，以及大数据环境下情报分析方法的主要内容。［结果/结论］大数据环境下情报分析对象发生较大改变，传统情报分析方法无法满足新环境带来的情报分析要求。

一、引 言

情报分析是利用技术手段和软科学研究方法，对信息资源进行收集、整理、综合并形成有价值情报的方法。随着互联网和信息技术的飞速发展，全球各领域都形成了海量、多样、不断变化、增长迅猛的多维数据，人类进入了大数据时代。在大数据时代，情报分析面临着巨大的机遇和挑战。机遇在于大数据催生了许多高效、有力的数据处理分析方法和工具，能为政府、企业、图书情报机构提供更好的决策支持，也进一步提升了情报分析的应用价值；挑战在于大数据给情报分析造成许多难题，包括数据处理与分析的难度大，用户个性化知识需求的增加等。传统的情报分析方法无法很好地解决这些问题，因此，优化和改进传统的情报分析方法，引进大数据相关技术，创造出适合大数据环境下情报分析的新方法、新思路，为用户提供更科学、有效的策略，是十分必要的。本文采用文献分析法，在对国内情报分析及其方

---

* 熊泽润，应用文理学院图书情报专业硕士研究生。

法的相关文献进行研究的基础上，结合大数据这一时代背景，归纳并分析传统情报分析方法及其局限性，对大数据环境下的情报分析方法相关研究进行了探讨。

二、大数据的时代背景

随着人类对自然和社会的认识更加深入，人类活动的开展更加多样，以及全球数字化、数据化更加普及，电子商务、"互联网＋"、移动运营、智慧城市建设等众多领域产生了海量、多样的数据，人类由此进入了大数据时代。大数据有四个特点：数据体量大、数据种类多、处理速度快、价值密度低。国际数据公司 IDC 统计显示，全球近 90% 的数据将在近几年内产生，预计到 2025 年，全球数据量总和将达到 175ZB。而情报领域由于知识的划分更加细化、研究更加专业深入，数据量也在迅猛增加。我国每年都会新增百万量级的科技文献和专利，技术标准、科研文献、会议论文增长速度也远高于人工处理能力，情报分析中的数据处理工作已更多依靠智能、高效、标准的信息技术来完成。

三、大数据环境下情报分析研究对象特征剖析

情报分析的对象和方式与所处的社会环境及技术发展相关。在大数据时代，情报分析的主要对象就是数据，但大数据环境下数据的来源、存储，以及增长速度等都发生较大变化，因此，大数据环境下的数据明显区别于传统数据而具有新的特征。

（一）来源的多样性

在互联网中，尤其是移动端的各项应用成为大数据的主要来源。各大终端设备包括电脑、手机、平板、传感器等在互联网环境下都在时时刻刻产生着多种类型的数据。

（二）增长呈爆炸式

随着全球数字化进程的推进和互联网的飞速发展，无论是各行各业的工作，还是人们网上购物、娱乐、社交，都在时刻产生着海量的数据。面对如此巨大的数据量，传统的数据管理和处理技术无法承担，而对于情报分析来说，数据处理时间过长会影响情报的时效性，进而影响决策。因此，如何高效处理海量数据是大数据环境下情报分析需要解决的重要问题。

（三）价值密度较低

数据来源的多样性，尤其是社交媒体、自媒体平台的涌现及网络社交的普遍，导致大量数据偏向生活化，整体数据价值密度被稀释。自由、交互的网络环境使得信息的发布更随意便捷，但是无法有效监督所发布信息的真实性，导致数据的可信度、可靠性不易判断。同时还存在许多与业务无直接关联但技术上需要的数据，也给情报分析带来不少困难。

四、传统情报分析方法及其局限性

传统的情报分析方法，宏观上根据研究手段可分为定性分析方法、定量分析方法和半定量分析方法。微观上根据对象类型的不同可分为以下 10 类：基于知识的情报分析方法、基于文献的情报分析方法、基于组织的情报分析方法、基于专家的情报分析方法、基于认识的情报分析方法、基于认知心理学的情报分析方法、面向军事情报的分析方法、面向公安情报的分析方法、面向犯罪情报的分析方法、面向专利的情报分析方法。

大数据具有明显的多源性、异构性等特点，而传统数据则是结构化、标准化的，因此在数量和结构上，处理传统数据的情报分析方法无法完全满足大数据分析要求。用户需求增加使情报分析结果必须更直观清晰，分析的数据更多源、更全面，因此出现可视化分析、批量与流式分析、空间信息分析等传统情报分析方法无法实现的要求。同时，大数据环境下海量数据带来的认知偏差，加上传统文献分析固有的数据分类和编码困难、信息不完备、形式单一等缺陷，造成情报分析结果的科学性降低。因此，必须结合最新技术、思路等在传统情报分析方法的基础上创新出适合大数据环境的情报分析方法。

五、大数据环境下的情报分析方法

针对大数据环境下情报分析研究对象的新特征，结合传统情报分析方法的局限性，国内学者关于情报分析的新方法开展相关研究，以解决大数据带来的诸多挑战。肖连杰、成洁等对情报分析领域文献中研究方法关键词进行了词频统计分析，采用共词分析法、因子分析法、多维尺度分析法等多种方法，最终确定了 7 类大数据环境下常用的情报分析研究方法，分别是基于文献的、基于知识组织的、面向挖掘的、基于数据的、基于关联的、面向科学评价的、基于认知的情报分析方法。李超、周瑛等研究将大数据分析方法引进情报分析领域并进行创新的情报分析方法，归类并总结出 7 类大数据背景下的情报分析方法。

（一）面向挖掘的分析方法

面向挖掘的分析方法重点在于探寻数据间的关联性，挖掘出数据中隐含的有价值的内容。具体包括图模型分析与挖掘、数据挖掘与文本挖掘、信息提取、联机分析、关联分析、高性能计算、模式识别等。数据挖掘和文本挖掘是通过挖掘结构化数据来发现其中隐含的关联规律和模式的方法。张艳丰、王羽西等从内容维度，通过语义特征分析、情感特征分析、词频共现分析和时间特征分析对在线用户追加评论文本分别进行文本内容挖掘，进而可以根据追加评论内容特征属性来指导厂家进行商品改进，以及辅助用户的购买决策行为。

（二）面向发现的分析方法

面向发现的分析方法主要是将低层数据中有一定价值的信息转变为知识层面，包括深度学习、知识计算、语义分析、粗糙集理论、社会计算等。深度学习是一种相比传统模型和方法较为深入、复杂的方法，它利用层次化架构来更加有效地学习、解释、表达大数据中蕴含的信息。肖连杰、孟涛等以安全情报领域文献为数据来源，对文献全文本进行汉字级的语料标注，构建安全情报领域情报分析方法语料库，在此基础上利用深度学习模型对情报分析方法实体进行识别。周志远、沈固朝在解决多指标综合评价问题时引入了一种基于粗糙集理论的权重确定方法，使得情报分析结果更加客观、有效，并通过我国企业海外并购风险评价实例来阐释这一方法的应用。

（三）面向可视化的分析方法

面向可视化的分析方法是为了使数据分析结果更清晰易懂，便于决策者参考而产生的。它借助可视化技术，融合了地理、统计、信息分析等多学科相关内容，主要包括知识图谱、知识地图、科学地图、专利地图等方法。

（四）面向预测的分析方法

面向预测的分析方法包括时间序列分析、多元统计分析、话题演化分析等，可预测未来发展趋势、模式、特征等。

（五）基于统计的分析方法

基于统计的分析方法是运用统计方法开展情报分析与研究，包括多维尺度统计、图论算法、移动应用统计等。移动应用统计主要是收集、统计、分析各类移动应用所产生的大量用户数据，包括用户行为及服务日志等，来为用户提供更多样的功能、更完善的服务。这一方法可应用在多个方面，如用户行为分析、各类信息推送服务、信息定制服务、信息关联标引等。

（六）面向集成的分析方法

面向集成的分析方法主要包括多源数据融合方法，即挖掘和融合多源数据，减少信息错误和信息遗漏，提高决策成功率。

（七）事实数据＋工具＋专家智慧分析法

基于大数据环境的"事实数据＋工具方法＋专家智慧"是将结合定性、定量方法来分析信息资源数据，结合专家智库，最终提供政策方面的建议的一种情报分析方法。

六、结　语

大数据时代，人们利用情报分析方法对大数据进行挖掘、分析进而获取知识、作为决策参考已越发重要和频繁。随着计算机技术和人工智能的发展，未来的情报分析将会更加全面、深入、智能，处理非结构化数据的能力进一步提升，以满足社会和情报学科的发展。本文结合大数据时代背景，以及大数据环境下情报分析对象的特征，在国内学者有关情报分析方法研究的基础上，分析了传统情报分析方法的局限及大数据环境下情报分析方法的主要内容，希望能为以后的情报分析方法相关研究起到一定的参考作用。

参考文献

[1] 包昌火. 方法论的建设对情报研究工作的重要意义 [J]. 情报理论与实践, 1988 (2): 3 - 6.

[2] 谢新洲. 发展情报方法研究，应对大数据挑战 [J]. 图书情报工作, 2014, 58 (14): 5.

[3] 冷伏海, 冯璐. 情报研究方法发展现状与趋势 [J]. 图书情报工作, 2009, 53 (2): 29 - 33.

[4] 钱军. 企业竞争情报分析方法的层次框架 [J]. 图书情报工作, 2006, 50 (11): 43 - 44.

[5] 徐芳, 金小璞. 认知心理学视角的情报分析过程模型构建 [J]. 图书情报工作, 2011, 55 (16): 55 - 57.

[6] 王沙骋, 赵澄谋, 姬鹏宏. 基于 WSR 的军事情报分析 [J]. 情报杂志, 2007 (4): 22 - 23.

[7] 谢晓专, 周西平. 基于层次结构的公安情报分析方法研究进展 [J]. 图书情报工作,

2012, 56（20）：103 - 105.

［8］徐芳．情报分析方法研究进展［J］．情报理论与实践，2009，32（8）：122 - 123.

［9］刘桂锋．国内专利情报分析方法体系构建研究［J］．情报杂志，2014，33（3）：16 - 18.

［10］肖连杰，成洁，蒋勋．大数据环境下国内情报分析研究方法研究［J］．情报理论与实践，2020，43（2）：40 - 47.

［11］李超，周瑛，周焕，等．大数据环境下情报分析方法与情报分析软件探讨［J］．现代情报，2017，37（7）：151 - 158，165.

［12］张艳丰，王羽西，彭丽徽，等．基于文本挖掘的在线用户追加评论内容情报研究——以京东商城手机评论数据为例［J］．现代情报，2020，40（9）：96 - 105.

［13］肖连杰，孟涛，王伟，等．基于深度学习的情报分析方法识别研究——以安全情报领域为例［J］．数据分析与知识发现，2019，3（10）：20 - 28.

［14］周志远，沈固朝．粗糙集理论在情报分析指标权重确定中的应用［J］．情报理论与实践，2012，35（9）：61 - 65.

大数据背景下科技情报分析与研究

方　恒*

摘　要　[方法/过程] 基于大数据背景下科技情报分析与研究的发展变化，综述了 2015 年至 2020 年部分学者的有关研究内容，并以内容为主轴检索、归类其在情报领域的研究重点和发展。具体包括（1）大数据背景下科技情报的挑战与对策、转型发展、服务模式、能力与评价等；（2）大数据背景下科技情报服务主体的综述内容；（3）最后对科技情报相关的研究方法、使用技术、利用工具、系统与平台开发利用等方面进行综述。[目的/意义] 对科技情报领域学者的研究内容进行综述梳理，可以帮助情报工作者快速了解当前科技情报的内容、方法、技术与工具，对研究形成宏观全面的认识，从而深化研究和指导情报实践活动。

一、引　言

大数据背景下，科技情报在数量上呈现出基数庞大并快速增长的特点，在类型上呈现多元异构的特点。大数据技术应用与科技情报学科，给科技情报分析与研究带来便利的同时也带来许多挑战。综述大数据背景下科技情报分析与研究，聚焦科技情报服务的转型和对科技情报服务机构和研究人员的新要求，总结情报的主要研究方法、工具，以及典型的科技情报系统和平台开发利用，对于科技情报分析与研究具有重要意义。

---

* 方恒，应用文理学院图书情报专业硕士研究生。

二、大数据背景下的科技情报服务

（一）科技情报3.0

科技情报学科起源于文献学，其研究内容经历了传统文献和二代文献以后，逐渐拓展至社交媒体和互联网资源。柯平结合当前学界热点，提出了"下一代情报学"的创新概念，认为其突出的核心内容为"情报赋能、大数据情报学、智慧情报学"。此外，吴晨生等基于科技情报演进历程提出了"情报3.0"概念，认为在大数据背景下"情报3.0"的主要特征为情报信息源的数据全息化、情报分析的方法集成化、情报生产的技术智能化，以及情报推送的服务全纳化。

（二）科技情报的挑战与对策研究

第四次工业革命的兴起，互联网、大数据、云计算等技术对科技情报产生了重大冲击，科技情报学界积极的分析挑战并提出了对策。张惠娜等将科技情报工作面临的挑战总结为三个方面：①传统工作思路落后于社会发展的现实需求；②信息爆炸与科技信息采集能力之间的鸿沟；③情报需求的大众化、专业化、快速化与传统科技情报方法与技术落后之间的矛盾。基于此从以下三个方面给出了建议：①转变科技情报思维，构建方法论体系；②推进情报技术的创新与应用；③提升情报判读能力与科技情报服务水平。

（三）科技情报服务的转型研究

面对大数据技术对科技情报的挑战，不少学者对科技情报及其机构服务转型进行了深入研究，主要转型有智库和社会大数据方向。栗琳等从智库角度研究，认为科技情报转型发展具备了使其成为智库的基本条件，如大数据智能技术推动机构改革、国家推进智库发展的政策制度等，提出情报机构可以与智库联合协作化一体化发展，通过业务迭代升级型的合作共享等路径进行转型。李阳等从情报学的研究对象角度切入，认为可以从科学大数据拓展到社会大数据，立足于"万众创新大数据工程"，开展新型情报服务。

（四）科技情报的服务模式、服务能力与服务评价研究

大数据技术发展对科技情报的服务模式和能力提出了新的要求，由此对科技情报服务的评价指标也应适时而变。在服务模式方面，陈伟等在总结人力驱动型科技情报服务模式的基础上，提出了数据驱动型服务模式的架构。这一整体构架能够智能获取、存储、处理、分析与可视化呈现数据结果，通

过建立数据集间的关联来综合分析结构化和非结构化数据，从而发现有隐性的知识。在服务能力方面，吴晨生等界定了科技情报服务——"情报即服务"的核心理念，认为情报3.0时代科技情报机构主要服务能力应包括：协同服务能力、智能计算能力、预测预警能力及平行控制能力4个方面。此外，在服务评价方面，学者一般都用指标体系法来评价科技情报服务能力。杨春静认为科技情报机构服务效果评价指标主要包括用户满意度、机构美誉度、系统响应速度、安全与隐私保护等。

（五）科技情报服务的专业化、市场化、全纳化研究

大数据时代，技术快速革新再加上科技情报需求增多，促使科技情报服务要更加专业化、全纳化，也呼吁商业公司参与科技情报服务建设。刘小琳等就提升科技情报服务机构专业化细分了以下5个方面：①收集处理专题特色情报实现资源的专业化；②建立情报分析模型与平台实现分析的专业化；③开展社会经济发展的重大科技问题专题情报研究；④开发专业情报服务产品和满足不同用户需求；⑤运用移动互联网技术和云服务构建科技情报移动云服务平台。也有学者对科技情报服务市场化运营路径进行了探索，如刘毅倡导从构建大数据情报服务平台、转变传统情报产品形态和创新商业模式和业务系统等若干路径实现市场化。此外，随着专家智慧和人工智能全程介入和情报服务对象全程融入，情报服务范围不断扩大。"情报3.0"服务呈现出全纳化的特点。

三、大数据背景下的科技情报机构转型与人员发展

（一）区域层级科技情报机构研究

大数据背景下，对省级科技情报机构研究最为深刻的属刘明珠的硕士论文。其通过文献计量的方法研究省级科技情报机构发文，发现省级机构在研究上存在着核心论文占比过低，论文整体质量下滑，研究内容与情报学理论、方法脱节等问题。针对以上问题提出了树立"大情报观"，加快智库化升级转型，促进情报学和情报工作融合发展等建议。

对地市级科技情报机构研究代表的有鲁逍遥等，其认为地市级情报机构应当升级服务，通过因地制宜培养情报工作人员和在日常科技情报工作中引入先进生产工具等方式来提高地市级情报机构情报判读能力；升级面向政府、面向企业的情报服务能力，提高地市级情报机构的竞争力。

对基层科技情报服务机构的研究较为分散且数量较少。付立伟认为，基

层情报机构在做好各项基础情报信息服务以外，应当转换工作思路，运用科学、合理、适应现代网络科技情报工作的服务模式和理念；应当重视文献数据库的建设，使现代网络科技情报发挥其优势和更强大的功能。

（二）战略性科技情报机构研究

栗琳等认为在建设中国特色新型智库背景下，当前科技战略性情报机构转型的主流方向是智库，并总结了"面向发展的情报机构"转型依赖情报机构与智库一体化发展路径、业务迭代升级型路径、情报机构与智库联合协作化路径3种模式。此外，由于国防、航空行业的竞争性，其科技情报机构更加注重技术前沿性与情报安全性，都强调从技术开发利用角度提升情报服务水平。罗威等实践并总结了涵盖数据、技术与应用三个维度的国防科技信息大数据开发利用总体框架。范传华强调只有在航空科技情报研究中积极运用各种形式的大数据分析，分析异构信息的关系，发现共性和差异，才能保持航空科技情报研究的特色与优势，更好地迎接大数据带来的挑战。

（三）公益性科技情报机构研究

公益性科技情报机构主要形式有政府和数字图书馆科技情报机构。政府科技情报通常是对可获取的文献情报进行收集存储和归纳分析，以科技报告等多种形式提供系统化的浓缩情报或专题情报，以满足行政规划与项目评估的专门需要。刘念等总结了大数据背景下，政府科技情报机构缺失大数据和时效性，存在速度与能力不足的问题，提出"网络数据＋结构化数据＋专项数据"的方案，拓宽数据来源的渠道继而保证时效。此外，数字图书馆作为新生科技情报服务主体机构，创新是其重要内推力。黄海明提出大数据环境下数字图书馆应当从数据处理方法、情报服务理念、个性化服务方式等方面进行创新。

（四）科技情报团队及人员建设研究

大数据背景下，对从事科技情报研究的团队和人员提出了新的服务与能力要求。时代呼唤创新的情报团队工作模式，需要摆脱小团队的工作模式。王鹏从团队文化方面提出科技情报团队应当具有凝心聚力、启智指引、开阔思维、团结协作与爱岗敬业等精神。同样，新形势要求科技情报人员转变为智库角色，作为政府决策和政策服务的重要执行者发挥重要的作用。苏绍玉提出科技情报人员应当树立"情报—智库—决策"融合发展理念；提升"科技—经济—社会"大情报专业素养；要融入"合作—共享—集智"知识创新生态；拓展"战略—前瞻—引领"研究维度。

四、大数据背景下的科技情报分析与研究方法

（一）定性研究方法

大数据背景下情报研究面临重大发展机遇，在数据规模、来源与获取方式、研究范围、研究方法、分析工具等都发生了新的变化。王飞跃强调了数据的重要性并构建了开源的情报理论解析框架。马费成等提出在大数据背景下，情报介质、空间与场景的变化对情报理论和方法产生了深刻影响，为满足用户情报服务需求提供了新模式。苏新宁认为以文献为主要研究内容已经不能适应时代需求，科技情报应向网络复杂数据拓展，这也要求重建新情报学理论方法。李品等运用大数据思维对情报学学科理论体系进行设计。总之，科技情报的技术前瞻与预见需要的新动向，推动了科技情报分析的方法体系不断向智能化、计算化方向转变。

（二）定量研究方法

大数据背景下，针对科技文献数据的分析，主要采用数据挖掘与文献计量的方法。文献计量结合了数学和统计学的方法，定量地分析一切知识载体的交叉科学，囊括了数学、统计学、文献学等，注重量化的综合性知识体系。其研究对象主要是：各种出版物文献量、作者/团体数、词汇数。文献计量最本质的特征在于输出务必是"量"。数据挖掘方法与技术具有重合性，详见下文数据挖掘技术。

五、大数据背景下科技情报分析与研究的应用技术

（一）科技情报处理与分析技术

1. 可视化分析技术

可视化分析技术集合了交互技术与自动分析技术，整合了信息分析领域的方法，将数据管理与统计分析、知识表示与发现领域的成果整合运用到本领域，能够直观展示海量复杂的数据内容，更好地呈现、理解、传播分析结果，帮助用户进行有效理解与推理，继而指导决策。

2. 数据挖掘技术

数据挖掘技术承担了分析数据和发现知识的任务。数据挖掘能解决情报分析与研究的问题，其在含义上与情报分析与研究有着固有的联系，在方法实现上有其特定的过程。但从目前的情报成果报告来看，科技情报分析大都

停留在浅层的频率统计、共词计算上，这些基础准备在情报发现的过程中仅仅是深度挖掘的数据基础。大数据背景下，数据挖掘逐渐向算法模型方向转变，以期望能够实现科技情报的机器学习和自动分析。

3. 语义技术

对传统专利与文献的科技情报而言，核心语义技术包括标注、抽取、检索、建模、推理等。语义技术提供了机器便于理解、易于处理的数据描述和程序，整合信息抽取、自然语言处理等技术方法，旨在让情报人员利用计算机更好地处理、整合、重用结构化和非结构化信息。从情报实践活动和使用工具看，语义支持的缺失是一个普遍问题。

（二）科技情报异构信息融合技术

大数据背景下最典型的特征就是数据体量大和结构多样。处理结构多样的庞大数据，有学者提出了科技情报异构融合技术。张峰等总结科技情报异构信息融合技术主要包括基于图计算的多源异构科技情报数据存储与管理技术、基于深度学习的科技情报深度挖掘技术。科技情报异构信息融合技术主要功能是基于图计算构建科技情报知识库，发现领域专家和科研机构之间的关系，挖掘更深层次的科技情报。科技情报异构信息融合技术主要作用是构建自主学习、自动更新的科技情报实体关系图谱，为分析领军学者、机构合作、科研体系、科技进展等科技情报奠定基础。

六、大数据背景下科技情报分析与研究的工具

（一）科技情报大数据采集与筛选工具

科技情报大数据采集与筛选工具，目前主要是研究所等尖端机构设计并联合公司开发实现的。由于适用范围有限、专业性强、保密性高等特性，科技情报工具目前还没有形成统一使用的工具。北京市科学技术情报研究所完成了科技情报的大数据采集与筛选工具建设这一应用技术项目。该项目的成果内容主要包括：面向结构化数据库的科技情报专用搜索工具、兼具数据筛选和数据分析功能的工具、动态情报跟踪工具、基于科技主体社会网络的情报工具。设计的整套情报工具融合了搜索、筛选、分析、跟踪和动态可视化展示等功能为一体，能用来搜索某一领域相关主要学者和研究机构，并对学者机构合作关系、研究内容关系进行可视化展示。

（二）科技情报分析工具

目前，科技情报分析工具，国外呈现出以商业集团开发为主，国内以知

名大学开发利用为主。国外情报分析工具的典型代表是美国 Thomson Data Analyzer（TDA）软件和 Aureka 信息平台。TDA 既能对专利数据进行深度挖掘并展开可视化分析，也可用于分析英文论文；Aureka 信息平台可提供对专利数据和专利引文进行分析，揭示专利信息间的关联。在国内，开发利用情报分析工具的代表高校是清华大学和北京理工大学。清华大学针对科技文献开发面向计算机领域的英文科技文献监测系统（ArnetMiner 系统），它以开放文献数据库 DBLP、Citeseer 等爬取的文献数据为基础，集成在 Web 上抽取研究者 Profile 信息，构建学术社会网络，挖掘提供权威会议/专家/期刊发现、话题检测和关系路径发现等服务。北京理工大学采用基于文献的数据挖掘方法来进行科技监测，并开发了情报分析软件，提供文献关联分析及结果的自动生成。

（三）科技情报可视化工具

科技情报可视化工具主要由国外开发商开发提供，国内对可视化工具利用主要是嵌入系统的子功能，较少独立开发产品。基于桌面的可视化工具 Gephi 和 Tableau 都是可交互的，不需要计算机编程基础，生成的图表符合美学和设计的要求，应用简单易行，适用于科研人员使用。其中 Gephi 则更擅长复杂网络的可视化。此外，基于 Web 应用的可视化工具 ECharts，可以在其网站上通过修改各类数据，直接得到自身研究所需要的各类分析图形。另外，数据库类可视化工具（可视化知识图谱）VOSviewer 和 Cite Space 都是基于文献计量方法——共被引而开发的，突出优势是免费绘制各个领域知识图谱，可用于文本的可视化分析。

七、大数据背景下设计开发科技情报系统、平台

（一）大数据背景下科技情报设计开发系统的研究综述

科技情报处理系统的设计开发，继续沿袭了系统开发的一般步骤，注重对情报分析过程的设计与实现，细化了科技情报数据这一数据来源，利用了第四代程序开发语言，从信息利用的全过程设计实现了科技情报处理平台的底层逻辑和应用层的功能需求。贺洪煜利用 Python 语言从预设的渠道抓取网络最新发布的科研情报并保存到本地数据库中，再基于 B/S 架构设计开发了可视化科技情报智能化识别检索系统，为科研人员提供查询及订阅功能。此外，刘念等在对科技情报系统进行功能性和非功能性的需求分析基础上，得出了情报系统应包括的五大模块：搜索大模块、控制大模块、整理大模块、

分析大模块及结论生成大模块。张恒从科技情报处理业务流程的需求出发，构建出面向大数据的科技情报处理分层体系，并重点阐述了各层级功能设计、技术框架。

（二）大数据背景下科技情报设计开发平台的研究综述

科技情报处理平台区别于科技情报处理系统，更加强调平台的集成化和设备的生态化。大数据背景下，情报服务平台的发展趋势基于网络的自动化情报收集、加工与发布。吴素妍利用 Java 语言设计了科技情报大数据业务平台架构，并对大数据处理首要任务存储进行了探索，搭建了基于 Hadoop 和 Hbase 的大数据存储平台。清华大学完成了科技情报大数据分析挖掘与服务平台的科技成果，研发了科技情报大数据挖掘与服务平台 AMiner，建立了具有完全自主知识产权的新一代科技情报分析与挖掘系统，提出了面向异构科技情报网络的深度挖掘方法，实现了以知识和科研人员为中心的语义搜索、高质量语义内容生成、智能服务等关键技术。清华大学在科技情报平台设计、关键技术和方法发明等方面走在国内乃至国际前列。

八、结　语

本文经过文献调研方法，得出如下结论：在大数据背景下，科技情报分析与研究呈现出数据全息化、方法集成化、技术智能化、服务全纳化的特点。大数据技术对科技情报分析与研究产生了诸多挑战，主要来自技术更新、服务模式两方面。由于科技情报服务的机构智能逐渐向智库靠拢，因此，对科技情报研究人员也产生新的要求。同时，科技情报分析与研究在方法上依然沿承定性与定量相结合的传统，结合了科技情报处理与分析技术和异构信息融合技术，利用了科技情报大数据采集与筛选工具、科技情报分析工具和科技情报可视化工具，能够实现对科技情报系统、平台的利用。

参考文献

[1] 柯平. 迎接下一代情报学的诞生——情报学的危机与变革 [J]. 情报科学，2020，38 (2)：3 - 10.

[2] 吴晨生，李辉，付宏，等. 情报服务迈向 3.0 时代 [J]. 情报理论与实践，2015，38 (9)：1 - 7.

[3] 张惠娜，李辉，刘如，等. 关于情报 3.0 环境下科技情报工作的思考 [J]. 情报工程，2017，3 (5)：87 - 93.

[4] 栗琳，卢胜军. 智库建设背景下的情报机构转型研究 [J]. 科技情报研究，2020，2

（2）：1 – 19.

［5］李阳，孙建军，裴雷．科学大数据与社会计算：情报服务的现代转型与创新发展［J］．图书与情报，2017（5）：27 – 32.

［6］陈伟，杨锐，何涛，等．大数据环境下科技情报研究的新模式［J］．科技导报，2018，36（16）：78 – 85.

［7］杨春静，程刚．科技情报机构知识服务能力评价体系研究［J］．情报理论与实践，2017，40（7）：43 – 49.

［8］刘小琳，曾祥效．大数据时代科技情报专业化服务构想［J］．情报理论与实践，2016，39（2）：20 – 23.

［9］刘毅．基于大数据的科技竞争情报服务市场化运营路径探索［J］．广东科技，2014，23（20）：1 – 2.

［10］张惠娜，李辉，付宏，等．情报服务3.0：科技情报服务的全纳化转向［J］．天津科技，2015，42（8）：17 – 18，21.

［11］刘明珠．基于期刊论文的我国省级科技情报机构科研现状分析［D］．南京：南京大学，2019.

［12］鲁道遥，李牧．情报3.0时代地市级情报机构的服务升级［J］．中小企业管理与科技（中旬刊），2019（7）：92 – 93.

［13］付立伟．网络环境下基层科技情报服务探析［J］．图书情报导刊，2016，1（12）：145 – 146，148.

［14］罗威，谭玉珊，罗准辰．国防科技信息大数据开发利用：问题、框架与实践［J］．情报理论与实践，2018，41（12）：27 – 30，45.

［15］范传华．大数据时代下的航空科技情报研究［J］．中国战略新兴产业，2017（20）：1，8.

［16］刘念，张鲁冀，赵燕燕，等．大数据环境下政府情报研究机构档案情报开发研究［J］．天津科技，2016，43（9）：7 – 9.

［17］黄海明．大数据环境下的数字图书馆科技情报服务创新模式［J］．通讯世界，2015（19）：265 – 266.

［18］王鹏．"互联网 +"环境下的科技情报发展趋势及团队建设［J］．竞争情报，2018，14（3）：23 – 28.

［19］苏绍玉．面向智库建设需要的科技情报人员能力发展研究［J］．中国科技资源导刊，2019，51（6）：102 – 107.

［20］王飞跃．知识产生方式和科技决策支撑的重大变革——面向大数据和开源信息的科技态势解析与决策服务［J］．中国科学院院刊，2012，27（5）：527 – 537.

［21］马费成，张瑞，李志元．大数据对情报学研究的影响［J］．图书情报知识，2018（5）：4 – 9.

［22］苏新宁．大数据时代情报学与情报工作的回归［J］．情报学报，2017，36（4）：

331 – 337.

［23］李品，杨建林. 基于大数据思维的情报学科发展道路探究［J］. 情报学报，2019，
38（3）：239 – 248.

［24］郝琦，樊彦芳，隆苏妍. 大数据技术在科技情报处理中的应用研究［A］//北京科
学技术情报学会. 2017 年北京科学技术情报学会年会——“科技情报发展助力科技
创新中心建设”论坛论文集. 北京科学技术情报学会，2017：6.

［25］张峰，张德，何昫. 基于异构信息融合的科技情报分析技术研究［J］. 信息与电脑
（理论版），2017（11）：170 – 171.

［26］吴晨生. 大数据采集与筛选工具建设［R］. 北京：北京市科学技术情报研究所，
2014 – 05 – 16.

［27］曾文，车尧，张运良，等. 服务于科技大数据情报分析的方法及工具研究［J］. 情
报科学，2019，37（4）：92 – 96.

［28］王楠，马燃，胡春梅. 大数据时代可视化工具调研应用［A］//北京科学技术情报
学会. 2017 年北京科学技术情报学会年会——“科技情报发展助力科技创新中心建
设”论坛论文集. 北京科学技术情报学会，2017：6.

［29］贺洪煜. 基于 Python 的科技情报智能化识别检索系统的研究与设计［J］. 科技视
界，2019（11）：72 – 74.

［30］刘念，张鲁冀，赵燕燕，等. 基于项目档案的学术专题情报快速辅助生成系统设计
研究［J］. 天津科技，2016，43（8）：13 – 15，18.

［31］张恒. 基于开源情报的情报处理系统模型构建［J］. 情报杂志，2014，33（3）：
54 – 57.

［32］吴素研，吕志坚，吴江瑞，等. 科技情报大数据业务平台设计［J］. 现代情报，
2018，38（1）：131 – 135.

大数据下情报分析与服务模式研究综述

张忆南　　汪　蓉*

摘　要　大数据时代的到来使得各行业的信息呈井喷式增长，以人工作业为主的传统情报研究方法已经无法满足发展的需求，因此必须针对大数据环境进行模式创新。本文对大数据环境下国内情报分析及服务模式的研究成果进行了综合述评，揭示了传统分析模式的不足及当下的转变趋势，梳理了包括数据驱动型科技情报研究模式、多元融合型竞争情报模式等在内的九种不同种类模型的特点与优势，旨在为后续的情报分析与服务模式的创新研究提供借鉴与参考。

一、引　言

大数据时期到来，数据开始呈爆发式增长，数据来源广泛增多，产生速度急速提升，与此同时信息的价值密度变小。在这样一个数据爆发的信息时代，数据环境发生巨大改变，传统的情报研究与分析模式已经无法应对在海量大数据资源中迅速挖掘有价值信息的要求。因此寻求大数据时代情报分析模式的转变势在必行。

二、大数据下情报分析模式发生的转变

近年来，诸多学者对于传统情报分析模式暴露出的问题，以及新环境下应寻求的转变进行了分析研究，代表性的有陈伟等，充分分析了传统人力驱动型研究模式的弊端，并综述了海量异构数据集成、数据管理与分析方法和

---

* 张忆南，应用文理学院图书情报专业硕士研究生；汪蓉，商务学院副教授。

工具的开发进展。

（一）传统情报分析模式的短板

传统的情报分析模式以人力驱动型研究模式为代表，根据流程可分为情报研究方案规划、情报信息搜集筛选、情报信息分类与整理、情报信息定量与定性分析、情报产品编辑与发布五个阶段。其暴露出的问题包括：

（1）情报分析过程耗时长。由于严重依赖于人工作业，在信息采集、整合及分析阶段需通过人工进行收集、整理、解读分析，效率十分低。

（2）无法深度、全面进行知识挖掘。面对大数据环境下量级巨大且多属性、非结构化的数字信息，单凭人工小规模分析很难充分挖掘并整理出海量信息中的知识，导致情报产品缺乏深度及专业性。

（3）数据共享性较差。情报信息与报告数据集通常存储在分散的个人文件系统中，缺少共享渠道，因此难以进行管理利用。

（二）大数据时代情报分析模式的转变趋势

当前趋势下的情报分析模式迫切需要摆脱对人工采集作业流程的严重依赖，建立基于大数据的预测型分析模型，实现对海量多源异构信息的充分挖掘，使用新技术搭建各种数据集间的数据关联，实现数据的智能化检索、存储、处理与分析。

三、大数据下情报分析新模式研究

基于大数据背景下出现的对于情报分析模式的研究显示出了一定的成果，大数据环境下的情报分析工作面临着新的转变与发展，要使其快速融入新环境的关键，即在于构建怎样一个情报分析工作的模式体系。代表性的是陈伟等人提出的数据驱动型科技情报研究模式、顾涛等人的竞争情报协作分析模式、化柏林等人的多源融合型竞争情报、彭玉芳等提出的竞争情报蛙跳模式及缪其浩分析的大数据时代情报众包模式的运行机制。

（一）数据驱动型科技情报研究模式研究

针对传统情报分析模式下低效的人力收集、处理方式，陈伟等学者在充分分析传统人力驱动型研究模式的不足的基础上提出了数据驱动型科技情报研究模式，该模式的设计为情报研究人员提供了从采集、加工到处理、可视化呈现的一系列全流程情报分析工作，具有高度的功能性和灵活性，能够帮助研究人员迅速、准确地获取有价值的情报信息，丰富了大数据环境下情报分析的方法和途径，提高了情报产品加工的效率和质量，为后续进一步的系统开发、设计奠定了基础。

（二）多元融合型竞争情报研究

大数据时代，现有数据种类繁多、数量庞杂、结构各异，要求面向市场及用户的全面数据的全样本分析，而不仅是只能代表一方面的单一来源的数据，因此应当更加重视不同数据之间的相关性分析，强调多源数据的融合。信息融合已经融入了大数据时代的各行各业，利用信息融合可以深入挖掘信息的价值，提高分析的水平，具有重要的意义和价值。化柏林等学者以数据环境、业务需求，以及流程对比这三个角度作为切入点分析了大数据环境下竞争情报工作体现的新趋势及特点，由此提出了大数据环境下包含多源信息融合和分析方法等竞争情报。杨眉给出了多源信息融合的具体方法，包括数据记录的滤重处理、数据记录的拆分处理，以及对于异构数据的加权处理，并且给出了多源数据融合在企业层面、城市层面及国家层面的实际应用。

（三）竞争情报协作分析模式研究

大数据时代要求从全局视角出发，将参与数据生产及采集的各数据集全构成整体，因此要为用户提供全面的、各种规模集成的大数据资源，就要将各数据集资源进行聚合，实现资源共享。

顾涛提出竞争情报三级协作模式：自主协作、中心协作和分级协作，对大数据环境下各种组织的信息资源进行了不同规模和层次的整合，同时分级协作模式可以对整个社会的大数据资源进行共享，适用于在国家层面建立大数据资源体系。最后为大数据技术应用提出了建议。

（四）竞争情报蛙跳模式构建研究

蛙跳模式的提出有效弥补了传统竞争情报分析模式在技术及思想理念上的弊端，使企业在日趋激烈的竞争环境及迭代更新的技术背景下能够准确、高效地做出判断及决策，消除不确定因素的干扰，获得更加广阔的发展空间。彭玉芳等学者从必要性和可行性、构建原则及具体构建结构等方面解释分析了大数据环境下企业竞争情报的蛙跳模式，其中运用了文献研究法、系统论方法等技术方法，并细分了各子模式。

（五）竞争情报工作众包模式研究

大数据环境下情报协作模式的提出肯定了群体智慧在情报收集与分析中的重要作用，然而仅仅停留在信息和数据层面，而众包模式的提出着重强调了开发群体智慧的能动性。作为一种开放创新下的产物，众包模式充分利用了大众具有的专业知识和实践经验，全面整合了企业的外部资源，降低了成本，实现了社会资源的最优化配置。

张安淇等学者，在探讨了大数据为企业竞争情报工作带来的阻碍与挑战，以及分析了众包如何帮助破解挑战后，提出了大数据环境下竞争情报工作众包的主体要素和运行模式，又从控制目标、选择机制、配置管理、过程监管等方面对于众包模式的质量管理提出了解决对策。陈强等学者，描述了大数据时代下竞争情报工作众包模式的逻辑框架以及核心优势，又从组织、系统和参与者的不同角度提出了众包运行的关键问题，以期将众包模式更好地运用到竞争情报的分析工作，帮助企业更好地做出决策。

四、大数据下情报服务模式研究

追上大数据的脚步，为用户提供专业、高质、快速的情报产品及情报服务，这是各种不同的开展情报服务活动的机构和组织都在不断追求的，将近期学者的研究根据所面向对象分类，从政府、中小企业、图书馆等方面进行综述。

（一）"事实型数据＋专用方法工具＋专家智慧"科技情报研究模式研究

2009 年贺德方提出了"事实型数据＋专用方法工具＋专家智慧"的科技情报研究模式，在此基础上吕慧琳研究了该情报研究方法在当下大数据、云服务的背景下的具体应用，并以广东省科技图书馆为实际案例，介绍了其基于此模式的具体应用过程和应用成效，指出了该模式与大数据工作的交互融合将是今后情报研究工作的发展趋势。

（二）大数据下 MDD 模式研究

大数据时代信息产生速度快、信息活动紧凑、数据向情报转换的时间短，这就迫使企业采取以监控（Monito‐ring）、发现（Discovery）和决策（Decision‐making）为核心并与情报价值链环节相结合的 MDD 模式。

钟辉新等学者提出了基于大数据的企业竞争情报动态运行 MDD 模式，并在此基础上分析了企业竞争情报的监控、发现和决策支持机制，以及 MDD 模式中监控、发现和决策之间互动。

（三）智慧政府竞争情报服务系统研究

大数据催化了智慧政府的升级转型，而智慧政府拥有庞大且权威的情报信息来源渠道，可以为中小企业竞争情报服务工作提供支持和帮助。

基于此，顾穗珊等学者从大数据环境下中小企业竞争情报工作的必要性出发，分析了其存在的弱势，进而推出智慧政府数据管理职能及其主导下中小企业竞争情报服务的各方面优势，进而给出了建立及运行智慧政府竞争情报服务系统，以及指导中小企业竞争情报服务的具体对策。

（四）数字图书馆情报服务创新模式研究

对于数字化图书馆的情报服务，面对大数据的到来，也需要进行模式创新和发展来满足不同层次人群需求的变更，如何在原有的数据、信息、资源的基础上拓展数据涵盖量，如何更好地进行数字挖掘和知识发现，如何解决异构数据的统一，如何不断贴合大数据的特征，都是大数据环境下数字图书馆情报服务的创新研究方向。

黄海明在充分分析了创新的必要性和价值后，提出了大数据环境下数字图书馆科技情报服务的创新策略，包括服务理念以及个性化服务方式的创新，指出图书馆可以进行调整服务方式和手段，尝试与手机电视相结合，推出24h 街区图书馆等创新，来为更大范围的对象带来更优质的服务。余娟特别提出了要提高软件系统的兼容性，改善数字图书馆服务端，还要对数据处理方法进行创新，将情报服务的重心放在对海量数据的挖掘和处理上，以提高服务的价值和水平。

五、结　语

以上内容是截至目前我国学者对于大数据背景下情报分析与服务模式研究的一些进展，经过梳理发现，当前研究更多地停留在理论方面，而实际运用到企业运行中的案例较少，今后的研究可以以企业实际运行的需求与问题作为导向，进行更深一步的研究。

参考文献

[1] 陈伟，杨锐，何涛，等．大数据环境下科技情报研究的新模式 [J]．科技导报，2018（16）．

[2] 顾涛．基于大数据的竞争情报协作分析研究 [J]．情报科学，2013（12）．

[3] 化柏林，李广建．大数据环境下的多源融合型竞争情报研究 [J]．情报理论与实践，2015（4）．

[4] 杨眉．大数据环境下竞争情报的多源融合研究 [J]．农业图书情报学刊，2017（9）．

[5] 彭玉芳，马铭苑．大数据环境下的企业竞争情报蛙跳模式构建研究 [J]．情报科学，2015（8）．

[6] 张安淇，宗利永．大数据背景下企业竞争情报工作众包模式研究 [J]．情报理论与实践，2017（1）．

［7］陈强，吴金红，张玉峰．大数据时代基于众包的竞争情报运行机制研究［J］．情报杂志，2013（8）．

［8］吕惠琳．基于"事实型数据＋工具方法＋专家智慧"的科技情报研究——以广东省科技图书馆服务研发型企业为例［J］．图书情报工作，2015（S1）．

［9］钟辉新，张兴旺，黄晓斌．面向大数据的企业竞争情报动态运行模式 MDD：监控、发现、决策的互动［J］．情报理论与实践，2014（3）．

［10］顾穗珊，孙山山．大数据时代智慧政府主导的中小企业竞争情报服务供给研究［J］．图书情报工作，2014（5）．

［11］黄海明．大数据环境下的数字图书馆科技情报服务创新模式［J］．通讯世界，2015（19）．

［12］余娟．大数据环境下的数字图书馆科技情报服务创新机制［J］．现代交际，2017（8）．

孟加拉手工艺立法政策分析

刘雅迪　王　芊*

摘　要　孟加拉国是世界上工艺品主要的生产商和供应商之一，作为发展中国家，该国具有丰富的文化、悠久的历史和传统。孟加拉国自1971年独立以来，历届政府都将民间手工艺作为国家文化遗产保护的重要内容之一，无论是国家法律、政策还是民间非政府组织都致力于文化遗产的保护与发展。作为联合国公认的39个贫穷国家之一，在文化遗产保护工作上取得了举世瞩目的成绩，其中的政策和具体实施都值得我们分析与探究。

一、引　言

孟加拉人民共和国是南亚地区的一个贫困国家，全国总面积为147570平方千米，人口总数量将近1.7亿，是人口最稠密的国家之一。民间手工艺是孟加拉国非物质文化遗产的重要组成部分，其中最具有代表性，同时能够展示本国风采的是孟加拉的黄麻工艺品，该国是世界第一大黄麻出口国。在2018年首届中国国际进口博览会上，由孟加拉国的达达公司（Dada Bangla Limited）带来的170余种该国独有的黄麻制的手工艺品，广受欢迎。孟加拉国自1971年成为独立主权的国家后，开始格外注重对民间手工艺的保护与发展。

二、国家立法保护

孟加拉对民间手工艺的保护与传承不仅在政策上体现，在法律上也通过

---

* 刘雅迪，艺术学院文创与手工艺设计专业硕士研究生；王芊，艺术学院副教授。

立法对其进行保护。根据孟加拉国家《宪法》第二十三条明确规定"国家应采取措施，保护人民的文化传统与文化遗产，并以此促进和改善本国民族语言、文学和艺术，使各阶层人民都有机会为之做出贡献，并参与丰富民族文化的活动"；第二十四条明确规定"国家应对具有特殊艺术价值、历史价值或历史意义的文物、古迹和场所采取一定的保护措施，以防止遭受损毁、破坏或拆除"。此外，2006 年孟加拉政府制定并通过了《国家文化政策》（National Cultural Policies），这是一部针对文化领域的法律，在这部法律中也明确："孟加拉国家的文化传统和文化本身使孟加拉国全国人民引以为傲，是本国提升国际形象和获得国际认可强有力的武器，只有通过对孟加拉国传统文化的传承、发展和保护，才有机会在国际地位上得到进一步的提升。国家必须采取一定的措施，传承、促进、保护和支持该国的物质文化遗产与非物质文化遗产"。

不仅如此，孟加拉国在 1998 年还曾制定并通过了《孟加拉国民俗艺术和手工艺基金会法》（Bangladesh Folk & Craft Foundation Law），颁布该法令的同时，成立了孟加拉国民俗艺术和手工艺基金会。孟加拉国民俗艺术和手工艺基金会是一个专门保护、发展和推广孟加拉的民间艺术和手工艺的机构。该基金会中提到了 8 条主要职能，其中包括：

（1）采取措施保护和传播民间传统艺术和孟加拉国的工艺品，建立传统民间工艺品的培训设施；

（2）在全国各地区建立民间艺术博物馆；

（3）在纳拉扬甘杰市（Narayanganj）区的声纳岗（Sonargaon）建立一个艺术村落；

（4）对民间艺术进行研究并发表最终研究结果，并提供一定的研究奖金；

（5）制订民间艺术和手工艺的发展计划，并给予研究民间艺术和手工艺的任何个人或组织提供相应协助；

（6）协助政府制定民间艺术和手工艺发展的政策，为政府、当地管理部门以及任何其他机构组织提供相关建议；

（7）在经过政府批准的前提下，可与国内外的其他民间手工艺组织进行同一主题的合作；

（8）联合孟加拉国的文化部、旅游部等相关部门共同发展民俗艺术和手工艺，使孟加拉国的人文、自然、艺术和谐发展。

三、专设机构，组织扶持

孟加拉国有着近千家的非政府组织在帮助该国人民减轻生活困难、保障妇女权益、推动本国经济发展、保护民间传统艺术。孟加拉农村发展委员会（Bangladesh Rural Advancement Committee，下文简称 BRAC）是目前世界上规模最大、发展最快的非政府组织，同时也是最具业务性的组织之一，是南亚公认的非政府组织的典范。该组织于 1972 年由法佐·哈桑·阿比德（Ayesha Abed）发起，当时主要目的是救助印巴战争而遭受苦难的本国难民。该组织通过发放食品和物资的方式，来帮助人们走出战争的阴影。1978 年，孟加拉国人民生活逐渐好转，但仍然在贫困线上挣扎。此时 BRAC 的目标从战争救助转为消除贫困，尤其是孟加拉国广大农村地区的贫困妇女，她们成为了 BRAC 首要辅助对象。BRAC 不仅仅是给贫困人口提供资金帮助，而且贫困不只是资金短缺问题，更重要的是机会。BRAC 的目的是帮助贫困人口创造改变生活、改变现状的机遇，只有通过不断加强人的本身素质，以及努力改变周围环境，才有可能真正地解决贫困问题。因此，BRAC 开展了多方面的项目内容，其中包括：子女教育、法律援助、农业和粮食安全、人权，等等，其中小额信贷、社会企业和 BRAC 学院是其核心项目。

在孟加拉国每 11 名成年人中就有一名无法使用银行账户。因此这些人不得不依靠非正式的手段来管理日常开支，例如，储蓄或借贷，尽管这样做有一定的风险。小额信贷正是这样的服务，小额信贷是 BRAC 的特色项目，也是对抗贫困的重要工具，同时还是 BRAC 重要的资金来源。小额信贷是指向低收入人群提供低额度的持续性的信贷服务，它打破了当地的传统习俗，向妇女提供放贷服务。目前 BRAC 拥有 710 万的客户，其中 87% 均为女性。通过数据统计，2018 年孟加拉国的贷款发放量高达 40 亿美元。BRAC 鼓励孟加拉（Manikganj）地区的妇女进行桑蚕丝种植，然后卖到达卡，起初供应、付款之间相隔几周甚至几个月。如今随着 BRAC 成立了 Aarong 品牌连锁店，该流程变得更加简化和高效。BRAC 的创新方法，已经成为国际社会上一个典型的案例，它有针对性地帮助贫困人口进行可持续发展，同时又产生了财政盈余。

Aarong 创立于 1978 年，致力于为贫困的民间手艺人和工匠打通其产品进入市场的大门，保证这些人民的劳作得到相应的回报，并且进行可持续的发展。自成立以来，Aarong（在孟加拉语中意为"乡村集市"）一直致力于通过经济发展和实践能力建设来实现 BRAC 的扶贫使命，特别是赋予妇女权利。Aarong 采用市场化的经营模式，零售整个过程包括以下两个步骤：首先在不破坏传统工艺的情况下，由 Aarong 的设计团队根据材质、工艺、市场等因素对手工艺品进行重新设计和创新；然后确定设计方案后交给旗下的手工艺人或工匠按照拟定的设计进行生产，根据产品制定一个合理的价格范围，产品最终运送到各一线、二线等大城市的连锁店进行销售。Aarong 则负责产品的收购、储存、运输、售卖等工作，对旗下的手工艺人、工匠进行产品生产全程的质量把控，并且会给予一定的培训，通过培训使其技艺不断提升。

1982 年法佐·哈桑·阿比德（Ayesha Abed）逝世后，成立了 Ayesha Abed 基金会（AAF）。AAF 收集并组织了来自全国各地乡村组织的技术娴熟手工艺人和以前没有过工作经验的新手工艺人，并为这些手工艺人提供培训和就业，其中很多岗位均为 Aarong 的生产中心。目前该基金会在孟加拉国有 13 个生产中心以及 541 个生产子中心。如今 Aarong 在孟加拉国有 65000 名手工艺人和工匠，其中妇女占总人数的 85%，Aarong 为这些手工艺人和工匠提供产品销售渠道，以维持自己和家人的生活，其中约 30000 名手工艺人分布在全国的生产中心或子中心，其余的手工艺人在独立生产工作坊或是家庭中进行产品的生产，截至目前总共有超过 32 万以上的直接和间接受益人。Aarong 已经成为孟加拉国民间手工艺传承与发展的一个风向标，Aarong 的事迹激励了很多类似的组织为民间手工艺人和贫困手工艺人提供援助。

四、我国传统民间手工艺发展路径

虽然孟加拉国是在世界人口密度最高、最贫困国家行列，但是该国的保护和振兴民间手工艺措施取得了举世瞩目的成绩，其政策和措施等值得我国参考与借鉴。

（一）加大政府扶持

孟加拉国政府对保护和振兴传统民间手工艺的重视是孟加拉在该方面取得成绩的前提。政府在立法保障、机构设置、政策措施等方面所做的工作为保护民间手工艺打下了坚实的基础。我国很多民间手工艺流传至今剩下几位老手艺人可以完全掌握，笔者认为，可以根据各地方的实际情况，政府在传统手工艺保护方面提供更多的经济支持，推进地区特色经济发展，协助完善专利、商标的注册与保护，成立专业的协会与生产合作社等组织，为区域手工艺发展提供专业的设计、生产、销售等服务。

老手艺人是传统手工艺传承下去的根基，政府应对老手艺人进行有效的保护。鼓励面临失传危机的老手艺人将该工艺的经验与知识进行书面化整理，并培养年轻的传承队伍。

（二）全民参与，促进工艺美术教育

孟加拉国传统民间手工艺的保护与振兴不仅只依靠政府，还动员民众、民间组织充分参与，这是保护和振兴民间传统手工艺的基础。青少年是培养手工艺人的最佳时期，若能够促进现代工艺美术教育，让工艺美术进校园，跟着师傅学习十余年，那么民间手工艺保护的许多问题将迎刃而解。笔者认为，各类相关高校应当积极地构建传统手工艺方面的教学体系与创造教育环境，逐步重视传统手工艺方面的教育与人才培养，专业技艺学习的同时重视文化、历史、市场运用等方面的学习，将新生代手工艺人培养成综合应用型的人才。

成熟的手工工艺人可以由政府、机构组织等进行统一的培训学习，拓宽思路提高创新。现如今已有不少较为成熟的产业与清华大学、中央美术学院等高等院校合作，为许多民间的手工艺人打开重新进入院校学习的大门。

（三）开拓创新，与新媒体相结合

民间传统手工艺是一个国家历史发展进程的产物，其生命力在于要与时俱进，在传承的过程中要跟上时代的步伐，这要求手工艺人必须不断地提升自身技能，根据时代进行创新，以符合当下不断变化的市场需求，孟加拉国的 Aarong 品牌连锁店就是很好的诠释。

对于我国民间手工艺产业来说，难点不仅仅在于传承与弘扬，更重要的是要抓住年轻人的眼球，在青年消费者中站稳脚跟。如今我国电子商务蓬勃发展，人们的消费习惯、消费模式不断地发生着变化，手工艺也不能只依赖于线下传统的销售方式，应对新科技、新媒体有所接触，做到线上线下同步进行，扩大产品的传播范围。

五、结　语

孟加拉国独立后在物质资源匮乏的社会环境下，能够第一时间考虑到保护文化遗产，保护民间手工艺，并在短短的几十年内对其进行保护及发展，自上而下自发地去做保护传承工作，这对当时的孟加拉国来说并非易事。反思我国的民间手工发展现状，在物质生活尤为丰富的今天，我们应当积极动员民众参与其中，在全社会形成保护和传承民间手工艺的共识。开拓创新，

在传承中跟上时代的脚步，不断改进并创新产品，以适应当今不断变化的市场需求。

传统民间手工艺是老祖宗留给我们的宝贵遗产，只要我们能正视在继承某些传统工艺方面存在的不足之处，高度重视、潜心研究传统工艺现代发展的问题，并积极采取有效措施，在不久的将来我们的民间传统手工艺仍然能够焕发新的光彩。

参考文献

［1］ The Consititution of the People's Republic of Bangladesh ［R］. 1972.

［2］ National Cultural Policies ［S］. 2006.

［3］ Bangladesh Folk & Craft Foundation Law ［S］. 1998.

［4］ 段薇，李佳，林喻贤. 孟加拉国语言政策与规划研究 ［J］. 唐山学院学报，2019（5）：65 – 69，98.

中国传统手工艺现状分析与保护的几点建议

李 竹 王 芊*

摘 要 传统手工艺是我国优秀传统文化的重要组成部分，它是一个民族文化的表征，也是人类文化多样性的重要体现。但如今在这个工业化社会的大背景下，许多优秀的传统手工艺因为保护不当等原因正在渐渐消失。本文针对此种现象，对我国传统手工艺的现状进行了分析，并基于现状分析提出了几点保护建议，希望对我国传统工艺保护有所助益。

一、引 言

近年来，我国传统手工艺的保护开始日趋被重视。2015 年，中共中央关于制定国民经济和社会发展第十三个五年规划建议里提到"构建中华优秀传统文化传承体系，加强文化遗产保护，振兴传统工艺，实施中华典籍整理工程。"2017 年，国务院先后印发了《关于实施中华优秀传统文化传承发展工程的意见》和《中国传统工艺振兴计划》，旨在立足发掘传统文化、传统工艺的潜力，让文化遗产融入现代生活。2020 年，中共中央关于制定国民经济和社会发展第十四个五年规划建议里提到"强化非物质文化遗产系统性保护，加强各民族优秀传统手工艺保护和传承"再次强调了要加强对传统手工艺的传承与保护。

---

* 李竹，艺术学院设计学专业硕士研究生；王芊，艺术学院副教授。

二、我国传统手工艺现状分析

（一）传承人老龄化严重

2012 年据相关数据显示，由国家文化部评定的 365 位中国工艺美术大师中，去世的约占 20%，而在世的工艺美术大师平均年龄也达到 60 岁左右，其中仍在从事创作和授徒的也只有 25% 左右。由此看出传承人老龄化问题十分严重，这些优秀的传承人，虽然掌握精湛的手工技艺，但由于年事已高许多方面都力不从心，许多传统手工艺都面临失传的境地。

（二）传承人出现断层

解决传承人老龄化的问题，就需要有越来越多的年轻人学习传统手工艺，但是愿意学习传统手工艺的年轻人却越来越少。究其原因，可总结为以下三点。第一，在传统手工艺中，其从业者大多都是中下阶层，由于历史或者制度的种种原因，往往教育程度不高或者未受过教育，其生产者和从业者的身份也一直受到贬低。传承人在当今的社会地位不高，并且文化素养偏低，其从业者没有能力规划对于其手工艺保护传承的具体措施。第二，传统技艺的传承方式大多还是以"师傅带徒弟"，传承方式单一，传承范围较小。第三，传统技艺的学习周期长，大部分传统技艺准入门槛高，工艺复杂。如我国非物质文化遗产之一的宣纸制作技艺，其先要经过一道皮料制作的工序和一道草料制作的工序，之后还要经过一百多道工序制作而成。再比如我国优秀传统工艺同样也是非物质文化遗产的雕漆技艺，其不仅需要设计、制胎等复杂的工艺流程，而且绝大部分刚接触漆料的人会过敏。所以学习传统手工技艺不经过岁月的磨炼很难对传统技艺完全掌握，这也是导致手工艺缺乏传承人的一个很主要原因。

（三）传统手工艺缺乏市场竞争力

文化创意产业兴起，在创意产业形态上，手工艺的意义和作用需要进一步发挥。传统手工艺的市场前景并不乐观，其衍生品在市场占的比重并不大，很多潜力没有被挖掘出来。一方面，大部分传统工艺品质量粗糙。由于市场发展的现实需要，使工艺美术品大多徘徊于低水平的边缘线上，众多产品已经远离了传统，传统只是一个具有象征性的标签。概念性的、程式化的、低水准的产品占据了绝大多数。另一方面，掌握传统手工技艺多为老人，由于自身原因，他们缺乏设计思维和创新意识，制作出来的工艺品不符合现代大部分人的审美，所以许多消费者并不买账。

（四）传统手工艺缺乏社会认可度

手工艺是农耕文明的产物，与人们日常的生产生活都息息相关，是传统社会中人们生活的必需品。然而在如今工业化的社会大背景下，手工艺品对于人们来说不再是必需品了，它的必需性降低了。现在人们更愿意使用方便实用、价格低廉，造型美观的商品。一方面，优秀的传统工艺品由于制作周期长工序复杂等原因，增加了传统工艺品的成本。与现代商品相比，传统工艺品的价格甚至是具有同等使用价值的现代商品的几倍，普通消费者不愿意购买。另一方面，也是上文提到的原因，便宜的手工艺品大多都是商家追求经济利益，将制作粗糙的商品贴上了传统工艺的标签，低水准的手工艺品占据了绝大多数。这种种原因导致了传统工艺品的社会认可度并不高。

三、对传统手工艺保护的几点建议

（一）提高手工艺从业者的社会地位

从上述现状可知，手工艺从业者社会地位低，是影响手工艺传承的一个主要问题。所以应该提高对"人"的关注。关于鼓励传承的具体措施，我们可以借鉴日本对于传承人的保护扶持政策。在日本《文化材保护法》中，政府将文化材传承人提到了一个相当高的地位，对于国家认定的"重要无形文化材保持者"通常被叫作"人间国宝"，以此来奖励他们在该领域的成就，并激励他们对手工艺的传承。同样的在《保护传统工艺品产业振兴法》中，对技艺高超的传统工艺从业者认定的荣誉称号是"传统工艺士"。每年，日本会给这些手工艺家一定的资助，并且值得一提的是对资助保护主体还进行了明确的规定。除了国家资助外，社会团体、地方政府也都给予一定程度的资助。此举可以更有针对性地帮助手工艺从业者。这些措施不仅提高了手工艺从业者的生活水平，同时也提高了传承人的社会地位。

鉴于日本的经验，笔者提出以下两点措施。一是我国可对手工艺者进行定级考试，并授予不同的荣誉称号，帮助手工业者扩大在社会的影响力；同时在补贴上也可实行按级补贴，对等级高的手工艺从业者多补贴。当然，定级补贴制度光靠国家是不够的，要充分发挥省、市、区、社区的作用，按照"具体问题，具体解决"的办事方法，为每一个获得荣誉称号的手工艺从业者制订具体的保护计划。二是老艺人作为传统手工业传承的根基，对上了年纪的老艺人要进行特别关照，很多民间手工业技艺流传至今只有几位老艺人可以完整掌握，政府应对老艺人进行积极有效的保护，给予生活、医疗、创作等多方面的扶持。按季度对保护计划及实施情况进行上报，做到不让我国任何一类优秀的传统手工艺因保护不当而流失。这些措施不仅可以提高手工艺从业者的生活水平，同时也能提高传承人的社会地位。按季度上报制度在一定意义上也对保护单位进行了监督。

（二）细化传承方式创新政策

传承方式单一是造成传统手工艺传承困境的一个主要原因。传承方式创新是非常有必要的，此种方式可以扩大传统手工艺的影响力，让更多的人接触、了解传统手工艺。以笔者亲身经历为例，笔者就读的学校就有传统手工艺的相关课程，这让同学们对我国优秀传统文化有了进一步了解，让喜欢传统手工艺的同学对自己的职业规划有了更加清晰的认识。在毕业后，不少喜欢传统手工艺的同学从事了与传统手工艺有关的工作。这也为传统手工艺注入了新鲜血液。在非物质文化遗产的保护与传承中强调与教育相结合，也是中国非物质文化遗产得以活态流变的重要途径，所以，依托高校进行传承是传统手工艺传承十分有效的手段。如果手工艺还是以之前师傅带徒弟的单一方式进行传承，许多真正喜爱传统手工艺的同学也不会接触到传统手工艺这一领域。

我国在2017年发布的《中国传统工艺振兴计划》里提出五方面的主要任务，其中"要将传统工艺作为中国非物质文化遗产传承人群研修研习培训计划实施重点。依托相关高校、企业、机构，帮助传承人群提高传承能力，增强传承后劲。"也提到了要对传统手工艺传承方式进行创新，但此种说法比较泛泛，实操性不强。所以，我国应尽快完善传统手工艺传承方式的具体实操政策。以将传统手工艺依托高校进行传承，对于手工艺引入课堂的形式，以及是否纳入学位课程体系等相关规定尽快给予明确规范。

（三）对手工艺进行创新扶持

许多优秀的手工艺之所以市场前景黯淡，很大一部分原因是其不符合现代人的审美。政府应联合企业，对优秀的传统手工艺的创新进行重点扶持。现在我国已经有成功的案例，比如浙江自然造物文化创意有限公司，帮助部分传统手工艺焕发生机。该公司推出的"手工木板雕刻春联"以山东潍坊杨家埠木刻版画组字成画为创意灵感，将传统手工技艺与有趣的互动形式相结合，受到了很多人的喜爱。

由此可见，适当的企业介入，可以帮助传统手工艺更好地传播。这种方式不仅让大众了解了传统手工艺，同时也增加了手工艺从业者的收入。但是此案例在全国范围并不多，政府应出台相关的鼓励政策，以此来激励企业与传统手工艺从业者合作。

四、结　语

传统手工艺是我国宝贵的文化遗产。由于社会的变化，历史的变迁，保护和传承手工艺为我们带来了新的挑战。传统手工艺的传承发展离不开政策的扶持，所以应尽快完善我国保护手工艺的政策法规，解决中国手工艺存在的突出问题。在这一过程中，既要保留手工艺的特点，又要让手工艺在如今这个工业化社会大背景下持续良好的发展传承下去。让传统手工艺在保护中发展，在发展中保护，实现可持续发展。

参考文献

[1] 康莹. 论我国非物质文化遗产的法律保护 [D]. 长春：吉林大学，2019.

[2] 徐艺乙. 日本的传统工艺保护策略 [J]. 南京艺术学院学报（美术与设计版），2008（1）：1 - 4，161.

[3] 张西昌. 传统手工艺的知识产权保护研究 [D]. 西安：西安美术学院，2013.

[4] 李致伟. 通过日本百年非物质文化遗产保护历程探讨日本经验 [D]. 北京：中国艺术研究院，2014.

[5] 王潇. 传统手工艺的再生产研究 [D]. 西安：西安美术学院，2016.

[6] 鲁知先. 我国传统手工艺的发展现状与提升路径 [J]. 浙江理工大学学报（社会科学版），2018，40（1）：60 - 65.

[7] 陈芳. 浅析传统手工艺存在的价值 [J]. 浙江工艺美术，2002（3）：4 - 6.

[8] 高蕾. 传统手工艺的危机及文化转型研究 [D]. 西安：西安美术学院，2018.

[9] 潘鲁生. 手工艺的中国语境 [J]. 装饰，2011（1）：48 - 49.

中国传统手工艺现状分析与对策制定的思考

袁叶子*

摘　要　中国传统手工艺是中华民族从古至今留下的物质与精神的结晶，是传统文化的载体之一。本文经过对传统手工艺发展现状的分析与梳理，以及我国对传统手工艺立法的追溯，发现了手工艺人生存发展的问题和中国手工艺政策、法规制定规划的问题，并提出了相关对策。强调了传统手工艺的艺术价值与传统手工艺技艺的非物质文化遗产属性，以此可增强国民对传统手工艺的保护意识和与之贴近的程度。

一、引　言

国家近年来持续关注、大力扶持传统手工艺产业与相关的人才培育，汇合多种力量，自上而下将传统手工艺人纳入非物质文化遗产传承人范畴并予以保护。例如，已出台的《中华人民共和国非物质文化遗产法》就是保护传统手工艺的相关法令，其中，第三十条规定了县级以上人民政府文化主管部门根据需要，支持非物质文化遗产代表性项目的代表性传承人开展传承、传播活动，采取下列措施：提供必要的传承场所；提供必要的经费资助其开展授徒、传艺、交流等活动；支持其参与社会公益性活动；支持其开展传承、传播活动的其他措施。第三十四条，学校应当按照国务院教育主管部门的规定，开展相关的非物质文化遗产教育。新闻媒体应当开展非物质文化遗产代表性项目的宣传，普及非物质文化遗产知识。第三十六条，国家鼓励和支持公民、法人和其他组织依法设立非物质文化遗产展示场所和传承场所，展示

＊　袁叶子，艺术学院文创与手工艺设计专业硕士研究生。

和传承非物质文化遗产代表性项目。

但是，因大工业生产和流行文化、外来文化的冲击，以及民众缺乏对传统手工艺接触的渠道，导致目前传统手工艺的传承传播工作遇到了许多困难。

二、中国手工艺存续现状

手工艺产业效益低下，关注度少，手工艺人被迫转行，传统手工艺传承延续举步维艰，人才断代成为当下国内手工艺业界的真实生存状态。传统手工艺的生产模式进一步加剧了产业的萎缩。由于自古以来就存在的职业偏见使年轻手工艺人对自己继承的手工艺缺乏身份认同感。如今，处于大工业生产、效率第一的环境下，传统手工艺与之相比效率低，并且买方条件不确定。一些年轻手工艺从业者很快就放弃学了几年的手工艺技能，投奔了其他能够快速产生效益的行业。那些对多年从事的手工艺感情深厚，依靠这种技艺生活了几十年的老手，手工艺人尚没有其他的技能可以维生，所以依然坚守在这一传统行业中。许多传统手工艺面临着后继无人的尴尬境地。

公众对传统手工艺的认知程度还停留在手工艺品制作繁复、审美老旧的范畴，认为手工艺品一般不属于日常生活必需品，老百姓偶得之后也只能束之高阁。当下，能够让公众感知到传统手工艺的环境范围非常小。如若不经意间提起，第一时间浮现在眼前的就是在显著地理位置的北京工美集团白孔雀艺术世界。再者可能还有游客喜欢参观的国家博物馆、首都博物馆。仅从北京地区的市场来观察，民众缺乏接触传统手工艺渠道，放眼全国更是如此。

此外，一些传统手工艺品不符合当下年轻人的审美，多数认为传统手工艺守旧有余，创新不足，不能走近现代生活。而手工艺品确实与现下年轻人追逐的高科技生活用品和充满现代艺术感的审美差之甚远。

国家鼓励和支持公民、法人和其他组织依法设立非遗展示场所和传承场所，展示和传承非物质文化遗产代表性项目。但由于时间资源分配的短缺，快文化、快时尚吸引了公众的眼球。人们在工作学习的闲暇之余可选择的娱乐内容种类繁多，从而导致能静下心来进入某个场馆接触到传统手工艺的机会少之又少。面对多元文化的引入，本就十分脆弱的传统手工艺生存环境如何能禁受住冲击，这是传承创新中亟待解决的课题。

三、中国手工艺相关立法追溯

1920—1930 年，随着贸易增长的需求，北京工艺美术的生产和销售达到顶峰，曾代表中国参加了十次万国博览会并获最高奖项，同一时期的一些老字号也因此享誉中外。但从 1937 年全面抗战爆发后，国家的文物保护法和文保机构进入"停摆状态"，民间传统手工艺行业也陷入了"万户萧条，奄奄一息"的境地。

1949—1966 年，我国针对传统手工艺的保护法尚未制定，对民俗文化的关注则多出自知识分子的爱国情怀与学术自觉。新中国成立后的第一部专门针对"物质文化遗产"保护的国家级法规《文物保护管理暂行条例》于 1963 年正式出台。与"物质"相对的"非物质"同样是文化遗产的重要组成部分，只是限于时代，它们尚未被纳入法律保护的范畴，却在相关政治运动中得到普遍关照，而最为典型的就是"大跃进"时期的"新民歌运动"。

改革开放后，中国"物质文化遗产"和"非遗"的立法保护进入一个全新的系统化阶段。1982 年 11 月我国第一部"物质文化遗产法"《中华人民共和国文物保护法》正式颁布。

我国走上工业化的快速发展道路后，人民对精神生活的需求日益增长，城市化的推进则加快了以民俗为代表的"非遗"消失速度。工业化生产的生活用品凭借大批量、高效率和低成本等优势逐渐被人们所接受，与自然经济生活息息相关的传统手工艺失去了生存的土壤，现代化流水线生产对于传统手工艺人形成巨大冲击。企业改制使传统手工艺产业艰难恪守一席之地，比如曾经在计划经济体制时期风光无限，产品由国家统购统销的北京玉器厂，经历了低迷期，连续亏损。但当时国家还未对传统手工艺有针对性的立法和保护。

终于，《中华人民共和国非物质文化遗产法》于 2011 年 6 月 1 日由政府颁布并施行。自那时起，我国传统手工艺技艺保护有法可依。2017 年 3 月 12 日，《中国传统工艺振兴计划》由国务院办公厅转发至文化部等部门。政府加大力度保护传统手工艺技艺，举国之力帮助其走上复兴之路。

四、中国传统手工艺对策制定的思考

（一）关于中国手工艺艺人生存发展规划的思考

1. 传统手工艺品向流行艺术品转型

笔者建议在节假日时大力推广剪纸、年画等传统手工艺品，在流量大的网络平台进行专区宣传，在民众常聚集的商业区置办专门的展区，使传统手工艺成为"流行艺术"或"大众艺术"。手工制品能够与机械化产品竞争的最有效方法是挖掘它的艺术价值和强调它的非遗文化属性，让手工制作成为此类艺术品的价值所在。

2. 规定手工艺人每年参加专业比赛及评审

手工艺从业者和学习者每年需要参加规定数量的比赛和展览，获奖作品应在各大主流媒体进行宣传，将其作品及成绩在民众间传播。之后将获奖作品进行商业化生产并推入市场，按高中低消费人群进行市场细分，做文化创意的再设计和再制作，把所需的周边设计做到完整和极致。艺术家的获奖作品和相关文创产品在社会和市场上是很有号召力和影响力的。

3. 规定在常住人口较大的居民小区建立小型艺术展厅和艺术工作坊

建议非遗法规制定部门在较大人流量的居民小区内建立小型艺术展厅和工作坊。社区选择如北京天通苑居民区，其是昌平区的大型社区，现为亚洲最大的生活社区。它共有 16 个分区、645 栋楼，常住人口近 50 万，因小区过大，通有公交车，连接分区的道路上通有地铁。在社区中建立小型的艺术工作坊可以让人们在休闲时间不用花费太多时间和路途上的成本就能接触到传统手工艺。

居民进入工作坊可以进行传统手工艺的学习，陶冶艺术情操。成人与孩子可以接受定制化的学习和听到相关艺术讲解，也可以参加相关的亲子活动。结合各中小学正在推行的美育教育和非遗进校园的课程，让传统手工艺进入学校也进入日常生活。这样使得手工艺不再只是书本和媒体上看到的、不能企及的传统高雅手工艺术品，而是贴近人们生活，在社区的艺术展厅或艺术坊中就能看到和买回家的带有艺术价值和审美品位的生活日用品。并且，手工艺人们也有了相对稳定的工作场所和收入。

4. 社会退休人员参与传统手工艺行业

英国杜伦大学的学者罗伯特·雷顿很多年前在日本广岛调研当地的传统手工艺时发现，编筐和造纸已成为当地退休老人的一项职业。在中国传统农耕社会，手工艺是农民在农闲时从事的一种家庭副业。但现代城市雇佣制度下，雇用工人已经没有和农闲一样的"空闲时间"。然而，从人的一生来看是有"空闲时间"的，那就是从工作岗位退休之后，但还有大量的精力和时间。广岛的编筐作坊最早成立时邀请专业的编筐大师在作坊内工作，只要有一个人跟着大师学会了这项技艺，作坊就开始教授到作坊来的退休老人编筐，这种做法延续了很多年。社会退休人员加入传统手工艺的学习、制作、传承技艺后，影响下一代或孙辈的传统手工艺审美和动手能力的概率将加大。传统手工艺进入百姓的生活，成为一种工作学习之余的爱好、休闲娱乐的方式。

（二）关于手工艺政策、法规制定规划的思考

手工艺政策制定规划需要融入对中国文化资源发展的思考。笔者认为，文化资源发展与手工艺的保护息息相关。

有海外学者针对中国利用自身的文化资源发展文化产业方面进行了相关研究。他们认为利用本国文化资源进行文化产业发展的同时，借鉴有余而创新不足，虽然逐步形成了标准化的产品，但受到新文化产业的冲击，因此中国的传统文化产业发展之路应该走"新文化产业集群"之路，即"创新（C）、人文（H）、智慧（I）、民族（N）、艺术（A）"。

1. 政府资助并培育健全的手工艺文化市场

我国的非物质文化遗产丰富，政府可以通过资助等方式支持非遗文化资源，加大对非物质文化遗产——手工艺文化资源中的精髓部分，如漆艺工作室的发展，并以此保证传统手工艺的传承和升华，同时应努力培育健全的文化市场，推进文化体制改革，促进民间手工艺团体收入来源的多元化，让市场经济和企业赞助共同支撑传统文化的发展。

2. 登上国际舞台

促进旅游与非遗结合，刺激消费市场经济，多参加国际旅游业及手工艺的相关展览、综艺等推广类节目的制作，吸引更多的海外目光注视。以中国文化为基础，利用现代化的数字技术共同研发出国际化的数字文化产品，并通过互联网，让我国的传统手工艺产品真正的国际化，以增加国际影响力，从而被国际市场接受。随着在国际舞台上的出现次数的增多，参展非遗文创质量的提升，能够为日后的旅游业带来客源上的增长，为中国非物质文化遗产带来更多的关注者、爱好者。从而，再刺激手工艺传承，使传承问题可以承受市场经济的拷问，市场形成良性循环后，盘活手工艺产业。

3. 相对调整外国文化的引入

我国传统手工艺文化在受到国外文化产业发展的强烈冲击导致我国传统文化产业的发展迟缓，盲目效仿他国的产业发展方式对我国文化产业发展产生了不良的后果。如果任由外国文化和国外文化产品在国内大肆流行，则推动传统手工艺继承及发展的中国传统文化复兴之路将变得步履蹒跚。

欧美国家、日本以及韩国等文化产业发达国家的非遗文化传承创新与推广的道路都是结合本国国情而选取的较为适宜的发展之路，它们的文化产业发展之路也许并不适合中国的国情。但是，他山之石，可以攻玉。我国可以借鉴它们的经验教训，在政策法规的制定上规划设定属于我们自己的文化发展之路。

参考文献

［1］苑利．日本文化遗产保护运动的历史和今天［J］．西北民族研究，2004（6）.

［2］周超．日本文化遗产保护法律制度及中日比较研究［M］．北京：中国社会科学出版社，2017.

［3］赵姗姗．文化遗产的法律保护：中日比较与本土选择［J］．国外社会科学，2018（6）.

［4］刘丽娴．中国手工艺人才培育现状调研分析［J］．上海工艺美术，2018（4）.

［5］王伟杰．冲突与引导——文化资源开发中的价值选择中日比较与本土选择［M］．北京：社会科学文献出版社，2018.

［6］罗伯特·雷顿，田源．山东莱州民间传统手工艺发展现状调研［J］．装饰，2017（11）.

［7］孟令法．中国文化遗产保护政策的历史演进［J］．遗产，2019（6）.

浅析山东潍县杨家埠"春牛图"的艺术特色

马雨思*

摘 要 春牛图是中国古代一种记录农耕活动、天气、五行、干支的资料图鉴。本文对山东潍县杨家埠春牛图的艺术特色做简要的分析,主要侧重将山东潍县杨家埠与其他地域春牛图呈现的不同的艺术特色做比较分析,对不同地域的春牛图所反映的题材、色彩、情感进行探讨,通过研究发现春牛图是我国古代有关二十四节气内容最丰富、最具民族特色的农耕文明的图像。

一、春牛图的起源

春为一年四季之首,古人十分看重春季,而春季是从立春开始的。立春,标志着四季流转的开始,也标志着繁忙的春耕即将开始,春回大地,万物复苏。因此,立春是二十四节气中十分重要的一个节气。自汉代开始,每年立春的这一天都要举行迎春仪式,迎春仪式在宋代得到了发展,人们在这一天举行鞭春牛、送春牛、送春帖等风俗活动。春帖也是春牛图的一种说法,一般张贴在家里的墙上挂满一年的时间,以供当时的人们参考农耕的天气、降雨。在贵州省石阡县,立春送春帖活动一直延续到现在。

知春官是中国古代皇帝所赐封的职业,知春官要在立春的前后十天左右的时间里,制作出春贴并挨家挨户赠送,以保证每户人家都知道了耕种的时节到了。春帖的内容需要在木板上提前刻制,内容包括二十四节气以及每个节气所对应的农事安排,哪个节气播种,哪个节气栽秧,哪个节气薅草,哪个节气收获,每个节气都有它存在的意义。

---

* 马雨思,艺术学院视觉传达与新媒体设计专业硕士研究生。

二、山东潍县杨家埠概况

潍县是山东东部经济文化中心，盛产年画。潍县自古为东莱首邑，北海名城，文风昌盛，科甲蝉联。清代，山东一共出了六名状元，光绪年间，共有两名状元出在潍县。潍县作为一个著名的手工业城市，工艺美术之乡，在清朝乾隆年间便有"南苏州，北潍县"之称。潍县年画在山东半岛影响较为广泛，潍县年画的发源地在杨家埠村，所以也称"杨家埠年画"。杨家埠村位于山东半岛北部，占地面积近 20 平方千米。

潍县是贯穿山东东西的交通枢纽。在秦朝时期，秦始皇修筑驰道，穿越潍坊城区，形成四通八达的交通网，自此，这里成为京东古道的重要枢纽、工商重镇。潍县自古为历史名郡，文人名士灿若星辰。这也为后代杨家埠年画的运输、销售提供了交通便利。

三、春牛图的艺术特色

（一）取材于生活，乡土气息浓厚

因杨家埠村地势平坦、土地肥沃、气候温和，适宜多种农作物生长。杨家埠村共 320 户，1142 口人，耕地 1764 亩，可见杨家埠村人丁兴旺。从杨家埠村的春牛图画面来看，构图十分饱满，上中下三部分结构和谐规整，内容极其丰富，有打春牛的、有春官送祝福、有老板抢工人的，有三个农民在吃饼，有母马带着两个小马。杨家埠年画的受众群体多为农民群体，反映了当时的杨家埠村民的丰富多彩的日常生活，浓厚的乡土气息。

杨家埠木板年画与苏州桃花坞年画、天津杨柳青年画合称"民间三大年画"。桃花坞位于江苏省苏州市，桃花坞木板年画是中国江南地带主要的民间木版年画。桃花坞年画主要以反映妇女的生活面貌的题材为主，以《采茶春牛图》为例，桃花坞春牛图的构图也分为上中下三部分，最上部分的正中画有天庭景象，天官手捧如意，身边围绕着手持令旗的天兵天将。整幅画面的中间部分是十二个月份的采茶的词曲，最下面的部分，主要刻画了十二个采茶妇女手中持有不同的花篮，每个花篮里装有十二个月份所盛开的不同花卉，因此，桃花坞春牛图的目标人群大多为勤劳勇敢的农村女性，整体画面清新淡雅，具有明显的江南地区的风格特点。

天津杨柳青年画中的春牛图画面简洁明了，整体风格清楚严谨，同时注重写实，主要围绕着面色红润的孩童、肥壮的黄牛、嫩绿的柳枝来刻画，画面中的娃娃体态丰盈，手持莲花和"春"字，呈现了一派春意盎然的景象，象征着美好吉祥。

对比三个地区的春牛图来看，桃花坞的《采茶春牛图》着重描绘了采茶女的辛勤劳动，揭示了中国妇女勤劳淳朴的优良品质，天津杨柳青年画的《春牛图》注重写实，画面干净规整。杨家埠的春牛图与前两者最大的不同是它的目标群众是广大农民群体，注重刻画的是农民日常生活的状态，以及农民对美好生活的向往，春牛图反映了当代杨家埠人民最真实的乡土生活的景象。

（二）色彩明亮，具有浓郁的北方地域性特点

山东杨家埠的《天喜星春牛图》颜色艳丽，以红、黄、绿、为基本色，其他颜色进行辅助，所有颜色分布均匀，较为丰富，以营造欢乐、喜庆的氛围。红色象征着吉祥如意、幸福美好。所以，红色在杨家埠春牛图及杨家埠的年画中占比较大，除此之外，杨家埠春牛图还运用了大量的蓝色，形成颜色冷暖对比十分明显的效果，以及紫色和黄色做部分点缀，具有北方地域强烈的、粗犷的风格，同时也反映了北方人民豪放、爽朗、阳刚的性格特点。

苏州桃花坞的《采茶春牛图》整体饱和度不像杨家埠春牛图的明显，在杨家埠春牛图中，十分注重色彩的呼应与搭配。所以，同样的一种颜色分布在画面的各个位置，桃花坞春牛图用色以饱和度较低的青绿色搭配红色，营造了柔和雅致的特点，较为统一，同时，也反映了江南女性雅而不俗、端庄温婉的性格特点。

天津杨柳青年画中的《春牛图》画风严谨，背景简洁，整体画风色彩明艳，用色以蓝、黑、绿为主要颜色，画面呈冷色调，人物造型秀丽，注重人物神情的细腻刻画，深受各阶层人士的喜爱。

（三）图文并茂，情感丰富

山东潍县杨家埠的春牛图整幅画面为横构图，分为上、中、下三部分，上面部分的吉祥语为"新春天喜福星来，人人遇见大发财；庄农遇见收成好，买卖遇见大发财；出门遇见喜见喜，新春画发财。"画面中间部分左侧是头戴乌纱帽身穿朱袍朝靴的天喜星，天喜星降临彰显着当时的人们对发财、免灾、收成等期望。天喜星的右边则是一匹母马和两匹正在吃奶的小马，此景寓意六畜兴旺。小马与天喜星中间印有"东村好饭，西庄钱多。"的字样。中间部分的最右边是四把锄头和春燕冬梅下三个农夫在吃饼的景象，寓意着冬去春来农耕时节的到来。画面最下面的左边为东西两家争抢短工的景象。

右边为芒神赶春牛，春牛乃土牛，故取黄色，芒神手持鞭提浆，一只脚光着，另一只脚着草鞋，寓意着该年是雨量适中的好年景，提醒农民要辛勤耕作，勿误农时。芒神在春牛后，表示当年的立春在元旦五天后，意在督促农事。马生双子、四锄三饼、燕子、黄牛、芒神等元素都体现着当时的北方人民浓郁的生活气息和对美好生活强烈的愿望。

江苏苏州桃花坞的春牛图也分为3部分，文字部分绘制在中间位置，栩栩如生的采茶女旁边配有一段采茶词曲："正月采茶瑞祥开，二月采茶杏花开，三月采茶桃花开……十二月采茶蜡梅开。"在这段十二月份的采茶词曲中，借用了十二个月份所盛开的不同的花卉传达了采茶的民间习俗。可以看出，桃花坞的《采茶春牛图》传达出了深厚的茶文化的民族底蕴，有助于将中国的茶文化在历史中得到传承与发展，并在深厚的茶文化底蕴下，推动了社会经济的发展与繁荣，促进了茶产业的发展。

对比两地春牛图的作品，杨家埠春牛图直观地表达了人们对今后幸福生活的殷殷期盼，详细刻画了广大农民对美好生活的向往，对来年农作物丰收、平安健康的美好愿望，表达了农民群体内心的真实情感。

四、结　语

春牛图中的二十四节气的内容承载着古人对天气观测的智慧，它影响着古人的衣食住行。在没有天气预报的时代，二十四节气扮演着重要角色，而春牛图作为记录二十四节气的一个载体，它也具备着期盼美好生活的象征寓意，包含了丰富有趣的图像内容，所以在如今科技高速发展的时代背景下，我们也有必要将二十四节气的知识和春牛图的艺术特色传承下去。

参考文献

[1] 窦巍. 从彩色木刻年画《采茶春牛图》的艺术风貌看茶文化的历史传承 [J]. 福建茶叶，2017，39（5）：355-356.

[2] 蒋鑫. 对比分析南北方春牛图的文化内涵与艺术特色 [J]. 装饰，2015（2）：118-119.

[3] 凌波. 桃花坞彩色木刻年画——采茶春牛图 [J]. 东南文化，1995（2）：112.

[4] 关杨. 浅析"春牛图"木板年画艺术特色及文化内涵 [J]. 艺术生活—福州大学厦门工艺美术学院学报，2012（1）：64-66.

[5] 王继伟. 杨家埠木版年画的艺术特色研究 [J]. 中国民族博览，2020（18）：172-173.

基于巴西文化保护政策分析中国非遗保护政策

华思珺*

摘　要　受到外来文化的影响，中国本民族优秀文化被抢占了生存空间。2003 年 10 月在联合国教科文组织第 32 届大会上通过《保护非物质文化遗产公约》，该公约的颁布敲响了人们对于文化保护的警钟。由于中国对于传统文化、非物质文化遗产在意识、法律法规等方面存在缺陷且起步较晚，故通过巴西本土无形文化遗产的保护政策作为研究对象，对巴西传统文化的保护政策认真剖析，与中国现有对于非物质文化遗产的保护政策进行对比，总结归纳异同之处。吸取巴西在本土传统文化保护上的闪光点和可取之处，完善中国对于非物质文化遗产的相关法律法规，在创新中求保护。

一、巴西对无形文化遗产的保护政策

巴西政府对于其本土的传统文化非常重视，因为在其五百多年的历史中形成了他们独有的多样的文化，他们认为文化生活是每一个巴西公民应该享有并应予以保障的权利。重视探索和保护历史文化遗产，重视保存、保护民族精神和种族的遗产，积极发展多元化、多样化的文化，形成了独特的巴西文化特征。

在巴西的宪法中就有关于对传统文化进行保护的条款。在 1997 年，国际文化遗产研讨会在巴西北部的福塔雷萨召开，制定了"福塔雷萨宪章"，其中明确了无形文化遗产的概念，也就是中国所说的非物质文化遗产，提出要通过法律手段保护和管理文化遗产。

---

* 华思珺，艺术学院设计学专业研究生。

2000 年 8 月，巴西总统颁布了保护无形文化遗产的 3.551 号法令，国家实施无形文化遗产计划。依据该计划，对无形文化遗产进行整理归纳、登记与认定工作，对传统文化予以切实保护。与此同时，巴西国家历史和艺术遗产研究所统一协调此项工作，将整理所得的材料公布在相关网站上以便公众查询，为公众学习和了解文化提供支持。此外，巴西国家无形文化遗产计划的内容还包括将传统文化、无形遗产编入课本，从教育开始、从孩童开始，将文化保护意识润物无声地传递进孩子们的心中；建立全国性的无形文化遗产热心者会员网，促进有关无形文化遗产知识的传播。

目前，巴西对于无形文化遗产的保护政策中，联邦政府及各州政府起到了宣传、引导文化事业发展的作用，特别是公共图书馆、博物馆等对公共文化建设场所和研究团体予以扶持。巴西推行文化生产区域化的政策，对于各地具特色的文化艺术形式进行发掘、保存、推广。同时，在不损害历史文化遗产价值的前提下，对于商业性的文化活动政府是不进行干涉的。

二、中国对非物质文化遗产保护政策现状

中国非物质文化遗产是指我国各族人民在生产生活等方面世代相传的传统文化表现形式及其相关的实物和场所，包含了传统技艺、书法、音乐、绘画、礼仪、民俗和语言等。党的十八届五中全会提出"构建中华优秀传统文化传承体系，加强文化遗产保护，振兴传统工艺"，国家"十三五"规划提出"制定实施中国传统工艺振兴计划"。中国五千多年的传统文化，在多种文化相互碰撞、相互交融中发展。非物质文化遗产经久不息的生命力是唤起大众对民族文化归属感、文化自豪感的重要途径之一，是提高中国文化软实力的重要途径之一。

相较于日本、韩国、美国等发达国家，中国对于传统文化、非物质文化遗产在法律方面的保护起步较晚。在 21 世纪以前，中国非物质文化遗产的保护仅仅只是采取了以国家行政条例为主、地方法规为辅的方式进行保护和传承，但效果不佳。直到 2002 年，中国才以法律的形式对非物质文化遗产进行保护，这就是《民族民间文化保护法（建议稿)》出台（后改为《中华人民共和国非物质文化遗产法》），因为该文件仅是建议稿，所以在此之后一段时间内都是处于讨论与协商的状态中。直到 2005 年，韩国"江陵端午祭"申请非物质文化遗产事件的发生，引起了中国对非物质文化遗产保护方面的舆论，更是通过该事件加快了中国非物质文化遗产保护的立法进程。在 2006 年

与 2011 年分别出台了《国家级非物质文化遗产保护与管理暂行办法》和《中华人民共和国非物质文化遗产法》（简称《非物质文化遗产法》），对非物质文化遗产的保护与传承以法律的形式做出了规定。近年来，在政府和社会的参与下，全国范围内掀起了非物质文化遗产保护热潮，更多的年轻人也参与到了非物质文化遗产的保护行列中。因此，无形之中让更多的中国人逐步建立起对于优秀民族文化遗产保护与传承的文化自觉和文化自信，增加了大众对中国传统民族文化的自豪感。

在 2011 年以前，中国对于非物质文化遗产的保护在法律政策上是模糊的、空白的，所以《非物质文化遗产法》出台后，主要起到了为非遗保护工作明确一定的发展方向的作用。但该法律更多的作用是作为大纲在使用，因为其内容范围很广，不够细化，更多的是在大方向上进行规定。因此，在国家层面上的相关立法是不完善的，这也导致了我国各级地方政府在缺少更加详细指导规划的情况下就开始制定了非物质文化遗产的地方保护政策，造成了全国范围内各地法律参差不齐、杂乱无章，各地发展速度不一致，地域保护发展情况差距大等。部分地方政府为配合《非物质文化遗产法》出台了一些配合实施的法律法规及一些规范性文件。可是，另有一大部分的省份至今未拟定与《非物质文化遗产法》相配套的法令规范性文件。因为《非物质文化遗产法》是在国家层面大方向制定的，比较抽象，不易理解，所以地方政府可以制定更加详细的内容以作为补充。

在非物质文化遗产的保护中，对于非遗传承人和传统手工艺传承人，还需要再投入资金进行帮助，有了一定的资金才能让其更加没有后顾之忧地进行传承与创新。同时，对于技艺保护方式和保护程度方面也存在部分问题，我国国土辽阔、历史悠久，所以非物质文化遗产的数量也是巨大的，也就意味着需要国家与地方投入更多的资金进行文化保护与扶持，可能会出现传承人过于依赖政府扶持，不能够自主地在创新中传承与发展非物质文化遗产，另外，不同项目重要程度不一致，扶持资金分配不均匀等情况也为传统文化及非物质文化遗产的保护增加了阻碍。

三、巴西传统文化保护立法政策对中国政策发展的启示

正如巴西对于传统文化的保护政策中，联邦政府对宣传、扶持引导和干预文化事业的发展，特别是对提高国民文化素质上非常重视，对公共文化设施、研究团体也予以扶持与帮助。在中国同样存在政府干预、引导的作用，

但不够细化，所以可以借鉴巴西已有的政策，加强政府干预的力度，细化范围，对全国各地不同的特色文化遗产挖掘其潜力并积极推广。

此外，巴西对无形文化遗产的保护中提到，"保护国家的历史文化遗产并在不损害其历史文化价值的前提下发挥其教育、旅游功能。"从教育的角度出发，将非物质文化遗产保护作为一种常态，走进孩子们的课堂，逐渐将保护意识树立在孩子的脑海中，让保护成为一种习惯。目前中国正在提倡"非遗进校园"的活动，在中小学阶段就打下基础，培养孩子对传统文化的兴趣，积极组织中小学生参与传统手工艺、非物质文化遗产项目的体验，这样不但提高了学生们的动手能力，同时也在亲自动手体验的过程中收获民族自豪感。让"非遗"走到孩子们的心中，从小朋友起，提升对于非物质文化遗产的保护意识，将非遗知识普及到更多人，让非遗知识大众化。中国将每年6月第二个星期六定为"文化遗产日"，在活动日当天大幅度增强宣传工作，除此活动日之外，日常生活中也应做到细水长流，不断宣传，可以在无形中增加大众非物质文化遗产保护的意识，这也是帮助国家政策能够更好实施的基础与前提。

目前，中国的文创产品设计处于突飞猛进的发展时期，借鉴巴西此方面的保护政策，结合中国本土的发展情况，可以将国内优质的非物质文化遗产通过文创设计这一载体，以更加直观的方式传递给更多人。

除了在政策及物质上的支持，更重要的是非遗传承人，他们是非物质文化遗产的重要承载者和传递者，保护传承人是非遗管理与保护的核心内容之一。因此，制定资助传承人传习技艺、培养传人相关制度政策，对于传承人设置专门的资金扶持。制定法律政策来保护非遗传承人的利益，才能够更好地将中国的非物质文化遗产保护和传承下去。

综上，在所有保护和传承的方式中，想要将非物质文化遗产长久地延续下去，最基本的方法就是制定出一部完善健全的法律政策，在政策不断完善的过程中构建非物质文化遗产保护体系，让非物质文化遗产的发展更加稳固。

参考文献

[1] 高大伟. 我国非物质文化遗产保护现状、问题与应对策略 [J]. 文化学刊, 2019 (6)：107 – 109.

[2] 徐特艺. 非物质文化遗产保护背景下中国传统手工艺的传承与发展 [J]. 轻纺工业与技术, 2020, 49 (6)：52 – 53.

[3] 潘鲁生. 保护·传承·创新·衍生——传统工艺保护与发展路径 [J]. 南京艺术学院

学报（美术与设计），2018（2）：46－52.

［4］卢安婷. 巴西重视对无形文化遗产的保护［J］. 北京观察，2003（3）：42－43.

［5］刘润福. 从中日比较谈非物质文化遗产中的传统手工艺保护［J］. 装饰，2016
　　（12）：30－36.

［6］武艺，马英哲. 对国外"非遗"保护经验的思考［J］. 人文天下，2015（21）：
　　70－72.

［7］辛纪元，吴大华，吴纪树. 我国非物质文化遗产法律保护的不足及完善［J］. 贵州社
　　会科学，2014（9）：82－86.

［8］欧广远. "非遗"地方立法宜脚踏实地［N］. 中国社会科学报，2013－10－23
　　（B02）.

就藩边疆的明代藩王对其所在城市文化影响分析

李　江　于　峰*

摘　要　明洪武时期为藩屏帝室、护卫边陲，明太祖朱元璋在边疆地区尤其是北境设置了多个藩王府，初期，这些就藩边疆的藩王被赋予了很大的权利。靖难之役后，随着削藩政策的逐步推进，各地藩王虽然在经济与法制上仍享有特权，但在政治上却受到了诸多限制。然而尽管在权力体系中地位微弱，作为一方权贵的藩王及其留下的历史遗存却对就藩之地的城市文化产生了重要影响，本文通过梳理这些曾为边疆城市中所涉及宗教、艺术、教育等方面的明代藩王的历史遗存，以期探寻明代藩王对就藩地区城市文化特色形成及发展产生的影响。

一、引　言

明初，尊王攘夷的思想让明太祖朱元璋找到了可以固守江山并世代传承的途径，从洪武三年至二十五年间，与朱元璋有着血缘关系的 25 位藩王被分封到全国各地，这些藩王多数握有实权，为配合宰相制度的废除、防范权臣的需要，在开国初期帮助中央政权解决了一系列重大问题，然而随着各地藩王势力的壮大，与君主集权的矛盾日显突出。靖难之役后，明成祖朱棣继续推行削藩，逐渐将各地藩王排除在政权之外，政治上的限制使得这些拥有特权的皇室贵胄将精力转向其他领域，用自身优势影响着就藩地区的城市文化。本文采用的案例仅限分封在边疆的部分明藩王相关宗教、艺术、教育等方面的历史遗存，因中原地区与边疆的文化发展差异较大，故就藩边疆的藩王对

---

* 李江，艺术学院副教授；于峰，艺术学院讲师。

所在城市文化特色形成及发展产生的影响程度更深、范围更广。

二、明肃王对兰州城市文化发展的影响

从京师就藩各地的藩王，拥有着特殊的地位与背景，在很大程度上与就藩地区，尤其是边疆地区的文化迥异，围绕着各地藩王府形成独立的文化特色，引领着就藩地区城市文化向前发展。明肃王朱楧是朱元璋的第十四子，初封地在陕西甘州，建文元年就藩兰州，肃王系共传袭9世至明末，在兰州居住了240余年，对该地城市文化的形成、发展可谓影响深远。肃王宗室在兰州就藩时大兴土木，不但奠定了兰州古城规制，还捐资扩建、修建了许多佛寺，如重建兰州圆明寺、华林寺，修建了包括凉州会盟地的武威百塔寺等多宗教场所，为兰州地区佛教的发展注入了新的活力。兰州现存的白衣寺塔又名多子塔，是肃王宗室为祈求平安多子而建。白衣寺塔无论是覆钵式与楼阁式融为一体的整体造型，还是带有道教特征的塔刹，都具有鲜明的地方宗教融合的特色，充分反映了明代宗教建筑艺术的发展水平。

明朝一向采取以儒为主、兼取佛道的政策来维护其统治，这使得明代皇室贵胄都承袭了这样的信仰，并将其传递到就藩之地，若当地本身就存在着宗教发生的土壤，藩王则会用其掌控的经济实力进一步加以强化，使之在成为当地普遍信仰的同时，也释放着藩王压抑在心中本应用在政治上的作为。

在明代书法美术创作中，各地藩王占有一席之地，出现了很多颇具功力的艺术家。据史书记载，潞王擅长书法，辽简王专攻人物，衡阳王喜好画鹰，永宁王关注描绘牡丹，宁靖王钟情画山水，这都说明了明代藩王这一群体有着很好的艺术修为。明代藩王的宗室身份，能够收藏到历代大家的艺术作品，第一代肃王朱楧就将太祖朱元璋赐予的一部宋初拓印本《淳化阁帖》，请金石摹刻家温如玉、张应召等人用双钩技法重新摹刻在144块石上流传后世，世称"肃王府遵训阁本"。清代倪苏门《古今书论》云："淳化帖在明朝，惟陕西肃王府翻刻石最妙，谓之肃本"。我国现存最早最全的一部《淳化阁帖》刻石现藏于甘肃省博物馆。

三、明韩王对平凉地区文化发展的影响

明代初期，明太祖朱元璋希望重建儒家思想在朝中的位置，故聘请大儒为诸王府世子的老师，以促使藩王树立建功立业的儒家情怀。但在靖难之役后，诸藩王却无法将所学用于治国安邦，受过良好教育的藩王面对藩禁制度，

只得将心中的抱负投入政治、军事以外的领域，如热衷为宗族建立书院、捐助建立其他书院，以及花重金藏书、刻书，尽管这些功绩的初衷是出于藩王用以韬光养晦、避祸保身之举，但对就藩地区城市教育却产生了深远的影响。

明代宗学在全国各地的设置对明代教育制度产生极大影响，宗学在各地的开办，也影响到当地的办学风气，促进地方教育的兴起。明代书院盛行，藩王与书院的关系大致有两种，一是独立建立书院，二是捐助建立其他书院。如明代平凉书院教育极为兴盛，很大程度上得力于历代韩王的扶持。现今平凉市柳湖书院原址相传为韩藩宗学所在，明武宗正德十年敕赐"崇文书院"坊额，后几经毁建，至清末左宗棠再次修复，命名"柳湖书院"，新中国成立后书院所在地改建为柳湖公园，现为国家3A级景区。

在宗教融合发展方面，平凉位于甘肃陇东地区，地处佛教向中原传播路径上，当地一直存在着宗教信仰的土壤。韩王宗室从最初就藩之地开原搬迁至平凉营建韩王府之时，就在岷州（今甘肃岷县）建造了广福寺，明代平凉城周边与韩王府相关的佛教寺院至少有8处，分别是韩二府寺、韩六府寺、东塔寺、襄四府寺、乐平慈寺、段家寺、崇福寺、胡承奉寺，目前位于平凉东郊的"延恩寺塔"还依然存在，是由韩昭王妃温氏所捐助；另外韩王宗室还捐助开凿庄浪大寺石窟、云崖寺石窟等。距平凉市12公里的崆峒山为道教圣地，从黄帝问道、汉武登临等故事都可说明此处道教历史的悠久，唐以后更进一步得到了发展，韩王宗室来到平凉后，进一步推动了崆峒山道教的发展，如修建崆峒山南麓的问道宫，重修崆峒山主峰马鬃山上的金城，重建雷声山上的雷祖殿，捐助新建飞来阁，等等。崆峒山现存韩王宗室相关历史遗存有《嘉靖三十九年韩王夫人郭氏重修金城碑》，末代韩王题"九光殿""神霄玉府"匾额等，反映出历代韩王对崆峒山道教发展的重视，使崆峒山形成以金城为中心的道教建筑群落，推动崆峒山形成以道教为主流的三教合一的多元化民间宗教活跃与繁荣。可以说韩王宗室对平凉乃至陇东地区宗教的发展都做出了极大的贡献。

四、明靖江王对桂林城市文化艺术发展的影响

明太祖朱元璋重视宗室教育，专门设立了为宗室子弟讲学传道的书堂，并以家训的形式加以固定，良好的宗室教育为明代藩王个人文学素养的提升及宗室文化的发展奠定了坚实的基础，其中不乏文学创作方面的翘楚，开创了宗室的好学之风。尽管藩王只是一个个特殊的文化群体，但会与当地的文

坛才俊共同带动就藩之地的文学创作的发展。明代藩王中不仅有很多舞文弄墨的妙手，而且还充当了沟通京师与地方、宫廷与民间的艺术桥梁，独特的身份让这些藩王能够接触到历朝历代的艺术珍品，并因其特殊的政治、经济地位将一批文人雅士时常聚拢在藩王府中，在吟诗作画、煮酒抚琴过程中，构建了一张以京师为中心，向着各地进行传播的艺术之网，即便在今天，因明代藩王的存在而流传下来的艺术佳品仍能被世人所鉴赏。明代靖江王就藩桂林府（今桂林），靖江王在桂林传袭200余年，对当地文化产生的最大影响来自戏曲方面，靖江王府的皇家礼乐戏曲将中原戏曲文化、安徽籍乐工带入桂林，在长期稳定的沿袭中逐渐发生演变，与当地方言、小调进行融合，为桂林地方戏剧发展奠定了基础。

在宗教传播方面，明代靖江王宗室在明末间接成为西方天主教传入当地的媒介。桂林的宗教以佛教、道教为主，在靖江王就藩前仅流行于贵族层面，由于王室宗藩的信奉及大肆兴建寺观，如东江安仁寺、伏波山玉皇阁、南溪山佑圣观等，使得宗教文化迅速传播到社会各个阶层，成为影响民众生活的重要因素。在明代初期，因靖江王宗室对佛教的热衷，使得桂林当地的佛教得到快速发展，寺院及僧尼人数剧增；到了明代中期，道教成为藩王追捧的宗教，引领全境道教的推广，成为大众追随的主流；明末，因永历帝带来的天主教传教士又引发了各阶层对天主教的信仰及传播。有明一代，由靖江王宗室引领和推广，为桂林当地的宗教文化发展带来了多元化交流、融合，桂林也为各种宗教提供了包容的传播环境及信仰风气。

五、结　语

明初因"藩屏帝室"而出现的各地藩王，在靖难之役后，逐渐退出政治舞台，将更多的精力和财力投入宗教、艺术、教育等相关领域，为世人留下可观的文化遗产，并深刻影响着就藩地区城市文化，尤其是就藩边疆的明代藩王，以其携带中原文明的先天优势引领着边疆城市文化的走向。尽管明代藩王早已淡出人们的视线，但我们依然可以通过一些相关历史文献及遗存来重新审视明代藩王这一特殊群体存在的价值，以及他们对就藩地区城市文化产生的深远影响。

参考文献

［1］赵敏瑜. 白衣寺塔［J］. 文物鉴定与鉴赏，2019（18）：26.

［2］柯律格. 藩屏——明代中国的皇家艺术与权力［M］. 黄晓娟，译. 郑州：河南大学

出版社，2016：63.

［3］周宪斌．明代靖江藩王对桂林戏剧的贡献和影响［J］．玉林师范学院学报，2009
　　（1）：32.

［4］周宪斌．明代靖江藩王对桂林宗教的影响探究［J］．桂林师范高等专科学校学报，
　　2017（2）：38.

［5］都樾．明代宗室的文化成就及其影响［J］．学术论坛，1997（3）：90.

后疫情时代下的防疫产品创新设计思考

黄 琪[*]

摘 要 新型冠状病毒肺炎疫情暴发以来，虽取得了抗疫的阶段性胜利，但病毒从未消失，疫情反复出现。因此，做好防护工作是抗击疫情的第一道防线，而防疫产品则是战疫中披荆斩棘的铠甲。本文针对防疫产品设计存在的问题进行分析，结合理论方法与实际需求，对防疫产品形态的色彩、人文关怀、安全实用、节能环保等基本要素进行解构，进而依据防疫产品的评判标准，对防疫产品的创新设计策略进行初步分析，以便给防疫产品设计开发提供一些思路。

一、引 言

新冠肺炎疫情是新中国成立以来发生的传播速度最快、感染范围最广、防控难度最大的一次重大突发公共卫生事件。疫情期间，不管是个人防疫产品还是公共卫生防疫产品，在设计层面都或多或少出现了一些问题，而这些问题也大都是因为缺乏人性化考虑所导致。虽然目前国内疫情控制得较好，但全球疫情仍在蔓延，要想取得抗击疫情的完全胜利，不仅需要奋不顾身的抗疫医护工作者，也需要设计师群体在自己的领域贡献一分力量，用一己之长对现有的防疫产品做出改善，使其满足防疫产品功能性的同时，也能让使用者感受到来自设计师的人性化关怀。

---

* 黄琪，艺术学院设计学硕士研究生。

二、防疫产品创新设计的意义

防疫产品设计是在一定限制条件下的创新活动，是一个艺术与技术相互融合的过程，需要系统地将多重功能和因素联系起来。当前防疫产品忽略了用户的感受体验，致使产品与用户之间有着一种天然的距离感。防疫产品存在的缺点和不足，实际是产品设计的缺失，需要通过创新设计加以解决，并从防疫的角度考虑这些产品，弥补防疫产品使用时存在的问题。因此，通过优良的设计，将防护融入生活细节，使之在满足防疫用途的前提下契合用户的生理和心理需求。在这次疫情中，众多防疫产品成为防疫环节的重中之重，设计师应充分地对公共卫生服务设计进行深入探索，并积极肩负设计活动的社会责任与义务，最大限度地减轻突发公共卫生事件带来的不利影响。

三、防疫产品设计现状分析

疫情暴发后，防疫产品的智能化程度不断提高，比如出现了消毒防疫机器人和智能体温计等，但各种产品的设计良莠不齐，同时它的开发与应用方面仍处于起步阶段。

产品设计的本质就是发现问题和解决问题的过程，很多防疫产品，虽然创意新颖，但在设计上往往疏于对产品的人性化考量，没有触及使用者的真正需求，其中涉及的问题有很多，比如产品材料有问题、产品设计不符合人体工程学要求、操作使用不便等。正是因为防疫产品设计与开发观念陈旧，综合水平不足，所以才会出现医护人员长时间佩戴护目镜和医用口罩后，脸上出现压痕和磨皮，耳朵也会被带子勒红、勒疼，以及网络流传的儿童花式佩戴口罩的视频等一系列有违人机关系原理的设计。结合防疫产品设计和用户体验角度来看，很多设计缺乏特色和差别性，忽略了产品本身的实用性，与使用者的生活联系不够紧密，且有些产品不太环保，适用性不佳。

四、防疫产品人性化设计的评判标准

（一）安全实用

人的生理需求，是产品设计的起始点，它实质上是人们对产品实用功能的需求，包括产品是否舒适，是否符合人的行为习惯，是否满足人们的安全感等。防疫产品也应该优先考虑其安全实用性，如集多种功能于一体的医用防护产品，应该符合安全生产及使用者安全健康的要求。在设计防疫产品时，必须考虑到使用者在使用过程中可能出现的任何行为，即从产品设计的内在功能到外在形态的操作都需立足于安全方面的考虑，在使用者做出危险选择时最好有信息介入提示。总之，设计师必须考虑防疫产品是否易于使用，是否具有便利性，以便在实际的操作中能够符合人们的思维逻辑和使用习惯，降低使用者发生错误选择的可能性。

（二）形态合理

防疫产品设计的核心要素在于功能。产品的功能造型要直观，造型作为一种情感表达，包含了审美的创造。用户最先直观感受到的便是产品的形态，而产品形态也是人们对产品设计的重要评判标准。对于防疫产品设计来说，应该通过造型来体现人性化的关怀，比如可以通过采用曲线感较强的造型来减弱与用户之间的距离，给人舒适和亲和感。疫情防控期间，疫情时常反复，人们难免产生紧张、恐惧等情绪，所以，设计师应该在防疫产品中融入人性化的关怀，通过设计的人性化来增加温情。

（三）色彩多元

心理学家布鲁墨曾说，色彩能唤起人们的各种情绪，进而表达情感；而美学大师阿恩海姆则认为，色彩能够直接表现情感。在防疫产品的设计上，应该根据产品属性、用户群体、人的认知规律等合理使用色彩，人们在面对不同的颜色时所产生的情绪也不同。蓝色会让人感到平静，在防疫产品中运用一些蓝色元素，可以帮助使用者缓解紧张的情绪；绿色则使人眼睛更舒适，能够给人们带来更多的安定及卫生感，建议在方舱医院，利用色彩来处理隔断表面，给病人带来更好的人文关怀；对于一些与儿童相关的防疫产品，应结合儿童的个性化需求，儿童对色彩比较敏感，因此可以通过防疫产品的色彩搭配来提升防疫产品的趣味性，从而吸引儿童使用。

（四）节能环保

在资源匮乏、环境污染等问题日益突出的情况下，防疫产品的设计与制造，应该从高能耗、低产出转变为节能高效的生产方式，从根本上节约资源，防止更多的污染。故在设计防疫产品时，应该对制作材料进行甄选，尽可能地选择便于加工及方便废弃处理的材料。如为延长防疫产品的使用寿命，采用耐久度高且易消毒的材料进行制作，也可以采用可降解的材料进行制作，从而减少因废弃所造成的环境污染问题。

五、防疫产品的创新设计策略

设计师需要对防疫产品进行创新定义设计，通过对疫情期间出现的社会现象进行观察，挖掘防疫产品的设计创新点，在设计实践中改善防疫产品的不足。通过细分防疫产品的使用人群，优化防疫产品的生命周期，以及关注防疫产品的用户体验来提高防疫效率及节约资源、减少病毒的二次污染。

（一）细分防疫产品的使用人群

目前，大多防疫产品是以功能为先的通用性设计，虽然有效降低了产品的生产成本，但却忽视了不同人群的用户特征。比如市面上的口罩大多是基于成年男性面部尺寸制定的，而针对婴幼儿、女性等人群设计的尺寸及款式却寥寥无几。

诺曼的《情感设计》一书中强调，用户在产品体验中获得更多的内心思考及情感满足，并非来自产品本身所具备的功能特性，而是用户基于产品形成的个人感受。所以，在设计个人防护类防疫产品时，应首要考虑人的因素，如人机关系、使用者的需求关系等，强化产品的人性化思考。有设计师通过将口罩拟人化为小丑形象。这种设计可以营造出具有幽默感的使用情境，不仅降低了儿童对戴口罩行为的抵触感，使儿童乐于进行自我防护，而且充分满足了儿童的情感诉求，通过设计本身给予使用者以人文关怀。同时"鼻子"部分还具有固定口罩、防止滑落的功能。

（二）注重防疫产品的用户体验

疫情期间，公共场合检测体温所使用的测温枪的造型过于偏向枪的造型，测温部分过于突出，在进行额温测试时，测温人员的测温姿势给人一种射击的感觉，给被测人员造成紧张且压抑的心理。另外，使用这种测温仪测温时，度数只能由测温人员读取，被测者若想知道自己的体温就只能向测温人员询问，但过多的交流又易造成交叉感染，所以，这种防疫产品的设计不太人性化。额温仪在原有造型上做了处理，弱化了"枪"给人造成的视觉冲击，使被测者感觉更舒适和放松。同时，它还改进了测温器显示屏只能由测温方读取的缺陷，实现了测温双方读取测温数据的功能，这不仅能让被测方获得参与感，同时也能给其带来放松愉快的心理感受。

（三）优化防疫产品的生命周期

设计师对大多数结束使用寿命的防疫产品的废弃方式及回收环节的考虑十分不足。对防止防疫产品被二次利用及对用户进行产品安全舍弃引导等后期环节缺乏考虑，导致使用者缺少对此类产品的必要认知，不仅容易使产品在废弃环节造成二次感染，而且会对资源、环境等产生很大的浪费与影响。防疫产品的生命周期是由产品设计、制造、使用、废弃、回收等阶段构成，展现了防疫产品"从摇篮到坟墓"这一过程。因此，防疫产品因其功能及使用领域的特殊性，不仅要注重产品的前期设计、中期生产销售，而且要重视对后期废弃回收环节的考虑，以优化产品的整体生命周期。如防回收口罩，设计师为了防止口罩在废弃后被二次利用，将口罩作可拆卸化设计，通过拉起圆环抽取出产品的结构线，使口罩内外层分离，能够有效防止产品被恶意回收。

六、结　语

"疫情无情人间有情，设计与社会共情"。防疫产品作为一种特殊的产品，其用途涵盖了生活中的方方面面，逐渐在人们的生活中形成常态化趋势。为了缓解人们在疫情期间的紧张氛围，设计师有必要在满足人们对功能需求的同时，照顾到使用者的诸多心理感受。所以，本文从设计的角度，运用科学的防护知识结合设计知识，对现有防护产品进行改良创新，为解决防护问题提供相关参考。

参考文献

[1] 中华人民共和国国务院新闻办公室. 白皮书：抗击新冠肺炎疫情的中国行动［R］. 2020 – 06 – 07.

[2] 张昆，宁芳. 产品形态设计［M］. 北京：机械工业出版社，2010：13 – 16.

[3] 田中一光. 设计的觉醒［M］. 桂林：广西师范大学出版社，2009：8 – 9.

[4] 耿葵花. 产品人性化设计之我见［J］. 包装工程，2007（3）：130 – 132.

[5] 吴菡晗，王立端，石丹沁. 绿色设计在疫情形势下应开展的行动与思考［J］. 设计，2020，33（18）：113 – 115.

[6] 蔡克中. 基于日常生活的产品创新设计［J］. 包装工程，2015，36（8）：64 – 67.

[7] 张田田，皮永生. 疫情背景下的个人防疫产品设计［J］. 工业工程设计，2020，2（2）：21 – 27.

[8] 柳冠中. 工业设计学概论［M］. 哈尔滨：黑龙江科学技术出版社，1997.

[9] 王家飞，施源明. 基于防疫意识的产品创新设计思考［J］. 包装工程，2020，41（22）：306 – 311，319.

[10] 蔡克中，施大治. 论情感性元素在产品人性化设计中的体现［J］. 包装工程，2007（5）：109 – 111.

从"均好性"看福建土楼的空间营建

李迪因*

摘 要 福建土楼是中国客家人的传统民居,其独特的建筑外观和精妙的内部结构都给观者带来了极大的视觉震撼,对于客家人来说它不仅是一个居住的场所,更是客家人生存智慧的结晶和优良品质的体现。福建土楼之所以传承至今,除了整体布局符合环境、结构体系合理、材料选取得当等因素外,对空间资源配置的"均好性"也是营建过程中的重要因素。本文以福建土楼的"均好性"为切入点,从建筑形态、空间分布、结构体系、采光方式、建筑装饰等方面进行研究,以期探寻"均好性"在福建土楼营建过程中的具体运用方法,从而为今后社区空间项目建设提供设计依据。

一、引 言

当前福建土楼已成为热门的旅游景点,人们在惊叹其所带来视觉震撼的同时,往往会忽略了其背后的文化。一种类型的建筑经历了几个世纪还能屹立在其最初的环境,除了其合理的选址、结构外,其营建过程中的"均好性"也是不可忽略的重要因素,而福建土楼在营建过程中对"均好性"原则落实的具体方法,仍可运用到当代的社区空间建设中,从而缓解人际交往中容易出现的问题,为营造和谐的社区提供帮助。

二、福建土楼产生的背景

宋元时期(11世纪至13世纪),是福建土楼的形成阶段,当时北方地区

---

* 李迪因,艺术学院设计学专业研究生。

的人们为远离战乱而迁移至福建地区，为了对抗猛兽与土匪的骚扰，房屋采取聚族而居的土楼形式。早期土楼规模较小，结构较简单，大多没有石砌墙基，装饰也较粗糙，形式基本为正方形、长方形。到了明代（14世纪末至17世纪初），随着经济、文化的发展，福建土楼的营建进一步完善。同时，居民日益重视教育，通过科举走上仕途的人越来越多。这些发迹官宦之家，大兴土木，按中原通都大邑的建筑规制兴建土楼，建筑形式渐趋考究，功能也向多样化发展。清代至民国（17世纪中叶至20世纪上半叶）时期，一方面，居民对住宅的要求更加迫切，提出更高的要求；另一方面，由于人口的增长，为维护家族的共同利益，势必建造更大规模的楼房，让众多的宗亲聚族而居，以适应家族的兴旺，居住的安全，于是便建造了殿堂式的以及方形、圆形等各式的土楼。其特点为规模宏大、类型多样等。在晚期，外来文化的影响在部分土楼的建造中也得到了一定的体现。

三、土楼营建过程中解决"均好性"的体现

（一）建筑形态

福建土楼的形状多种多样，如圆形、半圆形、方形、四角形、五角形、交椅形、畚箕形等，现在主要以方形和圆形居多，主要是因为这两种形状便于划分人均居住面积，使每个人的资源配置相等，避免资源分配的问题引起冲突。起初土楼形状为方形，但是后来因为方形不能拥有良好的采光与通风，便逐渐被圆形取代，还有一部分原因是圆形在同一范围内其居住的使用面积大于方形居住的使用面积，这样的设计将每个人的利益都达到了最大化。

福建土楼最初的职能是为了防御外敌，每位住户都有义务在必要时站到前线，所以将福建土楼建设成规正的几何形可以有效地在各个方位抵御外敌，其中圆形对于防守更为有效，其也在客家族广泛应用。并且圆形在同一面积下周长小于方形，也就意味着在使用同样的居住面积下，圆形可以使用更少的建筑材料，减少人工与成本，这也是土楼建筑形态多呈圆形的原因之一。

（二）空间布局

福建土楼内部采用"内聚空间"布局，从平面布局上来看，所有的土楼无论形状如何都有一个内向的庭院空间，这个空间部分会建造祠堂供人祭拜，是一整个家族的祭祖活动区域，同时也是所有住户的公共活动区域，人们平时取用饮用水和干一些农活也是在这个区域完成，是土楼居民不可分割的一部分。一个公共空间的合理运用并且将其职能划分完整，让每一个人在同样

一个区域都能得到合理的待遇，这是资源合理分配的最好体现。

福建土楼一般有三到四层，与现在的小区居住结构不同，它并不是以楼层来分配居住空间的，而是将几何图形划分为等分的形状，其中一到四层为一户，并且空间布局相同，其中一层为厨房、牲畜棚，二层为仓库，三层或四层为居住区，这样的做法保证每户资源分配相同，是"均好性"最好的体现，并且其每层的每一个空间并不是一个独立的个体的存在，都是由廊道连接起来的，由此形成公共区域拉进了人与人之间的距离。

（三）结构与构造

福建土楼主体采用土木结构，非主体建筑即楼内被围合的其他建筑，大多数为砖木结构，或以土坯代替青砖，楼外的附属建筑也是如此；另外抬梁、穿斗混合式构架结构也是土楼建筑结构中常见的一种，它的特点是内部空间可按需扩大，按用途灵活安排。

福建土楼的内部通常采用木材榫卯连接为主，主要原因是其环境在山林之中，树木是最容易获得的材料。就建筑本身而言，它是大型的结构，在技术还不发达的阶段，大型的石材等其他材料并不适合用作大型建筑的建设。还有一点就是土楼地处福建，这一地区为地震多发地带，榫卯节点在遭遇大型的震动时有利于缓冲外力，以此来保护建筑本身。

（四）采光方式

福建土楼在最初选址时会遵守"负阴抱阳"的原则，要求建筑或者村落要坐落在山坡的阳面或者光线开阔的平原处，这种选址原则一方面受到道家思想的影响；另一方面也为了争取良好的朝向，因为充足的阳光有利于人的身体健康及农作物的生长。

由于受到环境因素的制约，福建土楼的住户采光一般都是在建筑内部完成的。其外部一般都是由砂石与黏土制作而成的墙体，主要作用是为了防御。土楼外部一般在三到四层的每一户人家会有一到两扇窗户，其主要作用也是为了观察四周环境和抵御外敌，在进光和通风方面的职能较弱。在土楼内部的建筑材料主要以木结构为主，每一户人家都有门窗，可以保证光照充足，并且建筑本身是规正的几何形体，所以可以保证每一户人家的进光时间与进光量是相同的，从采光的角度上看不存在户型好坏的问题。

（五）建筑装饰

福建土楼的装饰主要集中在各楼内部的木质建筑构件上，通常是运用浮雕、透雕、圆雕等手法，将花草、虫鱼、人物等作为装饰将其融合于建筑构件之上，融合彩绘的手法对每一个装饰赋予颜色，形成客家族独居特色的建筑风格。其中最具有代表性的就是位于南靖的怀远楼，其内部装饰手法和装饰构件的样式都是现代土楼建筑中的最高水准。

像福建土楼这样的建筑体量从来不是一户人家可以完成的，需要整个家族共同建设才能实现，所以在建设土楼时的费用也是由每个家族成员平均分担。很多经济条件好的家族在建设土楼时也会格外重视装饰的重要性，以土楼的样式彰显自己家族的强盛而不是单独个人的富有，将"均好性"的理念真正地贯彻到生活当中，并让在同一生活区域里的居民也能真切感受到它所带给人们的好处，将其代代相传最终融入一个民族的血液与文化当中。

四、"均好性"在实际空间资源配置过程中的调整

福建土楼在营建过程中尽可能对空间资源进行平均分配，但由于自然条件限制，很难做到完美，因此需要后期在使用过程中进行其他方面的利益平衡，以弥补空间资源分配上的某些不足。比如在公共空间的处理上不是所有住户的房间到大门和饮用水的距离都会相同，但是多年来客家人并没有因为这些事情发生过什么矛盾，这与客家文化中蕴含的利益平衡及相互帮助的精神内涵是分不开的。

客家人的祖先是从中原一路迁徙到南方的，聚族而居有利于族群的生存，同时在适应不同环境的过程中也形成了家族内部如何平衡利益及相互帮助的客家文化，如在农事方面，农作物成熟时，客家人不会雇工，都是左邻右舍的妇女自带镰刀到田里帮助收割水稻。这个叫作"帮工"，被人帮过工的妇女也会自觉地去帮别人。这是客家人团结互助的表现，有了这样的精神文化与背景，自然容易削弱利益冲突，因此也为资源配置的"均好性"的动态调节与平衡起到了很大的作用。

五、结　语

福建土楼独特建筑形态的出现绝非偶然，它是在几个世纪以来客家人在异乡生存过程中逐步形成的，是一个民族在面对艰苦环境时自强不息的体现。本文通过对福建土楼营造过程中暗含的空间资源分配"均好性"进行探索，希望将这一"均好性"营建原则合理地运用到当代社区营造项目中，从而提高社区环境的品质，让社区环境变得更和谐。

参考文献

［1］曾慧娟，林益丽．世界文化遗产地原住民生存感知研究——以永定土楼为例［J］．福建商学院学报，2020（4）：70－77．

［2］王伟，卢佳奇．以土楼"内聚空间"为范式的住宅综合体公共空间初探［J］．城市建筑，2020，17（22）：102－106；123．

［3］王玫武，罗瑜珍．永定客家土楼楹联的保护与传承研究——基于生态理念的视角［J］．龙岩学院学报，2020，38（4）：27－31．

藏传佛教对藏式白碉房建筑特征形成的影响

张　琦　张　威*

摘　要　藏式白碉房是藏族地区典型的一种民居，这一类型民居在形成过程中一直受到藏区地域文化的影响，特别是佛教传入藏区形成藏传佛教之后，对藏式白碉房的建筑特征定型影响很大。本文以藏族白碉房为例，从聚落选址、建筑形态、内部空间、结构体系和装饰色彩等方面进行分析研究，来探寻藏传佛教对藏式白碉房建筑特征形成的影响，从而为藏区传统民居的保护与改造提供理论与技术支撑。

一、引　言

藏族人民在漫长的历史发展过程中，依托所处的自然环境及本民族的风俗文化，逐渐形成了具有自身建筑特色的藏式白碉楼，这种民居建筑特征的形成是众多因素合力作用的结果，而其中藏传佛教对藏式白碉楼的建筑特征形成产生了重要影响。

二、藏式白碉楼的建筑特征

藏族民居是依据西藏地区特有的气候特征、地形地貌、当地可用的材料，以及藏族的宗教信仰而逐渐形成的。藏式白碉房作为藏族民居中的典型案例，其数量在藏区占据绝大多数，它以收分墙体、封闭院落、屋顶平台、红色檐墙、黑色窗等独特的建筑特征，给人留下深刻的印象。藏区在历史上，不断上演着为争夺资源而引发的争战，这使得让藏族民居天然具有防御的特征；

---

* 张琦，艺术学院环境设计专业硕士研究生；张威，艺术学院教授。

同时藏传佛教的出现，也对藏式白碉房建筑特征的形成产生了重要影响。

三、藏传佛教对藏式白碉房的影响

佛教传入藏区后，与藏区的原始苯教在冲突中不断融合，逐渐形成了具有高原民族特色的佛教宗派——藏传佛教，并融入藏民生活的方方面面，使得藏族民居除了具有供人们居住的功能外，也成为地域文化的载体，承载更多的藏传佛教因素，并以独特的建筑特征加以体现。

（一）民居选址

藏族人民长期居住在高原之上，面对高海拔的气候所产生的植被短缺，可利用资源少等诸多因素，在远古时代就产生了对大自然的敬畏，从而对于聚落选址有着诸多的习惯与禁忌。例如，建筑应当依山而建，并且不能在植被丰富之地动土，要减少对大自然的改变；同时也将"万物有灵，万物平等"的观念注入民居选址的原则中。

当藏传佛教被藏民所接受后，他们对于民居的选址就更加贴近于人们心中的"神圣中心"。"神圣中心"对于藏民来说更像是一个心灵的归属地，因此区分出了神圣与非神圣的两个世界。就像拉萨城围绕着大昭寺展开一样，为了得到神灵的庇护，在聚落的选址上更向"神圣中心"趋近，寺庙作为聚落的神圣中心，成为与上界神灵沟通的地方，让藏民们在日常的生活中更加方便地朝圣。

（二）建筑形态

藏式白碉楼形体简单、形态方正、体量厚重，每户人家均设置封闭院落，这有利于抵挡高原的风沙。在藏式白碉楼中，收分墙体、红色檐墙、黑色窗套作为藏族民居的建筑符号，体现了藏民对于材料性能的认识。早期的碉楼建筑以片石拌泥的方式建造，既是由于当地的木材资源短缺，又受传统观念的影响，因此在基本材料中，石材作为最为广泛运用的原材料，经过严格的工艺夯筑使得整体建筑厚实坚固，不仅如此，石材建成的厚重墙体能给人以更强的安全感，使得白碉楼成为易守难攻的重要防守阵地。

在藏传佛教被接受之前，由于藏区的自然资源稀少，藏式白碉楼大多都是两层结构为主，一层用来储物或是饲养家畜，二层用来居住和生活，底层一般不开窗，或者开小窗，房顶被做成生产空间，用来晾晒粮食。藏传佛教被接受以后，对于外部形态产生了结构性的影响，受藏传佛教中"三界"的区分，原本的二层变为三层，并且在佛教传入之后，藏式白碉楼的第三层空间与房顶空间更加受到了重视。

（三）内部空间

在藏传佛教中，人们对于"三界"的空间构成层次极为明显，把牲畜、人、佛进行了严格的等级划分，在空间分布时，安置佛像的经堂位于顶层，人居住的居室位于二层，牲畜所生活的地点位于底层或者台阶之下。屋顶空间对于藏民来说是与神明沟通的地方，也是最接近神明的地方，因此将经堂置于顶层。在传统三层碉楼的处理中，会截取一整个矩形作为晒台，而经堂和其他室内空间则构建成"L"形。受宗教中纯净观的影响，藏族人们对于民居环境有着内外有别的区分，室外为污秽，室内为纯净，同时层越高纯净程度越高。

经堂空间是佛教传入后藏式白碉楼内部空间最大的变化。经堂空间是用来诵经和做佛事的地方，人们通常在经堂进行每日的祈祷，藏民将经堂的位置设置在采光与朝向最好的地方。由于西藏位处寒冷气候区，白碉楼一般坐北朝南，西藏的昼夜温差大，为了充分利用阳光温度，使白碉楼能获得更多的采光，和北方大部分建筑一样，大门和开窗都朝向南方，以获得南向日照，所以白碉楼的南立面最为丰富，经堂的位置也为南向，可以说经堂与三界的区分的出现更好地阐述了藏传佛教对藏式白碉楼内部空间的影响，进而又涉及内部空间的不同角落。

（四）结构体系

结构体系是建筑形态的依托，是构成建筑形态的传力基础。藏式白碉楼的承重体系由横梁和柱组成，藏民最初将"梁栋"赋予了一种特定的亲属结构，"栋"字也指世系，比喻家中父亲的重要地位，从中可以看出，梁柱在藏族传统建筑中的重要地位。梁柱结构是藏式白碉楼通常采用的结构体系。

在佛教传入以后，藏式白碉楼的屋顶结构发生了改变，原来屋顶主要是用来晾晒农作物的，在藏传佛教的影响下，屋顶就成了民居中最接近天界的地方，是进行宗教仪式、沟通神灵的重要场所，因此会在屋顶女儿墙的旁边建起了煨桑炉。煨桑的本意是用松柏枝、桑叶焚起雾霭青烟，是藏族祭天地诸神的仪式，藏民把烧出来的青烟看作"天梯"，冉冉升起的青烟飘到空中，也象征着神明听到了人们的祈祷。除了煨桑炉外，还在藏式白碉楼屋顶的各个角落拉起经幡，象征着藏民寻求神明的庇护。

（五）装饰与色彩

每一个民族都对色彩赋予不同的含义，随着佛教的传入，藏族的色彩内涵也更突出了宗教的意味。藏传佛教认为世间所有的事业都包括在"息""增""怀""诛"四种范畴之内，分别是温和、发展、权力及凶狠。藏族建筑中的涂饰用色和这四种范畴一一对应，"息"对应白色，代表温和；"增"对应黄色，代表发展；"怀"对应红色，代表权力；"诛"对应黑色，代表凶狠。

藏族历来具有崇尚白色的习俗，这与其自然环境有关，辽阔的雪山，纯白的牛奶，还有白色的酥油，这些都象征着纯净。在佛教传入西藏后，与当地苯教融合，进而将白色视为慈悲正义的象征，寓意"吉祥""纯洁""幸福"，因此在藏族民居中，用白色装饰自家外墙被赋予了更多的内涵。黑色在藏民风俗中具有两种含义，一方面是黑色代表邪恶，不友善的事物；另一方面则认为黑色是可以降妖除魔的保护神，最开始在苯教思想中黑色作为黑年神所崇拜，在佛教传入以后，被藏传佛教作为护法神的象征。由于民居中门窗是内外部沟通的媒介，也是妖魔进入房间的必经之路，因此藏民将窗框统一涂成黑色，希望获得神灵的护佑。

四、结　语

藏式白碉楼作为藏族地区的典型民居，是地域文化的重要载体，而藏传佛教被藏民广泛接受后，则更加丰富了藏式白碉楼所承载的文化内涵，通过研究分析藏传佛教给藏式白碉楼建筑特征带来的影响，来探寻藏族地区的民居建筑特征的形成因素，可以更好地为藏区传统民居的保护与改造提供理论与技术支撑。

参考文献

[1] 何泉. 藏族民居建筑文化研究 [D]. 西安：西安建筑科技大学，2009.

[2] 成斌，罗川淇，董馨怡，等. 藏式白碉房民居平面形制与特征研究 [J]，传统民居与乡土建筑，2020，17（348）.

[3] 郑莉，陈昌文，胡冰霜. 藏族民居——宗教信仰的物质载体 [J]. 西藏大学学报，2002，17（1）.

[4] 桑吉才让. 甘南藏族民居建筑述略 [J]. 西北民族学院学报（哲学社会科学版），1999，4（4）.

[5] 丁昶，刘加平. 藏族建筑色彩特征 [J]，西安建筑科技大学学报，2009，41（3）.

[6] 高明，成斌，陈玉，等. 浅析甘孜州碉房建筑的特色 [J]. 四川建筑，2017，37（5）.

北京市珐琅厂第一代创作群创作思想研究[*]

张晓暄　何　欣　王　朗^{**}

摘　要　景泰蓝制作技艺是北京市非物质文化遗产中最具有代表性的一项传统技艺。北京市珐琅厂作为国内最大的生产经营景泰蓝的专门企业，在保护、振兴景泰蓝的过程中起到了引领性的作用。本文旨在通过对北京市珐琅厂第一代创作群创作思想的梳理，从创作思想形成的脉络出发，探索第一代创作群创作思想的形成过程，以及创作思想的特点、作用和意义。

一、第一代创作群所处时代背景

每一代创作群创作思想的形成与他们所处的时代息息相关，并且都受到当时的文化政治环境潜移默化的影响。因此，我们在研究每一代创作群的创作思想时，都必须将他们纳入当时的环境中，这样才能更好地理解他们思想形成的根源。

（一）北京的时代环境

北京工艺美术和民间手工技艺具有十分悠久的历史，早在战国时期就已经出现手工艺制品，明清时期北京的手工艺行业更是空前繁荣。民国以后，中外经济文化的交流更加密切和频繁，北京传统的工艺美术品大量地开始向海外销售，进一步促进了北京传统手工艺品的发展和繁荣。北京浓厚的文化底蕴无疑为第一代创作群的大师们提供了丰富的文化养料。

中华人民共和国成立前夕，北京的工艺美术行业得到了政府的大力扶植，

---

　*　基金项目：本研究受北京学高精尖学科学生创新项目资助。

　**　张晓暄，艺术学院设计学硕士研究生；何欣，艺术学院设计学硕士研究生；王朗，艺术学院设计学硕士研究生。

北京的手工艺生产也具有较高的政治地位。为了挽救景泰蓝这一具有代表性意义的传统手工艺，党和政府不仅仅给予大量的政策扶持，还组织相关部门采取措施，积极开展挽救景泰蓝的工作。特别是梁思成、林徽因教授在清华大学组建了工艺美术抢救小组。该小组对于景泰蓝的恢复和发展都起到了至关重要的作用。

（二）北京市珐琅厂的建厂历史

中华人民共和国成立初期，景泰蓝生产仍沿袭传统的一家一户的作坊模式，规模较小，生产环境恶劣，产品质量极其不稳定。为了挽救这一手工艺，党和政府采取了银行贷款、加工订货、政府收购、免征营业税等政策保护和扶持景泰蓝行业。

1956 年 1 月 10 日，景泰蓝手工作坊、私营珐琅工厂和造办处联合成立了公私合营企业——北京珐琅厂。同年，北京市景泰蓝工厂与国营特艺试验厂一起并入北京珐琅厂，更名为国营北京市珐琅厂。2002 年 11 月，企业转制之后，又更名为北京市珐琅厂有限责任公司。

二、第一代创作群及其思想的形成

（一）从传统图案中汲取养分

明代初期的纹样以缠枝莲纹为主。明后期景泰蓝的纹样开始趋于复杂，题材内容也变得丰富。清代康熙年间，景泰蓝基本风格、纹样特点与明代的风格特点一脉相承，设置了"珐琅作"，用以生产皇家日常专用的珐琅器。乾隆时期景泰蓝在制作技艺、纹样、器型上都达到了空前的繁荣。清代末期，国力衰微，景泰蓝的发展开始逐渐走下坡路。到了民国时期，景泰蓝以模仿乾隆时期的器物为主。20 世纪 20 年代至 30 年代，海外市场的繁荣发展，使得景泰蓝行业也得到了快速发展。但战争爆发后，景泰蓝行业受到毁灭性的打击，景泰蓝的发展几乎中断。

新中国成立前期，老一辈的手工艺人掌握着大量景泰蓝制作的技艺和传承下来的纹样，风格还保留有明清时期的特点，对当时景泰蓝的恢复与发展起到了承上启下的重要作用。新中国成立以后，成长起来的艺术家为景泰蓝的恢复与发展做出了巨大努力。特别是钱美华的创作思想几乎影响了第一代创作群的每一个人，可以说钱美华的创作风格和思想特点代表着第一代创作群总体的创作风格和思想特点。

在林徽因教授的带领下，钱美华等一行走访了散落于京城东南郊区的小作坊，跟随老艺人学习景泰蓝制作技艺工序。同时，完成了对传统图案的发掘、整理和研究。特别是敦煌图案所呈现出的优美典雅、奇幻绚丽的色彩、形象、线条开辟了钱美华等人全新的灵感源泉，对日后的景泰蓝图案、釉料的开发都产生了深远的影响。

钱美华所创作的《敦煌图案大深盘》（如图1所示）的作品灵感源于北魏敦煌藻井。沈约在《宋书》中记载："殿屋之为员渊方井，兼植荷花者，以厌火祥也。"莲花纹样在汉代象征着水，她将莲花设计成蓝色，代表着圣洁光明的清水。整幅作品内敛清秀，造型纹样秀美活泼，同时彰显了钱美华对于传统纹样运用自如的能力。

常沙娜以敦煌隋代藻井图案及敦煌壁画中的鸽子图案为元素设计了《和平鸽大圆盘》（如图2所示）。她巧妙地将敦煌壁画中的花卉与和平鸽互相结合，展现了传统图案的创新运用，促进了中西文化的交流融合。

图1　敦煌图案大深盘　　　　　　　　　图2　和平鸽大圆盘

笔者于2019年拍摄于北京珐琅厂　　　　笔者于2019年拍摄于北京珐琅厂

在创作初期，钱美华、常沙娜等人在设计过程中，都有意向传统图案学习，从中汲取养分，丰富自己的创作灵感。同时，又在不断寻求创新，对传统图案进行再创作，使之更加贴合时代背景。经过融会贯通，达到了造型和图案的统一性。在色彩方面，对比活泼而设色调和，取得了华贵而典雅的总体艺术效果，充分体现了林徽因先生对"民族的、科学的和大众的"艺术的追求。

（二）在开拓中创新

第一代创作群在创作初期注重于对传统文化的学习和融会贯通，同时强调对于时代精神的宣扬。"在图案方面革除了一味追求繁缛精细的陈旧观念，使之更加贴合主题。"

为了达到理想的作品效果，第一代创作群在技艺和釉料的创新中也投入了大量的精力。对于釉料和制作技艺的创新，突破了景泰蓝纹样的固有样式特点，拓宽了景泰蓝的运用范围，使之更加贴合时代，与时俱进。

一系列材料和工艺的创新，丰富了景泰蓝工艺上的艺术表现效果。例如在1960年，钱美华创作的《胭脂蝴蝶》《倭瓜花蝈蝈》这两件作品，首次将写意画风格的表现手法融入景泰蓝的创作中。以往传统的景泰蓝都是以工笔画的方式进行蓝本绘制，钱美华为打破这一桎梏，与珐琅厂的其他老艺人一起研究创造出了首个写意风格的景泰蓝——《胭脂蝴蝶》（如图3所示）。

作品图案借鉴了齐白石大师的同名画作，采用了无丝晕染的方式以达到水墨晕染的效果，蝴蝶、蜻蜓的形象生动，画面灵动，充满生机。

在材料和技艺日臻完善并进一步创新的基础上，第一代创作群开始不仅仅满足于对传统纹样的再设计，他们开始寻找一个新的突破口，突破传统景泰蓝纹样的局限性。

《金地狮顶罐》（如图4所示）代表了钱美华在20世纪60年代对金地景泰蓝工艺研制的重大突破。"清中期传世的景泰蓝器物中有多件运用掐丝露地工艺的作品，但到清代晚期已不见这种工艺的应用。"钱美华等人在经过长时间的实验后，终于将这种失传已久的工艺重新恢复。

图3　胭脂蝴蝶

图片源于《中国工艺美术大师钱美华：景泰蓝》

图4　金地狮顶罐

笔者于2019年拍摄于北京珐琅厂

（三）创作思想日渐趋于成熟

20世纪60年代，景泰蓝由传统题材转变为反映现实生活、时代风貌的题材。例如，在 20 世纪 60 年代中后期，钱美华创作的《妙律瓶》（如图 5 所示）。景泰蓝在表现人物细节、表情方面有较高的难度，历代作品中少有以人物为主题的景泰蓝作品，这更是为数不多的半军事题材的景泰蓝作品。作品体现了"全民皆兵"的时代思想，通体使用红色为背景，与画面整体相互呼应，突出了红色的主题。这一时期作品的创作思想受到当时社会大环境的影响，以歌颂军民鱼水情、反映知识青年上山下乡、描绘红卫兵学习"红宝书"，以及描绘革命圣地等题材为主。

图5　妙律瓶

笔者于 2019 年拍摄于北京珐琅厂

三、第一代创作群的创作特点概述

（一）选题的时代特点

1956 年毛主席提出了"百花齐放，百家争鸣"的指导思想，景泰蓝行业也遵循此思想，创作主题开始围绕日常生活情景展开。新生代手工艺人将老艺人的技艺继承下来，并进行传承、创新及发展。他们之前都接受过专业的教育，能够在纹样设计中发挥优势，既能将传统的中国纹样运用到作品中，又能发挥新时代的思想以及外来文化的长处。在纹样方面突破了原有的桎梏，迎合新时代的要求及人们的审美需要，同时形成了自己独特的艺术风格。

（二）釉料及技术的创新特点

在新中国成立之初，景泰蓝行业的发展相对比较落后，制作时间长，质量也不是很精美。1958 年，工人开始大规模地进行技术革新，在没有参考资料的情况下，自主研发了一些辅助工具。这些制作工艺的改革发展，制作过程的规范，使得景泰蓝作品愈加精美。

（三）北京市珐琅厂的管理制度特色

1963 年，北京市珐琅厂组织相关的管理人员、技术人员、老艺人共同编制了《景泰蓝工艺操作规程》《景泰蓝各工序质量标准》和《各级质量管理责任制》等规章。各工序的生产人员遵循操作规程生产，按照技艺标准制作，生产管理从此有章可循，是传统手工业从经验迈向标准化生产的开端。1996 年由北京市珐琅厂牵头执笔，编制了《QB/T 2120—95 国家标准》，自此景泰蓝行业有了统一的生产制作的国家标准。在企业部门的设置中，又增加了设计室、试制组。设计室的成立，有利于景泰蓝的创新发展，而同试制组配合工作，又能够及时调整设计方案，研发新品。

（四）创作的思想特点

早期的手工艺人在造型、色彩、纹样等方面已经形成固有的定式，这就导致景泰蓝的创作被局限，进而导致品种、技艺的衰退和失传，无法适应快速发展的社会文化和审美。因此，以钱美华为首的第一代创作群一直在积极探索，不断学习，寻求景泰蓝创作中新的可能性，大胆求新、求变。他们承袭了对景泰蓝工艺进行挽救所取得的一切研究成果，包括传统的纹样特点、色彩的运用。他们所设计的造型、图案与中国传统文化有着内在的传承关系，通过有机的结合与变化，将其融会贯通，使传统元素更加契合现代社会的审美需求。

1. 色彩格调柔和典雅、调和统一

景泰蓝在明清时期多用作皇家用品，造型与色彩都是极尽雍容华贵，彰显皇家的尊荣和气派。大多数景泰蓝制品以蓝色釉料为主，并用蓝黄白等色进行点缀。在相当长的一段时间里，景泰蓝的"蓝"成为景泰蓝色彩的一个固有模式。

钱美华等人突破传统，打破了这一格局，丰富了景泰蓝在颜色上的可能性，将更多的颜色带入了人们的视野。充分借鉴敦煌壁画的色彩格调，将珊瑚红作为作品的主色，在色彩的搭配上更加沉稳古朴，间色的运用使得整体的色调柔和，对比关系不似明清时期那么强烈，但更加清丽柔和，更加符合现代人的审美意趣。

2. 题材突破创新，兼收并蓄

明清时期的景泰蓝，多选用寓意吉祥的缠枝莲纹，由于落后的制作技艺，当时的景泰蓝难以制作大器型的物件，器型上制作的花纹图案无法大面积绘制，精细程度难以把控。

而到了钱美华等人创作时，制作技艺大大提高，开始突破原有景泰蓝采用的细腻规整的线条。掐丝不再仅是用于勾勒花纹的界限，而是作为"笔触"进行刻画，成为图案本身的元素；而无丝点晕的点蓝技法则颠覆了传统的釉色拼接的效果，使釉料的运用看起来更像是泼墨。同时，在他们的创作中，也大量吸纳了新的元素，甚至是西方的图案和意象。

3. 因材施"技"，讲究形、色、纹、技艺符合主题，服务主题的原则

第一代创作群体在设计的过程中特别兼顾了主题与器型、纹样、色彩和制作工艺的统一与协调。不同于原先矫揉造作，过分堆砌的风格，他们会依据主题的不同、用途的不同设计不同的器型。流畅、自然舒朗的线条，与器型本身有机地结合起来，不显刻意堆砌；画面布局严谨、疏密有致，"繁丽而不奢靡，细密而不冗杂"。在选择颜色时也会根据主题的变化而有所不同。此外，他们在制品功能上进行了拓展，设计了大量实用性更强的作品，兼顾了装饰性与实用性，促使景泰蓝更好地融入现代社会。

四、第一代创作群的地位及其作用

第一代创作群可以说是承上启下的一代，是传统景泰蓝行业走向新生至关重要的一代。传统景泰蓝行业已经无法适应新时代的发展，景泰蓝制作技艺如若不能顺应时代，则发展难以为继。而北京市珐琅厂第一代创作群所做的工作就是挽救、恢复、研究并传承这一项技艺。更为重要的是，他们开拓了景泰蓝发展的潜力，让传统的景泰蓝与当代的社会生活更好地融合。一方面，他们研发新的釉料、创新制作技艺，使得景泰蓝的表现形式更加多样化，更能迎合当代人的审美倾向；另一方面，他们积极拓宽景泰蓝的运用范围，不局限于装饰品的范畴，而是更加实用、多变。第一代创作群所做出的积极探索，挽救了景泰蓝这一项技艺，奠定了新时代景泰蓝的发展方向和基本的设计理念。因此，对于第一代创作群创作思想的研究，有其深远的意义和作用，有利于我们理解当下景泰蓝发展的现状，以及未来发展的趋势。

参考文献

[1] 杨树成. 当代北京景泰蓝纹样变迁调研 [D]. 北京：中国艺术研究院，2018.

[2] 唐克美编，吴南著. 中国工艺美术大师·钱美华：景泰蓝 [M]. 南京：江苏美术出版社，2013：26.

[3] 吴南. 从钱美华的技艺风格看景泰蓝工艺当代发展的新样貌 [J]. 民艺，2019（2）：138 – 142.

短视频使用黏性的伦理反思

黄 尧*

摘 要 2013 年开始，中国短视频进入爆发增长的阶段，目前，短视频作为最为当红的新媒体形式，或多或少地影响着人们的日常生活。大量数据证明，短视频用户已达到一个量级，短视频被各平台不断优化和放大体验，不断增强用户的使用黏性，但无限的增强体验会适得其反，少则耽误时间，重则上瘾成疾。针对这样的现象，从伦理角度进行思考和反思就大有裨益了。

一、引 言

短视频区别于长视频的定义，是指其长度通常几秒到几分钟不等，平均时长较短的视频。2013 年作为短视频爆发的元年，各类短视频犹如雨后春笋逐渐冒芽。2016 年，papi 酱，自称"一个集美貌与才华于一身的女子"，将 3 分钟短视频的价值，推到了互联网内容创业的顶点。在那个时间节点，她估值 1 亿，一条广告价值 2200 万，还有万千网友争相模仿，包括她的语气、笑声、表情，甚至一个咳嗽。她可能是中国真正意义上短视频网红第一人。从此，大批 UGC 开发者逐渐将眼光聚焦在这个新媒体平台上。与当今处处体现快速和效率的社会同步，短视频制作简单，题材多样，从点击到发送仅需消耗几分钟的时间，便可搭载互联网快速传播造成影响，和这个时代的节奏不谋而合。

数据显示，截至 2019 年 6 月，短视频行业用户规模超 8.2 亿，同比增速超 32%，这意味着 10 个移动互联网用户中有 7.2 个正在使用各类短视频产

---

* 黄尧，艺术学院设计学硕士研究生。

品；同时值得注意的是，短视频的使用时长也在爆发式的增长，月人均使用时长超过 22 小时，同比上涨 8.6%，不难看出，用户牺牲了诸如在线视频、手机游戏、在线音乐、在线阅读等其他泛娱乐形式的使用时间，转而使用短视频。短视频发展已有数年之久，而这个年龄从老到少，地域从南到北的人都在使用和接触的新媒体形式为何会产生如此大的用户黏性，本文从将从设计角度，从以下两个方面来进行简单展开：基于用户设计的视频精准推荐算法、方便易用的用户交互体验。

二、短视频用户黏性因素分析

（一）基于用户设计的视频精准推荐算法

算法（Algorithm）是指解题方案的准确而完整的描述，是一套相对完整的具有较强逻辑性的命令，算法代表着用系统的方法描述解决问题的策略机制。短视频类产品能在短时间内进一步大规模扩大时长，积累用户，提升用户黏性，其背后的智能算法团队必然功不可没。经过初步的调研和研究，当前短视频的算法大致有三种方式：基于用户基本信息的协同过滤的算法、基于用户社交关系的推荐算法、基于内容流量池的叠加推荐。

1. 基于用户信息的协同过滤算法

基于用户信息的协同过滤算法不仅仅用于短视频产品领域，在 PC 互联网时代这个算法就已经得到了广泛的应用。它提取和采集用户注册时最开始填写的一系列信息，计算出其他用户的相似度，用其他用户的推荐内容推送到该用户上。比如 A、B、C、D 四名用户的基本信息相似度在 90% 以上，那么就可以把用户 A、B、C 共同偏好的内容推荐到用户 D 上。所以，在一位用户进入某平台的初期，获得的推荐基本都是经过这种算法计算出来的。基于巨大的用户基数，各平台根据用户信息描摹出各式各样的用户画像进行匹配，进而为新用户提供最贴近的推荐。

2. 基于内容流量池的叠加推荐

通过上述算法可以为新用户提供精准的视频推荐服务，但视频量还不足支撑用户进行长时间的使用，平台还可以根据视频本身的反馈来进行进一步的推广。在短视频 APP 的使用过程中，很容易就会刷到成千上万甚至几十万点赞和播放的视频内容，这其实也是平台的一种计算方式之一。通过检测视频本身的完播量、点赞量、评论量、转发量等数据，为用户推荐优质内容，会大大增加用户刷到感兴趣视频的可能性。

3. 基于用户社交关系的推荐算法

除了计算用户最初提供的一系列信息和推荐优质内容之外，平台还可以根据用户的社交关系进行精准的视频推荐。这里的社交关系从不同的图谱分为两种关系：一种是以社交图谱为代表的强关系推荐，而另一种是以兴趣图谱为代表的弱关系推荐。

社交图谱是指和用户现实生活中直接联系的，或联系比较紧密的同学、亲戚、朋友等构成的图谱。通过计算用户的强关系进而推荐强关系网络中的系列视频到用户，相比于其他关系更容易使用户点赞、转发等有助于提升平台活力的操作；而兴趣图谱为代表的弱关系是指用户通过兴趣、爱好、话题等线索构建起的图谱网络，推荐此类视频会大幅度提升用户黏性，将用户的注意力卡在部分优质内容上，进而有利于平台的发展。

（二）方便易用的用户交互体验

精准优质的视频推送可以为增加用户黏性带来保障，APP 本身的易用性也是短视频风靡火爆的原因之一。一个简单的上划手势为用户带来了巨大的便利性，不感兴趣的视频一滑而过，误触可以拉回，这个体验的过程如此简单易用，基本没有任何的学习成本，是短视频用户并不仅仅集中在 20 岁左右的年轻人的原因之一。

手机行业全屏时代的到来也为短视频的走红助力。2016 年 10 月，第一部全面屏手机小米 MIX 问世，此后，大量的全面屏手机应声而至。无论是刘海屏、水滴屏、挖孔屏还是其他各类对手机前摄像头面积规划的解决方案，手机的可视面积正在不断的升级，不同于手机最初只有电话短信等简单的社交功能，如今手机的功能越来越偏向多样化，视频的播放体验更是日新月异。可视面积的增大对视频最直观的影响就是分辨率和清晰度等一系列参数的提升。和其他移动设备进行比较来看，手机的使用率大大增加，平板电脑和笔记本电脑在这类泛娱乐应用使用中越来越失去话语权，手机被赋予的功能越来越多，以便携性灵活性为特点，短视频依托手机行业这棵蓬勃发展的大树，扶摇直上，进一步增加自己的黏性。

三、从伦理的角度对短视频现状的思考

除了上述两点，增加短视频黏性的因素还有很多，譬如时尚的传播内容，充分的明星助力，有趣的广告创意等。各大平台竞争日益激烈，短视频 APP 的算法、交互等方面会做得越来越好，新的创意活动源源不断地吸引用户使

用 APP，用户的使用时长也随着时间的流逝不断地呈线性增长的态势稳步上升。一切都随着各大平台公司的意愿，随着用户指尖溜走的时间向前"发展"，可回过头来，短视频的兴起究竟为大众带来了多少有利因素，为公司单方面带来了多少利润，我们应当跳出短视频的热度，冷静思考这个问题。本文继而从设计伦理的角度对短视频的现状展开分析。

基于巨大的用户群体，各短视频平台为了使流量最大化，会进一步增强用户的黏性，逐步优化应用的易用性，使得用户陷入不断重复向上划手势，进而满足对下一个新视频的新奇感，这无疑是一种病态，严重者可能有成瘾的现象。成瘾行为（Addictive Behaviors）是一种额外的超乎寻常的嗜好和习惯性，这种嗜好和习惯性是通过刺激中枢神经而造成兴奋或愉快感而形成的，它破坏了人类大脑正常的奖励机制，对本身理应抵触之物失去拒绝的力量。《人民日报》（2018 年 4 月 10 日 09 版）评论短视频：警惕短视频的负面效应。短视频 APP 具有"个性化推荐"功能，可以通过大数据分析，为用户推送符合其兴趣爱好的内容，给用户带来一种极致的"沉浸式体验"。正因如此，有人感叹，"短视频就像毒药一样让人欲罢不能"。虽然，短视频流量的爆发会为平台商带来巨额的利润，但要敲响警钟的是，一味地增强体验会带来可怕的负面影响。资本只能满足公司一时之快，公司更是对于行业整体趋势的把控，给予用户更加合理的设计和推荐。

四、结　语

短视频的爆发和走红是当今时代的流行代名词，大量信息和资源通过短视频这种方式传达给我们，我们不应该一味地接受信息，而更应当经过自己缜密的思考后再做出决定。从伦理角度思考不是通过老旧古板的观念唱"反调"，而是为社会现象热点提供新鲜的思考角度。作为设计行业工作者，在进行设计的同时，要考虑到设计随之引发的种种后果，考虑到生态环境、政治体制和社会文化等种种问题，对社会和道德负责，在遵循这样的伦理界限下，我们的社会才可以向着更好的未来迈进。

参考文献

[1] 赵辰玮，刘韬，都海虹. 算法视域下抖音短视频平台视频推荐模式研究 [J]. 出版广角，2019（18）：76 – 78.

[2] 王海燕. 抖音的算法推荐特点分析 [J]. 新媒体研究，2018，4（20）：21 – 22，33.

[3] 周玉基. 弹幕视频的伦理反思 [J]. 当代电视，2016（1）：12 – 14.

清代新疆驻防体系的建立过程[*]

张　威　李　江^{**}

　　摘　要　清代创建了用少数兵力控制辽阔疆土的八旗驻防制度，而驻防城的设置则是落实这一制度的重要载体。清廷通过在畿辅（北京及周边）、直省（如西安、杭州、成都等）、盛京（东北地区）及新疆地区的城市内部或外围设置驻防城，通过弹压地方以确保政权的稳定。清廷入主中原后，在与漠西蒙古准噶尔部作战直至统一天山南北期间，曾先后在新疆地区修建了许多驻防城，这些驻防城的存在除了实现其所担负的历史使命外，也为新疆地区城市体系重构及城市形态演变提供了动力。本文通过对清代新疆驻防体系建立过程以及各驻防城的设置时间、原因进行梳理，以期揭示新疆驻防体系在维护边疆稳定、地区经济繁荣的同时，也对新疆城市体系的建立起到了的重要作用，从而为新时代因"丝绸之路经济带"建设而迎来发展机遇的新疆地区城市规划决策提供支撑。

一、引　言

　　清廷在新疆地区的军事驻防布局始终围绕着如何消除边疆威胁而进行，早在康熙年间，为防范漠西蒙古准噶尔部的东进，清廷就将军事驻防重点从东南沿海向西北转移，并将驻防前沿从甘宁两地渐次向新疆地区的哈密、巴里坤推进。乾隆二十四年（1759年）统一新疆后，清廷在伊犁地区、塔尔巴哈台地区构建了新疆西路及北路驻防，以应对哈萨克、布鲁特越境游牧等新

---

　　* 国家社会科学基金一般项目：清代驻防城对新疆地区城市形态演变作用及其历史遗存研究（20BZS117）。

　　** 张威，艺术学院教授；李江，艺术学院副教授。

的边疆威胁；依托回疆八城设置了新疆南路驻防，以确保南疆地区的稳定；随着乾隆三十六年（1771年）土尔扈特部东归，为了防控土尔扈特部，进一步完善了以乌鲁木齐为中心的新疆东路驻防，至此新疆驻防体系基本形成。

二、清代新疆驻防城的始建

康熙二十七年（1688年），漠西蒙古准噶尔部在其首领噶尔丹的统领下，入侵漠北喀尔喀蒙古，并进一步侵入漠南蒙古地区与清廷对峙，漠南蒙古地区遂成为清廷抗击准噶尔部的前沿阵地。清廷为了加强对准噶尔部的防范，以及向西北进军，于康熙三十二年（1693年）设置了右卫驻防城（位于右玉），同年又设置归化驻防城（位于呼和浩特）。雍正元年（1723年），青海和硕特蒙古部罗卜藏丹津勾结准噶尔部首领策妄阿拉布坦在青海发生叛乱，在清廷的武力征伐下，罗卜藏丹津战败逃往新疆准噶尔部。在此次平叛过程中，清廷看到了嘉峪关到哈密一线在隔绝青海蒙古和准噶尔部的重要性，遂着手在甘宁地区设置驻防，并进一步将对准噶尔部的作战前线向哈密、巴里坤地区推进，于雍正三年（1725年）筑宁夏驻防城（位于银川），于雍正五年（1727年）筑哈密汉城（位于哈密），于雍正九年（1731年）筑镇西城（今新疆巴里坤），于雍正十三年（1735年）筑凉州驻防城（位于武威）和庄浪驻防城（位于甘肃省永登县），所以说在雍正时期新疆地区已有驻防城存在。之所以雍正初期选择在哈密建立驻防城，皆因哈密为进入新疆的门户，同时也是清廷掌控相对稳定的地区，在此设立驻防城，有利于以此为根基向西用兵；在巴里坤设立驻防既是由于此地有较好的屯田及放牧之地，也是由于在清廷围剿阿睦尔撒纳叛乱时，巴里坤正位于向西推进的重要军事路线节点上。

三、清代新疆驻防城体系的形成

乾隆二十四年（1759年），平定大小和卓叛乱的最后一战伊西洱库尔淖尔之战结束，至此清廷掌控了天山南北，完成了统一新疆的大业。为了维护新疆的稳定，同时也是应军事、政治等局势变化的需要，清廷在天山南北的交通要塞及主要城市周边设置了诸多驻防城，使驻防逐渐形成体系，特别是乾隆二十七年（1762年）伊犁将军的设立，对新疆驻防体系的确立起到了关键作用；乾隆三十六年（1771年）土尔扈特部东归后设立的乌鲁木齐都统，让新疆驻防体系形成了以伊犁和乌鲁木齐为中心的"双军府"特征。新疆驻防是一个完整的体系，可依据清廷设立驻防城所在地区及防控对象，将新疆驻防体系划分为南路、西路、北路、东路四个驻防区进行梳理，以助于对清代新疆驻防体系有更深层次的认识。

（一）依托回疆八城构建新疆南路驻防

新疆南路驻防主要围绕天山以南的回疆八城（喀什、英吉沙尔、叶尔羌、阿克苏、乌什、和阗、库车、喀喇沙尔）展开。在统一新疆之初，天山以北的准噶尔部故地是清廷主要防范的地区，而对天山以南的回部则采取羁縻政策因俗而治，即采取驻南疆参赞大臣与当地伯克共同管理，同时选用换防形式向这些地区派驻八旗、绿营官兵。由于派驻南疆的八旗、绿营官兵需要空间安置，故依托原有的回疆八城通过新建及改建的方式设置了八处驻防城。其中，新建驻防城四处，分别是建于乾隆二十三年（1758 年）的协顺城（位于喀喇沙尔即焉耆）、乾隆二十七年（1762 年）的徕宁城（位于喀什噶尔）、乾隆三十一年（1766 年）的普安城（位于阿克苏）和永宁城（位于乌什）；另外在原有城中划地改建的驻防城有四处，分别是建于乾隆二十四年（1759 年）的嘉艺城（依托叶尔羌即莎车）、威靖城（位于和阗即和田）、巩平城（位于库车），和建于乾隆二十七年（1762 年）的辑远城（依托英吉沙尔即英吉沙）。

（二）围绕伊犁九城构建的新疆西路驻防

天山以北是清廷在新疆着力防范的地区，乾隆二十年（1755 年）清廷平定准噶尔部并收复伊犁，经过多次论证，最终确定采用军府制，于乾隆二十七年（1762 年）设立伊犁将军，作为新疆最高军政长官统领天山南北，使得伊犁成为新疆政治、经济、军事中心，并先后在此地兴建了伊犁九城，派驻八旗、绿营官兵携眷来此，以巩固这一驻防中心要地。同时，这些官兵还肩负着换防塔尔巴哈台和喀什噶尔的军事任务。伊犁九城不是统一规划的，而是根据不同时期的驻防需要而陆续建成的，九处驻防城的兴建历时近二十年，经历了两个建城阶段，前一阶段跨度近十年，最先营建的是塔勒奇城，为初期参赞大臣和八旗官兵的驻地，时间是乾隆二十六年（1761 年），接着于乾隆二十七年（1762 年）兴建了绥定城（位于霍城）和宁远城（位于伊宁），绥定城原为伊犁将军驻地，宁远城用以安置来此屯田的南疆维吾尔族人，由于绥定城的规模不能满足后期来此驻防的八旗官兵，故清廷又于乾隆二十九年（1764 年）兴建了惠远城（位于霍城），乾隆三十四年（1769 年）兴建了惠宁城（位于巴彦岱），以安置满洲八旗官兵；第二阶段是于乾隆四十五年

（1780 年）兴建了熙春城（位于汉宾）、广仁城（位于芦草沟）、瞻德城（位于清水河）、拱宸城（位于霍尔果斯），此四处驻防城主要是为了安置在此永久驻防的绿营官兵。伊犁九城在后期由于水患及驻防人员的增加，个别驻防城也进行了扩建和改建。

（三）以塔尔巴哈台为中心构建的新疆北路驻防

清廷统一天山南北后，准噶尔部故地罕有人居住，常引得周边游牧部落来此驻牧，使得伊犁至塔尔巴哈台地区的边境秩序非常混乱，特别是塔尔巴哈台地区哈萨克越境游牧情况严重。乾隆二十七年（1762 年），围绕伊犁九城的西路驻防基本构建完成，清廷开始着手应对哈萨克越境游牧事宜，决定在塔尔巴哈台地区建立北路驻防以便巡边，故乾隆三十年（1765 年）兴建雅尔城，但由于雅尔地区冬季寒冷雪灾严重，加上屯田之地有限，距优良牧场遥远，逐渐被弃，又于乾隆三十二年（1767 年）在楚呼楚地区新建了绥靖城（塔尔巴哈台）以威慑哈萨克，同时通过抽取马税的方式允许哈萨克在划定地区放牧，从而既保证了清廷对准噶尔故地的归属权，也解决了哈萨克越境放牧的边疆冲突问题。在塔尔巴哈台地区单独设防意义重大，因为这一地区除了与伊犁来往便捷外，还可通达阿尔泰、科布多等地，以塔尔巴哈台为中心的北路驻防的设立有利于西北两路驻防在遇到战事时彼此呼应，从而使得新疆驻防体系更加牢固。

（四）以乌鲁木齐为中心构建的新疆东路驻防

早在清准对峙时期，为应对战事需要已在新疆东部建立了一些驻防城，如雍正五年（1727 年）兴建的哈密汉城（位于哈密）、雍正九年（1731 年）的镇西城（位于巴里坤），作为向西进攻的军事基地；清廷统一新疆后，又在天山北麓东西交通要道上建立了一些绿营官兵使用的驻防城，以确保甘肃至伊犁的驿传畅通以及军屯之用，如乾隆二十七年（1762 年）建立的宁边城（位于昌吉）、辑怀城（位于米泉），乾隆二十八年（1763 年）建立的阜康城（位于阜康）、庆绥城（位于乌苏），乾隆二十九年（1764 年）建立的景化城（位于呼图壁），乾隆三十二年（1767）建立的迪化城（位于乌鲁木齐）。新疆东部驻防城密集修筑发生在土尔扈特部东归后，乾隆三十六年（1771 年）三月，土尔扈特举部自伏尔加河流域东归，让清廷意识到此次东归给新疆稳定带来了潜在威胁，于是采取拆解土尔扈特部众和加强驻防来消解威胁，具体做法在新疆东部土尔扈特部众安置地周围增设驻防兵力，设立乌鲁木齐都统，以乌鲁木齐为中心进一步完善新疆东路驻防，并将新疆东路驻防的指挥权由陕甘总督转给乌鲁木齐都统，以强化新疆东路驻防权限。这一系列权力加强措施反映在驻防上就是在乌鲁木齐的东西两向增设了诸多供八旗、绿营官兵使用的驻防城，构建了以八旗驻防为关键点，绿营驻防分布其间的东部驻防，至此以伊犁和乌鲁木齐为中心、"双军府"为特征的新疆驻防体系基本建成。土尔扈特部东归后修建的驻防城有：修建于乾隆三十七年（1772年）的巩宁城（位于乌鲁木齐）、会宁城（位于巴里坤）、保惠城（位于吉木萨尔）、乾隆四十年（1775年）的孚远城（位于奇台）、乾隆四十二年（1777年）的康吉城（位于玛纳斯）、绥宁城（位于玛纳斯）、乾隆四十四年（1779年）的靖宁城（位于奇台）、乾隆四十五年（1780年）的广安城（位于吐鲁番）、乾隆四十七年（1782年）的嘉德城（位于达坂城）等。

四、清代新疆驻防体系建立的意义

历经康熙、雍正、乾隆三朝七十余年的努力，新疆再次被清廷纳入国家的版图，为了维护国家主权及西北边疆的稳定，清廷曾尝试采用分封制、直省制、军府制等多种管理形式，但最终选择了以"双军府"为特征的军府制来管理这片疆土。新疆驻防体系的建立不仅在一定时期内维护了西北边疆的稳定，实现了以少数兵力控制辽阔疆土的目的；同时，因其在构建过程中不同民族兵种的调动形成了新疆地区民族的构成格局；另外为维持驻军生计开展屯田、商贸等活动推动了新疆地区经济的发展。而从城市发展角度看，正是这些清代驻防城的存在，以及对其所依附城市形态演变的作用，为当代新疆地区城市体系的形成奠定了基础，并随着当前"丝绸之路经济带"的建设使其深层的历史价值得以进一步凸显。

参考文献

[1] 中国第一历史档案馆. 清代新疆满文档案汇编（第24册）[M]. 桂林：广西师范大学出版社，2012：2-9.

[2] 兹拉特金. 准噶尔汗国史 [M]. 马曼丽，译. 北京：商务印书馆，1980：321.

[3] 清世祖实录（卷一五七）[M]. 北京：华文书局股份有限公司，1982：972.

[4] 宁夏回族自治区档案馆. 清实录宁夏资料辑录（上）[M]. 银川：宁夏人民出版社，1986：98.

[5] 王希隆，杨代成. 清朝统一新疆及其历史意义 [J]. 中国边疆史地研究，2019，29（1）：89-90.

[6] 王耀. 满文档案所见乾隆朝天山南路的新城修筑 [J]. 历史档案，2020（4）：

45 – 52.

［7］清高宗实录（卷六六八）［M］. 北京：中华书局，1986：469.

［8］小沼孝博. 清朝和中亚草原——游牧世界的帝国边境［M］. 东京：东京大学出版社，2014：275.

［9］朱永杰. 清代驻防城时空结构研究［M］. 北京：人民出版社，2010：176 – 180.

［10］苏奎俊. 清代新疆满城探析［J］. 新疆大学学报，2007，35（5）：83 – 85.

浅析徽州民居建筑中天井的成因

李 娜 张 威[*]

摘 要 徽州民居是古徽州地区人民建筑智慧的结晶，为适应当地的气候条件，以及聚族而居的传统，形成了围绕一个或多个天井形成的院落，而各式的天井也成了徽州民居重要的地域特征。本文从徽州民居的建筑布局角度出发，并辅以宗族观念、徽商文化来对天井进行分析，探寻不同类型天井的成因，从而为徽州民居的改造及新建提供支撑。

一、引 言

徽州（主要指黄山市，绩溪县，婺源县及周边地区）地处长江流域，受季风影响长期阴雨，潮气湿重，为适应这一自然环境特点，在徽州民居中采光和通风就显得尤为重要，因此徽州民居中通常都会设置天井；另外受徽州地区宗族观念影响，聚族而居使得人口众多的家族的院落建筑布局相对复杂，这种复杂的院落建筑布局又对应了多种天井类型；明中叶徽商的崛起，又将其对商业利益的追逐意识注入到了徽州民居乃至天井的布局中，从而对徽州民居中的天井的布局产生了一定的影响。

二、宗族观念下的徽州民居建筑布局

徽州地区具有强烈的宗族观念，这在民居中也能够体现出来，为保证众多人口聚族而居的和谐，就需要有一套宗族理法来制约人们的日常行为，而这套理法也会在徽州的民居建筑布局中得以体现。徽州人讲究方位，以礼为

---

* 李娜，艺术学院环境设计专业硕士研究生；张威，艺术学院副院长。

纲的传统四合院式住宅的布局、形制必须遵守封建宗法等级位序的要求；北为上座面朝南，方位十分的规整，以院落为主，住宅的平面布局上有一条南北中轴线为主线，东西方向左右两侧对称分布，使得空间院落主次分明，等级分明。在这条中轴线上，是非常讲究长幼有序、内外有别、前堂后寝的宗族礼制，只有尊重秩序，才能让聚族而居的宗族达到和谐。

三、建筑布局对应的徽州民居天井类型

古代徽州的封建宗族礼法制度在当时十分森严和完备，这样才能在礼制的约束下，保持家族的凝聚力，共同抵御外敌的入侵。古代的徽州人采取了聚族而居的生活方式，就需要有一定规模的院落来满足居住的要求，而不同形式的院落又产生了不同类型的天井，徽州民居中存在的不同类型的天井对应着的院落建筑布局，大体可分为五类天井类型："凹""回""H""日"和"L"字形，徽州民居天井类型大都是在"凹"字形状三合院布局的基础上发展衍生而来的。

（一）"凹"字形天井类型

"凹"字形天井作为基础的天井类型，对应着徽州民居三合院式的建筑布局形式，多为一进的两层住宅，天井位于中央，明间作客厅，两侧厢房作卧室，素有"一明两暗"的别称。

（二）"回"字形天井类型

在"凹"字形的基础上，吸收中原地区"四合院"的建筑布局形式，存在着对称、平衡分布的观念，以天井作为中轴线，在原来三合院的基础形态上形成"回"字形四合院建筑布局形式，从而也出现了另外一种天井类型，"回"字形天井。

（三）"日"字形天井类型

在凹字形的基础上，由在同一个方向上两个同向前后的三合院相接，他们在三合院的布局空间中都必有一个天井，这样不管前还是后相连接，他们都衍生出了另外一种形态，"日"字形的空间建筑布局，从而产生了这种"日"字形的天井类型。

（四）"L"形天井类型

在日字形的建筑空间布局的基础上，受到宗族观念以及徽州地区习俗文化的影响，在水平并列的方向上，由 2～4 个三合院并列相接，从而衍生出

"L"形天井类型。

（五）"H"形天井类型

"H"形为两个徽州传统民居三合院反向相连接而成，这一建筑布局意图是为了获得两个较大的房间，前部有一个天井，后部有一个天井，两个三合院单元共用一个墙体，共用一个屋脊，相比前面几个类型，这样的布局形态相对节约人力、物力、财力。前后两个天井厅堂的空间相连通，这一建筑布局的也就形成了"H"形天井类型。

四、徽商文化对天井形态定型和品质的提升

天井是徽州民居中不可或缺的空间组成部分，建筑布局对多种天井类型的形成产生了重要影响，通过研究分析，不仅建筑布局对天井有一定的影响，徽商文化对天井形态的定型及品质提升也产生了很大的作用。如经商讲究财运，所以徽州民居中很注重"聚财"，而天井正迎合了徽商的这一观念。"汇风聚水"在徽州民居中的天井空间处得以充分体现，降雨通过天井，流入院落，寓意财源滚滚而降，水来的地方宽大象征着来财，水去的地方窄小象征聚财，这种将使用功能及寓意叠加在一起的徽州民居天井设置，既将自然要素引入院落，改善了居住空间的质量，又迎合了吉祥的寓意，这正是对天井空间在中国传统文化上的一种诠释。

五、结　语

徽州民居建筑中天井的形成首先是为应对当地潮湿气候特征而产生的；其次在一定程度上受到徽州地域文化中宗族观念的影响；而后徽商积累了一定的财力反哺到民居建设上，又在一定程度上让天井赋予了徽商更为深刻的精神寄托。因此，天井形态的定型受到了来自不同因素的影响，在徽州民居中的各个建筑和院落都设有这种独特的空间，表明天井空间的存在是徽州民居建筑体系中极为重要的一个组成部分，是徽州建筑的代表符号之一，体现了徽州地区的建筑文化，具有极高的史学研究价值。因此，从地域文化角度对徽州民居中的天井进行分析也是很有必要的，通过对徽州民居中天井存在价值的深刻认识，有助于今后对徽州民居的改造提供一定的是设计依据。

参考文献

[1] 彭仲雄，周柯伊. 基于建筑类型学的徽州天井空间应用研究［J］. 建筑与文化，

2020（1）：249 - 251.

［2］张丹丹，汪艳，尤晓旭．明代徽州民居建筑空间布局特征与变化［J］．建材与装饰，2016（19）：85 - 86.

［3］谢俊．地域建筑设计——徽派建筑［J］．中外建筑，2012（10）：80 - 84.

北京市珐琅厂博物馆馆藏景泰蓝作品的造型与图案研究*

钟彩云　曾德辉**

摘　要　北京市珐琅厂景泰蓝博物馆系统完整地展示了近现代各历史阶段的景泰蓝制品，体现出景泰蓝的历史、文化、学术和工艺价值，为全社会和行业专业技术人员搭建了一个良好的学术平台，对景泰蓝技艺的保护传承、创新发展有着重要的历史和现实意义。景泰蓝在时代的推动下不断地发展和前进，造型和图案是景泰蓝最直观的表现方式，也体现了其背后的创作思想。本文通过对馆藏景泰蓝作品按功能用途进行器型的整理分类，按程式化纹样和装饰的分类方式对图案进行整理，进而深入地分析和研究景泰蓝造型和图案背后的含义。

一、景泰蓝博物馆概况

景泰蓝又称"铜胎掐丝珐琅"，起源于元朝，盛行于明朝景泰年间，清朝皇宫还设有造办处，专供皇家贵族享用。辛亥革命后，宫廷的景泰蓝手工艺人四散，民间作坊迅速发展。"七七事变"后，日本侵华战争全面爆发，景泰蓝手工艺的发展受到了严重打击。1949 年后，党和政府采取了积极地抢救保护和扶持政策，景泰蓝手工艺又重获新生。

1956 年 1 月 10 日，由 42 家景泰蓝手工作坊、私营珐琅工厂和专门为宫廷制造景泰蓝的造办处联合成立了公私合营企业——北京珐琅厂。1958 年，三个珐琅生产合作社合并为北京市景泰蓝工厂。2002 年 11 月，企业转制之

---

*　本研究受北京学高精尖学科学生创新项目资助。
**　钟彩云，艺术学院设计学硕士研究生；曾德辉，艺术学院设计学硕士研究生。

后更名为北京市珐琅厂有限责任公司。2006 年，景泰蓝制作技艺入选首批国家级非物质文化遗产项目名录，"北京市珐琅厂"成为景泰蓝制作技艺保护传承基地，并于 2012 年 6 月建设了我国首座景泰蓝艺术博物馆。

景泰蓝艺术博物馆的建设具有重要的意义。故宫博物院收藏、展示的景泰蓝作品大多是元明清时期的御用珐琅制品，北京市珐琅厂景泰蓝博物馆完整系统地体现出景泰蓝的历史、文化、学术和工艺价值，为全社会和行业专业技术人员搭建起一个良好的学术平台，对景泰蓝技艺的保护传承、创新发展有着重要的历史和现实意义。

景泰蓝博物馆展示了新中国成立以来不同时期的景泰蓝风貌。1951 年林徽因带领清华大学工艺美术抢救小组的常沙娜、钱美华、孙君莲、莫宗江，挽救、恢复传统景泰蓝技艺，创作完成了景泰蓝台灯、烟具套盘和敦煌题材装饰大盘，这些都被誉为"新中国第一份国礼"。

20 世纪 50 年代至 80 年代是景泰蓝的出口创汇时期，景泰蓝品种相对单一，有观音瓶、桶子瓶、小口瓶、灯笼瓶、六线瓶、周其垒、友谊尊等瓶类，以及盘、碗、罐、洗子等传统造型产品，其纹饰多为花鸟、龙凤、勾子莲、万花博古等图案，还有一些创新品种，但数量不多。

20 世纪 90 年代是景泰蓝的传承、发展时期，北京市珐琅厂不断加强景泰蓝产品的开发设计工作，突破传统、坚持创新。"三个文化系列"的作品已形成了全新的现代简洁时尚的风格，引领着全国景泰蓝艺术发展的方向和潮流。

21 世纪，珐琅厂更加注重新的设计理念，为景泰蓝增添了现代感和时代气息，并尝试开拓景泰蓝工艺新的应用领域——建筑装饰，赋予景泰蓝传统工艺以新的生命力，使景泰蓝技艺的发展又进入了一个崭新的历史时期。

二、馆藏景泰蓝作品的造型

按照馆藏景泰蓝作品的造型及功用，可分为以下四类。

（一）观赏陈设器皿

观赏陈设器皿的观赏性大于实用性，多用于装饰空间及观赏收藏。由于景泰蓝自身独特的美感，这类器物在景泰蓝博物馆馆藏作品中数量最多，品类最为丰富。观赏陈设器皿根据外观造型又可分为瓶、盒、罐、盘、壶和独创造型。

1. 瓶类

瓶类多指口小腹大的器皿，此类型作品在景泰蓝中最为常见，器物造型多是借鉴陶瓷造型而来，根据瓶身造型可分为以下类别：

A 型，观音瓶：撇口，短颈，丰肩，腹部先收敛后外撇。

B 型，长颈瓶：直口，长颈，鼓腹，下部内敛。例如，戴嘉林于 20 世纪 60 年代创作的《凤瓶》。

C 型，日盈瓶：短颈，丰肩，敛腹。例如，李静于 2008 年创作的《童趣》。

D 型，瓜形瓶：撇口，长颈，腹部较长作多瓣瓜棱，圈足外撇。例如，龚文桢于 1966 年创作的《山水瓜形瓶》。

E 型，方瓶：根据侧面数量又可分为四方瓶、五面瓶、六面瓶。

F 型，桶子瓶：撇口，短颈，丰肩，腹部曲线较平缓，底足内敛。例如，戴嘉林于 1981 年创作的《桶子瓶》。

G 型，洗子口瓶：瓶口样似古代笔洗，长颈，圆腹，圈足。

H 型，灯笼瓶：直口，短颈，丰肩，筒腹，圈足，形似灯笼。

I 型，银星瓶：例如，李新民于 1992 年创作的《展翅瓶》。

J 型，玉晶瓶：例如，戴嘉林于 2005 年创作的《绿茵场上》。

K 型，玉壶春瓶：例如，郭鸣、钟连盛于 2015 年创作的国礼《和平欢歌》。

2. 盒类

捧盒：口径大，器身高。例如，李静于 1975 年创作的《韶山捧盒》，常沙娜于 2014 年创作的《梨花捧盒》。

3. 罐类

罐即盛物或烹煮用的器皿，根据造型可分为：

A 型，将军罐：直口，丰肩，敛腹。

B 型，洗子罐

C 型，六瓣罐

D 型，陀螺罐

E 型，无盖罐：短颈，丰肩，敛腹，底足内敛。

F 型，满兴罐：饱满圆腹。例如，钟连盛于 2001 年创作的《荷梦》满兴罐。

4. 盘类

口径大、器身浅而平坦的盛器，式样丰富。

A 型，圆盘：例如，常沙娜于 1951 年创作的《和平鸽大圆盘》，钱美华于 1951 年创作的《敦煌图案大深盘》。

B 型，方盘：例如，常沙娜于 1951 年创作的《敦煌藻井大方盘》。

5. 壶类

馆藏景泰蓝壶类作品数量较少，多为清代仿制品。

A型，多穆壶

B型，提梁壶

6. 独创造型

例如，钟连盛于2008年创作的《连年有余》系列作品，以鱼的造型为创作灵感，设计了鱼瓶、鱼罐、鱼牌三个独特造型的作品。

（二）实用器

馆藏作品中，实用器按时间可分为清代及新中国成立后两类，清代有较多实用器，新中国成立后实用器以烟具、灯具为主。按照使用功能可分为两类：

1. 食用器

景泰蓝自身的繁复纹样，深得乾隆皇帝的喜爱，因此，在该时期出现了较多的食用器，但博物馆馆藏作品中数量较少。景泰蓝由于在制作过程中会加入少量铅元素来保证成品的光泽度，但铅元素作为重金属元素会对人体产生较大副作用，一定程度上限制了景泰蓝在食用器上的发展，后期作品中较少出现景泰蓝食用器。

A型，执壶：长颈，垂腹，高流，环形如意头执柄，圈足外撇。

B型，食品盒：例如，钱美华于1975年创作的《和平鸽》食品盒。

2. 日用品

新中国成立后为探索景泰蓝发展的出路，景泰蓝抢救小组的常沙娜、钱美华等人在景泰蓝的实用器上进行了深入的探索，为1952年的"亚洲及太平洋区域和平会议"设计了《卷草纹烟具盘》及景泰蓝台灯。

A型，烟具：例如，常沙娜于1951年创作的《卷草纹烟具盘》。

B型，灯具

C型，笔筒

D型，围棋罐

E型，茶海：例如，李静于2016年创作的《荷塘清趣》。

F型，时钟：例如，常沙娜、钟连盛创作的《丝路钟声》。

（三）仿古类

由于乾隆皇帝好古嗜器，因此，乾隆时期出现了大量仿制青铜器造型的作品，且馆藏景泰蓝作品中有较多形制的仿古作品，可分为仿青铜器造型、仿古立体兽两类。

1. 仿青铜器类

可分为鼎、罍（部分作品也写作垒）、觚、尊。例如，钱美华于2009年的收官之作《和平尊》，于2017年创作的国礼《四面方尊》。

2. 仿古立体兽类

例如，钱美华于20世纪50年代创作的《仿唐马》。

（四）装饰工程

将景泰蓝运用在建筑装潢及城市景观工程领域是景泰蓝在创新上的一项突破，摆脱了这项工艺在使用功能上的瓶颈，以装潢为载体赋予了景泰蓝新的生命力。此类设计出现于21世纪之后，根据使用场景及用途可分为装饰构件、壁饰和独立工程三类。

1. 装饰构件

装饰构件包括门套及拉手、暖气罩、墙面腰线、屋内斗拱等。例如，2007年，首都机场专机楼的景泰蓝工艺装饰工程，2014年，北京APEC会议雁栖湖国际会都的景泰蓝装饰工程是首次将景泰蓝工艺用于建筑半拱上。

2. 壁饰

壁饰可分为壁画及屏风两类。例如，2010年创作的北京市会议中心《锦绣中华》壁饰，2011年创作的《红楼十二钗》装饰壁画和《太白醉酒图》装饰壁画。

3. 独立工程

包括城市景观喷水池和佛寺中的转经轮藏。

三、馆藏景泰蓝作品的图案

景泰蓝制作工艺较为特殊，图案也与漆器、瓷器等其他工艺有别。景泰蓝在掐丝过程时会将铜丝排列得较为紧密，目的是在烧制过程中使釉料在铜丝表面黏合牢固，防止崩蓝（即脱釉）的现象发生，所以景泰蓝作品会填充较大面积的图案。其中图案又可分为程式化纹样与装饰两类。

（一）馆藏景泰蓝作品的程式化纹样

景泰蓝作品中的纹样体现出较强的程式化模式，纹样排布及样式具有一定的规律性及规范性，大多是为了适应制作工艺的要求而产生，因此，程式化纹样是景泰蓝工艺中不可或缺的一部分。

1. 锦地纹

锦地纹具有较强的功能作用，由于景泰蓝工艺本身不允许出现大面积留白的手法，因此需要有大量紧密的锦地纹来填充主体图案以外的空间，根据馆藏作品中常见的锦地纹样，可分为云纹、回纹、鱼鳞纹、桂花纹、冰裂纹。

A 型，云纹：云纹在古代有吉祥高升的寓意，也称"祥云纹"。北京市珐琅厂在 20 世纪 60 年代中期，自主研发了云彩制地儿机实现了规格化及模具化生产的方式，制作速度快且更为规整，大大提高了生产效率。

B 型，回纹：又称回字纹，从古代陶器及青铜器的云雷纹发展而来，在民间有"富贵不断头"的寓意。馆藏作品中较多以单体回字纹形式出现，较多见于仿古器，体现作品的古朴质感。

C 型，鱼鳞纹：鱼鳞纹最早出现于商代青铜器，鱼在古代又有"连年有余"之说。鱼鳞纹由片片鱼鳞状铜丝相交堆叠而成，通常用来表现禽兽的鳞片或羽毛。

D 型，桂花纹："桂"与"贵"谐音，象征吉祥富贵之意，由两根垂直交叉的直线与四瓣桂花相交构成四方连续的图形，垂直相交的十字又代表了十全十美。

E 型，冰裂纹：源于古代瓷器的一种烧制工艺，因表面如同冰面破裂的形状故此得名。一般指使用长短不一的铜丝组合成的冰裂型纹片，多装饰于瓶罐。

2. 主体纹样

主体纹样是指一个单位应用的图案纹样，没有一定的外部轮廓限制，与锦地纹的成片填充方式不同，主体纹样大多是以单独存在的形式出现，根据器物及外观的不同有较大的变化。有些主体纹样代代相传，大多拥有吉祥、美好之意。馆藏景泰蓝主体纹样又以缠枝纹、宝相花纹、龙纹、蝙蝠纹、凤凰纹为主。

A 型，缠枝纹：宋、元、明、清极为流行，在景泰蓝艺人们的不断创作中，呈现出不一样的艺术特点。花头被花枝所围绕，有连绵不断的美好寓意。

B 型，宝相花纹：又称宝仙花，纹饰构成以莲花、牡丹花为主，并镶嵌着大小不一的叶子，繁丽的美感透出富贵宝气之象。在不断发展演变中，也象征着富贵吉祥和圣洁美满。

C 型，龙纹：龙纹是古代帝王的专用纹样。馆藏景泰蓝注重对龙写实的手法，强调龙的动感，还有各式的纹样如二龙戏珠、九龙闹海、草龙拐子等。

D 型，蝙蝠纹：蝙蝠纹在馆藏景泰蓝中是常见的吉祥主体纹样。在中国的传统装饰文化艺术中，由于蝙蝠的"蝠"与幸福的"福"谐音，所以蝙蝠通常被认为是幸福的象征。

E 型，凤凰纹：在古代传说中为鸟王，雄者为凤，雌者为凰，俗称"凤凰"，也是馆藏景泰蓝中是常见的吉祥主体纹样。

（二）馆藏景泰蓝作品的装饰

馆藏景泰蓝装饰大多以吉祥图案为主，吉祥图案是我国传统装饰纹样的一种，是通过某些自然现象的象征、寓意、谐音、比拟、表号或直接以文字等形式来表达人们，愿望、理想的图案，是具有历史渊源、富有民间特色的图案。在漫长的岁月里，景泰蓝艺人们把这些传统的文化精华运用于景泰蓝的设计中，使景泰蓝具有其独特的审美价值和寓意。

1. 象征、寓意的图案

象征是借用可感知的符号来说明一种抽象的、哲理的艺术方式，而寓意则是以图案引申出的某种含义，在馆藏景泰蓝中常见的这类图案有富贵多寿、四君子、八吉祥、鹤寿延年、龙凤呈祥和百果丰硕等。

2. 谐音、借音的图案

在吉祥图案中，有许多的物品名称与吉祥语在语音或语义上相近，使人一看便知其寓意。馆藏景泰蓝的图案中有喜上眉梢、清廉得名和一路连科等，喜上眉梢以喜鹊和梅花枝组成，清廉得名以蜻蜓、莲花和青蛙组成，一路连科以一只鹭鸟和莲花组成。

3. 文字、表号的图案

中国的汉字本身就具有极高的美学价值，文字也是从象形图画演变而来的，在馆藏景泰蓝中，有的直接将文字作为装饰图案，或与图案搭配组成极富寓意的装饰纹样，被称为"花字"，如"卍"字、寿字、喜字等。

四、结　语

北京市珐琅厂景泰蓝博物馆馆藏作品种类丰富，用途广泛，兼具实用性和美观性。通过分析其造型和图案，得出器物造型多是借鉴古代青铜器和陶瓷造型而来，并在不同的时代背景下珐琅厂自主研发创新造型，应时代潮流而变换风格。在图案上，"图必有意，意必吉祥"的宗旨一直没变，跟随时代变化的同时，其具有现代感和时代气息的设计理念也不断精进。景泰蓝造型和图案的背后含义，代表着一个时代的审美趣味与情感表达。景泰蓝作为北京极具代表性的优秀传统工艺，需要一直传承保护、创新发展下去。

参考文献

[1] 李楠. 青铜器鳞纹初探 [J]. 文物春秋, 2018 (5)：27 – 32, 66.

[2] 王金林, 李芳. 浅析铸胎掐丝珐琅的造型与纹样 [J]. 文物鉴定与鉴赏, 2017 (1)：98 – 105.

[3] 李瑞, 刘宁. 试论宝相花纹在当代设计中的语义解读 [J]. 美术教育研究, 2012 (16)：62 – 63.

[4] 娄晓梦. 中国传统吉祥图案——蝙蝠纹之探索 [J]. 现代装饰（理论）, 2015 (8)：169 – 170.

当代大众审美视域下兔儿爷文化传承与创新

房天娇　黄　尧*

摘　要　兔儿爷作为北京地区特有的文化符号，目前面临发展活力不足、销售渠道不畅、民众了解程度较低等问题。本文以设计学的视角，以笔者自行设计的中西元素融合表现下的兔儿爷创新形象为案例，使用大量问卷调研方法得出的结果为论据，结合相关理论探索兔儿爷传承和创新的方式和路径，得出快消时代下结合大众审美要素的视觉创新是兔儿爷以及当代非遗有效活化方式之一的结论，为兔儿爷在内的非物质文化遗产提供传承和创新的新思路。

一、相关概念简述

中国非物质文化遗产，是指我国各族人民世代相传，并视为其文化遗产的各种传统文化表现形式、知识体系和技能及其有关的工具、实物、工艺品和文化场所。非物质文化遗产是相对于物质文化遗产提出的，所以它在物质形态上具有非物质性，传播方式上具有传承性（口传身授），存在形态上具有无形性和活态性，表现内容上具有地域性，主体、客体和载体上具有多样性和复杂性等特征。北京作为中国的首都，在城市规划纲要中被明确设立为中国的文化中心，近年来，北京非物质文化遗产以其悠久的历史文化、精良的手工技艺以及浓郁的地方特色，在旅游开发、文创产业乃至国家政治文化多重方面发挥着重要作用，并越来越受到重视。

"兔儿爷"是北京非物质文化遗产之一，也是老北京中秋民俗文化的代

---

* 房天娇，艺术学院设计学硕士研究生；黄尧，艺术学院设计学硕士研究生。

表。最早作为节庆用品，广泛流行于天津、山东等地。兔儿爷的渊源甚广，起初来自于古人对月亮的崇拜，而后逐渐演变成祭月仪式的形象。民间流传着兔儿爷的各种传说，例如，某年北京城里瘟疫大肆，月宫嫦娥派玉兔下山治病，人们为了感谢玉兔，用泥塑了玉兔的形象，形态各异，每年农历八月十五家家都会供奉它，兔儿爷的形象就在这个过程中逐渐定型。现今，兔儿爷的祭祀供奉功能已经逐渐淡化，而突出其玩赏的功用，成为最具代表性的北京非物质文化遗产之一。但随着时代的不断发展，人们的审美产生新的变化，大多传统手工艺品被快消产品逐渐压榨空间，琳琅满目的现代商品为了迎合大众口味，为了不断制造盈利空间而缩短制作周期，从而导致缺乏文化内涵，如今的兔儿爷等非物质文化遗产应当寻找更好的方式被继承和发展。

大众审美是指在一定时期，社会大众群体在其生活的环境中所形成的对美的认识和看法，在此审美的带领下形成了审美意识、审美心理、审美趣味、审美心理等特征。大众审美受社会生产发展水平的影响，又反作用于社会意识形态。从时间维度上看不同时期的大众审美，有不同的审美风格和艺术表现形式。大众审美影响着社会生活的各个方面，从日常起居到衣食住行，甚至影响着大众的价值取向。尤其在现代快节奏的生活中，大众对美的需求和追求，成为生活中不可缺少的一部分。

二、当代大众审美视域下的兔儿爷

（一）针对民众对兔儿爷的认识情况及喜爱程度等问题展开的问卷调查

大众对兔儿爷的了解程度如何？认为兔儿爷是应该遵循传统还是谋求创新？对于兔儿爷的新造型、新设计是否感兴趣？针对以上相关问题，笔者设计了"关于非遗文化兔儿爷的传承与发展"的网络调查问卷，通过问卷结果反馈，进一步分析当代大众对于兔儿爷的认知、喜好的程度等。

在问卷的问题设计上，除了基本信息外，还包括对兔儿爷的了解程度；对传统兔儿爷形象是否应当与时俱进；是否有意愿从事兔儿爷或非遗相关工作；将兔儿爷转化成北京 IP，以及是否会购买兔儿爷相关文创等 9 个问题。将调查问卷投放至网络，为期近 1 个月时间，总计回收到 98 份有效问卷。

调查问卷中可量化的部分数据如下，问卷填写的人群以 18～34 岁的青年人为主，总计 75 份，占有效问卷的大部分。其中，从问题 3 和问题 4 的数据可得出，72.3% 的调查对象对于非遗表示感兴趣的态度；82.3% 的调查对象认为传统兔儿爷的形象应该与时俱进；超过 50%（54.4%）的对象会选择购买兔儿爷的文创纪念品；82.3% 的对象都愿意参与到非遗或者兔儿爷的相关工作中；72.6% 的对象认为兔儿爷可以作为代表北京的 IP 形象。从以上数据可以基本得出的结论是，大众尤其是年轻人对于兔儿爷和非遗抱着期待的态度，并渴望兔儿爷的形象有所创新。在今日快消费的背景下，大众期待有抓人眼球儿的新产品出现，这对兔儿爷的创新创造了良好的环境及有力的推动。

调查问卷的最后一道主观题是"对当前国内文创产品的感受"。收到的回答经过一系列汇总和分类后，基本分为以下 3 种观点：①国内文创产品的开发需要与时俱进；②当前国内文创产品的质量尚不良好；③文创和背后的非遗需要被宣传和发扬。从问卷反馈的 3 个观点，大多数调查对象，对当今国内的文创产品抱以期待的态度。中国的国粹众多，但国内对文创产品开发的历史是这个世纪才出现的事情。不仅仅是兔儿爷，当前大多数文创产品的设计感不佳，质量参差不齐。作为设计师需要以创新为导向，通过专业技能创造出相对优良的产品投入市场。另外，一些的观点也表明，不少文创未能紧跟当前的潮流文化，缺乏宣传手段，非遗和文创需要被更多人了解并认识。

（二）关于符合大众审美的兔儿爷形象创新设计价值的阐述

通过以上问卷，从调查对象映射的社会大众对兔儿爷和非遗创新的迫切期望可以看出，以兔儿爷文化为主题的创造性活动是十分必要的。传统手工艺品不应该只是橱窗里的摆设品，在这个酒香也怕巷子深的年代，以兔儿爷在内的非物质文化遗产需要独辟蹊径，寻找快速的渠道来传达自己的文化内涵。那么，符合大众审美的兔儿爷形象创新设计就有一定的价值和意义了。

在当代大众审美的视域下，兔儿爷的形象需要由里到外进一步被挖掘，衍生一系列具有鲜明时代感和艺术气息的全新形象。但同时，不能舍弃兔儿爷形象中原汁原味的几个特色，如长耳、火焰眉等，寻找艺术感和辨识度的完美平衡，积极浓缩兔儿爷文化的精髓所在，再通过设计学相关理论进行实践，有效率地将文化内涵信息转化成可触可及的信息，完成兔儿爷对于传统文化信息的传递。这样，才能对兔儿爷文化的保护和传承提供有效动力。大众审美代表群体审美趣味，与大众文化审美相符才会有越来越多的受众群体参与进来，越来越多的人参与进来，非遗的传承队伍才会不断壮大。

兔儿爷形象的创新，有助于推进北京地域文化与旅游资源开发的结合，有助于扩大未来兔儿爷与相关产业互相链接。同时，作为北京地域特有的京韵形象，"兔儿爷"形象能够作为文旅产品被不断开发和拓展，其形象衍生品在当代热点 IP 形象大热的消费环境下也有着很大的挖掘潜力。

不仅如此，兔儿爷等非遗文化产业的上升和发展还可以促进就业，间接地增加就业岗位，解决一部分手工艺人、非遗爱好者和应届生的就业问题。民众目光的聚焦和消费的带动可以推动文化产业的发展，如故宫文创一样创造辉煌的纪录。在当代文化背景下，"日常生活审美化"趋向逐渐明显，大众愿意为"美"而买单。所以，兔儿爷等非物质文化遗产符合大众审美语境下的再创造和再设计，是具有重大意义的。

三、结　语

非物质文化遗产在大众审美下的传承与创新是顺应社会发展规律的，也需要在其传播上谋求新方式，创造新方法。认识到符合当下大众审美对非遗保护和传承的价值意义，运用新的手段使其受到更广泛的关注，让更多有兴趣的人参与进来，使非物质文化遗产获得强大的发展动力，从而更好地被传承与创新。

参考文献

[1] 于萌. 兔儿爷：从兔神和儿童玩具到民间艺术品 [J]. 民俗研究，2008 (4)：179 – 194.

[2] 王熠. 兔儿爷源流探微 [J]. 民艺，2018 (6)：54 – 57.

[3] 吕蕾，张继晓. 北京兔儿爷的文化基因特色探析 [J]. 艺术教育，2016 (5)：151 – 152.

[4] 关昕. 北京兔儿爷文化探源 [J]. 河南教育学院学报（哲学社会科学版），2011，30 (5)：29 – 32.

[5] 薄松年. 红袍金甲兔儿爷 [J]. 紫禁城，1986 (5)：4 – 7, 19.

[6] 杨慧子. 非物质文化遗产与文化创意产品设计 [D]. 北京：中国艺术研究院，2017.

[7] 张西昌. 传统手工艺的知识产权保护研究 [D]. 西安：西安美术学院，2013.

[8] 鲁晶. 当代大众文化的审美辨识与大学生审美教育 [D]. 长春：东北师范大学，2013.

[9] 郑惠生. 论大众审美文化的特征 [J]. 韩山师范学院学报（社会科学版），2000 (3)：33 – 45.

[10] 傅守祥. 泛审美时代的快感体验——从经典艺术到大众文化的审美趣味转向 [J]. 现代传播，2004 (3)：58.

数字经济背景下中职电子商务
专业人才素养新要求

郁万彩　王　丽*

摘　要　数字经济的飞速发展促使我国进入数字经济时代，同时对企业的业务流程和交易模式也产生了适应性的变化，电子商务行业作为数字经济飞速发展的红利分享者，对从业者的素养也提出了更高的要求，而中职电子商务专业人才是基础应用型人才，是电子商务发展的岗位基础，也是根基，因此，对中职电子商务专业人才素养在数字经济时代下的要求变化的梳理显得尤为重要。通过对数字经济时代的分析发现：宏观环境和经济发展趋势促使跨境电商的发展，而中观环境，以及微观环境对于中职电子商务专业人才素养的发展提出新要求：更注重跨境电商业务能力的培养、更强调数据素养的培养。

一、引　言

数字经济已经进入全面渗透、跨界融合、加速创新、引领发展的新阶段，成为创新经济增长方式的强大动能，并不断为全球经济复苏和社会进步积累经验。数字经济下的经济形态和教育发生了重大的变化，能够适应时代发展需求的高素质人才已经成为推动我国数字经济形态发展的中坚力量。学校教育是目前培养高素质人才的主要途径，中职院校作为基础应用型人才的主要输出部门，应当建立专业人才素养培育机制，不断输出更适应新时代发展的优秀人才。

---

*　郁万彩，应用科技学院职业技术教育专业硕士研究生；王丽，应用科技学院副教授。

二、数字经济

数字经济是以信息通信基础设施为基础条件的，借助虚拟网络发布信息和获取信息，通过信息的供需对接实现简单便捷和零距离沟通，从而降低交易成本，提高交易效率。近年来，随着数字强国战略地位的不断提高，国家不仅在政策上给予扶持，同时在税收、经费方面也大力支持，大大地促进了数字产业的发展，呈现向"大数据化"和"云化"迈进的特点，催生了制造业的多种新业态、新模式；传统制造业企业纷纷基于互联网开展规模个性化定制、线上线下融合（O2O）、制造服务化转型等新业务，由此也催生了淘宝、拼多多、小红书等内容电商、直播电商、社交电商等平台；大批制造业企业积极搭乘跨境电商的快车，将市场触角延伸到全球各个角落，跨境电商成为制造业企业拓展海外市场的重要通道。电子商务专业人才在这一经济形态的发展变化中起着重要的作用，也为电子商务平台的发展提供了人才支持。

三、中职电子商务专业人才素养

从中职电子商务专业人才素养的培养路径来看，目前的培养现状会更加的清晰。由于学校是中职电子商务专业人才素养培养的主要途径，所以学校层面对电子商务专业的重视程度、经费分配的倾向性都是重要的影响因素，会影响电子商务专业学生的培养环境、使用资源的先进性等，但是学校层面对于人才素养的影响更多的是通过教师来产生的，处于青春期发展的中职学生具有较明显的向师性，所以教师的人格魅力、专业能力、教学能力、道德素养都会对电子商务专业人才素养的培养和发展产生相关的影响。除了学校和教师层面对人才素养培养的作用，中职学生的自我要求、与家庭成员以及同伴关系都会对电子商务专业人才素养的培养产生一定的影响。接下来主要从学校、教师和学生三个方面来简述目前中职电子商务专业人才素养的培养现状。

（一）职业道德教育流于形式化

在学校层面最突出的特征就是对于职业道德的教育过于形式化，在就业率的影响下学校更加注重就业的量化而非质化，追求100%的就业率而忽视了学生的职业素养方面的教育，导致了学生对于职业道德的认知不足，从业后的犯错率也要高于专科、本科等学历的学生。学校对于职业道德的教育往往是通过职业道德素养课程的理论层面的培养，在实践层面缺乏培养和指导。

（二）教师对学生职业生涯规划缺乏强有力的指导

"凡事预则立，不预则废"这句话告诉我们有计划、有准备做事情的重要性。中职电子商务专业学生对职业生涯规划的重要性有充分的认知，但是关于计划所使用的具体方法和路径，以及事物的紧急重要程度排序的科学性缺乏强有力的专业指导。在学校，教师是学生接受职业生涯规划指导的最方便、快捷的途径，但是教师处于追求现阶段职业挖掘和专业知识能力的掌握，缺乏对学生职业生涯规划进行指导。

（三）学生对人才素养的认知不足

中职学生正处于青春期的敏感和叛逆阶段，对于学校的课程、师生关系、家庭成员的关系、同学关系等维度的认知呈现了该年龄阶段所独有的显著特点，这也决定了中职学生对人才素养认知的局限性。并且中职学生的学习能力、情感和价值观等方面还处于一个动态发展变化的过程，所以中职学生的可塑性非常强，可以通过相关课程、教师引导等方式对人才素养的自我认知进行培养和提升。

四、数字经济背景下中职电子商务专业人才素养的新要求

随着数字经济的发展对电子商务专业人才素养发出了挑战，职业教育的发展现状和地位也对其提出了更高的要求，社会经济的高质量发展需要匹配度高、关联度强的跨境电子商务专业基础应用型人才，中职电子商务专业人才素养更突出和强调数据素养。

（一）跨境电商业务能力

随着 5G 技术在各行各业的广泛应用以及跨境电商的蓬勃发展，对于电子商务从业者也提出了更高的要求。对于新模式、新方法的感知要更敏锐，对于具体的运营方式和产品的更新迭代也要具有颠覆式创新思维，这可能是未来学校教育和家庭教育的重点，也会是未来电子商务专业人才的核心素养之一。电子商务的高速发展对跨境电商人才有了更加细化的需求，中职电子商务专业的人才基本上从事基础的工作，总体看来，可以分为以下几个方面。

（1）基本的网络连接知识和服务器维护的方法；

（2）具备基本的外语沟通能力，或者能够精确使用翻译软件，准确理解顾客表达的意思并做出解答，促进订单完成；

（3）精通电子商务软件的使用流程和注意事项，能够独立操作使用并为顾客答疑解惑；

（4）具备基本的电子商务营销与运营能力，电子商务运营涵盖电子商务系统营销层面，运营更加侧重于对整个产品力、品牌力的分析，能够了解电子商务的全程运营管理。

（二）数据素养

电子商务业务需求中的广告精准投放、算法推荐、自媒体营销、用户行为偏好分析，以及交易的风险控制都有赖于大数据对用户的精准画像。因此，电子商务专业人才的数据素养在这个时代背景和行业要求下显得尤为重要。

中职电子商务专业人才对数据素养的基本要求包括数据知识、数据意识和数据道德素养三个方面。

1. 数据知识

数据知识是数据素养的基础，先掌握数据的基本知识才能培养数据意识，提升数据道德素养，进而达成数据素养的新要求。数据对于电商行业非常重要，算法的精准度和数据的处理分析，掌握网络数据的传播扩散的内在规律，有助于商品的网络营销，也会影响潜在消费者的购买意愿。

2. 数据意识

对中职电子商务专业的学生来讲，具备数据意识是指在学习和未来从业的过程中，要对数据敏感，能够善于捕捉到对电商平台运行有利的数据，对数据做辨别、分类和简单的预处理；也要带有批判思维看待算法功能，能够多方位、多角度权衡算法的利弊；在平时的学习中培养自己的数据意识体系来指导未来的实际工作。

3. 数据道德素养

电商的数据道德素养是指在获取和利用数据时，必须加强数据安全意识，提高对大量数据的判断和评价能力，要树立正确的法律观念，合理合法地使用数据资源。电商业务交易活动过程中涉及消费者的个人基本信息和隐私信息，通过对这些信息的分析有助于商家的精准推广，从而提升销售额。如果这些关于消费者的基础数据信息在网上出售、滥用，会影响到大数据的运用，也会使人们对大数据失去信心，影响数据挖掘价值的发挥和利用。

同时，当前时代不仅是数字经济飞速发展的时代，也是一个信息爆炸的时代，各种各样正面负面、积极消极的信息充斥在我们的身边，一些不良的道德观念正在侵蚀学生群体的价值观，使得学生变得浮躁焦虑。而中职学生正处于人生观、世界观、价值观形成和培养的关键时期，对于数据信息的真实性、价值性及影响程度的辨别能力较低。因此，电子商务人才更应当明辨是非，有正确的价值判断，要具备基本的社会道德素养和数据道德素养，能够维护社会公平正义，遵守国家的法律法规，不侵占国家利益、企业利益，能够保护数据安全与数据隐私，能够尊重和保护知识产权。

五、结　语

综上所述，数字经济的发展促进了电子商务行业的发展，同时对电子商务从业人员也提出了更高的要求。这些新要求与当前中职电子商务专业人才素养的培养现状还有一定的差距，这也要求作为基础应用型电子商务人才的中职院校改变传统的培养方式和培养侧重点，根据专业教学要求、企业用人需求及学生学习需求进行课程体系、教学模式、校企合作的创新，提升现有教师在观念上的重视程度以及教学方法上的改变，创新和完善当前人才素养培养的课程体系；应将中国特色社会主义核心价值观等道德观念纳入中职人才素养建设体系中，通过校园道德文化建设、思想政治课程、校园活动宣传等方式，不断引导学生树立正确的价值观、基本道德观、职业道德观，通过全校师生参与校园文化建设，树立健康的校风、学风，促进正确价值观念的渗透，从而为人才输出确立正确的价值导向。

同时，作为人才接收者的企业也要与学校加强联系和配合，提出更具体的人才要求；最后，作为中职院校电子商务专业的学生自身对于人才素养的认知行为也要更主动积极，家庭的重要成员和周围的同伴也要有积极的影响和引导。

总之，加深学生对于电子商务专业人才素养的认知，有助于提升学生的学习积极性与主动性，还可以引导学生价值观念的健康成长，引导学生形成正确的就业观与择业观。学校和企业要不断为学生提供专业学习、实践与职业核心素养培养的平台与机会，各方力量共同努力以促进学生的全面发展，使学生成为全面型、挖掘型的综合人才，能够为中国特色社会主义发展奉献自己的一分力量。

参考文献

[1] 张雪玲. 中国数字经济发展指数及其应用初探 [J]. 浙江社会科学，2017 (4)：32.

[2] 刘跃. 新时代背景下高职院校电子商务专业人才核心素养培养浅探 [J]. 交流与探讨，2020 (6)：74.

[3] 王伟玲. 我国数字经济发展的趋势与推动政策研究 [J]. 经济纵横，2019 (1)：69.

[4] 魏松嵘. 在电子商务专业教学中学生职业素养培养的思考 [J]. 现代职业教育·职

业培训，2017（10）.

［5］周玥. 跨境电商人才核心挖掘探索研究［J］. 教育现代化，2017（32）：21.

［6］江耘. 电商人才数据素养构建路径研究［J］. 教育现代化，2019（8）：1.

［7］焦月霞. 中国数字经济发展及其影响因素研究［D］. 杭州：杭州电子科技大学，2018.

基于可视化分析图谱的中职核心素养研究

侯春明*

摘　要　近年来，核心素养的概念备受关注，职业教育是现代国民教育体系的重要组成部分，而中职教育在职业教育中占有举足轻重的地位，因此，采用 Citespace 对我国 2015—2020 年有关中职核心素养研究的 533 篇文献进行了发展过程可视化、发文期刊可视化、高频关键词网络、共现词聚类中心性比较等方面进行了研究。研究表明，我国中职核心素养研究文献量呈现螺旋式上升态势，其中心关键词仍是未来发展的趋势研究方向。此外，还梳理了近 6 年我国中职核心素养研究的脉络和热点主题，未来我国中职核心素养研究多集中于学科核心素养、中职核心素养教学模式、多元化跨学科的方向。

一、引　言

2003 年国际经合组织（OECD）在研究报告《核心素养促进成功的生活和健全的社会》中首次提出"核心素养"一词，核心素养聚合了知情意行和价值观为一体的动态发展概念。2014 年 9 月，我国教育部出台了《关于全面深化课程改革落实立德树人根本任务的意见》，这是政府首次提出研究核心素养体系。2015 年全国教育工作会议上，袁贵仁部长提出："加快建设学生核心素养体系。"《中国学生发展核心素养》研究成果于 2016 年发布，在三维教育体系的基础上提出了"核心素养"的理念方针，"核心素养"概念是对以文化为基、以发展为核与以社会为场三个层面进行阐述。同年，辛涛等学者认为，将核心素养概念界定为学生在接受相应学段的教育过程中，逐步

　＊　侯春明，应用科技学院职业技术教育专业研究生。

形成的适应个人终生发展和社会发展的必备品格与关键能力。本文通过对2015—2020 年中等职业教育核心素养相关文献计量和可视化分析，旨在探求我国中等职业教育学科核心素养的现状、热点以及前沿动态，为中等职业教育学科核心素养的发展和改革提供可借鉴的地方。

二、数据来源与处理工具

（一）数据来源

本文研究数据主要来源于 CNKI 数据库。在 CNKI 搜索引擎中设置条件为"主题 = 核心素养"并"主题 = 中职"，对文献来源类别为"全部期刊"进行检索。我们将文献检索时间确定为 2015—2020 年（因中职核心素养相关期刊最早发布于 2015 年），以体现我国中职核心素养的研究大致脉络和最新研究成果，经过对所选文献反复筛选并删除了会议、报刊等无关资料后，共得到 533 篇相关文献。

（二）数据处理工具

本文主要是运用文献计量法与 Citespace 知识图谱相结合的方法进行分析。两种方法交叉使用，可以对研究主体之间的关系进行深层次的探索研究，并对之间的联系进行分析和建构，使之能全面地展示出该研究领域所存在的问题、未知领域和契合点，旨在为以后该领域的研究指明方向。

三、研究结果分析

（一）中职核心素养发展过程的可视化分析

本研究主要以 2015—2020 年 12 月关于中职核心素养的研究在 CNKI 的文献中进行了筛选统计，结果如图 1 所示。2016 年之前可以看出关于中职核心素养的相关文献发文量较少且幅度较平缓。在 2016—2017 年后我国关于中职核心素养的文献量明显提升，发文数量总体上呈逐步上升趋势，由 2016 年的 10 篇文献逐步上升到了 2017 年的 47 篇文献。2018—2019 年呈爆发式上升，从图中可以看出，文献发文量趋势线明显爬高，表明了在这两年当中该领域发展加速。而结合 2019—2020 年 12 月发展趋势线上下波动不大，以此判断该研究领域的所关注的热点与前沿会一直持续。

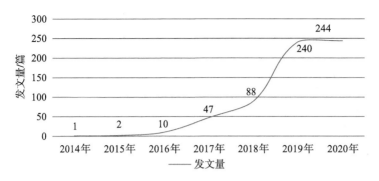

图1 年均发文量折线图

我国中职核心素养相关研究起步较晚，且多数学者关注这一领域都集中在 2016 年以后。在 CNKI 数据显示最早关于中职核心素养的文章是刘茂祥于 2015 年在教育发展研究期刊上发表的《示范性普高与中职示范校沟通的课程建构初探：高阶技术技能型人才早期培育的视角》一文，这篇文章为加快推进中职示范校培养高层次应用型人才，增强对潜质学生的人文和核心素养的培养，提供了理论支撑。前期学者的探究与政策引领的方向对中职核心素养的探索性研究和后期深入研究具有启发及深刻的意义，在 2016 年 9 月，我国"核心素养"框架在《中国学生发展核心素养》中首次提出之后，很多中职学校都在尝试以不同的方式来培养学生的核心素养。因此，该领域研究出现上升趋势，学者发文量明显增多。2017—2020 年，该领域处于黄金阶段，并且学者在此阶段提出了从课程标准模式出发，以核心素养为目标，加紧课程的改动为核心的构建体系，提出了跨学科综合提高中职学生核心素养的研究范式，这为探索我国中职核心素养的培养发展提供了研究方向。同时，学者踊跃去尝试在实践中探索中职学生核心素养的培养方案，进一步深入研究中职核心素养。

（二）中职教育核心素养研究的发文期刊可视化分布

期刊是可以衡量一个领域研究水平的一个重要指标，本文通过对中职核心素养研究的发文期刊进行了统计，发现该领域研究总发文量占比大约 1/5 的期刊是《职业》，总数为 86 篇；其次发文量排名第二位的期刊为《职业教育（中旬刊）》，发文量达到 35 篇，总发文量占比数为 9.51%；而排名第三位的期刊为《中国职业技术教育》，其发文数为 26 篇，占总发文量的 7.07%。关于中职核心素养研究的文章主要集中职业教育期刊的文章当中。而有少数一部分综合类教育核心期刊接受中职核心素养研究的文章，如《中国教育学刊》发文量 2 篇，《课程·教材·教法》与《上海教育科研》各发文 1 篇，该类期刊被引度和下载量都很高，表明此类期刊具有一定的现实意义。而如心理学、管理学等相关期刊对中职核心素养的研究文章录用比例较低。总体而言，我国中职核心素养的研究文章较为集中，大多都发布在职业教育类期刊上，而发布在综合类教育期刊相对较少，录用比例较低，同时，核心教育类期刊对于中职核心素养研究的论文录用比例较低，刊载文献占比较低，我们还发现了一个特点，其他学科领域的期刊关于中职核心素养相关研究的文章更是寥寥无几。

（三）中职核心素养研究的发展路径

在中职核心素养的发展进程中，呈现了螺旋式上升的发展势态，我们可以将中职核心素养研究的发展路径分为三个阶段，每个阶段时期都呈现出了各自的特点。

第一阶段（2015—2016 年）为中职核心素养研究开始阶段。我国关注世界教育潮流，紧跟国际组织，以及其他发达国家与地区研究热点。2016 年 9月，教育部首次公布了《中国学生发展核心素养》总体框架，提出："培养围绕全面发展的人为核心，文化基础、自主发展以及社会参与三维度框架的体系。"综合表现为六大素养关键词，分别为：人文底蕴、科学精神、学会学习、健康生活、责任担当、实践创新。自此，我国中职核心素养研究进入了萌芽期。2016 年，相关该领域研究文献逐渐增多。此阶段研究主题关键词较为集中，主要关键词有"中职学生""中职生""教学"等，大多数研究所关注的目标主要是以现行中职核心素养的理性反思为主，而个别研究开始另辟蹊径，将研究目标转向了国外的核心素养研究当中，并借鉴美国学者 Spencer 及学者 Freud 所提出的人格理论中的冰山模型，进而结合自身对班主任胜任力的研究，类比出班主任胜任力的结构，提出了中职生受班主任影响颇大的结论。培养中职生核心素养应先提高班主任的专业化水平和素养，以此才可能培养出全面发展的学生。

第二阶段（2017—2018 年）为中职核心素养研究的茁壮成长阶段。此阶段由 CNKI 搜索库以关键词"中职""核心素养"查询共有硕士、博士论文20 篇，相比前一阶段较少的博士论文数量有了较大的提高，说明了我国学者也关注到了中职核心素养研究，也进一步扩展了中职核心素养内涵的研究范围，其研究深度和角度也逐渐扩大与多元化。学者研究的重点包括"学科核心素养""专业教学标准""教学模式"等。由此可见，学科教学和教学模式成为我国中职核心素养培养方式中所发展的方向，主要目的以润物细无声的教学方式促进中职学生核心素养的提高。

第三阶段（2019—2020 年）为中职核心素养研究的扎根阶段。2019 年《中国教育现代化 2035》的发布为我国职业教育迎来了新时代的曙光。为了实现教育强国，我国将培养紧跟国际步伐的高素质人才。中职核心素养研究进入了扎根时期。2018 年之后关于中职核心素养的文献激增，这一时期发文量共 152 篇，平均每年 76 篇。学者在这一阶段主要关注的主题是"教学实践""学生核心素养""职业核心素养""教学策略""课程标准""教学设计"等。再次表明了我国中职核心素养研究进入了扎根阶段时期，学者在深入探索以中职核心素养为目标，以学科课程标准为指引，引导中职学生终身学习与全面发展的新体系。

（四）中职核心素养研究的研究热点分析

基于 Citespace 功能分析可以筛选高频关键词，通过关键词的链接建立关系，从而形成关键词网络，进而分辨出关键词之间的逻辑关系。通过对高频关键词的统计，发现"核心素养"与"中职"两个关键词较高，因为其是最基础的关键词；另外，"中职学生""中职英语""中职语文""中职学校""中职数学"这 5 个关键词出现频率高表明学界大部分都在进行应用型研究的探讨，同时可以发现，我国中职教育紧跟政策步伐，坚持以学生发展为中心，提倡引导式教学方式，遵循教育发展规律，进一步为中职核心素养的内涵的界定提供实践支撑。

四、结　语

随着信息技术的发展，我国的中职核心素养研究已有了初步的规模体系，也有了较明确的研究方向和成果，所刊载的中职核心素养研究的期刊相对集中，而所研究的主题词随着时间的推移也相对趋于稳定，同时，所研究的方向也呈现了向其他学科相融合的趋势，并且在中职核心素养探究中显现出该领域的热点与前沿话题。对学生的总体素质要求进一步的提高，而作为与高中院校在地位上同等的中职院校，核心素养逐渐走向舞台中央，通过对 2015—2020 年近 6 年的图谱可视化分析和近年来政策和文献的解读，可以得出以下结论和预测研究方向。

一是只注重技术型人才的时代已经远去，教育正在由知识型向素质型转变，而核心素养的培养是成为素质教育必备品格和关键能力，在中职的教学课程中注入核心素养元素已成未来发展趋势。中职核心素养是在知识培养基础之上进行的职业素养、职业品德、职业知识、交际能力、创新意识的培养，在核心素养教育理念的带动下，现代中职教育课程正在慢慢脱离传统只重视技术教育而忽视学生素质培养的落后教育理念，对学生综合素养提升和培养的重视程度逐渐提升。各个学者都在积极将中职课程增加核心素养培养的教学内容，让中职学生向全面发展和终身教育发展。也有一些学者通过创新课程，教学或教法，促进对中职学生核心素养的培养，改变了中职学生只注重知识技术培养，而缺乏能力培养的弊端。但学科素养与核心素养目前还存在许多分歧，有的学者认为核心素养对应的主体是学生和人，学科素养则强调的是学科，是本末倒置，因此，反对学科素养这一说法。马云鹏与朱立明则认为，"学生发展核心素养虽然具有超学科性，但并不意味一定要通过超学科甚至是去学科的方式去培养"；汤明清也认为，"发展核心素养既具有学科性也具有超学科性，但是绝不能去学科。在学生中发展核心素养，就要以学科为载体，二者相辅相成才可成有源之水与有本之木。"因此，如何在学科中巧妙融入核心素养将是提高中职核心素养未来研究的重要内容。

二是如何促进中职学生跟上时代发展的趋势，提高解决问题能力，使中职学生能有效在社会中生存。《中国学生发展核心素养》确立的核心素养框架体系诠释了 21 世纪的中国教育发展目标。但由于中职教育自有的特殊性的关系，学者基于总体框架做出了对于中职学生发展理念的解释。吉亚兵提出产教融合下的"5＋1"项关键能力、"3＋1"类职业品格、"6＋1"基础素养的核心素养体系。而程江平等人提出了职业操守等 6 个素养，以及与素养相关的 30 个核心词。汤明清认为中职学生核心素养的内容包括职业道德、工匠精神、学会学习、健康人际、实践创新 5 个维度。在教育部提出中等职业学校教学课程标准下，各学者开始积极探索中职课堂教学，研究的相关内容包括："教师要探索实践与课程结合的教学新模式，以产教融合与校企合作为大背景，模拟与专业相近的课堂环境，以此来培养中职学生核心素养"。"教师要以选修与必修课程相结合的方式，根据学生设置课堂教学。学生才能真正实现在实践中去学习，在学习中去实践"。如何促进学生核心素养的发展，掌握学科知识与解决实际问题相结合的 6E 设计型学习模式是较理想的模式。"培养具有深度学习能力的合格人才"。目前，关于核心素养的相关研究很多，但没有形成一定的体系，因此，多元化和跨学科研究是中职核心素养研究的方向。

三是核心素养研究是未来职业教育改革的强有力的助推器，自 OECD 在

1997 年启动了 DeSeCo 项目、2003 年和 2005 年分别发布《核心素养促进成功的生活和健全的社会》和《核心素养的定义和选择：执行摘要》的报告，核心素养体系逐渐建立。而后各个发达国家，如美国、英国等都加入到了核心素养目标体系框架结构的研究中，中国的核心素养研究起步相比较晚。因此，国内中职核心素养的研究应辩证地借鉴国外相对成熟的中职核心素养培养方式，并结合国内实际情况，选择适合我国中职核心素养研究发展的方向进行深入研究。

参考文献

［1］教育部．关于全面深化课程改革落实立德树人根本任务的意见［EB/OL］．http：//old. moe. gov. cn//publicf iles/business/html £ iles/jnoe/s7054/201404/xxgk_167226. html.

［2］教育部．全国教育工作会议［EB/OL］．http：//www. moe. gov. cn/jyb_xwfb/moe_176/201502/t20150212_185813. html.

［3］王燕兰．核心素养视角下中职《基础会计》课堂教学案例分析——以销售过程的账务处理为例［J］．行政事业资产与财务，2020，（24）：108－109.

［4］辛涛，姜宇，林崇德，等．论学生发展核心素养的内涵特征及框架定位［J］．中国教育学刊，2016，（6）：3－7，28.

［5］刘茂祥．示范性普高与中职示范校沟通的课程建构初探：高阶技术技能型人才早期培育的视角［J］．教育发展研究，2015，35（18）：35－42.

［6］郭人一．核心素养视角下中职家校协同管理的策略研究［J］．科学咨询（教育科研），2020，（12）：109.

［7］戴智敏，沈兆钧．中职学生语文核心素养跨学科培育模式的研究与实践［J］．中国职业技术教育，2019，（14）：12－17.

［8］崔鸿，朱家华，张秀红．基于项目的 STEAM 学习探析：核心素养的视角［J］．华东师范大学学报（教育科学版），2017，35（4）：54－61，135－136.

［9］张勤，田明琦．中等职业学校班主任胜任力模型的构建与应用研究［J］．中国职业技术教育，2016，（20）：5－8.

［10］汤明清．基于核心素养培育的中职课堂教学变革动因与策略［J］．职业技术教育，2020，41（14）：48－52.

［11］王伯福．中职软笔书法教学的有效途径分析［J］．品位·经典，2021，（1）：143－145.

［12］朱立明，马云鹏．核心素养：敢问路在何方［J］．全球教育展望，2019，（3）：3－11.

［13］吉亚兵．产教融合机制下中职学生核心素养的培养［J］．职教发展研究，2020，（4）：106－109.

［14］程江平，沈佳乐，林莉. 中职学生核心素养结构实证研究［J］. 职业技术教育，2019，40（3）：8-13.

［15］祁黎. 基于中职学生核心素养培育的"立"特色课程构建与实施——以绍兴市中等专业学校为例［J］. 中国职业技术教育，2019，（8）：47-51.

［16］周刚. 浅谈中职国学"一轴二脉"选修课教学［J］. 职业教育（中旬刊），2016，（11）：38-40.

［17］严文法，芦瑾，金普军. 基于6E设计型学习模式的STEAM活动设计——以青铜器文物除锈为例［J］. 化学教学，2018，（11）：61-65.

［18］刘万海，靳萌雷. 近十年国内教育领域深度学习研究综述——基于CNKI的文献计量可视化分析［J］. 教育理论与实践，2020，40（16）：54-59.

探讨情景教学法在中职酒店管理教学中的应用

惠燕飞*

摘　要　酒店管理是一门实践性很强的学科，中职教师在进行酒店管理教学时，要将专业相关理论和实际教学设计有机结合。基于情景教学法对中职酒店管理教学进行研究，对其相关理论进行归纳总结，阐述情景教学法在中职酒店管理教学中的应用及意义，明确酒店管理的教学目标，科学合理创设与酒店管理教学相关情景，进行规范的酒店管理教学，以及加强校企合作，拓展酒店管理教学场所等措施，为情景教学法在中职酒店管理教学中的应用提供合理化建议。

一、情景教学法的相关理论

（一）情景教学法的概念

情景教学法（Situational Language Teaching）源于 20 世纪 30 年代，帕尔默和霍恩比是这一教学法的杰出代表。他们基于前人总结的经验，对教学法进行了有效的研究工作，创立了一整套教学法理论原则。关于国内外对于情景教学法的定义，国外一般认为是英国学者霍恩比（Albert Sidney Hornby），在其著作《语言教学的情景法》中最早给出的定义，他认为情景教学法是指教师有目的地在教学过程中设计具有生动形象特点的情景来帮助学习对象的知识活动和技能发展。

首次正式在国内进行情景教学实验的李吉林老师提出：情景教学是以直观手段与语言描绘结合，创设与教学有关的场景，培养儿童良好的学习兴趣，

---

* 惠燕飞，应用科技学院职业技术教育专业硕士研究生。

促进其主动参与教学过程的一种教学方式。国内的主要观点可以概括为情景教学法依据教学目的与内容，创设各种情景，刺激学习兴趣，调动积极性，通过对问题的分析与解决，提高学生思维能力、动手实践操作能力，以此实现教学目的。

笔者在学者已有研究的基础上，通过阅读有关情景教学法的文献，认为情景教学法是运用模拟情景或真实环境去体验情景，使情景与教学内容相结合的一种方法。情景教学要始终贯穿主动性、感受性、创造性、教育性及实践性。这一教学法能够培养学生的主动参与感，把感知技能转化为认知技能，运用各种学习方法认真思考，不断创新，掌握知识技能。

（二）情景教学法的特点

1. 形象逼真

情景不是真实物体的复现，而是简化的模拟操练，获得与真实物体相似的形象，从学生的学习需要出发创设教学情景，情景教学的形象性给学生认知的直觉性，给学生以真实感。在这一过程中，情景教学法能够激发人的潜力，使学生在情景中得到启示，这是情景教学能提高教学效果的根本原因。

2. 影响深刻

情景教学的情景创设是生动具体且形象的，能够锻炼学生并激发其学习兴趣。在这一过程中，教师运用自己的语言，把情感寓于教材内容之中，为学生的学习创设真实教学情景，拓宽学生广阔的思维空间与想象空间。

3. 知、情、意、行融为一体

情景教学需要创设与生活息息相关的教学情景，运用角色扮演、语言描绘、直观再现等方法，将学生引入情景之中，使他们产生一定的内心感受和情绪体验，克服一定的困难和障碍，增加练习，养成习惯，使知、情、意、行成为一个整体，更好地将情景教学应用到教学过程中。

（三）情景教学法的理论基础

1. 认知—发现学习说

结构主义理论的四大原则是指动机原则、结构原则、程序原则以及强化原则，其目的是为了让学生学习理论知识，掌握学科基本知识，形成良好的认知体系。教师可以通过创建与当前学习内容相关的情景进行教学活动，刺激学生学习的内在动机。在教学过程中，根据学生的现有水平、年龄特点与认知程度，灵活运用教学程序和结构方式，组织实际的教学活动，让学生及时反馈，加强学生的主观能动性及学习自觉性。

2. 建构主义理论

建构主义是行为主义发展到认知主义的进一步深化，这一理论强调环境对人的发展有着重要作用。从知识观来看，建构主义在一定程度上对知识的客观性提出质疑并强调知识的动态性；从教师观来看，教师的教学活动不再是传递客观且确定的现成知识，而是激发学生原有的相关知识经验；从学习观来看，学习不是简单地由外到内知识的转移和传递，使学生主动建构自己的知识，使新知识与原有知识经验相衔接。教师要创设各种情景，对学生构建知识体系提出自己的观点，学生在自身的知识基础上，吸收外部信息，主动地建构自己的知识网络。

3. 心理学理论

美国心理学之父威廉·詹姆斯（James W.）认为心理学是一门研究人们心理，以及日常生活现象的自然科学，通过全面仔细、系统的调查研究后，得出相关重要结论。学生当前心理的情感是否处于积极乐观的状态，在一定的程度上会影响学生的学习态度，影响学习效率。运用情景教学法，充分利用情与景，将课本上抽象的概念与具体的实践活动相结合，创设与学习者日常生活紧密联系的情景，提高学生的实践性和语言的交际性。

二、情景教学法在中职酒店管理教学中的应用

（一）情景教学法的原则

1. 真实性原则

情景创设要根据学生实际的日常活动进行，与生活经验贴近，应是具体实际可操作的，而不是编造的，如果只是简单地模仿，便无法培养学生的语言创造力。真实的情景在新知识与旧知识之间建立联系，迅速有效地刺激学生原有的认知结构，集中注意力并参与到学习活动中，提升其知识经验，形成正确思维方式，积极地构建知识体系。

2. 整体性原则

一些课程为了学习某种礼仪而创设多种情景，只是为了创设情景而创设情景，过于注重形式而忽略内容，违背情景创设的整体性原则。在创设情景时，要围绕教学内容做好教学设计，将教学设计贯穿始终，基于此提出其他任务，使形式真正服务于内容。

3. 整体性原则

智力因素、非智力因素贯穿整个学习过程，智力因素是指人的认识能力；

非智力因素是指智力因素以外包括意志、情感等心理因素。学生对学习的好奇心是学习理论知识的内在驱动力，会直接影响学生对知识的掌握程度，教学要考虑情景的趣味性，加强学生在学习过程中的参与感。

（二）情景教学法的教学步骤

情景教学法的创设没有固定模式，笔者通过阅读酒店管理教学相关文献，基于情景教学的本质与原则，尝试探讨情景教学法创设的步骤：课程导入—感知体验、解析详尽—认知理解、巩固练习—模拟演练、应用迁移—实训反馈。

1. 课程导入—感知体验

这一阶段教师基于教材内容进行课程导入，引导并交代新的知识，让学生在模拟情景中学习。教师可以运用各种方式设计特定的教学情景，课堂的导入环节不是没有必要的课堂花絮，而是在教学环节中起着重要作用。情景导入使学生注意力集中在教学活动，激发学习兴趣。

2. 解析详尽—认知理解

这一阶段教师要讲解理论知识，创设情景。通过上一阶段课程导入，启发学生，让其在真实感知理解的基础上，对所要学习的知识进行掌握，教师要在情景创设中把目标管理的形式和含义结合起来，对新的目标管理知识形成基本的认知。

3. 巩固练习—模拟演练

这一阶段教师是以学生为主体，引导学生在对知识初步感知的基础上参与创设情景。让学生成为课堂的主体，在教师的启发与引导下共同完成情景创设，巩固所学知识，把所学的知识运用到实际生活中，在情景中展开，使教学内容在演练中得到更好的完善。

4. 应用迁移—实训反馈

这一阶段教师是根据学生所学的知识给其设置相应练习，学生要运用所学的知识完成这些练习。酒店管理教学的目的是提高学生的技能服务。要创造机会让学生把所学的知识运用到实际情况中，教师对学生完成练习的情况做出评价和反馈，帮助学生了解自身对知识的掌握情况。

三、中职酒店管理教学中情景教学法应用的意义

首先，运用情景教学法要求教师结合教材内容并兼顾学生实际学习情况。当前中职学生群体普遍存在学习基础不牢固，学习能力不足及积极性不高的

问题，教学工作难以开展。通过情景创设进行教学，能够使学生集中注意力，在做中学，在学中做，对所学知识掌握到位，提高教师的教学效率，加强师生之间的交流。

其次，情景教学法的应用依靠多媒体视频、音频等媒介，学生参与其中进行角色扮演。在酒店服务的过程中体验，不同类型的情景创设加强学生的思维敏捷度，提高学生处理事件的应变能力，为中职学生到酒店顶岗实习、工作，以及日后处理突发问题打下良好基础。

最后，情景教学法使课堂具有趣味性与吸引力，学生主动参与其中，更加直观地理解抽象的理论知识，熟练地掌握酒店服务技能，提高自身知识水平，培养酒店职业素养，增强就业竞争力，强化高素质服务型人才培养，从而满足社会市场需求。

四、情景教学法在中职酒店管理教学中的合理化建议

（一）明确教学目标，创设与酒店管理教学相关情景

明确并设定中职院校酒店管理教学的教学目标，创设与教学内容相关的教学情景。中职院校的教师要充分调动自身积极性，加深教师对中职酒店管理教学重要性的认识。在教学目标的引导下，教师要围绕酒店管理教学的内容与专业，创设相关情景，提升学生的专业能力。

（二）结合具体情景，进行规范的酒店管理教学

运用情景教学法创设情景，教师要根据专业特点，在特定的环境下对学生进行规范教学，同时教师要充分了解相关行业和职业的特点，以行业要求对学生进行教学。在这一过程中，教师的教学任务要与学生的专业相关，基于特定情景展开规范的酒店管理教学。

（三）科学合理创设情景，因材施教进行酒店管理教学

创设情景的对象是全体中职学生，部分学生学习基础较为薄弱，知识未构建成体系，理解能力存在差异。创设情景时，要综合考虑学生能力，科学合理创设情景并把握好难度，教师要对积极参与课堂演练的学生给予表扬，也要鼓励其他同学，增加学生的信心。

（四）加强校企合作，拓展酒店管理教学场所

在校内，教师为学生提供学习环境，但由于提供的外部环境与实际工作的内在环境有差异，中职院校要加强校企合作，为学生提供实习与实践的机

会，让学生在真实的工作环境中实践，在实践中及时发现自身存在的问题并改正，使学生从课堂走到课外，从课外走到企业，实现课内课外的结合，不断拓展教学场所。

（五）分析教学问题，树立正确酒店职业价值观

教师要注重提高教学效率，对学生进行引导，对在教学中出现的问题进行分析，给学生创设探讨的环境，开拓学生思维。在酒店管理教学的过程中，情景创设要让学生学会专业知识与技能，也要让学生树立正确的酒店职业价值观，提高学生的思想道德观念意识。

五、结　语

综上所述，中职院校的酒店管理教学要让学生掌握扎实的理论知识与解决突发事件的能力。情景教学法在酒店管理教学中起着重要作用，将酒店管理的理论知识与相关酒店企业实际情况相结合，有效提升学生的专业能力与职业素养。在教学过程中，灵活合理地运用情景教学法进行教学，有效提高了学习效率和实际运用能力。情景教学法在很大程度上丰富了教师的教学内容、完善了教学设计、提高了教学质量，在中职院校应用情景教学法，是紧跟酒店管理专业发展的潮流，是顺应酒店管理专业教育发展趋势的体现。

参考文献

[1] 李爱华. 浅议情景教学法的理论基础 [J]. 考试周刊，2011（1）：128 – 129.

[2] 李文祥. 情景教学法在中职学校专业英语教学中的应用研究 [D]. 咸阳：西北农林科技大学，2014.

[3] 张帅强. 情景教学在韩国中学汉语课堂中的应用 [D]. 兰州：兰州大学，2014.

[4] 丛艳. 情景教学法在高职酒店英语教学中的应用研究 [D]. 大连：辽宁师范大学，2013.

[5] 王菲菲. 河南省体育教育专业本科生教育实习评价指标体系构建 [D]. 开封：河南大学，2016.

[6] 霍利民. 语文情境教学的基本特征 [J]. 黑龙江教育，1999（4）：21 – 22.

[7] 秦春. 写作情境教学研究 [D]. 上海：华东师范大学，2002.

[8] 孟全海. 高中物理有效教学方法的实践与探究——在教学过程保持教学节奏与学生认知节奏一致性的若干思考 [J]. 物理通报，2018（12）：8 – 11.

[9] 魏蕾. 情景教学法在随州一中英语语法教学中的应用研究 [D]. 武汉：华中师范大学，2011.

［10］沈冬梅．情境教学法在高中英语语法教学中的实证研究［D］．武汉：华东师范大学，2012．

［11］姜一丁．翻转课堂在中学地理教学中的应用研究［D］．哈尔滨：哈尔滨师范大学，2015．

［12］杜淑华．浅谈情景教学法在中职酒店英语教学中的应用［J］．佳木斯职业学院学报，2018（12）：390．

［13］薛秀芬，崔康宁．情景教学法在中职酒店英语教学中的应用［J］．旅游纵览（下半月），2016（16）：225－226．

［14］刘红．情景教学法在中职英语课堂教学中的实践应用［J］．教育观察，2019，8（40）：84－85．

［15］孙琳．情境教学法在酒店英语教学中应用的探究［J］．科技视界，2017（9）：33，88．

职业技术教育硕士论文研究方法的分析与思考

黄博雯　　张丽峰*

摘　要　基于对 CNKI 中国引文数据库收录的 320 篇职业技术教育的硕士论文进行整理、统计其所使用的研究方法与使用频率后，对统计结果进行分析思考提出了以下几点问题：职业技术教育硕士论文在具体研究方法的使用上过于单一化且缺乏规范；量化研究方法的使用不够深入；科学研究存在主观主义现象。据此，笔者认为在今后应学习其他学科的研究方法，以促进中等职业教育研究方法的多元化发展；着力加强中等职业技术教育研究方法体系的建设；重视量化研究方法的学习与应用；高校应重视职业技术教育研究生的实习实践和对研究方法的应用能力。

一、引　言

如今，国家对职业教育的发展愈加重视，2019 年国务院印发《国家职业教育改革实施方案》里把职业教育的重要性提升至实现教育现代化的核心地位。但一门学科若是想发展成一门合乎科学的学术，最关键的就是一定要有极其科学的研究方法。那么科学的中等职业技术教育研究方法便是促使其从一般意义的研究逐渐演变成学科研究的关键性举措。通过分析我国中等职业技术教育研究方法的运用情况和特征，分析其中所存在的问题并提出相关建议，希望能对提升我国中等职业技术教育研究的水平起到促进作用。

二、职业技术教育研究方法综述

（一）教育研究方法的定义

当前，在教育研究方法的基本概念的界定上，各个学者有着不一样的解

---

*　黄博雯，应用科技学院职业技术教育专业硕士研究生；张丽峰，旅游学院教授。

释与观点。但从学者给出的定义来看，可以将其总结为两类，一类是从宏观角度出发，将教育研究方法看作是为了解决教育问题获得科学性教育知识而进行的系统性的研究过程；另一类是从微观视角出发，将其界定为在教育研究过程中所使用的具体手段和方法，如问卷调查法、观察法、统计分析法等。目前关于职业教育研究方法的界定，也基本都是在教育研究方法的概念基础上直接进行进一步的描述和研究。本文将其定义为职业技术教育研究方法是人们在对教育问题进行研究时，使用的手段、步骤与方法的总称。

（二）中等职业技术教育研究方法的分类

当前，关于研究方法的分类框架，学者还没有一个统一的观点。但职业教育方法研究中较为具有代表性的分类方式是从研究范式层面出发，将教育研究方法划分为思辨研究、质性研究和量化研究。

本文借鉴上述教育研究方法分类框架，在分析研究样本特征的基础上，对研究方法进行分类。首先从范式层面出发，将样本按照研究类型划分为三类："思辨研究""质性研究"和"量化研究"，然后在三类研究类型之下各划分出具体的教育研究方法。这种分类方法的层次较为清晰科学，也是被多数学者所认可的。

本文是基于CNKI中国引文数据库收录的硕博论文，以"职业技术教育"为"学科专业名称"检索词，同时"中职"为"主题"作为检索条件，检索出的320篇硕士论文作为样本进行研究。在调查中发现，一篇硕士论文中平均会选择三四种研究方法。本研究舍去个别使用次数极少的和不具代表性的研究方法后，选取了使用次数排名靠前的10种具体研究方法进行统计分析，并将这些方法按照上述的分类方式归类，得到了本研究的中等职业技术教育研究方法的分类框架，如表1所示。

表1　中等职业技术教育研究方法的分类

研究方法类型	具体研究方法	研究方法类型	具体研究方法	研究方法类型	具体研究方法
思辨研究	文献分析法 比较研究法 经验总结法	质性研究	访谈法 案例研究法 观察法 实地考察法	量化研究	问卷调查法 实验法 统计分析法

三、职业技术教育研究方法应用现状

（一）研究方法应用情况

在对320篇中等职业技术教育硕士论文所使用的研究方法进行逐一统计之后，得出以下统计结果，如表2所示。

表2　三类研究方法的使用频次

研究方法	频次	百分比
思辨研究	324	31.70%
质性研究	345	33.80%
量化研究	353	34.50%

从表2的统计数据以可看出，在中等职业技术教育研究中"思辨研究""质性研究""量化研究"的使用频次较为均衡，分别为31.70%、33.80%、34.50%，差距极小。

表3　中等职业技术教育各具体研究方法频次分布情况

具体研究方法	频次	百分比
文献研究法	294	28.9%
问卷调查法	266	26.1%
访谈法	230	22.6%
统计分析法	52	5.1%
观察法	48	4.7%
案例研究法	38	3.7%
实验法	35	3.4%
比较研究法	30	2.9%
实地考察法	16	1.6%
经验总结法	9	0.9%
合计	1018	100.0%

由表3可见，在中等职业技术教育硕士论文的写作中，使用频率最高的前三种研究方法分别为："文献研究法"占比28.9%、"问卷调查法"占比26.1%、"访谈法"占比22.6%。而"比较研究法""实地考察法""经验总结法"的使用比例较低。可见各研究方法使用频次的差异是较为明显的。

表 4　各具体研究方法的年度频次分布情况

研究方法/年份	2006—2016 年		2018 年		2019 年	
	频次	占比	频次	占比	频次	占比
文献研究法	25	40.3%	115	33.4%	154	31.8%
问卷调查法	19	30.6%	102	29.7%	145	23.0%
访谈法	13	21.0%	90	26.2%	127	26.2%
统计分析法	4	6.5%	18	5.2%	30	6.2%
观察法	1	1.6%	19	5.5%	28	5.8%

　　表 4 比较直观地反映了 2006—2016 年、2018 年、2019 年三个阶段，职业技术教育硕士学位论文写作中，使用频率最高的前 5 种研究方法，及每种方法使用频率的变化趋势。结果表明，"文献研究法"和"问卷调查法"的使用比例都呈现逐年递减的状态，但是这两种方法使用频率仍然很高。可见这两种研究方法在中等职业技术教育硕士论文写作中所处的重要地位。并且这两种具体研究方法也分别是"思辨研究"、"量化研究"和"质性研究"中最具代表性的两种具体研究方法，这也就是为什么在统计结果中"思辨研究"、"量化研究"和"质性研究"所占比例呈现较为均衡的原因。"访谈法"与"观察法"则分别仅有小幅度上涨。

（二）中等职业技术教育研究方法使用上存在的问题

　　1. 具体研究方法的使用上过于单一化

　　虽然从研究方法种类的统计来看，320 篇论文总共出现的研究方法达到近 30 种。但是，我国关于中等职业技术教育硕士论文中"文献研究法"、"问卷调查法"和"访谈法"的使用频率最高，使用频次占到总研究方法的78% 左右。由此可见，这也是为何从"研究范式"层面看，研究方法的使用频次较为均衡的原因之一。这种过于传统单一的研究方法表明我国中等职业技术教育在硕士论文中缺乏勇于尝试和创新的勇气。

　　2. 研究方法的使用上缺乏规范性

　　研究方法的使用上存在的不规范现象体现在两个方面：一方面是在具体研究方法的使用上存在不规范现象。以问卷调查法为例，其使用规范应该包括从明确问卷调查目的到数据分析，到得出最后的结论这整个过程。但在中等职业技术教育研究的问卷调查法使用中很多研究者对问卷具体的内容和所获得的数据的有效性，以及合理性的解释都不够重视。另一方面是在具体研究方法的分类和命名上缺乏规范。这主要可归因于研究方法的分类标准不清晰明确，研究方法的命名与分类没有形成统一的标准。比如有一定数目的论文将"调查法"与"问卷法""访谈法"等并举。

3. 量化研究方法的使用不够深入

虽然从统计结果来看，中等职业技术教育量化研究方法的使用还是比较常见的，但是多数的量化研究均是简单的问卷调查，所用数据处理方法以计算各选项所占比例为主，采用严格的测量技术去对问卷数据进行的量化研究的还很少，从而导致难以形成较为有影响力的量表。这也导致研究者一般针对调查结果进行分析时，常常只停留在概念层面进行讨论，提出的建议较为陈旧，缺少创新性。

4. 科学研究存在主观主义现象

在统计分析过程中发现，部分硕士论文在研究方法的使用时存在主观主义的现象，例如，以经验总结法作为研究方法的个别论文，所使用的经验性材料时常是一些主观经验，并且部分客观经验也没有具体说明经验的出处是哪里，使其研究方法的说服力略显不足。这种现象的出现很大一部分原因是职业技术教育的研究生们属于外部研究者，常通过为时不长的中职学校实习来对研究对象进行观察分析，缺乏深入了解。再加上职业技术教育的跨学科特点，研究者不仅需具备教育相关的理论与实践素养，还应对所研究的职业领域有全面深入地认识。只有充分了解研究对象和职业领域，才能使研究具体化，而不是仅仅停留在主观认识与一般意义上。也只有当研究者熟悉所要研究的领域后，才能正确地选择合适的研究方法，获得有价值的探究成果。

四、关于中等职业技术教育研究方法的建议

（一）借鉴、吸收其他学科的研究方法，促进中等职业教育研究方法的多元化发展

中等职业技术教育作为一项复杂性的活动，它不仅是一项教育人的活动，更是一种培养人的活动，并且作为跨学科的职业技术教育学，它主要研究的是各类职业教育和职业培训问题，探寻技术型人才的培养和职业教育的发展规律，一些跨学科的研究方法能更好地解决中等职业技术教育研究中所存在的问题，且推进职业技术教育研究方法的多元化发展。在具体研究方法类型的选择方面，教育学可以运用社会科学所经常使用的质化或量化研究方法，同时，还可以使用系统科学、信息科学等研究的方法，比如可以借鉴经济学

分析模型，在学徒制培训的提供和参与研究中，理论模型的运用可以帮助读者对培训问题的结构化的理解。

（二）着力加强中等职业技术教育研究方法体系的建设

当下，我国还没有一个较为清晰确定且被普遍认可的中等职业技术教育研究方法的分类框架，甚至在教育研究方法的分类上各研究者的分类方式都各有不同，这也导致职业技术教育的研究生们在进行中等职业技术教育的相关研究时，无法找到一个被普遍认同的研究方法体系，从而导致在研究方法的使用上存在不清晰、不规范的问题。造成这种分类体系模糊的深层次原因就是我国对教育研究方法的探讨远不够细致和深入，对于方法论与研究方法的辨析也不够准确。加强我国中等职业技术教育研究方法体系的理论研究与建设，特别是加强中等职业技术教育研究方法的科学性与系统性的建设，是促进我国中等职业技术教育研究发展的关键环节。

（三）重视量化研究方法的学习与应用

如今，量化研究的方法愈加受到教育研究者的重视，其中数学模型及方法在教育研究里愈加被关注与使用，呈现教育科学数学化的发展倾向。伴随教育科学的进步，更加应该对教育现象加以精确的概括表达。教育科学不但要研究教育的质，也要研究教育现象的量，量的关系和量的变化。这就表明研究者不可仅局限于对教育进行定性的研究，还需要有令人信服的量化研究渗入其中，进行量化研究，就离不开数学方法，用精确的数学方法对一些较为复杂的教育问题进行表达描述，达到对其进行科学适当处理的目的，可以对这类较复杂的教育现象进行量化研究变成可能，进而延伸了量化的数学方法在教育研究中应用的维度。

（四）高校应重视实习实践，提高学生对研究方法的应用能力

职业技术教育硕士研究论文在研究方法使用上存在主观主义较强的现象，在一定程度上是由于职业技术教育研究生对研究对象了解不够深入以及对所研究的职业领域不够了解所造成的，这需要高校针对此种现象调整培养计划，落实好企业实践与中职学校实习，使研究生们不仅了解到职业领域的真实环境，还要让研究生们对其研究的对象有更深入的了解，认识到教育科学是一门实验性极强的科学。

五、结　语

做事要讲究方法，只有方法正确，才能事半功倍。通过以上统计分析以

及总结存在的问题并提出建议，希望能对今后中等职业技术教育研究提供一些理论上的参考。

参考文献

[1] 谭光鼎，王丽云. 教育社会学：人物与思想 [M]. 上海：上海科技出版社，1980：29.

[2] 裴娣娜. 教育研究方法导论 [M]. 合肥：安徽教育出版社，1995：6.

[3] 孙冬梅，黄坤. 教育研究范式及方法的变革与融合 [J]. 中国高教研究，2009（2）：30 – 32.

[4] 张慧，查强. 我国职业教育研究方法之研究——基于 2012 ~ 2017 年 CSSCI 期刊文献的计量分析 [J]. 高等工程教育究，2018（3）：186 – 195.

[5] 张丹. 知识可视化在中职《中国旅游地理》课程教学中的应用研究 [D]. 昆明：云南大学，2019.

[6] 武紫云. 中职学校财经商贸类专业学生职业核心能力培养研究 [D]. 天津：天津职业技术师范大学，2018.

[7] 李曼婷. 中职学校导游服务专业核心课程教学渗透职业生涯教育的研究 [D]. 昆明：云南大学，2019.

[8] 向安. 智能制造背景下中职加工制造类专业基础课程群构建研究 [D]. 广州：广东技术师范大学，2019.

[9] 李薪茹. 跨学科视野下职业教育研究方法青年论坛述评 [J]. 职教通讯，2016（34）：76 – 80.

大学生网络学习策略对网络学习
自我效能感的影响研究

——以 C 语言程序设计为例

陆少雄　马　键　卢　凯*

摘　要　本研究基于班杜拉三元交互决定论，依托 C 语言程序设计课程，通过已有调查的基础上对新冠肺炎疫情影响下大学生的网络课程学习进行调查分析，探讨各项网络学习策略和网络学习自我效能感之间的关系。研究表明，网络学习策略中只有自我调节策略和反思总结策略能预测网络学习的自我效能感，而资源管理策略与合作交流策略并不能有效预测网络学习自我效能感。针对此结果，本研究进行了相对应的讨论和分析，以助力大学生在网络学习中产生高水平的自我效能感和良好的学习绩效。

一、引　言

（一）研究背景

新型冠状病毒肺炎疫情的发生，使得网络授课的地位从辅助教学升级为课堂教学的主阵地，网络学习在国内外教育领域受到空前的重视，各中小学、大学都采用了网络课堂的形式进行线上教学。大学课堂中由于学生主体的自主性，其在课堂上能采用更多的学习策略来进行学习，达到学习的目标。在网络教学的环境下，大学生对学习策略的选择等一系列行为将影响个体的网络学习自我效能感，高水平的网络学习自我效能感将正向影响大学生的网络

* 陆少雄，应用科技学院职业技术教育专业硕士研究生；马键，应用科技学院职业技术教育专业硕士研究生；卢凯，应用科技学院职业技术教育专业硕士研究生。

学习绩效。本研究基于班杜拉三元交互理论，通过个体、行为、环境三方面相互作用，分析各项网络学习策略的使用对网络学习自我效能感的影响，为大学生网络学习提供新思路和新方法。

（二）研究理论基础

1. 三元交互决定论

班杜拉的社会学习理论认为人类存在一个三元交互结构，即个人主体因素（包括认知、情感和生理等因素）、外显行为和所处环境，这三者既相互独立又相互确定。具体来说，个人主体因素与外显行为之间双向影响；所处环境和个人主体因素之间双向作用；外显行为和所处环境之间双向决定。三者在相互依赖中各自发生作用，为开展网络学习策略和网络学习自我效能感的关系研究提供了理论基础。

2. 网络学习策略

网络学习策略是学习策略在网络环境下的迁移，环境的变化并未改变学习策略的本质，只是改变了学习策略的外在形式。李运福在先前学者的基础上，认为网络学习策略是为达到网络环境下的有效学习，学习者结合学习任务和自身特征，依据相关学习环境所采用的学习方法、技巧或一系列行动。相比传统学习策略，网络学习策略最明显的特征是学习环境的变化改变了学习者的认知、情感等自身因素，进而对使用网络学习策略的行为产生了影响，行为上的变化也反过来影响环境或使个体自身做出调整，以到达更好的学习效果。这一点与班杜拉的三元交互决定论相近契合。

3. 网络学习自我效能感

随着近年来网络学习的流行，谢幼如等学者在自我效能感的基础上，将网络学习自我效能感定义为：个体对自己能在网络学习活动中取得成功的信念，是个体对自己使用计算机、网络信息资源或网络通信工具等完成学习任务的能力的一种主观判断。这种具有特定指向性的自我效能感，在网络学习中通过环境与个体的交互，以及网络学习中的主体因素调节来促进个体产生高水平的自我效能感，最终在高自我效能感的支持下顺利完成学习任务，后续自我效能感将继续影响环境与个体的交互，持续促进积极学习行为的发生。在这一点上也符合班杜拉三元交互决定论的理论结构。

（三）研究结构模型

本研究以班杜拉的三元交互决定论为理论基础，在强调个体、行为和环境三者关系的同时，构建了网络学习策略和网络学习自我效能感之间的关系结构模型，如图 1 所示。其中，网络学习策略和网络学习自我效能感作为网络学习的两个主要因素，亦是三元交互决定论相互作用下的产物。它们不仅会受到个体、行为和环境的影响，而且也会影响个人的主体因素，以及其对行为的控制和对环境的感受。

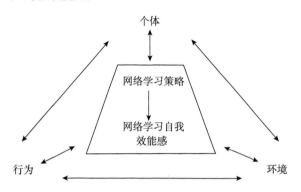

图 1　网络学习策略和网络学习自我效能感之间的关系结构模型

二、研究设计与实施

（一）研究设计

1. 研究对象

本研究选取北京联合大学 2019 级数字媒体专业一年级 40 名本科生作为研究对象，依托《C 语言程序设计》网络课程开展实验，实验开展时间为一学期。

2. 测量工具

本研究的测量工具是"大学生 C 语言网络学习策略与网络学习自我效能感问卷"，由 3 部分组成，共计 34 个题项。

第一部分问卷主要是了解学生的基本信息，为后续开展问卷调查提供前情基础，共计 4 个题项（1 - 4）。

第二部分问卷改编自王改花等人编制的"网络学习策略量表"，加入了 C 语言网络课程的学习范围，其主要测量学习者在网络学习活动中，为完成学习任务、达到学习目标，使用各种学习策略的意识和水平，是一种学生自评量表。问卷共计 10 个题项（5 - 14），且分为 4 个维度，包括资源管理策略、反思总结策略、合作交流策略及自我调节策略，问卷总体 Cronbach α 系数为 0.946。

第三部分问卷在采用谢幼如等人编制的"网络学习自我效能感量表"的

基础上进行了改编，也加入了"C 语言学习"等用词以限定网络学习范围，其主要测量学习者对自己使用计算机、网络信息资源等完成学习任务的信念水平。问卷共计 20 个题项（15 – 34），总体的 Cronbach α 系数为 0.921。

（二）研究实施

本研究面向北京联合大学数字媒体专业本科一年级学生，以某班级为单位进行集体施测。通过问卷星发放电子版调查问卷 40 份，回收 40 份，回收率为 100%，其中有效问卷 38 份，有效率为 95%，对回收后的有效问卷采用 SPSS 19.0 进行数据处理和统计分析。

三、研究结果与分析

（一）调查对象的基本情况

本研究的调查对象是北京联合大学数字媒体专业本科一年级的 38 名学生，其中男生 9 人，女生 29 人；38 人全部拥有网络学习硬件设备；只有 1 人不便于在网络化环境中学习，其余 37 人则都能顺利学习。

（二）网络学习策略与网络学习自我效能感的关系分析

1. 网络学习策略与网络学习自我效能感的描述分析

本研究首先对各量表的结果采用描述分析。其中，网络学习策略中的资源管理策略、反思总结策略、合作交流策略和自我调节策略的均值分别为 3.74、3.47、3.55 和 3.71，总体网络学习策略和网络学习自我效能感的均值分别为 3.62 和 3.16，均大于里克特 5 点式量表中的均值 3，表明研究对象的各项网络学习策略使用和网络学习自我效能感均处于中上水平。

2. 网络学习策略与网络学习自我效能感的相关分析

相关分析是通过定量指标来分析两个变量之间相关关系的统计方法。根据以往传统线下课堂的经验，学生使用各种不同的学习策略与自我效能感之间存在正相关，因此本相关分析中的显著性检验采用单侧检验。相关分析的结果如表 1 所示，网络学习策略中的资源管理策略、反思总结策略、合作交流策略、自我调节策略与网络学习自我效能感之间的相关系数 r 分别为 0.523、0.655、0.527 和 0.698，相伴概率 p 均小于 0.01，说明各项网络学习策略与网络学习自我效能感之间存在极其显著正相关。同时，各项网络学习策略之间也存在极其显著正相关。但是，各项网络学习策略与网络学习自我效能感之间的相关关系是一种不确定性的变化关系，无法由各项网络学习策略精准地确定网络学习自我效能感。为此，本研究需通过回归分析进一步确认各项网络学习策略与网络学习自我效能感之间的关系。

表1 各项网络学习策略和网络学习自我效能感的相关分析

		资源管理策略	反思总结策略	合作交流策略	自我调节策略	网络学习自我效能感
资源管理策略	Pearson 相关性	1	0.638 **	0.606 **	0.754 **	0.523 **
	显著性（单侧）		0.000	0.000	0.000	0.000
	N	38	38	38	38	38
反思总结策略	Pearson 相关性	0.638 **	1	0.686 **	0.662 **	0.655 **
	显著性（单侧）	0.000		0.000	0.000	0.000
	N	38	38	38	38	38
合作交流策略	Pearson 相关性	0.606 **	0.686 **	1	0.523 **	0.527 **
	显著性（单侧）	0.000	0.000		0.000	0.000
	N	38	38	38	38	38
自我调节策略	Pearson 相关性	0.754 **	0.662 **	0.523 **	1	0.698 **
	显著性（单侧）	0.000	0.000	0.000		0.000
	N	38	38	38	38	38
网络学习自我效能感	Pearson 相关性	0.523 **	0.655 **	0.527 **	0.698 **	1
	显著性（单侧）	0.000	0.000	0.000	0.000	
	N	38	38	38	38	38

** 在 0.01 水平（单侧）上显著相关。

3. 网络学习策略与网络学习自我效能感的回归分析

回归分析是一种研究变量间不确定因果关系的统计方法，主要通过自变量去预测因变量的发展变化。鉴于本研究的回归分析中涉及多个自变量（资源管理策略、反思总结策略、合作交流策略、自我调节策略）和一个因变量（网络学习自我效能感），因此采用线性回归进行多元回归分析，回归分析结果如表2和表3所示。

通过表2可以看出，网络学习策略中自我调节策略的决定系数 R^2 为 0.487、自我调节策略和反思总结策略的共同决定系数 R^2 为 0.553，说明只有自我调节策略和反思总结策略对网络学习自我效能感产生了影响，对网络学习自我效能感影响最大的是自我调节策略，反思总结策略对网络学习自我效能感的影响略小，两项网络学习策略能共同解释55.3%的网络学习自我效能感，即网络学习自我效能感中有55.3%是由自我调节策略和反思总结策略决定的，并不受资源管理策略与合作交流策略的影响。

表2　模型汇总

模型		R	R^2	调整 R^2	标准估计的误差
1	自我调节策略	0.698a	0.487	0.473	0.39182
2	自我调节策略，反思总结策略	0.744b	0.553	0.527	0.37088

　　通过表3分析可知，回归方程为：网络学习自我效能感 = 0.931 + 0.366 × 自我调节策略 + 0.251 × 反思总结策略。如果保持"自我调节策略"不变，"反思总结策略"每变化一个单位，网络学习自我效能感将变化0.251个单位；反之，保持"反思总结策略"不变，"自我调节策略"每变化一个单位，网络学习自我效能感将变化0.366个单位。

表3　回归系数

模型		非标准化系数		标准系数	t	P
		B	标准误差	试用版		
1	常量	1.147	0.350		3.276	0.002
	自我调节策略	0.543	0.093	0.698	5.845	0.000
2	常量	0.931	0.345		2.700	0.011
	自我调节策略	0.366	0.117	0.470	3.120	0.004
	反思总结策略	0.251	0.110	0.343	2.276	0.029

因变量：网络学习自我效能感。

四、结　语

（一）网络学习策略与网络学习自我效能感的关系讨论

　　本研究发现，当今大学生在网络环境下使用的学习设备已基本可以满足其学习需求。大学生使用的各项网络学习策略与网络学习自我效能感呈极其显著正相关，即运用越多的网络学习策略，网络学习自我效能感越高。总体来说，这一研究结果与邹霞的研究结果基本一致，再次验证了网络学习策略是影响网络学习自我效能感的一个重要因素。

　　进一步通过回归分析发现，网络学习策略中的自我调节策略能解释和预测48.7%的网络学习自我效能感，反思总结策略也能预测一部分网络学习自我效能感，但资源管理策略与合作交流策略并不能预测网络学习自我效能感。此结果并不符合我们的预期所想。结合C语言网络课程的实际教学现状，我们认为出现此结果的原因主要有以下两个：一是在资源管理策略的题项中，

42.1%的研究对象既未能在教师计划的时间内完成网络课程学习,也未能用笔记记录、整理网络课程重点知识。这与实际 C 语言网络课程中的情况基本相符,多数学生自己控制学习进度,在时间管理上缺乏规划;教师也并未要求学生记录课程知识点、积累充足的学习参考资源,因此学生在规定时间内完成 C 语言网络学习任务时缺乏一定信心,最终未能产生高水平的自我效能感。

二是在合作交流策略的题项中,42.1%的研究对象遇到问题时并不会求助教师或课程助教解决问题,还有60.5%的研究对象不愿意在课后与同学进行讨论或者发表个人见解。这也如实反映了 C 语言网络课程中的情况,大部分学生在 C 语言前期网络学习中积极向助教或教师请教问题,但随着学习的深入,学生渐渐减少了提问次数,一方面是由于学生已逐渐掌握了课程知识要点;另一方面是学生之间会互相解答疑问,但同学之间进行的讨论交流也主要集中在网络课程学习中,课后并未有过多交流探讨,因此学生在完成教师布置的网络学习任务时缺乏更专业的长效学习指导与答疑,同样不能达到高水平的网络学习自我效能感。

(二)对网络学习策略与网络学习自我效能感关系的研究结论

本研究通过调查,对网络学习策略与网络学习自我效能感的关系进行研究后得出以下结论:网络学习策略中的自我调节策略和反思总结策略能共同解释和预测网络学习自我效能感。其中,自我调节策略较反思总结策略对网络学习自我效能感的影响更为显著。需要注意的是,本研究发现资源管理策略与合作交流策略并不能预测网络学习自我效能感;此外,本研究中的样本数量偏小,不能代表我国高校大学生运用网络学习策略的实际情况,且未考虑各项网络学习策略之间的相互影响,因此研究得出的结论还有待进一步深入验证。

参考文献

[1] 李运福. 国内外网络学习策略研究现状及反思 [J]. 中小学电教,2013 (11):30 – 33.

[2] 谢幼如,刘春华,朱静静,等. 大学生网络学习自我效能感的结构、影响因素及培养策略研究 [J]. 电化教育研究,2011 (10):30 – 34.

[3] 王改花,傅钢善. 网络环境下学习者特征模型的构建及量表的研制 [J]. 远程教育杂志,2018,36 (3):64 – 74.

[4] 邹霞. 大学生网络学习自我效能感调查研究——以急救基本知识与技术课程教学为例 [J]. 卫生职业教育,2019,37 (19):123 – 125.

无人驾驶技术课程混合式教学方法研究[*]

刘元盛 马 楠 张 军[**]

摘 要 以人工智能、无人驾驶技术为代表的新一轮科技革命和产业变革对具备多学科融合技术背景的复合型人才提出强烈需求，传统教育模式也因此需要相应的创新。以 AI 技术为驱动的无人驾驶将成为汽车产业的未来发展方向，也为多产业的联动与协同创造了发展条件，但目前无人驾驶领域市场发展速度远远大于高校人才培养的速度。如何适应无人驾驶技术的快速发展，培养出符合产业发展的市场人才，成为全行业面临的重要挑战。北京联合大学旋风智能车团队结合多年来在无人驾驶技术方向的研究成果和贯穿本科生、研究生的培养经验，提出了以立德树人为核心理念，以科学任务带动人才培养为指导思想，以线上线下双循环学习圈教学模式为主要方法，以对抗式实践教学为检验手段的混合式教学改革方法，并在多年的研究生教学实践中取得了良好效果。

一、国内外研究现状

混合式教学，即将在线教学和传统教学的优势结合起来的一种"线上"＋"线下"的教学方法，在国内外已经广泛地开展。混合式教学改革没有统一的模式，但是有统一的追求，那就是要充分发挥"线上"和"线下"两种教

　＊ 基金项目：北京市朝阳区科学技术与信息化局"无人驾驶技术人才培养协同中心"（CYXC1904）；北京联合大学 2020 年研究生教改重点项目"基于 kolb 体验学习循环的无人驾驶技术课程混合式教学方法研究"（JY2020Z004）。

　＊＊ 刘元盛，北京联合大学机器人学院轮式机器人系（所）主任，教授，硕士生导师；马楠，北京联合大学机器人学院副院长，教授，硕士生导师；张军，北京联合大学机器人学院教师，副教授，硕士生导师。

学的优势，改造我们的传统教学，改变我们在课堂教学过程中过分使用讲授而导致学生学习主动性不高、认知参与度不足、不同学生的学习结果差异过大等问题。kolb 学习循环理论是 David kolb 通过梳理并比较杜威、勒温和皮亚杰等人的经验学习理论，于 1984 年提出了包括具体体验、反思观察、抽象概括和主动检验的四阶段学习历程。一些学者也在工程教育领域对该理论进行了探索与实践，例如 Botelho 以巴西 ABC 联邦大学的计算机仿真课程为案例，详细展示了教师通过让学生阅读文献、聆听课程、观察讨论、实施实验、论证结果等教与学的完整过程；Abdulwahed 将选修拉夫堡大学实验室课程的学生分为实验组和控制组，对实验组的学生采用 kolb 学习循环理论指导下的教学模式，对控制组的学生采用传统的教学模式，研究发现实验组的学生整体学习效果优于控制组的学生；上海交通大学的张执南等人，以上海交通大学谢友柏院士创立的通识教育核心课程"创新思维与现代设计"为案例，深入探讨如何基于 Kolb 学习循环理论，以培养学生创新设计能力为中心，打造创新实践课程。

无人驾驶技术在近几年迅猛发展，但由于其具备跨专业、跨学科、跨领域的特点，其教学开展不够广泛，混合式教学的改革不够深入，在国内只有清华大学、北京航空航天大学、北京理工大学、国防科技大学、西安交通大学开设相关研究生课程，但没有统一标准，教学资源也比较封闭。国内外的企业对无人驾驶技术相关的教学反而体现较高的热情，美国优达学城（udacity）推出无人驾驶/自动驾驶系列线上课程，包括"无人驾驶入门""C＋＋入门""无人驾驶工程师""传感器融合"等课程。百度公司于 2017 年推出 APOLLO 计划，推出无人驾驶的开发和教育平台，线上在百度云智学院课堂推出"无人驾驶的开发与应用"课程，包括共 10 章 51 个教学视频及资源，线下开展实地培训、竞赛和开发等多种活动，在国内引发较大反响。但以上企业推出的无人驾驶混合式教学资源是针对企业员工和开发者设定的，不太符合高等学校研究生教学的规范化、体系化，而且其大多是高额收费课程，对高校研究生相关教育的支撑较小。

二、混合式教学方法设计

北京联合大学无人驾驶团队在李德毅院士的带领下自 2012 年开始开展深入科学研究，近年来取得了较为丰硕的成果，培养了大量优秀的研究生人才。在"科研任务带动人才培养"的指导思想下，特别针对研究生无人驾驶技术系列课程提出混合式教学方法。

（一）立德树人的核心理念

习近平总书记在全国高校思政会议上指出："高校思想政治工作关系高校培养什么样的人，如何培养人以及为谁培养人的根本问题。"要将"立德树人"作为高校工作的中心环节，把思想政治工作贯穿教育教学全过程，实现"全程育人、全方位育人"，明确"课程思政"建设中的主体责任，做好课程的整体规划。北京联合大学研究生无人驾驶技术相关课程涉及人工智能、机器人、芯片设计等国家战略的重大技术领域，更要求培养的学生有觉悟、有担当，能够成为合格的社会主义事业建设者和接班人。所以在整体的课程设置和教学方法改革中，始终坚持"立德树人"的核心理念，将正确的人生观价值观有机地融入知识的传授中，做"有温度"的技术。

（二）科学任务带动人才培养的整体设计

秉承"科学任务带动人才培养"的理念，提炼出在科研实践中的具体科学任务（如"复杂环境定位、障碍物检测"等），从而转换成无人驾驶核心技术和课程（包含感知、认知和控制三大类）对学生进行全方位的培养和训练。其培养目标是具备社会主义核心价值观、具备项目管理能力和良好沟通能力，有针对复杂工程问题的设计、开发能力的创新性人才。（见图1）

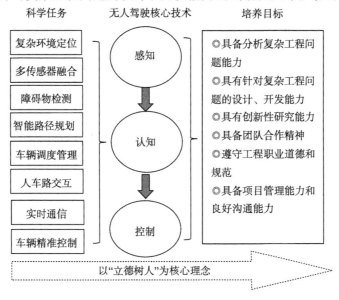

图1 整体设计框

（三）混合式 kolb 体验学习循环圈模式

针对以上的背景和研究现状，具有北京联合大学特色的基于 kolb 体验学习循环无人驾驶课程混合式教学方法研究，具备以下的创新点：

（1）科学任务带动人才培养——以团队最新科研成果融入研究生教育，以优异的人才培养成果推动科学研究持续发展。

（2）线上线下双循环学习圈教学模式——以线下教学和线上学习结合为手段，按实车体验（具体经验）、集体交流（反思观察）、理论学习（抽象概括）和工程实践（主动实验）为核心的螺旋式上升循环学习圈教学模式。

（3）对抗式实践教学案例——以分组对抗式实践教学为特色、以科研比赛为检验的教学检验模式。

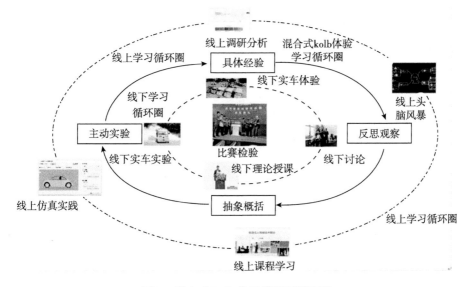

图 2　混合式 kolb 体验学习双循环圈

如图 2，为软件工程和计算机科学与技术学科相关研究生设计的无人驾驶课程混合式 kolb 体验学习双循环圈。以 David kolb 的学习循环理论为核心，包括具体经验、反思观察、抽象概括、主动实验 4 个步骤，以线上学习循环圈（外圈）和线下学习循环圈（内圈）混合融入，并可螺旋式循环提高。课程从"具体经验"切入，在课程开始，先让同学在线上学习无人驾驶的发展历史及最新动态，特别是北京联合大学的无人驾驶发展历史，使其有一定的认识，并在线下组织同学试乘体验我校自己研发的园区无人驾驶车辆，使学习者有具体的体验和感受。在第二个环节"反思观察"中，通过线下课堂组织研讨和线上的头脑风暴，教师提出问题让学生思考回答，学生提出疑问让大家讨论，完成已经历体验的思考，直接领悟具体经验。在第三个环节"抽象概括"中，通过教师线下授课和学生学习线上课程，进行无人驾驶的理论学习，使学生通过间接理解符号代表的经验。同时在前几个阶段的学习基础上，学生通过内在的反思，提出对已有经验的改造思路。在第四个环节"主动实验"中，通过线上仿真实践和线下实车实验的方式完成学生通过外在行动进行经验改造的过程。以上4个环节是可以螺旋形往复升级循环，通过不断的经验领悟和改造过程来达到最终的教学目的。

（四）虚实结合的无人驾驶技术教学平台的建设

为了保证教学中线上学习循环圈的顺利进行，需要建设无人驾驶技术线上教学平台。无人驾驶技术线上教学平台利用"云班课"APP，基本包括20学时的线上理论课程（涵盖无人驾驶技术的基本知识），主要支持"抽象概括"环节的理论教育与经验理解，此部分包括教师授课PPT资料和视频资料，方便学生随时在线上学习。线上仿真实践部分包括12个仿真实验，包含了无人驾驶技术环境感知、决策认知和精准控制方面的仿真案例，可以支持学生通过线上学习进行经验改造。线上讨论区和头脑风暴活动可以支持学生进行"反思观察"，线上数据库的建设包含了测试数据、管理办法等数据。

线下的实践案例在传统教学方法的基础上增加对抗式实践内容，分为两个维度，一个维度是在平时的实践中，学生分为A、B两队，进行全盲对抗式练习；另一个维度是参加全国比较著名的无人驾驶挑战赛，以赛代练检验效果。在第一个维度中，例如汽车CAN总线开发与破解实践案例，在现有的无人车线控底盘教学平台上，A组负责设计和实现无人车CAN协议，完成线控底盘的自动转向、自动制动和自动速度控制动作完成；B组通过截取无人车通信协议进行总线协议破解和欺骗。实验按照成功破解的项目数得分，A、B组可互换角色，综合统计成绩。在第二个维度中，依托科研团队的前期基础，可组织同学参加国内每年一度的"世界智能驾驶挑战赛""智能车未来挑战赛""智能驾驶技术创新与应用大赛"等著名赛事，在实战对抗中检验综合改革教学成果。

三、实施效果评估

通过近4年的建设，北京联合大学无人驾驶技术混合式教学改革初见成效，在计算机科学与技术和软件工程专业共有45名研究生参加课程改革实践，研究生在"世界智能驾驶挑战赛"等比赛中获奖 40 余项，参与各类科研课题 50 余项，在无人驾驶科技企业就业 20 余人。以课程改革成果为依托的北京联合大学"无人驾驶技术教育平台"已经逐渐形成产品，在全国 30 余个高校得到推广应用。

四、结　语

无人驾驶技术课程混合式 kolb 体验学习循环圈教学方法的创新，充分发挥了北京联合大学无人驾驶科研团队的技术优势和资源优势，为学生提供了新型学习平台。使学生通过亲身体验、深刻反思、抽象概括、主动实践的循环学习和实践来实现自身的提升，它不是从具体经验到主动检验的单一循环，也不是周而复始的"平面循环"，而是一个螺旋式上升（知识与认知进化）的过程。随着该教学方法的不断优化和推广实践，必将产生更大的效果。

参考文献

[1] 李德毅，马楠．智能时代新工科——人工智能推动教育改革的实践［J］．高等工程教育研究，2017（5）：8–12.

[2] 李德毅，马楠，秦昆．智能时代的教育［J］．高等工程教育研究，2018，（5）：11–16.

[3] 李德毅，马楠．智能植根于教育［J］．高等工程教育研究，2019（6），1–3，43.

[4] 林健，郑丽娜．美国人工智能专业发展分析及对新兴工科专业建设的启示［J］．高等工程教育研究，2020（4），20–33.

[5] 周萌，曹政才，吴启迪．新工科背景下基于"五位一体"的机器人技术教学改革研究［J］．高等工程教育研究 2020（4），66–70.

[6] 李军靠，丁一鑫，乔刚．"互联网＋"环境下硕士研究生教育导生学习共同体构建［J］．研究生教育研究，2020（4），41–46.

[7] 汪金花，韩秀丽，李鸣铎，等．学习循环圈模式在研究生课堂教学中研究与应用［J］．教育教学论坛，2019（4），182–183.

[8] 王毅，张沪寅，黄建忠．新工科人才培养导向的竞赛类实践课程设计［J］．实验技术与管理，2020（8）：168–171.

对团体纸牌游戏的观察研究

刘洪飞[*]

摘 要 为了更好地支持在教学中开发和使用纸牌游戏，本研究从纸牌游戏的参与者这一角度进行观察研究。研究 1 为了梳理纸牌游戏的维度，提出有价值的研究问题，对纸牌游戏团体进行了无结构的、掩蔽式的观察，并最终经归纳分析提取出纸牌游戏进行的 4 个重要维度，分别是纸牌游戏的时间阶段、参与者的游戏风格、参与者的情绪、参与者的言语。研究 2 对纸牌游戏参与者的情绪和言语内容进行了结构化的、掩蔽式的观察，结论得出了对二者关系的假设。

一、背景介绍

纸牌游戏是以一副或多副纸牌展开的游戏。纸牌游戏有着悠久的历史，相传最早可追溯到周朝的"叶子戏"。而当下，随着"以人为本"思想的兴起，学界开始对学习者的动机和情绪、对学习效果影响加以重视，越来越多的教育工作者开始将纸牌游戏应用到教学当中（李娟等，2012；钱扬义 & 颜璜，2009；张安军，2016；Gonzalez – Tablas 等，2020；Mohanam & Holton，2020）。但以往对纸牌游戏的研究中对"游戏参与者"的重视仍然不足，大多从学科教学视角或博弈视角对纸牌游戏的开发设计、逻辑算法进行研究，还很少从"进行游戏的人"这一维度对纸牌游戏进行研究。综上，本研究对多位游戏参与者在纸牌游戏活动中的行为进行观察分析，意图将"人的行为"纳入研究当中，为未来纸牌游戏在教育中的开发和应用提供参考。

---

* 刘洪飞，师范学院心理健康教育专业硕士研究生。

为此，研究 1 采用无结构的、掩蔽式的观察法，通过有目的地观察真实、自然状态下的纸牌游戏的进行过程，对纸牌游戏进行叙述，意在梳理纸牌游戏的重要因素，并提出有价值的研究问题。

二、研究 1：纸牌游戏的重要维度

（一）研究目的

梳理纸牌游戏的维度，提出有价值的研究问题。

（二）研究方法

1. 观察对象

研究 1 的观察对象为在校研究生的团体，共 11 人，其中 6 名为男性，5 名女性。除一名男性之外，其他人都为同一班级。对所有参与者使用字母 A ~ K 进行标记。

2. 观察方法

研究 1 采用无结构的、掩蔽式的观察法，对观察对象进行叙述性的记录，同时使用录音设备进行辅助记录。遵循研究伦理，在观察完毕后，告知观察对象研究概况，并征得其同意。

3. 数据分析方法

研究者通过对观察资料的整理和归纳，提取纸牌游戏中的重要维度，并对每个维度进行分析。

（三）数据分析

观察时间为某日 23：43 至次日凌晨 00：10，共经历 7 局游戏，平均一盘纸牌游戏耗时 3′52″。观察地点为研究生宿舍某层的公共空间内，所有人成圆圈状围坐在地毯上。纸牌游戏的参与者共 11 人，其中 6 名为男性，5 名女性；除一名男性之外，其他人都为同一班级。纸牌游戏采用扑克牌展开，游戏规则为"干瞪眼"，游戏规则在本次观察内没有变更。

1. 参与者的情绪

纸牌游戏的参与者表现出的主要情绪是大量快乐和少量惊讶，主要体现在表情、语言和语气上。例如，在落后的游戏参与者意料之外获得转败为胜的机会时，往往会格外开心，笑声不断；而他的对手往往口吐惊疑之声，随后被欢乐的气氛逗笑，转惊为喜；而其他参与者往往也会被快乐感染，或以此为话题进一步烘托气氛，使团体内情绪表达到一个小高潮。

2. 参与者的言语

纸牌游戏参与者的言语内容往往集中反映了参与者目前所关注的内容，大体可分为三类：纸牌游戏进行所必要的言语、与纸牌游戏相关但并非必要的言语、与纸牌游戏无关的言语。

纸牌游戏进行所必要的言语即那些和游戏直接相关，一旦缺少就会导致游戏流程出现问题的言语。例如纸牌游戏参与者表达自己的决策结果："过（指这回合我不出牌）""管上（指这回合我出牌）"等；又或纸牌游戏参与者示意自己这边出了意外，如"稍等让我想想"。这些言语一旦缺少，往往会直接导致游戏进行出现问题。纸牌游戏进行所必要的言语的频率往往反映了游戏进展的激烈程度，频率越高游戏竞争往往越激烈。

与纸牌游戏相关但并非必要的言语指那些内容和游戏有一定关系，但缺少了也不会干扰游戏正常进行的言语。参与者会发挥自身创造力，在游戏内容的基础上进行开玩笑、讲故事、调侃、拉家常、赞扬等言语行为，例如"哈哈你牌出的可以啊""你看看我上把这牌，运气多好"等。因此，这个类别虽然很容易辨别，但蕴含的范围却很广，难以确定其内涵。

与纸牌游戏无关的言语指参与者在游戏进行的时间范围内说出的内容是与游戏没有关系的言语。高频的与纸牌游戏无关的言语可能意味着游戏陷入无聊的境地，参与者试图从游戏之外获得乐趣。

（四）结论

根据观察资料分析，研究1发现参与者的情绪和参与者的言语对纸牌游戏的进展十分重要。纸牌游戏参与者的情绪集中表现在快乐，偶尔出现一些惊讶。快乐可以促进人学习新知识，促进创造性思维；而惊讶可以促使人对旧有僵化的思维产生怀疑（塞利格曼，2010）。因此，情绪的塑造是教学中使用纸牌的直接动因。

纸牌游戏参与者的言语内容往往集中反映了参与者目前所关注的内容，特别是自然状态下的言语内容更是反映了参与者的自然反应倾向，因此，对其加以研究可以了解参与者使用纸牌时的自然反应，进而可以给纸牌进行游戏化教学提供参考。

三、研究2：纸牌游戏参与者的情绪与言语内容

（一）研究目的

对纸牌游戏参与者的情绪和参与者的言语内容进行进一步梳理，提出二

者关系的假设。

（二）研究方法

1. 观察对象

研究 2 的观察对象为在校研究生的团体，共 7 人，其中 4 名为男性，3 名女性，所有人都为同一班级。对所有参与者使用字母 A～G 进行标记。观察对象为该团体中参与者的情绪和参与者的言语内容。其中对情绪维度的分类和操作定义参考了基本情绪模型，删除了纸牌游戏中不太可能出现的恐惧和悲伤情绪。而参与者的言语内容维度的分类则参考了研究 1 的结果和前人的研究结论。对具体操作定义如表 1 所示。

表 1　观察对象的操作性定义

维度	分类	操作定义
情绪	愉快	参加者表情出现笑容，或笑出声音
	惊讶	参加者表情出现眉毛高扬起、眼睑增大、嘴张开的惊讶表情，或语气惊疑地上扬
	厌恶	参加者表情出现皱眉、眼睑全部闭合、上嘴唇向上提升、下嘴唇向上提升的厌恶表情。语气轻蔑也算作此类
	愤怒	参加者出现皱眉、瞪眼、嘶吼的表情。或出现攻击性的行为、言语
言语内容	必要言语	直接表达了游戏进行必要的信息，一旦缺少就会导致游戏流程出现问题的言语
	非必要言语	内容跟纸牌游戏规则、游戏中刚刚发生的相关，但并非游戏进行必要的，缺少也不会影响游戏进行
	无关言语	内容跟纸牌游戏完全无关

* 表格根据研究 1 结果整理

2. 观察方法

研究 2 采用结构的、掩蔽式的观察法，聚焦到纸牌游戏参与者的情绪和参与者的言语内容上，进行量化的记录，同时使用录音设备进行辅助记录。遵循研究伦理，在观察完毕后，告知观察对象研究概况，并征得其同意。

3. 数据分析方法

研究者对观察表格进行整理，并辅助录音对观察数据进行解释、分析。

（三）数据分析

观察时间为某日 01：11 至 01：30，共经历 4 局游戏，平均一盘纸牌游戏耗时 4′45″。观察地点为宿舍某层的公共空间内，所有人呈圆圈状围坐在地毯上；人数共 7 人，其中 4 名为男性，3 名女性；纸牌游戏采用扑克牌展开，游戏规则为"干瞪眼"，游戏规则在本次观察内没有变更。

厌恶和愤怒在研究 2 中没有被观察到，所以在表格呈现中删去；参与者的言语频率受限于游戏时间，为了更好地对数据进行比较，删除不重要的惊讶情绪，并计算言语内容与愉快在单位时间（每分）下的频次得到表 2。

表 2 单位时间下言语内容与情绪的出现频次

局数	时间（分）	必要言语	非必要言语	无关言语	愉快
1	6.01	19.30	4.16	0.50	5.49
2	4.00	24.00	2.00	4.75	0.75
3	3.17	19.56	4.42	0.00	3.79
4	5.27	17.27	6.83	2.09	6.26

＊数据来源于观察记录表

通过表 2 我们可以发现，必要言语在游戏单位时间下没有较大的区别，但愉快情绪却有较大差异。由于研究假设了必要言语反映了参与者对游戏本身的关注，所有有理由相信游戏本身并不是被观察团体的愉快情绪的影响因素。

另外，可以观察到非必要言语同愉快情绪有着一种共变的趋势。通过对录音资料的回溯，发现参与者使用言语对正在进行的纸牌游戏现象进行了认知加工，使游戏现象被赋予了一种人际交互的属性，这种人际的和直接经验关联的、有团体共识的言语通常会使参与者感到愉快，并给出积极的情绪反馈。

而无关言语在数据中和愉快情绪的联系并不清晰，但通过回听录音可以发现，无关言语对参与者情绪影响是不平衡、随机化的。不平衡指涉及无关言语的交流通常并不是在游戏团体全员中展开的，是在数个人的小圈子。随机化是指其他参与者对说出无关言语的人的反馈是很不确定的，有可能有积极的反馈，也可能由于不理解、不感兴趣、正关注游戏等理由给予忽视了。

（四）结论

根据研究 2 结果，可以提出以下假设。

（1）参与者的纸牌游戏进行所必要的言语和愉快情绪没有关联。

（2）参与者与纸牌游戏相关但并非必要的言语和愉快情绪有共变关系，很可能是非必要言语的人际属性，和正在进行的经验直接相关，并在团体中有共识基础的共同引发了参与者的愉快情绪。

（3）参与者与纸牌游戏无关的言语和愉快情绪关系不清晰，很可能受其他变量的调节。

四、讨　论

（一）对纸牌游戏教学的启示

在使用纸牌游戏进行教学时，教育者往往默认游戏的形式会带来快乐，进而激发学生学习兴趣。但本研究的结论与之向左，参与者的快乐情绪多是在同他人交流卡牌游戏的进程中，通过对游戏进程的再叙说产生的。这是由于人是社交动物，马斯洛需求层次理论认为爱与归属感是人的基本需要，和他人在游戏中联结能给个体带来很大的满足感，这种满足远远超过游戏能够带给人的乐趣。这启示教育者在设计纸牌游戏时，不能忽略游戏进行时人际交互的影响，最后可以让游戏的参与者和他人"有的可聊、聊得有收获"。在使用纸牌游戏教学时，也要合理引导参与者的交流内容和交流方向，既不能严令禁止"开小差"，让游戏教学失去快乐；也不能放任其聊天说笑，导致不能实现教学目标。

在参与者集中注意力投入游戏当中的时候，往往并没有愉快情绪。除了上述的原因之外，"心流"的视角也十分关键。心流指一种人们在专注进行某行为时所表现的心理状态，在心流中个体没有情感体验，但可以体会到极大的"满足"。这就启示教育者在设计纸牌游戏时，要保证游戏难度合理，诱导学生在进行游戏式教学时自然而然地产生心流状态，更好地吸收游戏中的知识。

（二）本研究的不足与展望

首先，本研究受限于现实条件，观察对象选择在玩普通扑克牌游戏的成年玩家，结论可能并不能推广到纸牌游戏教学下的学生身上。其次，研究 2 假设言语内容体现了当前参与者的注意对象，但没有涉及参与者一心二用、心口不一的情况。

未来的研究可以观察实际使用纸牌游戏进行教学的情境下的学生表现，和本研究结论相互印证，或设计实验验证研究 2 结论的共变关系是否存在，其是否有着因果关系。

参考文献

[1] 李维刚. 说说扑克牌的历史与文化内涵 [J]. 集邮博览, 2015（11）：100 – 102.

[2] 高强, 徐心和, 王昊, 等. 一种基于经验的德州扑克博弈系统架构 [J]. 智能系统学报, 2020, 15（3）：468 – 474.

［3］何小军. 棋牌及其异化现象研究 ［J］. 山东体育学院学报，2013, 29（2）：33 – 36.

［4］李娟，钱扬义，彭豪，等. 国内外化学扑克牌游戏现状述评 ［J］. 化学教育，2012, 33（9）：126 – 130.

［5］钱扬义，颜璜. "520 化学网络扑克"游戏的开发及其应用 ［J］. 中国电化教育，2009（11）：84 – 87.

［6］武影影. 扑克牌在高中生物学教学中的妙用 ［J］. 生物学教学，2019, 44（7）：26 – 27.

［7］徐心和，郑新颖. 棋牌游戏与事件对策 ［J］. 控制与决策，2007（7）：787 – 790.

［8］杨先伟，康红娟，廖祖华. 随机序列的扑克检测优化研究 ［J］. 智能系统学报，2016, 11（4）：513 – 518.

［9］张安军. 扑克牌游戏中数学模型思想的渗透与培养 ［J］. 数学通报，2016, 55（5）：34 – 38.

［10］马丁·塞利格曼. 真实的幸福 ［M］. 洪兰，译. 沈阳：万卷出版公司，2010.

［11］姜振宇. 审讯中的应激微反应的应用 ［J］. 中国检察官，2014（18）：59 – 64.

［12］BACKE H – J. Between "Games as Media" and "Interactive Games" ［J］. Game Studies, 2017, 17（2）.

［13］米哈里·契克森米哈赖. 心流 ［M］. 张定绮，译. 北京：中信出版集团，2017.

首都三个文化带的实践教学模式探索[*]

鲍卫华　谌玉霞　李　莹[**]

摘　要　随着北京建设"四个中心"和建设"国际一流的和谐宜居之都"的提出，北京开启了全力推动首都科学发展、努力建设"国际一流旅游城市"，以及加紧建设北京的东、西、北三个文化带——"长城文化带""运河文化带""西山文化带"的步伐。作为现代服务业的旅游业正面临发展的机遇与挑战。根植旅游资源，深入挖掘其蕴含的文化内涵，探索实践教学的新模式亦成为旅游人才培养的新课题。

一、引　言

在北京建设"四个中心"的背景下，旅游业是北京建设"国际一流和谐宜居之都"的支柱产业和京津冀协同发展的纽带产业。北京市已明确十三五期间要将北京建设成为"国际一流旅游城市"。同时，北京三大文化带（长城文化带、运河文化带、西山文化带）承载了北京"刚柔并济、山水相依"的自然文化资源和城市发展历史，是北京文化乃至中华文明的精髓和象征；也是与天津、河北地缘相连、山水相接，连接京津冀文化的一条整体遗产保护纽带。在国际一流旅游城市建设以及三个文化带建设的过程中，北京旅游业必将改变长期以观光度假为主的局面，迎来旅游多元化、智能化、自助化（自由行、自驾游、自助游）快速发展的新阶段。

根植首都旅游资源，深挖其蕴含的文化内涵，探索实践教学的新模式亦

* 基金项目：本文依托北京市教委教改项目，基于"双培计划"的人才培养机制研究——以复合型旅游人才为例（课题编号：2015－lh10）的支持。

** 鲍卫华，旅游学院讲师；谌玉霞，通讯作者，旅游学院。

成为旅游人才培养的新课题。实践教学在旅游人才的培养中占着必不可少的一环，探索适合旅游文化带特点并发挥出其内涵的实践模式，具有重要的现实意义。

二、高校旅游管理专业在实践教学中存在的现象及问题

实践教学环节在培养方案的设计中存在着重形式、轻内涵的现象。我们看到在众多高校的旅游管理专业培养方案中都显示，让出了大量课时给实践学时，从初衷来说确实是体现了对实践教学的重视程度，但人为设计的机械性却限制了实践的深入开展和充分挖掘。比如时间上的固化，一般安排实践环节在学期末理论课时结束之后，如果是校内老师安排实践内容往往只能走马观花，深度不够；如果是联手行业、企业的导师介入，又存在着时间短，非旅游旺季，企业缺乏接纳学生实践的动力。

实践教学内容的碎片化现象，不利于形成一个完整的任务和目标。每学期的实践时间仅有两周，不够深入开展一个具体的研究项目活动。旅游对社会和经济的影响有它的周期性特点，这个周期性一般至少要一年，如果对于一个目的地开展调研和考察的话，至少要看其研究对象多年的变化和趋势。所以最好在专业学习的初期就开始做好实践项目的顶层设计，设计好一个要完成的整体任务，然后再把任务分割成不同时期需达成的小目标，设计不同阶段的实践内容，最终化零为整，达成最终的实践教学的目标。比如，调研某个乡村社区的居民旅游收入情况，可分别在五一、夏季、十一、冬季、春节这几个时间节点进行实地考察，这样实践教学才可获得第一手资料，做到有深度、有连贯性。

实践教学内容的单一，使学生参与实践的积极性不高。受师资力量和校外资源所限，多数实践教学以景区导游、旅游企业参观、旅游相关服务岗位实习等形式呈现，难以调动起学生的积极性和主动性。没有实现把专业理论知识真正运用到实践中去，教师和学生往往是为了实习而实习，建议学校整合实践资源，使有高水平科研项目的教师和打高级别竞赛的教师招聘参与实践的学生，组队指导。因此，要花大力气打造一支实践教学师资团队，在教学工作和科研工作方面给予认可和激励。

三、首都三个文化带的实践教学模式探索

在世界一流旅游城市和旅游文化带建设背景下，旅游高等院校的人才培

养应定位在具有较深厚的文化内涵、经济意识、信息技术手段的三类中高端人才方面。为此在实践教学中，我们要紧紧把握以下三个方面。

（一）立足首都文化内涵，突出文化精神与实践教育相融合

文化是旅游的灵魂，旅游是文化的重要载体，旅游人才离不开文化内涵的修炼。旅游文化带的建设，更需要了解和熟知北京历史文化的旅游专业的学生。

"长城文化带"的内涵不仅有物质文化层面的，还有精神文化方面的。人们赞颂它的雄伟壮观、巍峨险峻，由此也体现了中国历代劳动人民勤劳、勇敢、吃苦耐劳和勇于创造的精神，同时它也是抵御侵略、反抗外敌、保卫和平生活的伟大象征。与它相关联的民间故事传说，更体现了人民反压迫、反专制的勇气和对美好生活的向往。所以要把长城作为整个人类的巨大物质文化遗产看待，要把长城的精神层面作为中华民族的优秀文化品质来传承。

"运河文化带"的北京通州运河是京杭大运河的北起点，属于京杭大运河遗产的重要组成部分。运河遗产是一种水利工程遗产，它的文化价值和艺术价值存在着一定的内隐性，需通过叙事性的阐释来感受运河文化之美。一些作家、艺术家往往以富有魅力的文字语言、艺术形象阐释着运河文化的价值。如刘绍棠的小说《运河的桨声》《蒲柳人家》《渔火》等，让我们感叹道运河人家的人生际遇、悲欢离合，也了解到昔日运河的乡俗乡情和故道遗风。通过对文化遗产的追忆性解读，唤起人们的文化记忆，这样就为运河的遗产规划和主题筛选提供了构建思路。在推动运河文化旅游发展的同时也带动了沿线区域的产业、文化、城镇、生态等全方位发展。

"西山文化带"的文化遗存历史悠久，有新石器遗址、先秦文化遗存、汉代王陵等，北京最早的水利工程、唐代寺院等也都存于这一带，它的文化带特点有着鲜明的伴随着都城发展起来的特征。北京在辽代作为陪都，金代改建中都，成为皇朝首都。形成有寺庙风景区、皇家园林区、中外文化交流场所、西山抗战革命史迹等，现存着多方位的旅游资源。"西山文化带"也是北京首都所独有的物质文化、非物质文化遗产的宝库。

我们要把这种对中华民族的自信，对理想信念的坚定融入旅游的职业素养中去，热爱自己所从事的行业。旅游是一个具有美学感受的职业，它所衍生出来的深层含义既能感染着旅游从业者，也通过从业人员传递给所服务的广大的游客。

北京联合大学旅游学院设置了旅游文化学、北京旅游等专业课程，逐渐形成了具有学院专业特色的旅游文化节、社团文化节、心理健康周等。在景区的实地实践环节，老师紧紧把握"课程思政"言传身教、潜移默化地将中华民族的精髓传递出来。同时学生在党团活动、红色旅游教育中，也在进行牢记使命、不忘初心，做好新一代接班人的心灵洗礼。

（二）依靠首都文化资源，突出服务社区与实践教学相融合

"长城文化带""运河文化带""西山文化带"分别位于北京的北部、东部和西部，呈环绕北京中心的趋势，从经济发展上来看，当地居民的旅游经济主要靠短程交通、小商品及农家乐等，发展模式多呈分散、小规模的私营形式，呈集团化发展的模式比较少。

长城文化带主要靠几个重要景点来支撑着当地的旅游经济发展，如居庸关、八达岭、慕田峪等，除了一些小而散的个体经济以外，集团企业开发的有"长城脚下的公社""古北水镇"等具有代表性的项目。运河文化带主要有大运河森林公园景区、通州宋庄艺术园区。"西山文化带"以观光类园林、寺庙为主。周边主要是零散的个体服务经济。

为服务当地经济发展，服务社区村民需求，我校在暑期等集中实践环节，开展有主题、有现实意义的实地考察和调研活动，如组织同学在查阅资料的基础上分别制定不同的调研主题，展开活动。如长城脚下某村落的旅游发展规划、目前旅游发展现状下对旅游资源产生的影响、走入社区表演运河题材的话剧、走访村民寻一寻古村落的历史足迹等活动，都是对首都文化、中华文化的一次亲密接触和切身感受。另外，通过参与教师的相关科研课题和项目，如"八达岭景区的管理模式""购物旅游示范村、示范乡镇评定"标准的制定，"乡村扶贫及旅游特色"规划、"当地旅游特色网络营销设计"等，解决当地村民旅游发展中亟待解决的问题，帮助社区更好的可持续发展旅游。让学生们在实践中增强服务社会的意识。如参与长城志愿者和义工活动，参与皇家园林的导游实践等，都是在无形中宣扬、践行了首都三个文化带的影响和精神传递。

（三）针对首都文化资源，引入信息化技术与实践教学相融合

旅游教育与信息化的融合，是时代和社会的发展需求。针对首都三个文化带，创新旅游的方式和提升旅游的感受是探索实践模式的新方向。

如长城旅游，如果在实景环境中，让游客发现周边站岗的是戍边将士、眼前呈现的是烽烟的战场，游客的感受则会更加的身临其境，更加能感受到长城的雄伟苍凉，以及现实生活中幸福、和平的可贵。这就需要信息化虚拟

技术的介入与实景相结合，产生视觉上的冲击与代入感。如运河旅游，当游客在经过每一个地域时，随身语音导游便伴随着讲述在这里曾经发生过的故事，或者我们脚下的某一砖、某一物件有哪些来历等，这些都是对首都文化的一种深层体验，使游客在遗址旅游中加深对历史文化的了解。

旅游学院十分重视将信息化融入旅游高等教育的人才培养体系中。现代旅游与信息融合发展是实现旅游业发展的关键，是实现传统旅游业向现代服务业跨越的必要途径。在校内的旅游实践教学中心，设有虚拟仿真实验室、VR 技术场景导游、沉浸式体验、智慧旅游等，使学生掌握前沿的信息化技术的同时，充分发挥自主动手及解决旅游痛点的能力。北京联合大学旅游学院连续承办五届由旅游管理类高校教师委托的"互联网 + 旅游"全国大学生旅游创意大赛，涌现出众多与信息技术结合的优秀作品和创意，带来广泛的社会关注度和行业反响及肯定。很多同学还参与到虚拟还原圆明园、颐和园数字旅游等项目中，真正实现了将信息技术融入服务旅游行业、服务社会大众的实践中。

四、结　语

依托首都旅游资源，弘扬长城文化、运河文化、西山文化是弘扬北京优秀历史文化遗产的主要组成部分，为此，北京联合大学在旅游人才培养上进行了积极探索与改革，在探索实践教学模式的创新方面，做出了应有的贡献。

参考文献

[1] 牛君仪. 地方高校旅游管理本科专业学生实践能力的培养 [J]. 河南科技学院学报，2019（12）：123 – 125.

[2] 张春燕. 旅游与城市软实力 [M]. 北京：中国社会科学出版社，2016.

[3] 中华人民共和国国家旅游局. 中国旅游统计年鉴 2019 [Z]. 北京：中国旅游出版社，2020.

[4] 王巍，李烨，林聪. 打造"双培计划"教学共同体 探索区域协同育人新机制 [J]. 北京教育（高教版），2017（6）：55 – 59.

[5] 刘霄. 启动"高水平人才交叉培养计划"实现高教人才培养机制创新 [J]. 北京教育（高教版），2015（5）：19 – 20.

大学生新冠肺炎疫情关注度与
感染风险认知的关系

何颖鑫　　陈雨露[*]

摘　要　探究大学生对新冠疫情关注度与感染风险认知的关系，以及负性心境在二者中所起的作用。采取方便抽样的方法，于 2020 年 2 月对北京市一所高校的 108 名学生进行问卷调查。结果发现大学生对新冠肺炎疫情的关注和感染风险认知处于中等偏上水平；且二者存在显著正相关，负性心境和感染风险认知也呈显著正相关；回归分析结果表明，焦虑和抑郁两种负性心境在新冠肺炎疫情关注度和感染风险认知之间存在调节作用，即高负性心境下，疫情关注度对感染风险认知的预测作用较强，低负性心境下，疫情关注度对感染风险认知的预测作用较弱。

一、引　言

新型冠状病毒肺炎（简称新冠肺炎）是一种新发传染病，WHO 将新型冠状病毒肺炎命名为 COVID－19。新冠肺炎疫情已经呈现了全球性暴发的态势，世界人民的生命安全和全球经济都受到了威胁。2020 年年初该病毒在我国肆虐蔓延，湖北自 2020 年 1 月 20 日明确新冠肺炎具有人传人特征后，全国人民对新冠肺炎疫情的关注度迅速提高，每天增长的确诊人数牵动人心。新冠肺炎具有暴发速度快、传染性强、预防诊疗困难、尚无特效药治疗等特点，因此人们也十分担忧自己感染新冠肺炎。

风险认知的研究是一门涉及心理学、社会学、管理学、经济学、医药和

---

* 何颖鑫，师范学院心理健康教育专业硕士研究生；陈雨露，师范学院讲师。

健康等多领域的交叉学科，Slovic 把风险认知定义为个体对存在于外界的各种客观风险的感受和认识，并且强调个体由直观判断和主观感受获得的经验对个体感知的影响。国内外关于风险认知的研究主要集中于传染性疾病，如 SARS、禽流感、肺结核、HIV 等。有研究者指出，风险认知受个体差异、期望水平、信息、风险的特征性质、自愿程度和文化水平的影响。个体对于新冠肺炎感染的风险认知，一定程度上是基于报道出来的数据做出的判断。时勘等人研究了我国民众对 SARS 信息的风险认知及心理行为，发现负性信息容易引起民众的高风险认知，正性信息能降低个体风险认知水平。由此可知，人们对疫情的关注程度、事件信息以及线索特征等方面会影响个体对疫情感染风险的认知。

心境是一种微弱、平静而持续时间较长，影响人的整个精神活动的情绪状态。许多研究均认为重大突发事件会极大影响人们的情绪状态（抑郁，焦虑等），有研究表明社会生活应激事件、重大挫折及无效应对，会使个体产生负性的心境。Roberts 研究了恐慌情绪下人们对风险的感知，孙多勇以非典事件为背景建立了公众风险感知变化的结构方程模型，对影响恐慌的相关心理问题进行了讨论，结果均发现这些负性情绪状态或心境对公众的风险认知有负性影响。

综上所述，新冠肺炎疫情的关注程度可能与感染风险认知存在关系，而心境状态会调节其关系。本研究以大学生为被试，在 2020 年 2 月发布问卷进行调查（2 月为我国新冠肺炎疫情暴发高峰期），旨在探究个体的负性心境在疫情关注程度和感染风险认知中的关系。本研究构建的研究模型如图 1 所示。

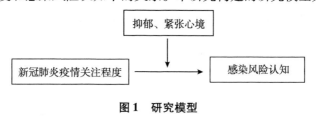

图 1　研究模型

二、研究方法

（一）研究对象

本研究采用方便取样的方法，选取了北京某大学 108 名大学生进行调查，其中男生 24 人，女生 84 人。通过网络发布问卷，问卷填写时间为 2020 年 2 月。

（二）研究工具

1. 新冠肺炎疫情关注程度条目

编制条目，测量人们对疫情的关注程度，采用 10 级计分，1 表示"极其不关注"，10 表示"极其关注"，得分越高表明个体对新冠肺炎疫情的关注程度越高。

2. 自编新冠肺炎疫情感染风险认知问卷

自编的新冠肺炎疫情感染风险认知问卷包含 6 道题目，主要包括对感染新冠肺炎的担忧程度，预感一年里自己、家人、社区人员、大学成员感染新冠肺炎的可能性，以及一旦感染新冠肺炎，担心自己病情恶化而死亡的程度。该问卷采用 9 级计分，分数越高表示预感的感染风险越高。该问卷的 α 系数为 0.82，说明问卷有良好的内部一致性。

3. 心境状态倾向量表

心境状态倾向量表采用格罗夫（Grove）编制、祝蓓里修订的简式心境状态量表，挑选其中抑郁、紧张 2 个维度共 12 个项目，采用 5 级评分，该量表的 α 系数为 0.93，有较好的内部一致性。

（三）统计方法

采用 SPSS 19.0 对数据进行统计分析，包括描述性统计、相关分析、回归分析及调节效应检验。

三、结果与分析

（一）新冠肺炎疫情关注程度、感染风险认知及负性心境情况的描述性统计

由表 1 所知新冠肺炎疫情关注程度最高分为 10 分，测得的大学生对疫情的关注程度处于中等偏上水平（$M = 6.93$，$SD = 1.93$）。感染风险认知量表最高分为 54 分，大学生对感染新冠肺炎的风险认知处于中等水平（$M = 25.99$，$SD = 8.76$）。学生的紧张和抑郁心境属于中等偏下水平（$M_{抑郁} = 10.49$，$SD_{抑郁} = 4.38$；$M_{紧张} = 12.48$，$SD_{紧张} = 4.57$）。

表 1　大学生对新冠肺炎疫情的关注程度、感染风险认知及负性心境得分（$M \pm SD$）

N	关注程度	感染风险认知	抑郁心境	紧张心境
108	6.93 ± 1.93	25.99 ± 8.76	10.49 ± 4.38	12.48 ± 4.57

（二）大学生对新冠肺炎疫情关注程度、感染风险认知及负性心境的相关分析

由表2可知，大学生对新冠肺炎疫情的关注程度和感染风险认知存在显著正相关（$r = 0.353$，$p < 0.01$），即大学生对新冠肺炎疫情的关注程度越高，认为自己及周围人存在新冠病毒感染的风险越大。抑郁、紧张心境和感染风险认知也呈显著正相关（$r_{抑郁} = 0.242$，$p_{抑郁} < 0.05$；$r_{紧张} = 0.241$，$p_{紧张} < 0.05$），即大学生的负性心境越高，认为自己及周围人感染新冠病毒的风险越大。

表2　大学生对新冠肺炎疫情关注程度、感染风险认知及负性心境之间的相关分析

变量	关注程序	感染风险认知	抑郁心境	紧张心境
关注程度	1			
感染风险认知	0.353 **	1		
抑郁心境	0.084	0.242 *	1	
紧张心境	0.134	0.241 *	0.844 **	1

注：$^{*} p < 0.05$；$^{**} p < 0.01$

（三）抑郁心境在新冠肺炎疫情关注程度和感染风险认知间的调节作用

表3　大学生对新冠肺炎疫情的关注程度、抑郁心境对感染风险认知的回归分析

	变量	感染风险认知					
		R^2	ΔR^2	F	B	SE	p
第一层	关注程度	0.125	0.125	15.095	1.605	0.413	0.000
第二层	关注程度	0.170	0.045	10.745	1.524	0.406	0.000
	抑郁心境				0.427	0.179	0.019
第三层	关注程度	0.214	0.044	9.43	0.873	0.48	0.072
	抑郁心境				1.185	0.36	0.001
	关注程度 × 抑郁心境				0.196	0.08	0.018

采用分层回归分析考察抑郁心境对疫情关注度与感染风险认知之间的调节作用，回归分析将感染风险认知作为因变量。

首先，回归分析的第一、第二层考察新冠肺炎疫情的关注程度和抑郁心境各自对新冠感染风险认知的预测作用。由表3可知，第一层将关注程度作为自变量，第二层再加入抑郁心境这个自变量。结果显示：第一层放入关注程度时，回归方程显著，$F = 15.095$，$p < 0.001$。具体看自变量的影响：关注程度对感染风险认知的预测显著，$\beta = 0.353$，$t = 3.885$，$p < 0.001$，说明新

冠肺炎疫情的关注程度能显著预测大学生对感染风险的认知。第二层再放入抑郁心境后，回归方程仍然显著，$F = 10.745$，$p < 0.001$，回归方程改变的 $R^2 = 0.045$，具体而言，关注程度对感染风险认知的预测显著，$\beta = 0.335$，$t = 3.755$，$p < 0.001$；抑郁心境对感染风险认知的预测也显著，$\beta = 0.213$，$t = 2.392$，$p = 0.019$。说明控制关注程度后，抑郁心境与感染风险认知的预测关系仍然显著，即在新冠肺炎疫情期间大学生的抑郁心境显著预测其对感染风险的认知。

第三层将关注程度×抑郁心境这一调节作用项作为预测变量放入模型，关注程度×抑郁心境的交互项对感染风险认知的正向预测显著，说明抑郁心境调节了关注程度与感染风险认知的关系。简单斜率表明，与低抑郁心境相比，高抑郁心境下疫情的关注度对感染风险认知的正向作用较强。

（四）紧张心境在新冠关注程度和感染风险认知间的调节作用

表4　大学生对新冠肺炎疫情的关注程度、紧张心境对感染风险认知的回归分析

	变量	感染风险认知					
		R^2	ΔR^2	F	B	SE	p
第一层	关注程度	0.125	0.125	15.095	1.605	0.413	0.000
第二层	关注程度	0.163	0.038	10.208	1.485	0.410	0.000
	紧张心境				0.378	0.173	0.031
第三层	关注程度	0.194	0.032	8.361	1.581	0.407	0.000
	紧张心境				0.939	0.326	0.005
	关注程度×紧张心境				0.167	0.083	0.046

接下来，以同样的方式，考察紧张心境在新冠关注程度和感染风险认知间的调节作用，回归分析将感染风险认知作为因变量。

首先，回归分析的第一、第二层考察新冠肺炎疫情的关注程度和紧张心境各自对新冠感染风险认知的预测作用。由表4可知，第一层将关注程度作为自变量，第二层再加入紧张心境这个自变量。结果显示：第一层放入关注程度时，回归方程显著，$F = 15.095$，$p < 0.001$。具体看自变量的影响：关注程度对感染风险认知的预测显著，$\beta = 0.353$，$t = 3.885$，$p < 0.001$，说明新冠疫情的关注程度能显著预测大学生对感染风险的认知。第二层再放入紧张心境后，回归方程仍然显著，$F = 10.208$，$p < 0.001$，回归方程改变的 $R^2 = 0.038$，$p = 0.031$，具体而言，关注程度对感染风险认知的预测显著，$\beta =$

0.327，$t = 3.626$，$p < 0.001$；紧张心境对感染风险认知的预测也显著，$\beta = 0.197$，$t = 2.187$，$p = 0.031$。说明控制关注程度后，紧张心境与感染风险认知的预测关系仍然显著，即在新冠肺炎疫情期间大学生的紧张心境显著预测其对感染风险的认知。

第三层将关注程度×紧张心境这一调节作用项作为预测变量放入模型，结果见表4。关注程度×紧张心境的交互项对感染风险认知的正向预测显著，说明紧张心境调节了关注程度与感染风险认知的关系。简单斜率表明，与低紧张心境相比，高度紧张心境下疫情关注度对感染风险认知的正向作用较强。

四、讨 论

本研究结果表明，大学生对疫情的关注程度与感染风险认知呈正相关。风险感知的外部因素包括社会、文化、经济，以及刺激特点等因素。疫情暴发期的患病人数超过医疗系统的负荷能力，且死亡率有所上升，造成了一定程度上的社会恐慌和经济停滞，因此，新冠肺炎疫情风险也就变成了一个"高频率、高危害"的风险。突发事件发生后，大脑会综合事件的时间、危害等具体信息进行感知，形成突发事件思维，个体越多关注负性信息就越会增强他们的负面认知，而负面认知又会增强其对感染风险的评估。

本研究发现，负性心境在疫情关注度和感染风险认知之间存在调节作用，高负性心境下疫情关注度对感染风险认知的正向作用较强。风险感知的内部因素，包括个体的生理因素（如性别、年龄等）和心理因素（如认知、情绪、态度等）。有研究发现突发事件造成的最直接的后果就是形成对突发事件的应激反应，而应激反应最直接的表现则是恐惧、焦虑和紧张的情绪，这些情绪会在一定程度上影响个体对风险的分析与评估，因此，在信息的负性认知和消极心境的共同作用下，个体增强了对感染风险的评估，而且个体的卷入度越高，其对疫情的恐惧、抑郁、紧张等情绪也越高。

关于"后疫情"时代下，如何应对大学生的心理问题，一方面，要加强科学理性的宣传，增强学生对疫情的了解和认知，可以通过心理健康网站、微信公众号等对大学生进行防疫心理健康知识的普及，提高其关注程度，使其获得一定的风险认知，这样才能有自觉的防护行为；另一方面，高校要有针对性地举办系列心理讲座，提供心理疏导与咨询服务，及时疏解大学生的心理压力和解决实际困难，引导学生运用积极的信念调整认知，正视负面情绪、改变非理性思维，避免由过度焦虑、紧张等情绪引起的关注度对感染风险认知的影响权重加重。

五、不足与展望

影响风险认知的因素是多样且复杂的，本研究中只选取抑郁与紧张这两个负性心境作为调节变量，在今后的研究中仍可以探索其他的调节因素。随着疫情的发展，学生对疫情的关注程度及风险感知也处于一个动态变化的过程，可以追踪其他的疫情阶段，探究学生心理状态的变化轨迹，探索自变量、调节变量及因变量三者之间的动态交互关系。

参考文献

［1］毛新雅. 以 GDELT 大数据看全球疫情关注度变化［N］. 中国经济时报，2020 - 04 - 09（4）.

［2］龚磊，张进，陈国平，等. 新发传染病的流行与早期识别预警研究综述［J］. 安徽预防医学杂志，2015，21（2）：117 - 121，132.

［3］杨珍，钱荣，谢虹. 风险认知理论在健康领域的应用［J］. 现代医药卫生，2017（8）：55 - 58.

［4］SLOVIC P. Perception of Risk［J］. Science, 1987, 236（4799）：280 - 285.

［5］Perceived Threat, Risk Perception, and Efficacy Beliefs Related to SARS and Other（Emerging）Infectious Diseases：Results of an International Survey［J］. International Journal of Behavioral Medicine, 2009, 16（1）：30 - 40.

［6］KHAWCHAROENPORN THANA, KENDRICK SABRINA, SMITH KIMBERLY. HIV risk perception and preexposure prophylaxis interest among a heterosexual population visiting a sexually transmitted infection clinic［J］. AIDS patient care and STDs, 2012, 26（4）.

［7］朱闵敏. 肺结核风险传播干预与效果评估［D］. 武汉：华中科技大学，2013.

［8］刘金平. 理解·沟通·控制：公众的风险认知［M］. 北京：科学出版社，2011.

［9］时勘，范红霞，贾建民，等. 我国民众对 SARS 信息的风险认知及心理行为［J］. 心理学报，2003（4）：546 - 554.

［10］BROMET E J, DEW M A. Review of psychiatric epidemiologic research on disasters.［J］. Epidemiologic Reviews, 1995, 17（1）：113.

［11］王琦. 疫情期间中学生心理危机化解［J］. 教育科学论坛，2020（11）：39 - 40.

［12］ROBERTS, ALBERT R. Assessment, Crisis Intervention, and Trauma Treatment：The Integrative ACT Intervention Model［J］. Brief Treatment & Crisis Intervention, 2002, 2（1）：1 - 22.

［13］孙多勇. 基于 Logit 建模的个体灾难恐惧感知模型与实证研究［J］. 管理评论，2006（10）：48 - 53，64.

［14］ 祝蓓里. POMS 量表及简式中国常模简介 ［J］. 天津体育学院学报，1995（1）：
　　　 35 – 37.

［15］ 胡小慧. 重大突发事件后受灾主体人群的风险感知与偏好逆转研究 ［D］. 秦皇岛：
　　　 燕山大学，2013.

［16］ 张建新，陈学飞，阎凤桥. SARS 对高校影响的问卷调查报告 ［J］. 比较教育研究，
　　　 2005，26（2）：96.

浅析柯林武德的历史重演论思想

马伟宣[*]

摘 要 柯林武德的遗作——《历史的观念》一书被誉为 20 世纪最具影响力的历史学著作之一，该书系统地梳理了西方历史观念的演变过程，并且提出"一切历史都是思想史，是历史学家心灵中重演过去的思想"这一重要命题。这一命题的提出在史学界掀起轩然大波，众多史学家纷纷提出自己的见解来支持或者驳斥这一理论。通过梳理柯林武德历史重演论的思想，继而对其"历史重演"的理论做出一点思考。

一、引 言

柯林武德在其《历史的观念》一书中的导论部分写道"我在这里所努力做的就是对历史学的性质做一番哲学的探讨"，而后人在探讨柯林武德的历史哲学思想时，由于各种因素的影响，更多的则是将其笼统地概括为唯心主义，并在唯心主义的框架下进行讨论，这就不免产生一定的局限性。柯林武德的历史哲学思想中，"问—答逻辑""一切历史都是思想史"和"历史重演论"这三种思想受到的争议最多，将历史重演的思想作为切入点进行讨论，希望通过梳理柯林武德历史重演论的主要内涵、理论渊源和对该理论的思考，来纠正部分人对于历史学的错误认识，并使读者能够深刻认识到历史重演思想对当前史学界的重要意义。

---

* 马伟宣，应用文理学院中国史专业硕士研究生。

一、柯林武德历史重演论的内涵

（一）柯林武德历史重演论的基本内容

在深刻剖析历史重演论之前，需要了解柯林武德所提出的另一个著名的观点，即"一切历史都是思想史"，他认为"历史的过程不是单纯事件的过程而是行动的过程，它有一个由思想的过程所构成的内在方面；而历史学家所要寻求的正是这些思想过程。"从这方面来说，"思想史，并且因此一切的历史，都是在历史学家自己的心灵中重演过去的思想"。那么历史学家该怎样了解过去呢？柯林武德给出的答案是"历史学家必须在他自己的心灵中重演过去"，重演过去并不是指机械地模仿过去的人的行为，而是在重行过去的人在当时的思想，大概类似于陈寅恪先生所提出的"所谓真了解者，必神游冥想，与立说之古人，处于同一境界"的观点。文中以皇帝的敕令作为事例来解释历史学家如何重行过去的思想，当我在阅读皇帝的某一敕令的时候，单纯地理解文字的内涵并不等于懂得它们的历史意义，而是需要在看敕令的时候像皇帝看它那样，思想正处于皇帝所处的局势之中，并清楚地明白皇帝为什么要选择这么做以及这么做的理由，这样我才算在心灵中重演了那个皇帝的经历，我对敕令的意义才具有真正地了解。

要想了解历史知识，历史学家就必须在自己的心灵中重演过去的历史事件背后的思想行动，那思想行动具体指什么呢？它又具有什么样的特点呢？在这里需要区分一下思想与意识，纯粹而简单的感知和感觉都可以称为意识，它们是真实的，同时也是转瞬即逝的。但是思想行动不是单纯的感知或感觉，它是知识，知识不只是当前的意识，它是自我意识，且思想行动不会因为时间的间隔而改变，所以在思想之外的东西是不可能成为历史知识的对象的。同时，思想行动是可以在经历一段时间的流逝之后再度被复活的，要做到这一点，"我"需要在"我"的心灵中重演另一个人的思想，而且"我"还要意识到"我"所重演的思想是他的思想。只要"我"重演了它，它就变成"我"自己的了，"我"就可以完成它，并且在完成之中察觉到它。这个时候的思想行动便既是主观的，又是客观的；既是过去的，又是现在的。这与克罗齐所说的"一切真历史都是当代史"有着异曲同工之妙。

"我"在思想过去的人的思想的时候，是在自己的心灵中重演它，那如果"我"现在思想"我"过去的思想，可不可以说"我"现在是在单纯的回忆它呢？答案是不可以的，记忆是不同于历史学的，"在记忆之中过去单纯是一种景观，但在历史学中它却是在现在的思想之中被重演"。景观作为客体，与"我"这个主体是分离的，"我"与景观之间是有距离的，而当过去在思想中被重演的时候，思想既是主体也是客体，两者之间是无距离的。只要这一思想是对于思想的思想，那么过去就是作为被重演而被思想着。

历史学家通过重演过去而认识过去，但是他不可能重演这种发现要素的原创性或特殊感情，因为发现暗含着优先权，就像人人都知道得胜的指挥官在目睹敌人被击溃的那一刻所产生的特殊的喜悦和兴奋，但是历史学家是无法体会到的。同时，重演过去并不是将"现在"全部变成"过去"，而是"在现在重演过去是要在一种赋予过去新质的情境中重演过去"。即在重演的过程中，要清楚过去至多占"我"的半个世界，而剩下的半个世界是现在，过去只能作为部分而不是整体存在。

（二）柯林武德对于反驳者的论辩

柯林武德对于虚伪的二难推论给出自己的反驳意见。二难推论是基于此来判断的：即思想具有纯粹的直接性，但此时它便卷入了意识之流当中。或者思想具有纯粹的转手性，而此时它便完全脱离于意识之流。柯林武德指出实际上，思想既有直接性又是转手性。思想行动会出现在某一特定的时间，而且会出现在感知、感情等其他行动的普遍联系当中，思想的直接性指的就是它在这种普遍联系中的呈现，同时还要清楚思想的直接性不仅在于它与感情的普遍联系，还包括它与其他思想的普遍联系。当一种思想既在发出这种思想的这个人的心灵里，同时"我"通过重演这种思想使得思想能够在"我"的心灵里得到发展，这一过程就是思想的转手性。例如，"我"在阅读黑格尔的《法哲学原理》篇中的论证时，"我"不仅阅读他的论证，而且理解内容，并在"我"自己的心灵中又重新向"我"自己论证一遍它且追循着它，那么此刻"我"所经历的论证过程便不是类似于黑格尔的过程了，而是黑格尔过程本身。也就是说"我"把黑格尔的论证思想转移到"我"自己身上，前提是"我"把他理解得正确。

柯林武德强调历史事实是具有观念性的，他反对实在论和摹本论这两种理论。实在论指的是"知识的对象总是某种实际存在的东西"，心灵和对象是两种独立的存在物。如果按照实在论的方法撰写一部伯罗奔尼撒战争史，那么历史学家并不是在领悟伯罗奔尼撒战争，因为这场战争在领悟之外独立存在，所以就像是放在那里等着被人们所领悟一样。伯罗奔尼撒战争是在2400 年前就停止发生的事件，没有什么可领悟的，而且不存在供历史学家认识的对象。既然如此，对于支持实在论的学者而言，历史作为知识岂不是一件十分荒唐的事情了吗？一些支持摹本论的学者认为，"内在于"心灵中的图像是通过复制"外在于"心灵的对象的形象所产生的，即"我"通过在心灵中制造出一个所研究的过去事件的一个摹本，从而间接地认识过去。这完全是错误的想法，过去已经是不存在的，人们怎么可能根据不存在的东西制造出一个摹本呢？历史学家所重演的过去就是过去本身，历史学家的思想也是该对象的本身。就好像"我"再次思考赫尔德思想本身，而不是通过其思想的摹本了解他想了什么，当"我"思考过后，"我"会立刻而不是间接地知道赫尔德的思想。

二、柯林武德历史重演论的理论渊源

柯林武德的历史重演思想并不是凭空出现的，它有一定的理论渊源。维柯对"重演"的定义是："心灵，在穿越了它的进步历程之后，在从感觉顺利地上升到想象的和理性的共相之后，在从暴力上升到平等之后，它遵循自己永恒的本性义无反顾地再次经历这一过程，深陷于暴力和感觉之中，因此，他重新开始了自己的上升运动，重演出现了。"维柯所论述的"重演"强调关注人们心灵，认为心灵是一系列变化的根源。柯林武德在后期的论述中强调要在心灵中重演过去，此刻的心灵是作为各种活动的复合体出现的。

柯林武德的"一切历史都是思想史"与克罗齐的"一切历史都是当代史"的思想相似，克罗齐与柯林武德的思想从某种程度来说存在着直接的渊源，克罗齐认为历史学家所记述的事迹必须在历史学家的心灵中回荡，"如果能思索他们的内心，即能思索直觉与概念的综合，即具体的思想时，历史就已完成了"。柯林武德也强调心灵和思想的重要性，同时也强调思维的批判性，认为重演过去思想的思想，也就是在重演的过程中批判了它们。

柯林武德在《历史的观念》一书中专门设置了讨论黑格尔的章节，他在此章节中对黑格尔的部分理论给予了有节制的赞赏，首先，"黑格尔拒绝通过自然来研究历史"，从时间上来讲，较高的是从较低的发展出来的这种理论是他坚决抵制的，他认为推崇这种理论的人是把逻辑上的当成了时间上的继续，反之，历史不会重演它自己。这里的历史指的是"经验的集合"，黑格尔所要做的是废除在当时大多数人所认同的历史作为客观生物体存在的观点，这个做法是柯林武德所予以肯定的。其次，黑格尔认为"一切历史都是思想的历史"，"不是要知道人们都做了些什么，而是要了解他们都想了些什么，这才是对历史学家的任务所做的确切的规定"，他的这种想法在柯林武德重演论里占有很大的地位，不难想象柯林武德从黑格尔那里汲取了多么灿烂的瑰宝。

三、对柯林武德历史重演论的反思

柯林武德的历史重演论强调的是思想的重演，但是他对思想的定义太过于宽泛。他认为思想包括人类精神的所有意识行为，那么心理学中的"潜意识"算不算在重演的范围之内呢？柯林武德所处的时代是西方近代心理学急速发展的时期，而且在柯林武德的诸多著作中都谈及了心理学上的"潜意识"等对人类社会的促进作用，甚至有部分人认为"正是柯林武德等人，将心理学的方法引入史学"。但柯林武德一方面推崇它，另一方面在诸多场合严格将"历史学"同"心理学"分离开来，认为心理学仍属于自然科学的范畴，而历史学才是真正研究人类思想和心灵的学科。柯林武德的对于思想界定的"暧昧"态度，使得后人在思考他的观点时也引发了各种辩论。

历史重演思想的条件也十分苛刻。首先，需要拥有大量的知识作为支撑，最起码对所要研究的历史事件有所调查和了解，一个不学无术的人根本没有任何可能做到重演过去的人的思想。其次，要有足够的凭证来支撑你了解你所要重演的历史对象，就像你根本不可能重演马拉松战役里一个普通的士兵的思想一样，因为根本没有任何证据来支撑你了解这个士兵，甚至你连他的名字都不知道。只有借助凭证才能够对过去的事件有所了解，并在了解的基础上来进行经验的重演。同时，要清楚地意识到你是在现在的环境下重演过去，不能为了重演过去而将现在全部变成过去，在重演的过程中过去最多只能占据你全部世界的一半，剩下的一半要由现在构成。之后，在重演思想时，还要知道重演不是单纯的模仿，在思想中重演过去的思想时还应对思想进行批判等。柯林武德针对历史重演论设置了这么多的条件，稍不注意便陷入各种陷阱当中，从这一角度来看，历史学家要完全做到柯林武德所推崇的重演思想难度还是很大的。但是他的思想给人们提供了认识过去的新途径，历史学家也应当努力使自己达到柯林武德所说的认识过去的条件。

柯林武德认为人们需要根据资料来对过去的历史进行重演，但每一次对历史的重演，都有可能因为所获得的资料的范围不同、组合不同、解释不同而产生相异的结果，但是这些结果又都是合理的，因为它们是按照标准的重演经验所得出的结论，肯定会有优劣之分，那历史学家该如何应对结果的不同呢？针对这一点柯林武德并没有给出明确的解释。想要在心灵中重演过去，但是柯林武德没有明确地解释心灵的操作流程和工作原理，所以很难对其工作过程有清晰的认知。

四、结　语

不可否认柯林武德是一名伟大的哲学家和历史学家，他所提出来的历史重演论也是学术界值得研究的重大命题，虽然这理论中有很多需要反思的地方，但是历史重演思想的这一理论的开创性与实用性仍值得人们推崇与研究。

参考文献

[1] 林骧华. 外国学术名著精华辞典 [M]. 上海：上海人民出版社，1994：7.

[2] 柯林武德. 历史的观念：增补版 [M]. 何兆武，张文杰，陈新，译. 北京：北京大学出版社，2010：1.

[3] 贝奈戴托·克罗齐. 维柯的哲学 [M]. 陶秀璈，王立志，译. 郑州：大象出版社，北京：北京出版社，2009.

[4] 周良书. 治学需有历史想象力 [J]. 学习时报，2018（5）.

[5] 贝奈戴托·克罗齐. 历史学的理论与实际 [M]. 傅任敢，译. 北京：商务印书馆，1997.

[6] 罗凤礼. 历史与心灵：西方也理史学的理论与实践 [M]. 北京：中央编译出版社，1998.

生命起源于海底热液区亦可能在土卫二上发生

郦昕泽　魏子涵　逯航通[*]

摘　要　为了解答生命是如何起源的这一问题，有一个主流理论认为生命起源于早期地球的海底黑烟囱。在实验室中科学家成功地通过模拟早期地球的环境使用当时地球上的物质合成了组成生命的基本有机物质。2004 年美国的卡西尼号土星探测器在飞掠土卫二（恩科拉多斯）的南极时发现并收集了从地表喷发出的物质，经物质成分分析确认是含有有机物质的液态水，这足以说明在土卫二的冰层下面可能存在着液态水海洋，而正是由来自土星的潮汐力所产生的热量融化了深层的水冰，也就是说土卫二存在着地热能，必然会有海底黑烟囱释放这些地热能。如果能够证明地球上的海底黑烟囱在地球早期参与了生命起源的过程，那么这一过程就极有可能在土卫二的海底黑烟囱上发生。

一、地球上的生命起源

（一）地球上的海底黑烟囱

1. 海底黑烟囱的发现

1977 年 10 月，美国科学家乘坐的"阿尔文号"深潜器潜入到了东太平洋水深约 2500 米的加拉帕格斯海底，科学家发现在这里的海底耸立着数十个高达 2 ~ 5 米，直径约 15 厘米，呈下粗上细的丘状物，并且从这些丘状物内不停地向外喷出黑色和白色的烟雾。因此，这些不停喷着烟雾的丘状物就被

---

  *　郦昕泽，应用文理学院考古学专业硕士研究生；魏子涵，应用文理学院文物与博物馆学专业硕士研究生；逯航通，应用文理学院文物与博物馆学专业硕士研究生。

形象地称为"海底黑烟囱"。

2. 远古海底黑烟囱的发现

最早发现的古代"黑烟囱"遗迹是由英国科学家在爱尔兰找到的,该黑烟囱形成于 4 亿多年前。后来在南乌拉尔泥盆纪—奥陶纪块状硫化物矿床内识别出了 1500 多个小型黑烟囱,其中包含了志留纪块状硫化物的黑烟囱。

2001 年 5 月,以北京大学李江海教授为首的研究小组在河北遵化从 25 亿年前的古大洋岩石——枕状熔岩中找到了规模很小的硫化物。2002 年 6 月他们在山西五台山和太行山交界处发现了大量 25 亿年前古海底"黑烟囱"的残片。同年 10 月,他们在河北兴隆发现了保存完整的距今 14.3 亿年前的古老"黑烟囱",这说明海底黑烟囱在很久以前就已经存在了。

(二)海底黑烟囱参与了生命起源的过程

1. 海底黑烟囱的生态系统

由于没有阳光,人们普遍认为缺乏食物来源导致深海环境成了生命的禁区。但是,最新的研究发现表明,在周围完全黑暗、有毒、高温、高压的海底黑烟囱环境里发现了高密度的动物种群,其生物量是附近深海环境中生物量的 $10^3 \sim 10^4$ 倍,密度可达 $5kg/m^2$。在海底黑烟囱的附近已经发现的新生物种类已达 10 个门、500 多种,这些生物以黑烟囱喷口为中心向四周呈带状分布,它们不仅对热液的极端环境和毒性表现出了异乎寻常的适应性,而且其生存完全不依赖以光合作用为主导的食物链。

海底黑烟囱周围不仅存在丰富的生物聚落,而且是地球生态系统中单位面积内生物数量最快速生产的地区之一,全球深海热液喷口化能合成生产力估计为 $10^{13}g \cdot a^{-1}$。

在深海热液生态系统中,不同的生物按照其适宜生存的温度范围的降低,以海底黑烟囱的热液喷口为中心向四周逐级分布。喷口中心的温度高达 350℃以上,在其周围 $40 \sim 110$℃的区域内分布着多种古细菌和嗜热细菌,其中包括最适宜生长温度大于 60℃的嗜热微生物,甚至最适宜生长温度大于 80℃的超嗜热微生物,其密度高达 $10^8 - 10^9$ 个 $\cdot mL^{-1}$,这些细菌都是厌氧的化能自养或异养细菌,它们一般贴附在沉积物或玄武岩表面,形成层状微生物席;在 $20 \sim 40$℃区域,生活着大量多毛目蠕虫动物;在 $2 \sim 15$℃区域,存在着整个系统里种类最繁多的生物,最具有代表性的是管状蠕虫,还有双壳类的蛤和贻贝、腹足类、蟹类、虾类、鱼类等动物。

这些在海底黑烟囱的生态圈里的生物,组成了独具特色的食物链关系,其最初的能量来源是从海底热泉里喷涌而出的硫化物。那些化能自养细菌通过氧化热泉里涌出的还原性物质 H_2S 和 CH_4 获取能量，固定热液中的 CO_2（多以 CO_3^{2-} 和 HCO_3^- 形式存在）或者 CH_4 生产有机物。而其他动物则通过捕食这些微生物来获取能量，或者通过与这些微生物形成共生关系来分享这些微生物所获得的能量，并为这些微生物提供稳定的生存环境和所有化学合成营养物质的原料。

这就是由嗜热的化学自养细菌（生产者）和其他生物（消费者、分解者）所组成的一个小规模、独特的、完整而独立的食物链。由于这个食物链处于深海，并不存在光合作用，这也说明了阳光和氧气并非生命生存的唯一条件，在任何地方只要有液态水、热源以及有机物等条件就有可能存在生命。

2. 在地球地热系统中的深部生物圈中存在极端嗜热微生物

科学家通过对海底黑烟囱喷出热液中的絮状物进行采样分析研究后，发现这些絮状物主要是来自地下岩浆房周围以厌氧的 Chemolithotroph（无机化能营养的）细菌及古生菌为主的微生物及其活动产物，包含元素硫丝体或附着金属氧化物及氢氧化物的多糖壳。由此可以认为，在那些喷出微生物及其有机物产物的海底黑烟囱下面的洋壳孔隙内存在着更大规模数量的微生物群落，这些嗜热微生物主要通过氧化 H_2S 生存。

同样，科学家也在海底黑烟囱的热泉里发现了 rDNA，并在热液内发现并培养出了嗜热和超嗜热微生物，其中的一些嗜热微生物酶在比采样点温度更高的条件下仍能保持稳定，并且需要在高温和无氧的条件下才能维持其活性，这表明在海底黑烟囱之下存在适合微生物生长的稳定厌氧生活环境，并存在大规模的超嗜热微生物圈。

通过 ODP（大洋钻探计划）岩芯和洋底沉积样品微生物细胞直接计数表明，洋底以下数百米沉积物中存在着大量的微生物，最大深度可以达到洋底以下 800m 深处。因此，科学家推测，在地下高温高压的极端生存环境中，存在大量化能自养原核生物，这些嗜热生物依靠地层中的有机物和化学反应获取物质和能量维持生存，并在地下深处形成了独特的深部生物圈。

3. 嗜热微生物可能是地球生命的祖先

Woese 通过对包括古细菌在内的各种生物 ssrRNA（small subunit rRNA）的研究，将生命分为"三界"：①原核生物；②真核生物；③古细菌（该名称的由来是因为古细菌是由原初生命经过了最少的进化而来的，并且其生存的环境条件也与地球早期生命起源时的最为相似）。

古细菌在形态、细胞壁成分、生存环境等特征都与原核生物、真核生物存在很大的区别，虽然古细菌在细胞大小、形状、结构及基因组结构方面与细菌（原核生物）相似，但是在 DNA 复制、转录、翻译等方面，古细菌却具有明显的真核生物特征。

在深海热液系统中，由于存在高温环境，大多数生物的蛋白质和生物酶都会失去活性，生物膜会失去流动性、细胞质也会凝结导致生物死亡，而由于多种热稳定性因子使得嗜热微生物（古细菌）能够在较高的温度环境下生存。

结合地球环境演化史，可以得知古细菌的生活环境与生命起源时的地球环境非常相似。目前的研究表明在每一个细菌类群中都存在着嗜热细菌，而且这些嗜热细菌往往都是所处细菌类群中最古老的类型，进化程度越低的细菌，其生存环境的上限温度就越高，例如古细菌的生存温度上极限为 113℃，细菌为 90℃，真菌为 60℃，藻类为 55～60℃，多细胞生物则更低，又因为生命起源时地表温度高达 100℃，所以科学家认为极端嗜热古细菌在进化分支上最接近原始生命。

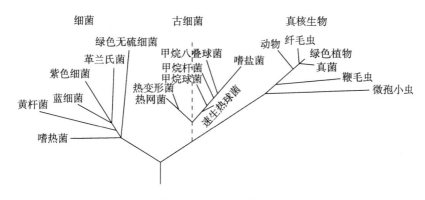

图 1　生态系统发育树

[图片来源：冯军，李江海，陈征，牛向龙．"海底黑烟囱"与生命起源述评 [J]．北京大学学报（自然科学版），2004（2）：318－325．P4，图3]

4. 早期地球的海底黑烟囱为生命诞生提供了有利条件

地球环境演化史的研究表明，在演化的早期（3.8BaBP），由于太阳内尚存在大量的小行星，再加上当时地球缺乏富氧大气层的保护，导致地表经常受到大量陨石的轰炸。再加上早期地球大气中 CO_2 含量很高，造成了严重的温室效应，以及地表强烈的火山活动和来自早期太阳强烈的紫外线辐射，使得地表不适宜生命的存在。而深海则可以为最早的生命提供安全合适的生存环境，大量的海底黑烟囱等海底地热活动为最早的生命提供了能量与合成有机物质的原料，成为地球生命起源的理想场所。

二、土卫二上可能存在生命

（一）土卫二具备诞生生命的环境条件

1. 土卫二存在液态水海洋

2005 年，美国国家航天局（NASA）的"卡西尼号"土星探测器在环绕土星飞行时，发现在土星的第二颗卫星"恩科拉多斯"（土卫二）的南极有疑似喷泉现象。2008 年 3 月 12 日，"卡西尼号"在近距离飞越土卫二时通过使用不同的仪器设备进行观察后，确认在土卫二的南极存在喷泉。

2008—2009 年，"卡西尼号"三次从土卫二南极"虎斑"中喷射出的物质羽流中穿过，利用探测器上搭载的宇宙尘埃分析器（CDA）对新鲜的喷泉喷出物质颗粒进行了收集和成分分析。

在对土卫二南极"虎斑"中喷出的物质羽流和组成土星 E 环的物质分别进行化学成分分析后，科学家发现，从距离土卫二表面相对较远的轨道上收集到的喷发物质明显细小并且缺少冰晶，比较接近组成土星 E 环的物质成分；但是从距离土卫二表面相对较近的轨道上收集到的喷发物质则是由颗粒明显较大，富含盐分的冰晶颗粒占据绝对地位。

经过进一步的研究，科学家发现从土卫二南极地下喷发出的颗粒中，相对较细小并且含盐量较低的颗粒速度明显要大于那些相对粗大并且含盐量较高的颗粒。这也就可以解释为什么在土卫二的喷泉喷发的物质中，99% 的物质颗粒都有着较高的含盐量，而组成土星的 E 环的物质主要是细小而含盐量较低的颗粒，即那些大颗粒的富盐物质运动速度慢，无法达到土卫二的第一宇宙速度（环绕速度）而落回土卫二表面，而那些小颗粒的贫盐物质则能够凭借其较高的速度摆脱土卫二的引力，进入环绕土星的土星光环体。

由于盐水在结冰的时候，会有盐分被"析出"，留下纯净的淡水，因此可以推断出，那些从土卫二表面喷发的含盐量较高的冰颗粒，不可能是由土卫二表面的冰体形成的。并且这些富盐冰颗粒的成分接近海洋水体，科学家推断在土卫二的冰质地表以下大约 50 英里（约合 80.5 千米）处，也就是岩质内核和冰质地幔之间存在着一片液态水海洋。

2. 土卫二的液态水海洋洋底存在地热系统

2014 年，科学家利用来自"卡西尼号"探测器的引力测量确定了土卫二存在地表下的海洋。2015 年，"卡西尼号"探测器在土卫二地表上发现了流淌着的富含硅的微小颗粒，这些颗粒的直径为 5~10nm。一般情况下，当部分岩石成分在高温水中溶解后又急剧冷却时就会出现二氧化硅微粒。研究人员在实验中以不同的温度为变量条件将含有盐、氨和其他化学物质的岩石物质粉末进行了混合，结果表明，当温度到达 90℃ 或更高时，在略微呈碱性的水中便能够形成硅石微粒。这表明，在冰面以下约 50km 深处的海底，如果有高于 90℃ 的热水从岩石缝隙中喷出，就可以生成二氧化硅微粒。

因此，可以推断出就像地球上的温泉和海底热泉涌出的水含有二氧化硅微粒那样，土卫二的岩石质海底也存在着高温热泉，而这些热量则来源于土星和其他土卫对土卫二施加的引力潮汐所造成的星体扭曲和土卫二内部放射性元素的衰变。与此同时，也可以解释"卡西尼号"探测器所观察到的现象，即含硅物质微粒从热泉中沉淀析出，然后被冻结的液滴所捕获并从海底向上升起，从裂隙中喷出成为羽流的一部分进入土星环或是逃逸至太空。

（二）土卫二可能存在生命

在之前，曾经讨论过在地球海底黑烟囱中的热泉里，水与岩石在相对高温的条件下相互作用，并产生了对生命友好的化学物质，其中包含生命所需的有机物和无机物，在这样的环境里诞生了地球上最古老的生命——嗜热古细菌，并逐渐地演化成为其他的生命形式。

而之前"卡西尼号"探测器在对土卫二南极"虎斑"地区的喷泉喷发出来的物质进行化学成分分析时，发现了高密度水汽和简单与复杂的有机化合物，这说明了在土卫二的冰层下面存在着一片液态水海洋，里面有着生命所必需的有机物和无机物，并且在这片液态水海洋的洋底还有这海底火山活动所产生的热泉，也就相当于地球上的海底黑烟囱。

在具备了以上条件后，很难否认土卫二上可能存在生命。但是，要想最终证实这一推论，需要向土卫二发射行星探测器，该探测器需要有环绕器、着陆器和深潜器，环绕器负责着陆器和地球之间的通信中继，着陆器负责打通一条穿透土卫二冰层的通道，而深潜器则负责穿过通道进入土卫二冰下的海洋进行探测任务。

虽然要想实现这一目的需要花费大量的人力和物力资源，并且目前仍然存在很多的技术难题需要攻关，但是随着人类科技的进步和对自然世界的不断认知，终有一日，人类会理解太阳系诸行星世界的真实历史与演化过程，并解答生命起源这一难题。

参考文献

[1] 杨雁童. 海底烟囱的化学反应机理及对氧气起源的启示 [J]. 矿产与地质，2015，29（6）：844－846.

[2] 范兴利. 海底黑烟囱成矿过程及其与生命起源研究评述 [J]. 中山大学研究生学刊（自然科学. 医学版），2013，34（1）：54－60.

[3] 张翔. 海底黑烟囱与生命起源的关系及其矿物分带研究 [J]. 科技资讯，2010（22）：103－104.

[4] 李江海，初凤友，冯军. 深海底热液微生物成矿与深部生物圈研究进展 [J]. 自然科学进展，2005（12）：1416－1425.

[5] 任静. 海底黑烟囱与生命起源 [J]. 百科知识，2005（24）：16.

[6] 冯军，李江海，牛向龙. 现代海底热液微生物群落及其地质意义 [J]. 地球科学进展，2005（7）：732－739.

[7] 冯军，李江海，陈征，等. "海底黑烟囱" 与生命起源述评 [J]. 北京大学学报（自然科学版），2004（2）：318－325.

[8] 李江海，牛向龙，冯军. 海底黑烟囱的识别研究及其科学意义 [J]. 地球科学进展，2004（1）：17－25.

[9] 章克弟. 海底 "黑烟囱" ——解开生命起源和地质之谜 [J]. 厦门科技，2003（2）：54－55.

[10] 任静. 生命起源于海底 "黑烟囱"？ [J]. 生态经济，2003（4）：79－80.

[11] 彭梦瑶. NASA 宣布土卫二或存在海洋生命 [J]. 前沿科学，2017，11（2）：2.

[12] 高凌云. 土卫二上有生命吗 [J]. 现代物理知识，2011，23（4）：51.

[13] 张唯诚. 探索外星海洋世界 [J]. 海洋世界，2010（7）：46－48.

[14] 关毅. 50 亿公里的感悟 [J]. 自然杂志，2015，37（2）：143－150.

[15] 尹怀勤. NASA 公布 "海洋世界" 新发现 [J]. 中国航天，2017（5）：66.

[16] 纪舟. 土卫二喷泉显示地下拥有巨大咸水海洋 [J]. 科技传播，2011（13）：17.

[17] 水木，晨风. 木卫二、土卫二成寻找生命 "希望之星" [N]. 科技日报，2020－03－05.

[18] 2008 年世界深空探测获得丰硕成果（中）[J]. 中国航天，2009.

北京中轴线建筑物功能性质的转变

尹兵兵*

摘 要 北京是一座历史文化名城,有着长达3000多年的建城史和800多年的建都史。北京城的选址和中轴线的建设都体现了一个重要的因素,那就是"皇权"。北京的中轴线就是在这样的背景下出现的。在封建王朝时代,中轴线上的建筑物是皇权的象征,自然而然最终目的也是为帝王服务的。中轴线上的永定门、正阳门、紫禁城等和中轴线两边对等的建筑物天坛、先农坛等都体现了这点。后来封建王朝灭亡,民主思想进入中国,这些代表着皇权的建筑物的功能也发生了根本性的变化,不再是帝王所特有的,而是成为人民游玩娱乐的场所。这些建筑物功能上的转变,体现出社会发生了根本性的变化,人民的思想也随之发生了根本变化。

一、引 言

北京中轴线是世界上现存最长、最完整同时也是最壮观的城市轴线。现在所说的北京中轴线其实只是明清两朝时期的中轴线,而不是元朝时期的中轴线,它是在元大都中轴线的基础上经过扩建而形成的。明清时期,北京城中轴线全长7.8公里,南起永定门,经正阳门、中华门、天安门、紫禁城、景山、地安门,北到钟鼓楼。始建于元朝的中轴线,代表着中国古代都城建设的最高成就,是中华民族的宝贵财富,同时也是全人类的宝贵财富。随着封建王朝的覆灭,民主、人民至上的思想流入中国,北京中轴线上的建筑物的功能性质也随着发生了翻天覆地的变化。它由为帝王服务的功能性质转而

---

* 尹兵兵,应用文理学院中国史专业硕士研究生。

为人民大众服务。这些转变，都是君权的退去、人民主权的体现。

二、紫禁城向故宫博物院的转变

北京中轴线，在封建时期代表着至高无上的权力。明清时期中轴线上的建筑虽然用途各异，但是都体现了皇权至上的思想。北京中轴线的中心是紫禁城。这座集中国古代建筑之大成的建筑物，规模之大，建造难度之大都是史上罕见。紫禁城是统治者发号政令、决策统治的地方，是国家最高权力的象征。在紫禁城只允许皇帝和官吏才能进入，是绝对不允许普通百姓进入的神圣地方，对百姓而言里边是神秘的，是不可逾越的地方。辛亥革命后，1912 年作为封建最高统治者的溥仪发布诏书，正式退位，标志着封建专制制度的灭亡。紫禁城向故宫博物院转变主要有三个阶段。第一个阶段就是成立古物陈列所，第二个阶段是成立以宫廷为主的故宫博物院，第三个阶段就是把二者合二为一建成的大故宫博物院。建古物陈列所是为了更好地保护文物。在 1914 年的时候开始向公众开放。1924 年 11 月 5 日，溥仪被武力驱逐"出宫"，在 1925 年 10 月 10 日，故宫博物院正式对外开放。1948 年 3 月 1 日，故宫博物院正式合并古物陈列所。这就是我们所说的大故宫博物院。这标志着作为北京中轴线最中心的明清紫禁城的性质发生了根本性的变化，原本威严无比的紫禁城，在 1948 年变成了现在大家众所周知的故宫博物院，对平民百姓开放，作为普通人也能够近距离去参观以往皇帝生活起居的地方，这在等级森严的封建社会里是不可想象的。这体现了一种社会的进步，也体现了中轴线上的文化空间发生了巨大的变化。

三、古代祭祀场所向人民休闲娱乐场所转变

据《左传》记载："国之大事，在祀与戎"。早在商周时期，祭祀活动就已经是重要的国事之一。在汉武帝时期，董仲舒提出君权神授的学说，这种思想被官方采纳后，成为正统思想。祭祀活动在此有了很大的发展。明清时期，天坛、先农坛、太庙和社稷坛是北京城中重要的祭祀场所。

（一）天坛和先农坛

天坛和先农坛位于北京中轴线南端东西两侧。古代帝王通过祭祀来维护国家秩序。天坛在封建社会主要是皇帝祭天所用，目的在于宣传一种天人合一的思想理念，从而使自己的政权更加合法化。随着帝制的消亡，民国的建立，天坛的性质和作用也发生了巨大的变化。把原先供奉在天坛的清王朝祖

先牌位全部撤走，放入太庙，天坛则被移交给民国政府。1918 年 1 月 1 日，北洋政府把天坛建成公园，对游客开放。在 1949 年后，天坛进行过多次的修缮和大规模绿化。先农坛是另一重要祭祀场所，主要是用来祭祀先农神和举行亲耕典礼。中国古代统治者重农抑商，把农业作为维护统治的重中之重，定期去祭祀先农神。1915 年，先农坛开始正式对外售票，成为广大人民的"市民公园"。1917 年改为城南公园。20 世纪 30 年代，开始在该地修建公共体育场。

（二）社稷坛和太庙

社稷坛和太庙是位于北京内城的两个重要的祭祀场所。元大都是刘秉忠按照《周礼考工记》设计建成的。这也就符合左祖右社的规制，其中的"左祖"就是指的是建于皇宫的左侧（也就是东方）太庙，"右社"指的就是建于皇宫的右侧（西方）的社稷坛。社是"土地之神"，稷是五谷之一，作为谷物的代表受祭祀。北京城内社稷坛在天安门城楼的西侧，是帝王祭祀社神和稷神的地方。在明清两代，皇帝都把祭祀社稷与祭天、祭祀祖先列为大祭。每次祭祀，作为最高统治者的皇帝都要亲自参加，并且还会有很多烦琐的礼仪，从而突出对社稷的重视。1914 年，民国政府将社稷坛和周围开辟成中央公园。太庙，作为"左祖右社"中的重要一环，是明清两代皇帝祭祀祖先的家庙，这是根据中国古代"敬天法祖"的礼仪传统建成的。这些都是古代帝王率领文武百官所进行的祭祀，普通人都没有机会参加这些重大的国家大事，对天坛、先农坛、社稷坛和太庙这些祭祀场所都没有机会观赏过，因为这些都是皇家权力的象征，是帝王展现政权与疆域统一的一种形式，是君权的代表。后来这些建筑在清王朝灭亡后，也就失去了它们应有的功能。1924 年太庙被改成和平公园，到 1950 年改为"劳动人民文化宫"，这里开始成为全国人民群众开展文化活动的重要场所。

这些古代皇家祭祀的场所，到如今都已被改为城市公园或者文化宫对大众开放，并在此基础上修建了更多的现代设施，成为人民参观、游玩的场所。从封建时代为帝王服务，到为广大人民休闲娱乐服务，充分体现了这些场所的功能性质的转变。

四、城市防御体系向景观性城楼的转变

北京中轴线上的城市防御空间，主要包括有永定门、正阳门、地安门这几个城楼组成。这些城门都有专门的官兵驻防。

（一）永定门

永定门是明清北京中轴线的南端起点。永定门是明朝时期为增强北京的防御能力而修建的。其主要功能是用来保护宫城、皇城和北京城的安全。1950年拆除永定门瓮城城墙。后来因危楼和阻碍交通，永定门被拆除城楼和箭楼。直到2004年又重新加以修建，但只是修建了永定门城门。现在成为北京的著名景观地，供公众参观。

（二）正阳门

正阳门是北京内城的第一道门，随北京内城的修建而建成的，其目的就是保护内城和宫城的安全。在北京内城九门中建筑规模最大，也是最宏伟的一座城门。后来城门和箭楼毁于八国联军，在1906年，清政府重新修建正阳门。

（三）地安门

地安门与正阳门是前后相对，共同保护着紫禁城。地安门是保卫皇城的最后一道城门，其防御的功能也极其重要。

这些城门有些随着时代的发展已经消失，有些后来经过重修，但其功能性质发生了巨大的变化。以这些城门为代表的防御体系在古代的目的就是保护帝王，也就是君权的体现。现如今，这些城门、城墙的防御功能已经完全消失，其作为景观城楼的出现，供大众进行游玩和参观，公众可以近距离去感受这些封建时期伟大的建筑。

五、宫廷广场到天安门广场的转变

明清时期，封闭性的"T"字形的宫廷广场，四周高墙林立，属于皇家禁地，普通百姓禁止进入。在广场两端建有长安左门和长安右门（清朝长安左门为东长安门，长安右门为西长安门），在大清门（明朝为大明门，辛亥革命后为中华门）与天安门之间有一条御道连接一起，这条御道被称为"千步廊"。文武百官办公衙门分列千步廊的东西两侧，文官部门在左边，武官部门在右边。此地集中了中央的大部分行政和军事的官衙，到清朝后期，这些建筑就开始出现不同程度的破坏。千步廊在八国联军入侵北京时，进一步遭到破坏。《辛丑条约》签订后，根据帝国主义要求，要在北京东交民巷建立使馆区，把各国使馆区连成一片，东交民巷中的使馆区内不允许有中国人居住，原本在使馆区内的居民一律搬出来，各国可以在使馆区内派兵驻守，这就形成了"国中之国"。

随着清王朝的灭亡，民国的建立，1912年东长安门和西长安门两侧的围墙被拆除，天安门也不再是皇家禁地。当时成立的京都市政公所开始对天安门和大清门之间进行改造，原本的千步廊和西侧的衙门以及东西外三门被拆除，第一次实现了东西之间的直线连接。这是为了改善交通的一大跨越，人们不用在绕路就能横穿北京城。中华人民共和国成立后，天安门还是比较拥挤，不够开阔，无法满足人民群众节日庆祝和大型政治活动的需要。根据毛泽东确定的改造天安门广场的指导思想，要把天安门广场建成规模宏大的广场，来满足人民的需要。在1955年，拆除了长安左、右门。1955年，拆除广场中部的红墙。到1958年，将大清门和城墙拆除，天安门广场成为全世界最大的城市广场。

位于中轴线上的天安门广场，充分显示了新时代中国人民当家做主的政治思想。坐落在广场中心的是巍峨高大的人民英雄纪念碑。在西侧修建了人民大会堂，人民大会堂可以允许上万名的人民代表讨论和决定国家大事。东侧建立起历史和革命博物馆现为中国国家博物馆，可以告诫人们铭记历史。在毛泽东逝世后，在人民英雄纪念碑南面修建了毛主席纪念馆，象征着毛主席和人民英雄永远活在人民心中。

天安门广场上可以同时供数十万群众聚会，每天都有上万名全国各地的群众到天安门观看升旗仪式，这些建筑都体现了天安门广场的政治倾向。明清时期的天安门及其千步廊是皇权的象征，是官僚衙门聚集的场所，是特权的象征。但是随着时代的发展，曾经的天安门和千步廊成为历史，如今已被改造成世界上最大的广场，慕名而来的游客络绎不绝，这就体现了天安门广场是人民主权的产物，不再是君权下的产物。

六、结　语

辛亥革命爆发，封建王朝不复存在，帝制被推翻，原皇权体制下的制度和思想观念逐渐解体，以皇权为指导思想建成的北京中轴线的命运也发生了巨大的变化。中轴线上的完整性被破坏，中轴线上的各种建筑的功能性质也发生了很大的变化。通过对这些建筑物的改造，它们逐渐面向广大人民群众开放。皇权至高无上的时代已经过去，城市的建筑更加面向人民群众，使北京的城市建设更加有活力。北京中轴线是古人留下来的伟大的文化遗产。文化遗产里有很多宝贵的文化资源，需要大力保护和传承。北京中轴线申遗，有助于促使这条古老的中轴线焕发新的生机，提高北京城市的文化内涵，培养中国人民的文化自信。

参考文献

［1］张宝秀，张妙弟，李欣雅．北京中轴线的文化空间格局及其重构［J］．北京联合大学学报（人文社会科学版），2015，13（2）．

［2］陈晶．权力与空间：北京中轴线城市设计思想的嬗变［J］．2014（8）．

［3］梁思成．北京——都市计划的无比杰作［M］//梁思成全集（第五卷），北京：中国建筑工业出版社，2001：107．

［4］王建伟．从神圣性到世俗性：民国北京中轴线的变迁［J］．前线，2018．

［5］北京民主同盟北京市委员会．文物活态化保护助力中轴线申遗［J］．北京观察，2019（2）．

［6］高福美．北京脊梁：明北京中轴线的文化魅力［J］．前线，2018．

［7］刘慧娟．中轴线上的创新与回归——北京城市建设变迁60年回顾［J］．前线，2009（10）．

［8］孙慧羽．北京城市轴线的变迁历程与未来趋向［J］．北京史学，2018（2）．

［9］张妙弟．北京城中轴线近现代变迁的基本类型［J］．北京学研究，2012（6）．

RTK 在考古勘探中的应用

——以南阳遗址为例

张　璐*

摘　要　通过对河北省容城县南阳遗址考古勘探所用 RTK 设备的过程进行分析，总结出该项技术具有高效率、高精度、高自动化程度和全天候作业四个主要特点。同时，根据在不同地貌中使用的反馈情况，总结出受卫星状况影响、受电离层限制、受对空通视影响和不能达到 100% 精度四点不足，针对性地提出拟解决办法，以期促进该项技术在今后考古工作中的发展和进步。

一、引　言

考古勘探是考古工作的首要环节，也是进行考古发掘的必要前提。传统考古勘探中所用到的多是基线、皮尺、罗盘、平板仪等工具，测量出数据后在纸上画图，存在着手绘细节误差比较大、人工画图效率低下等问题，难以客观、高效、准确、即时地记录空间信息。随着现代科技的发展，科技考古的逐步成熟，越来越多的仪器被应用于考古之中。现代考古勘探所用仪器多来自建筑工程领域，如 RTK、全站仪、水准仪等高精度数字化测量仪，从而创建遗迹的三维测绘坐标系统。将数字化测量仪器应用到考古学之中，不但能够提升测量精度，而且还可以提高工作效率，最重要的是将考古测量所得数据的价值提升到一个新的高度，实现数据从纸到计算机的飞跃，从二维数据到三维坐标，这是使用传统考古勘探测量工具所不能或难以实现的。

---

* 张璐，应用文理学院考古学专业硕士研究生。

RTK 是一种动态定位技术，利用载波相位差分，实时处理两个测量站载波相位观测量的差值，将基准站收集的信号、采集到的载波相位发送到用户的接收设备中，通过差值解算得到相应的坐标参数。RTK 技术的单个点数据采集速度平均在一秒左右，并可以保证误差控制在厘米范围之内。考古勘探所用功能多为点放样、测图、三维数据坐标采集三种。凭借其便捷、高效的特点，逐渐成为考古工作者必须要掌握的测量方法之一，尤其是在面积较大的遗址勘探、发掘过程中，更能体现出其优势。

二、在南阳遗址的使用

南阳遗址位于河北省保定市容城县晾马台乡南阳村村南，1981 年春在该乡进行考古调查时被发现，年代为周代、战汉时期，出土有铜器、陶器、骨器等文物。2019 年在该遗址南侧和西侧进行普探，勘探面积约 170000 平方米，区域为南阳村耕地，地表多种植玉米等作物。利用"考古综合业务管理平台"生成 12 个 150 米×150 米的勘探区，又在此基础上将每个勘探区分成 9 个 50 米×50 米的勘探单元，区域内每间隔 1.5 米进行等距错列梅花孔勘探，如图 1 所示。

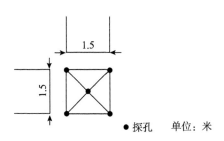

●探孔　　单位：米

图 1　探孔分布图（CAD 绘制）

在勘探工作开始前，需用 RTK 设备对勘探区内的勘探点进行点放样工作（见图 2）。首先，要架设基准站，基准站的架设要有固定的控制点，基站采用 CGCS2000 坐标系，测量出基站的斜高，完成基准站的设置。其次，在基准站设置完毕后进行设置流动站，连接成功后，开始进行点校验，应用四参数成果进入测量坐标系，测量一个已知点的平面坐标和高程来观察点校正的结果是否正确，检查无误后即可实施点放样。勘探区耕地较多，为开阔平坦地势，所以 RTK 能最大限度地发挥其作用，大大缩短勘探时间，加快总体的进度。村西侧勘探区北侧有一片林地，RTK 设备被树林遮挡，对空通视受影响，对点放样工作进度造成了一些影响，树林内树木较稀疏，RTK 设备信号虽受影响，但总体上来讲仍可以正常使用。

图 2　考古队员使用 RTK 进行点放样工作（现场实拍）

三、RTK 设备在实际使用中的优缺点及解决办法

（一）RTK 的优点

1. 作业效率高

在开阔的地形地势下，一般的 RTK 设备设置基准站一次即可测完 5 千米半径的测区，大大减少了传统测量所需的控制点数量和测量仪器的"搬站"次数，仅需一个人即可完成操作。

在实际使用过程中，每个点只需要停留 1～2 秒就可以完成点放样作业，这是传统测量所无法比拟的。例如，5－18－N01E01－3－1 勘探单元仅用一天时间即可完成全部的点放样工作，与传统测量方法相比，大大减少了测量所用的时间，加快了任务进程。考古网络平台生成放样点，通过计算机编辑处理，传输至 RTK 手簿，使点放样时避免了人工输入的费时费力，还可以避免人工输入造成的误差，极大地提高了作业效率。

2. 定位精度高

RTK 设备在半径内作业，尤其是信号良好时，只要在保证使用方法无误的情况下，测量精度都可以达到厘米级别。由于 RTK 设备是实时定位设备，每个坐标都是独立的，与其他坐标互不影响，所以就不会存在传统放样设备使用时出现的累计误差现象。

在实际使用过程中，由技术人员首先架设调试好基站，并由具有经验并且受过专业培训的田野考古人员按照具体的使用要求在规定的范围内合理使用，严格按照 RTK 的使用规范测量，因为测量出来的结果都是相互独立的，所以不会出现累计误差，充分发挥了 RTK 技术的这一优点，这是其他仪器所不能达到的。

3. 全天候作业

RTK 技术作业比较灵活，适用范围广，正常条件下都可以进行作业，只需要满足信号良好，不受两点之间通视的影响，故从理论上来讲，可以实现全天候作业的要求。

在实际使用过程中，一般为早上出发，除去休息时间外，RTK 技术可以全天候的进行考古勘探作业，尤其是傍晚的时候，光线不好，两点之间的光学通视不能满足，这是传统的考古测量工具的限制，而 RTK 技术则不需要光学通视即可正常作业，故可以实现全天候作业。

4. 自动化程度高

RTK 技术的自动化程度和集成化程度之高使其可以用于各种野外测绘作业。只需要先行架设好基准站，拿着流动站及其配备的手簿，进行简单的人工操作，就可以完成各种测绘任务。而其高度的自动化使其减少了大量人工操作的介入，不仅节约了成本和时间，而且保证了数据的准确度，减少了人为误差。

在实际使用过程中，每一台 RTK 设备都配有一个手簿，手簿与 RTK 通过蓝牙互相连接，是 RTK 设备的显示器，负责显示、存储和记录数据，每台设备又可以通过南方 CASS 软件与电脑连接，通过手簿向电脑导入数据，方便数据传输至计算机进行分析处理，又可以将网络考古勘探平台的点坐标传输至手簿，方便野外作业的点放样工作，减少了传输流程与传输时间，操作简单便捷。

（二）RTK 的缺点及拟解决办法

1. 受卫星状况限制

RTK 的信号强度受卫星覆盖所影响，一般情况下，至少需要四颗卫星的覆盖才能保证其测量结果的准确性，卫星越多，则精确度越高，但从目前的卫星水平来看，无法满足全球平均的信号要求。例如，当卫星系统对西半球信号为最佳的时候，那么东半球的国家则有一些无法保证被卫星很好很全面的覆盖，就会使得信号较弱，测量结果误差偏大，甚至有时候会出现无法求解的状况。在实际使用过程中，偏近中午时，信号稍弱，RTK 测量数据波动较大，很难得到固定解，从而影响总体的作业进度，降低作业效率。

在对勘探区进行点放样的过程中，建议转换参数时必须要精准求解，配备高等级的数据转换控制点，保障各控制点均匀分布，使测量勘探区域全面覆盖；引进先进的 GPS 信号接收器，如三星系列的 GPS 接收器，缩短测量时间，提高定位精度，加快测量进度。还可以增加测量次数，测量次数的增加可以有效消除测量结果的误差，提高测量精度，提升测量数据的可靠性，加快测量进度。

市面上还有一些不同卫星的 RTK 测量仪器，例如欧洲的伽利略卫星等。近年来随着我国科技的进步，中国自主研发的北斗卫星系统也逐渐应用于 RTK 领域，并被大众所广泛接受。现代智能手机也可以在应用商店中下载定位软件，虽然定位结果的精度较低，但是可以解决时间上的损失。

2. 受电离层的影响

由于 RTK 设备在工作时要与卫星进行连接，进行卫星信号的传输与接收，所以就不可避免地要受到电离层的制约和干扰。尤其是白天的时候，偏近正午阶段，受电离层干扰的影响最大，导致信号不好甚至消失。在实际测量使用中，发现偏近中午时求解的时间变长，有时甚至无法得到固定的解，影响作业效率和进度。但是由于影响最严重的时间为在正午前后，正处于中午工作休息的时间内，故该项缺点并不会使作业效率和进度受到特别大的影响。

3. 受对空通视环境影响，精度无法达到100%

RTK 技术虽然解除了对地面两点之间通视的限制，但是要求对空通视要良好，又因为该技术为实时定位技术，故对信号的强度要求较高。一般来讲，在基准站周围半径为 5 千米都可以进行流动站的作业，但是实际使用过程中发现，距离基准站越远，测量结果的误差越大，实际的距离要小于 5 千米，故要在一定的距离内就要移动基准站并重新设置。而该项技术要求至少四颗卫星才能保证信号的强度与准确度，但实际使用过程中要保持五颗卫星的覆盖才能达到勘探要求，而且即使满足最好的卫星使用条件，也无法达到100%的可靠度。

尤其是当处于林区等地作业时，卫星信号可以被许多高大的建筑或事物遮挡，影响到对空通视环境，造成信号强度低，卫星覆盖达不到勘探测量要求，容易造成失锁，无法求解，重新初始化困难甚至无法完成初始化的情况，则会影响正常作业的效率和进度。

电子全站仪通过发射、接收红外射线自动读取、计算坐标数据，精度亦可达厘米级。在测量时，全站仪与棱镜需要保持通视，由 2~3 人配合可完成测量。在地势平坦开阔的地带，尤其适合全站仪的使用，只要达到两点之间的光学通视，就可以完成勘探测量的野外作业任务。全站仪为光学的测量仪器，与 RTK 这一卫星测量技术相比较，不受对空通视的影响，也正因为是光学原理，不受信号等外界因素的影响，故其可靠度可以达到 100%，以上两点确定了 RTK 技术目前无法完全取代全站仪在考古测量中的地位，尤其是在高大的建筑物旁，其比 RTK 技术更能发挥作用。

四、结　语

随着时间的推移，RTK 已经成为田野考古中必不可少的重要工具，在考古勘探以及考古发掘等一系列活动中，有着不可替代的作用。RTK 技术将考古勘探测量工作所得数据数字化，建立三维数据模型，使田野考古勘探测量基本上完全脱离了纸张的限制，使考古学与现代计算机技术联系得更加紧密。

RTK 在实际使用过程中还有一些不足之处，包括其受到对空通视的影响、信号强度及数据存在误差，不可能达到 100% 的测量精度等。电子全站仪对比便携式 RTK 设备，虽然存在较笨重、使用不便和对人员要求高等几点不足，但在实际使用过程中，其凭借不受对空通视影响，测量精度最高可达到 100% 的优势，在一些重要基点测量时仍然具有 RTK 设备无法代替的优势。

参考文献

[1] 刘震伟. 考古测量的要点 [J]. 江汉考古，1988，(4)：120 – 126.

[2] 高洁纯，张军. GPS – RTK 测量系统性误差修正方法研究 [J]. 资源信息与工程，2018，33 (6)：120 – 121.

[3] 孙继安. 河北容城县南阳遗址调查 [J]. 考古，1993，(3)：235 – 238，290，291.

[4] 邹秋实. RTK 与全站仪在考古测量工作中的应用与探讨 [J]. 南方文物，2015，(4)：246 – 248.

北京近代银行发展与西交民巷
历史文化街区建设关系探究

申 凤 顾 军*

摘 要 西交民巷是北京地区比较有名的一条古老街巷，因拥有较多的近代银行建筑群而闻名。在清末民初之际，以西交民巷建立起的大清银行为代表，拉开了北京地区国人自建近代银行的浪潮。西交民巷在北京近代金融发展历史中占有重要地位，北京近代银行业的发展与西交民巷有着紧密的联系，西交民巷的历史文化街区建设必然离不开对西交民巷近代银行建筑群发展历史的探索研究。通过探究二者之间的内在联系，从而为西交民巷的历史文化街区建设提供一些方案和思考。

一、引 言

票号、钱庄和银行一直被并称为近代中国社会三大主要金融机构，前两者都是在中国本土环境下发展起来的传统金融机构，只有银行是伴随着外国资本的强势入侵而迅速崛起的。2013 年"西交民巷近代银行建筑群"被国务院公布为中国第七批全国重点文物保护单位，西交民巷也由此正式进入了公众的视野，一改过去人们只知东交民巷使馆区而不知西交民巷银行街的现状。可以说，西交民巷见证了北京地区中国近代银行业的兴起与变迁。西交民巷内的近代银行建筑群对北京地区金融业的发展具有很大的促进作用，深入探究西交民巷近代银行业发展的历史变迁，对于当前的西交民巷历史文化街区建设工作具有很大的意义。

---

* 申凤，应用文理学院中国史专业硕士研究生；顾军，应用文理学院教授。

二、近代以前的西交民巷

西交民巷是北京西城区南部的一条胡同小巷，与东交民巷相对而立，是北京故宫外的两条著名胡同。"西交民巷东起天安门广场西南侧，西自北新华街，中与原羊毛胡同及前、后细瓦厂胡同、辇儿胡同、平安胡同相交，全长约 1080 米。"2017 年 9 月底，中共中央、国务院出台了一项《北京城市总体规划（2016 年—2035 年）》城市规划方案，北京西城区的西交民巷也在新增的历史文化街区名单中，由此引发了人们对西交民巷的广泛关注。

在明清时期，东、西交民巷并不是像现在独立分开的两条街巷，而是一条完整的街巷，因这条街巷以前是集中售卖江米之地，故曰江米巷。明初，西交民巷与紫禁城东侧的东交民巷是连在一起的。永乐年间，由于北京城向南拓展，西交民巷因而被圈入内城发展，在当时隶属于大时雍坊，不过这一时期西交民巷的发展还比较缓慢，胡同街巷格局尚未形成。随着北京城向南扩展后，紧接着明成祖朱棣又陆续下令修建了大明门、千步廊及大明门与正阳门之间的天街，即今天棋盘街的雏形。棋盘街的修建恰好将原先的江米巷一分为二，东面称之为东江米巷，西面称之为西江米巷。15 世纪后半叶，即明英宗到宪宗年间，西交民巷逐渐形成了胡同街巷布局，从《宛署杂记》中关于"中城大时雍坊：一铺曰棋盘街、曰西江米巷、曰故衣胡同、曰城下大街。"的相关记载可以看出，早在万历年间，西交民巷所在的大时雍坊便已发展成为商贾云集的繁华商业区。"到明晚期，从南方运来的糯米在这一带卸运，大时雍坊地区已成为铺户聚集之地。"

清朝建立后，棋盘街在正阳门内，地属南城正东坊。《京师坊巷志稿》有载："正东坊，隶南城。"按照清朝统治阶级"满汉分城"居住政策，西交民巷当时属于满族人管辖，隶属于镶蓝旗势力范围。近代以来，随着东交民巷逐渐发展成西方列强在华的使馆区，外资银行纷纷涌入北京，与之相邻的西江米巷的功能也随之发生变化，为了方便记忆，取其谐音称为西交民巷。

三、近代新式银行在西交民巷的兴起

1840 年鸦片战争爆发后，西方列强用他们的坚船利炮打开了中国尘封已久的国门，中国被迫卷入了世界资本主义的潮流当中。随着西方列强侵略步伐的不断深入，北京的东交民巷逐渐发展成为西方列强角逐中国的大本营，成为著名的使馆区。大批外国银行也随之在东交民巷建立起来，在中国进行大量的资本掠夺。东交民巷外资银行的兴起进一步刺激了中国人自办银行的渴望，他们纷纷开始抛弃传统的天朝上国、尊华贱夷等思想理念，主动学习西方、寻求强国御辱之道。1885 年汇丰银行首先在北京的东交民巷地区设立分行，这是外国在北京设立的第一家银行，也是北京历史上第一家近代银行。在这一时期，北京地区传统的当铺、钱庄、票号等金融机构开始受到冲击，渐渐被新式银行所替代。

到了 20 世纪初，清政府已经完全陷入了内忧外患的统治危机，不得不采取一系列改革措施来挽救衰败的清王朝。在清末新政的改革中，有一条便是关于银行的建立，"光绪三十四年正月，度支部奏定《大清银行则例》二十四条……户部银行即为中央银行，现在户部已改称度支部，拟改银行之名曰'大清银行'……大清银行设总行于京师。"户部银行是我国第一家官办银行，地址就设在西交民巷路北，主要是为了解决清政府的财政问题。如果说东交民巷是外国使馆区和外资银行的最佳青睐地，那么西交民巷则完全是北京地区华资银行发展的天堂。"外国银行集中在东交民巷，我国自己的银行与之相对，西交民巷（东端）自然就成了银行建筑的所在地。"近代史上的西交民巷一步步发展成了北京地区有名的金融街。（见图 1）

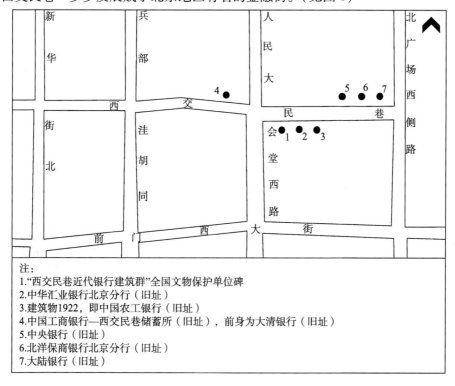

注：
1."西交民巷近代银行建筑群"全国文物保护单位碑
2.中华汇业银行北京分行（旧址）
3.建筑物1922，即中国农工银行（旧址）
4.中国工商银行—西交民巷储蓄所（旧址），前身为大清银行（旧址）
5.中央银行（旧址）
6.北洋保商银行北京分行（旧址）
7.大陆银行（旧址）

图1　西交民巷近代银行建筑群分布（图为实地考察后绘制）

　　西交民巷是中国最早的金融街，在清末民国时期对于北京地区民族资本主义的发展和近代金融业的兴起发挥了重大作用。"清光绪以前，北京经营存款、借款、兑换银钱的金融机构是银号、银钱店与钱庄。银号、钱庄的主要业务都是兑换，两者的性质相差无几。"北京地区以东、西交民巷为主的银行业发展壮大，极大地促进了当地金融业的繁荣兴盛，成为北京地区银行业的重要力量。"当时，在北京地区实力最强的'北四行'（盐业银行、金城银行、大陆银行和中南银行）均设在西交民巷，此外还有江浙系的浙江兴业、中孚、中国实业等银行。"西交民巷近代银行的发展在当时盛极一时，中华懋业银行北京分行经理陈宗蕃在其著作《燕都丛考》一书中写道："民国十年以前，各银行竟于是谋建筑，颇有作成银行街之想。"

　　1928年，国民党统治中心南移，北京改称北平，失去了其独有的国家政治中心地位，中国的金融中心也因此转到了上海地区，加上长期战乱不断的社会环境，西交民巷的近代银行企业不得不陷入了在夹缝中求生的境地。到新中国建立前夕，"1949年2月，北平和平解放后，中国人民银行总行由解放区迁入北京西交民巷，进驻前大清银行旧址。北平解放前夕，西交民巷仍有银行16家、钱庄3个。金城银行位于西交民巷106号（老门牌）。"随着时代的发展，西交民巷只留下了几座近代银行的旧时建筑。（见表1）

表1　西交民巷近代银行建筑群

银行名称	建立时间	银行性质	地址	建筑风格	现存状况	是否纳入文保单位	建筑图片
大清户部银行（旧址）	1905	中央银行	西交民巷甲25号	近代折衷主义	差	否	
中华汇业银行北京分行（旧址）	1918	中日合资	西交民巷56号	近代折衷主义	良好	第七批全国重点文物保护单位	
北洋保商银行北京分行（旧址）	1920	商业银行	西交民巷17号（中）	古典复兴	良好	第七批全国重点文物保护单位	

银行名称	建立时间	银行性质	地址	建筑风格	现存状况	是否纳入文保单位	建筑图片
中国农工银行（旧址）	1922	专业银行	西交民巷50号	古典复兴	良好	第七批全国重点文物保护单位	
中央银行（旧址）	1924	中央银行	西交民巷17号（西）	近代折衷主义	良好	第七批全国重点文物保护单位	
大陆银行北京分行（旧址）	1926	商业银行	西交民巷17号（东）	西洋古典	良好	第七批全国重点文物保护单位	

（注：该表为作者参考大量资料自制而成，表中建筑图片均系实地拍摄，2020.9.13）

四、西交民巷历史文化街区建设

西交民巷是北京近代历史上有名的金融街，当前的建筑特色以中国传统的四合院民居建筑和西式洋风银行建筑群为主。"20世纪的第一个二十年中，'洋风'成为北京近代建筑历史中的主流，在清末官厅建筑、民国国会建筑、公共建筑、学校建筑、工业交通建筑等中均有表现。"近年来，西交民巷一直在致力于打造北京城历史文化街区建设，这对于丰富和发展北京千年古都文化具有十分重大的意义。西交民巷虽然发展历史较为悠久，但它真正走入大众视野、最能凸显出该区域历史文化底蕴的却是近代以来在此兴起并不断发展起来的的新式银行建筑文化。可以说，西交民巷对于北京近代金融业的发展起了很大的推动作用，西交民巷的历史文化街区建设离不开对近代以来北京银行业发展变迁历史的探讨与挖掘。

（一）西交民巷近代建筑群历史文化价值打造

"近代时期的北京，完成了一个封建保守的古老帝都到被西方列强殖民统治、政局混乱近代城市的复杂演变，建筑发展走向也随之变化。"北京东交民巷使馆区的建立使得西式建筑在北京慢慢发展起来，逐渐打破了北京传统的四合院建筑格局。西交民巷近代银行建筑群的兴起则是北京由传统逐渐走向近代化的一个典型代表。西交民巷仿效东交民巷使馆区和外资银行的建筑风格去建设新式华资银行，这些被历史遗留下来的西式银行建筑群现在基本上被确立为全国重点文物保护单位，是北京在外忧内患的时代背景下多元融合的产物。

商业的发展关系着国计民生，无论是传统金融业的发展还是新式银行的崛起，都与当时百姓的生活息息相关。"平缓开阔的空间格局，胡同—四合院的传统形态与灰砖灰瓦的建筑特征构成了北京老城历史文化街区独具特色的传统风貌，这一传统风貌的完整延续是历史文化街区保护的基础。"西交民巷与老北京传统的历史风貌不同，经历了一个由老北京传统历史风貌到逐渐西化的巨大转变，是特定的历史背景下中西方建筑文化碰撞的产物。以西交民巷、西河沿、北京城南为代表的"近代银行的分布特征符合北京近代商业发展的地区分布特征，与大栅栏商业区共同反映了当时商业文化。"深入挖掘西交民巷近代银行建筑群背后的历史文化价值，是今后西交民巷历史文化街区工作建设的一个重点工作，值得去深入地探索和研究。

（二）全面保护为主，适当更新改造

北京是一座国际化大都市，经常面临着传统历史文化的传承保护与国际大都市建设两相抉择的难题，如何更好地保护好当地的历史文化街区一直是北京历史文化名城保护工作的重点与难点。当前，历史文化街区保护工作中最常见的便是以"保护整治为主、适当进行更新改造"的措施。西交民巷不仅是近代华资银行的主要集中地之一，而且是近代以来北京金融业发展的新兴之所，集中反映了特殊的时代背景与独特的地理位置下，中西方建筑风格演化、新旧金融业的交替、大众观念转变、民族资本经济曲折发展的历史和人文特征。

"目前，西交民巷社区有居民 3700 余户，面积 28 万平方米，主要以平房居住区为主"早前由于旧城改造工作中政府"先易后难"的战略和开发商

"挑肥拣瘦"对策的矛盾冲突，对西交民巷的整体性布局带来一定程度的破坏。再加上当前西交民巷多为民居，所以也存在着巷内建筑参差不齐、乱搭乱建、人口相对密集、缺乏有效的管理等现象。针对这一问题，首先，要以全面保护为主，严格保留街区风貌。即在保护好西交民巷近代银行建筑群建筑物原有风貌的同时不断提升整体环境品质，在保持好文物建筑真实性的基础上去改善居民居住生活条件，完善相关管理制度，做好社区之间的有效管理。其次，可以进行适当的更新改造，深入挖掘西交民巷金融方面的历史文化价值，使其融入当下北京城市建设工作中来。在 2002 年新落成的中国钱币博物馆新馆就是由西交民巷内原"大陆银行"和"保商银行"两座大楼改造而成。2007 年由北京市档案馆研究室、西城区档案局、西长安街街道主办，中国文物研究所、西城区文委、市规划委员会西城分局协办，民政部档案馆承办的"西交民巷地区历史文化展"曾在社会上引起了巨大的反响。这些都是西交民巷历史文化街区建设工作中与北京近代银行业的发展关系相结合起来所取得的突出成就。

五、结　语

2012 年，北京西城区首次明确提出要构建"名城、名人、名业、名景"四位一体的名城保护工作体系，继续打造金融西城、建设人文北京。西交民巷曾是北京前门地区一条重要的金融街巷，"中资银行主要都集中在西交民巷和前门外西河沿一带这两处，其中西交民巷集中了各大银行，在此落户的银行数量达到总数的一半。"如果说东交民巷见证了北京早期外资银行业的兴起，那么西交民巷则有力地反映了北京近代华资银行的兴衰发展，两者在北京近代金融史上占据了重要地位。西交民巷拥有较多的历史文化遗产，其中有很多都与北京近代银行业的发展历史密切相关。可以说，西交民巷的历史文化街区建设，离不开对西交民巷近代建筑群历史发展的探索研究，需要学者去不断摸索和实践，寻找出一条适合西交民巷历史文化街区发展的可持续更新模式，为北京老城的保护和发展贡献一份力量。

参考文献

[1] 北京市西城区档案局编印. 西交民巷历史地图集［M］. 北京：内部出版发行，2006.
[2] 沈榜. 宛署杂记［M］. 北京：北京出版社，2015：37.
[3] 刘鹏. 曾经的金融街——西交民巷. ［J］. 北京档案，2013（12）.
[4] 朱一新. 京师坊巷志稿［M］. 北京：北京出版社，2015：25.

［5］吴廷燮，等．北京市志稿三度支志 货殖志［M］．北京：北京燕山出版社，1990：144－145．

［6］段霞．世界城市规律、趋势与战略选择 以北京为例［M］．北京：中国经济出版社，2014：337．

［7］王纪洁．西交民巷地区与近代北京华资银行业的发展［J］．中国钱币，2012（2）．

［8］刘洋．北京西城历史文化概要［M］．北京：北京燕山出版社，2010：63－264．

［9］陈宗蕃．燕都丛考［M］．北京：北京古籍出版社，1991．

［10］刘鹏．曾经的金融街——西交民巷［J］．北京档案，2013（12）．

［11］张复合．北京近代建筑史［M］．北京：清华大学出版社，2004：2．

［12］周荣光．北京地区近代银行建筑研究［D］．北京：北京建筑大学，2019．

［13］边兰春，吴濯杭，石炀．北京老城历史文化街区保护中的问题辨析与思考［J］．北京规划建设，2019（S2）．

［14］晓章．档案服务和谐社会建设大有作为——北京西交民巷地区历史文化展引起强烈反响［J］．北京档案，2007（3）．

［15］刘洋．北京西城区历史文化概要［M］．北京：北京燕山出版社，2010：264．

"径山茶宴"的非遗保护

柏雨婷　顾　军*

摘　要　径山茶宴自从唐宋兴起以来至今已经有千年的历史。径山是陆羽撰著《茶经》的地方，更是文人墨客饮茶会友的居所，是南宋时"江南十方丛林之首"，其禅茶文化在中华茶文化中有着不可忽视的地位。除此之外，径山茶宴作为日本茶道的起源，径山茶礼不仅对中国的茶文化有着举足轻重的影响，更将文化沿着海上之路传到了日韩等东亚文化圈。因此，本文从探究径山茶宴的起源开始，论述径山茶文化的当代影响与发展。

一、"径山茶宴"的起源

径山位于浙江省杭州市西北的余杭境内，唐天宝年间，法钦和尚来此结茅传教，被赐封"国一禅师"，自此逐渐兴盛，一直在佛教界颇负盛名。嘉定年间，径山被誉为江南"五山十刹"之首，有"江南禅林之冠"的美誉，连茶圣陆羽也曾一度在此流连，写下了最初的《茶经》三卷。

径山万寿禅寺的茶文化脱胎于禅学，历史悠久，据康熙年间张思齐版《余杭县志》记载："径山寺僧采谷雨茶者，以小缶储送。钦师曾亲手植茶数株，采以供佛，逾年蔓延山谷。其味鲜芳，特异他产，今径山茶是也。"

万寿禅寺从建寺以来就栽种茶叶，至今已有千载。寺庙栽种茶叶最初是为了供奉佛祖，后来随着栽种面积的扩大，茶叶多可供寺庙中众僧人日常自饮。早在北宋年间，宗赜禅师就在其《禅苑清规》第五卷中按照茶礼的过程和顺序具体写明了当时茶礼的流程，按照不同茶品的规矩，主客的座次与饮

---

* 柏雨婷，应用文理学院历史专业研究生；顾军，应用文理学院教授。

茶的地点亦皆有不同。后万寿禅寺将茶礼做了一定的修改，变成了茶宴，而随着茶宴的盛行，径山万寿禅寺的茶也成了江南贡茶之一，其具体记载虽今已无明本，但包括《百丈清规》等在内的著作都陆续收录了部分具体内容。南宋建都临安，随着皇室南迁，上径山万寿禅寺香供的人逐渐增多，受众也由地方权贵逐渐变成皇室贵胄，在皇权的推动下，径山茶宴从此闻名。

二、内容与文化特征

（一）内容

径山茶宴虽名为茶宴，但却不同于普通的宴会。相比之下，这场茶宴更像是一场庄重的仪式。每年春季，当天目山从寒冬中苏醒，客人们会陆续到来，他们先在山脚供奉清香，然后开始登山。

到山门后的第一站是明月堂，明月堂为宋朝大慧普觉禅师宗杲所建，禅师一生精修佛法，以一己之力挽救禅宗危机，受到众多佛教徒的敬仰，所以明月堂一直以来都作为茶宴举办的地点，日常由沙弥打扫洁净，以鲜花和檀香供养。在径山，茶宴流程主要有张茶榜、击茶鼓、恭请入堂、上香礼佛、煎汤点茶、行盏分茶、说偈吃茶和谢茶退堂等，其中从客人进入明月堂后的煎汤点茶起，又有复杂的规定。

除此之外，举行茶宴时，堂中皆备有专用茶具，室内有一茶台，上置紫砂茶壶茶盏和锡制茶罐，茶碗为天目黑釉，古朴雅致。而茶宴过程中的点茶、斗茶之法皆极为严谨考究，制茶备有专业茶臼，上雕刻梅花，象征着报春之意。由于过程过于繁复，如今茶宴一般只供于上宾。

（二）文化特征

径山茶宴作为江南茶礼的代表，从举办地点到茶礼再到茶本身皆有其独特的文化特征。

径山万寿禅寺创于唐朝天宝年间，是一座距今已有1200多年的千年古刹，更是"江南五大禅院之首"。如今虽因为几经战乱，寺中从前的建筑大面积损毁，但仍存钟楼一座，内有明永乐时期大钟一口，除此之外还有三尊宋代铁佛和一块元代至正年间的历代祖师碑。

作为江南茶礼和茶道的圣地，径山茶宴所用的径山茶历史悠久。《续余杭县志》中记载："产茶之地，有径山四壁坞及里坞，出者多佳，至凌霄峰尤不可多得，径山寺僧采谷雨茗，用小缶贮之以馈人，开山祖钦师曾植茶树数株，采以供佛，逾年蔓延山谷，其味鲜芳特异，即今径山茶是也。"径山茶从唐代径山万寿禅寺建寺之时就已经开始栽种，"茶圣"陆羽也曾在此植茶与制茶。自宋朝至清朝，径山茶一直是著名的皇室贡茶。

径山茶礼与茶宴由于其特殊的禅学背景，融入了禅学精妙的意境，与寻常的茶礼有着本质上的差别，体现了中国古老的"禅茶一体"思想。客人们在茶宴的过程中，借助古老的建筑，禅味十足的字画，和走过多道工序浮于茶碗中的清汤，可以更加深刻地了解中国传统的茶文化与禅学文化，而禅院独有的清规和礼仪与中国茶道进一步融合，更是中国人传统优雅礼制的显现。除此之外，径山上留存有陆羽遗迹，也为众多爱好者提供了遥隔千年向"茶圣"的抒发情怀之地。

三、文化影响

（一）国内影响

从唐天宝年间万寿禅寺建寺，禅茶文化开始发源，至南宋时寺庙香火鼎盛，再到清代，径山茶宴作为一种禅学宗教文化与茶文化的融合体，一直深受地方豪绅乃至皇族贵胄的重视，每年，慕名而来的香客与茶客众多，与此同时，径山茶也一直都是江南地区的皇室贡茶，带着江南的文化沿着大运河北上，又通过京城传递至四面八方。

近代以来，径山茶宴一度没落，可众多禅茶文化的爱好者并没有放弃。自20世纪80年代以来，众多爱好者为了恢复径山茶宴的传统习俗，曾多次尝试举行类似于传统茶宴的宴会，然而由于缺乏大量古籍调查和专业性指导，其进展并不顺利。

2005年，径山茶宴被纳入余杭市非物质文化遗产保护名单，自此开始，径山万寿禅寺与径山茶宴开始进入专家学者们的视野，开始接受更加专业性的开发与保护。从2007年起，在各方努力之下，径山茶文化逐渐开始恢复。2019年11月，杭州市余杭区径山万寿禅寺获得"径山茶宴"国家级非物质文化遗产代表性项目保护单位资格。

径山茶宴的保护和复兴，推动了国内禅茶文化的研究，为广大学者提供了一个研究的基地，与此同时，径山万寿禅寺作为茶宴的举办地，聚集了众多禅茶文化爱好者，推动了国内禅茶文化的复兴与发展。

（二）国外影响

近代以来，茶文化的圈子里一直都认可日本的茶道来源于中国这一说法，但究竟起源于哪里直到20世纪七八十年代才被学者发现。据考证，18世纪日本江户时代中期国学大师山冈俊明编纂的《类聚名物考》第 4 卷中记载："茶宴之起，正元年中（1259 年），筑前国崇福寺开山南浦绍明，入唐时宋世也，到径山寺谒虚堂，而传其法而皈。"这一则记载是记录了日本镰仓时代的临济宗留学僧南浦绍明在宋朝时来到中国留学，后将径山茶宴带回日本，成为日本茶道起源的故事，十分明确地表明了日本的茶道正是来源于中国的径山。1983 年 10 月，庄晚芳教授与王家斌先生合写的《日本茶道与径山茶宴》一文发表，正式在中国提出了这一观点，随后 1992 年日本茶道最大流派里千家第十五代家祖千宗室先生就在自己的著作中确认了这一观点的正确性，并且强调了陆羽的《茶经》对中日两国茶道具有同样的重要性。自此以后，径山茶宴更多了一层传奇色彩。

四、传承保护状况

径山万寿禅寺建于唐天宝年间，建寺后不久禅茶开始栽种，自宋兴盛以来至清朝，径山茶作为贡茶的历史已经有 1200 多年，然而近代以来，频繁的战乱和动荡导致这座千年禅寺损毁严重，径山茶宴的正统礼仪也濒临消失。在建筑的损毁和礼仪的濒危背后，是一种文化即将面临彻底断绝的困境。

首先，关于"径山茶宴"这个概念，在历史上并没有明确的记载，其由来主要是后人对诸多历史文献资料的整理和总结，历经 1200 多年，禅寺损毁和文化断层导致极少有人清楚曾经的"径山茶宴"真正的流程和风貌。

其次，由于近年来径山茶的产业化和旅游商业化程度过快，导致径山茶品的质量难以把控，大规模的经济产业化与商业化是明显与非物质文化遗产的传承与保护相违背的，加上径山小镇的开发，如何真正地保护与传承历经千年的禅茶文化还有待考量。

再次，目前径山茶宴面临的一个关键问题是径山茶宴由于流程复杂规模庞大，至今只对贵宾提供服务，这造成了径山茶宴多年来知名度一直无法提高，近年来，曾有人在相关会议中提出关于径山茶宴的创新传承与文创开发的方案，并且建议以这样的方法激活千年古茶与茶礼的生命力，然而在真正执行的过程中，是否能有专业团队的全程指导，是否可以不动摇径山茶宴原本的文化信仰，这些问题都值得深思。

最后，径山茶宴作为禅茶文化的一个重要支点，更是日本茶道的起源，如何准确摆放径山茶宴的位置，更好地挖掘径山禅茶的文化价值，跳出径山看径山茶宴，并且抓住附近良渚文化申遗之后的热点，实现区域联动效应，这些都是后续需要着重讨论的。

五、优势与产业化开发

从历史和地理位置来看，径山茶相比于江浙一带其他的名茶，其文化内涵更要丰富，有关径山茶的开发从 20 世纪末就已经开始，然而大规模产业开发给径山茶的保护带来了诸多的负面影响。其地理优势和旅游开发为什么达不到应有的效果，这其中的一些问题值得思考。

首先，从唐朝以来，径山茶的发展有一个很好的开篇。宋朝以来，径山茶的发展进入了全盛时期，径山茶很早就被列为贡茶，有了产业化开发的基础，特别是南宋建都临安以后，其茶宴吸引了如苏轼等天下文人墨客，为其吟诗作赋，留下无数佳句。然而当代径山茶产业化开发却很少有人提起它的历史意义，也很少有人挖掘借鉴古时贡茶制作技艺，努力提高径山茶的综合品质，连包装和茶具上的文创开发也只寥寥而已。这固然与多年战乱之后的文献缺失有关，更与操作团队中缺乏专业素养，导致执行过程中众人的文化意识不强有关。在这里建议负责人可以与当地学校配合，进行相关文化课程的开设，既要从根本上提高当地居民的文化信仰意识与文化自信，更是要自主地培养更多专业化可操作性人才。

其次，径山茶的开发带动了径山小镇的旅游发展，但径山茶宴与禅茶文化却并没有在整体环境中得到更好地提升。相反，小镇的开发导致了径山禅茶文化的真正理念被忽略。两者的文化不仅没有得到更好地融合，反而分散了当地有限的人力物力财力，导致了径山茶宴与禅茶文化的开发多由各地禅茶爱好者操办，当地传统文化与传承人手工艺制作在这个过程中被忽略，在口述史方面存在巨大缺失，从而影响了径山茶的总体发展。其中体现出一个严重的问题：径山茶的开发缺乏大量非遗保护人才的保驾护航。

最后，关于地区联动性开发的问题。在余杭地区，除径山文化之外，还有良渚文化和运河文化，相比于前两者而言，径山文化的宣传力度较差，径山文化的知名度也远远不及前两者，这其中有如何联动开发促进宣传的问题。2019 年 7 月 6 日，良渚文化被正式列入世界非物质文化遗产名单，良渚文化的保护与开发值得径山文化借鉴。同在一个文化圈范围内，如何借着良渚文化申遗成功的东风发展径山文化，需要一个较为完整的规划。而在宣传方面，当代非遗保护提倡数字化宣传和开发，径山文化本身有着悠久的历史和崇高的社会地位，如何利用当代最新的科学技术还原径山禅茶文化的发展历程，如何利用当代迅速发展的新媒体技术向全国乃至全世界宣传径山茶宴和径山禅茶文化也是一个技术性的关键问题。

六、结　语

2019 年，"中日韩禅茶文化中心""中国径山禅茶文化园""中华抹茶之源"三块牌子落户余杭径山，不仅确认了径山禅茶在历史上的地位，更成了径山禅茶文化在发展过程中的里程碑，点明了其未来创新发展的方向。

江南茶文化的流传渊源已久，作为代表之一的径山禅茶更是日本茶道的起源地，是中日两国茶道的历史上的重要支点，如何更好地传承与开发径山禅茶，也将成为未来江南茶文化保护与开发的典型。

参考文献

［1］鲍志成．禅茶文化及其当代传承与发展 以国家级非遗项目《径山茶宴》为例［J］. 茶博览，2019（8）：52－57.

［2］周永广，粟丽娟．文化实践中非物质文化遗产的真实性：径山茶宴的再发明［J］. 旅游学刊，2014，29（7）：23－30.

［3］吕洪年．日本茶道追溯与径山茶宴探寻［J］．杭州研究，2009（2）：175－176.

［4］空谷道人．径山茶宴 中国茶禅文化的典范［J］．旅游时代，2012（5）：34－35.

［5］吴茂棋，许华金，吴步畅．径山茶汤会首求颂二首赏析［J］．中国茶叶加工，2015 （6）：70－76.

［6］鲍志成．径山古刹话茶宴［J］．文化交流，2012（3）：39－41.

［7］沈钢．余杭区：科技创新径山茶［J］．今日科技，2005（6）：9.

［8］余悦.日本茶道的源头与当今茶人的学风——从一则新华社电讯谈起［J］．农业考古，1998（2）：6－15.

［9］王家斌．径山茶宴［J］．中国茶叶，1984（1）：21.

［10］鲍丽丽．静雅——茶心与演绎文明［M］．北京：商务印书馆，2016：95.

［11］郑绩，周静，等．浙江历史人文读本：启智开物［M］．杭州：浙江古籍出版社，2013：228.

［12］朱家冀．钱塘江茶史［M］．杭州：杭州出版社，2015：65.

［13］汪宏儿，赵大川．陆羽与余杭［M］．杭州：西泠印社出版社，2014：401.

［14］茶涛涛．茶常识速查速用大全集［M］．北京：中国法制出版社，2014：228.

［15］中共杭州市余杭区委宣传部．民间艺术［M］．杭州：西泠印社出版社，2007：172.

［16］中共杭州市余杭区委宣传部．径山禅茶［M］．杭州：西泠印社出版社，2007：69，74.

［17］杨朝霞．禅茶素食：心灵的品味［M］．北京：大众文艺出版社，2005：8.

［18］桑广书．老杭州记忆［M］．北京：当代世界出版社，2017：114.

［19］潘向黎．茶可道：增补版［M］．北京：生活·读书·新知三联书店，2017：146.

北京中轴线地名文化初探

陈　衡　朱永杰[*]

摘　要　北京作为辽金元明清五朝古都，在城市建立和发展过程中产生了特有的城市中轴线，而围绕着这条中轴线的街巷和建筑的名称，蕴含着这座城市发展变迁的历史和当时的社会文化背景，这一研究主要通过北京中轴线上的历史建筑的名称来论述北京城市的发展过程中社会文化发展状况，从而探讨北京中轴线地名的深厚文化内涵。进而希望北京中轴线地名文化得到更多的重视和保护，维护好北京这份独一无二的文化遗产。

一、北京中轴线概述

金贞元元年（1153 年），金海陵王改辽燕京为中都（今北京四环内西南角）后，金世宗于 1179 年在中都城东北郊的湖泊地区（即今北海中海一带），建"太宁宫"，后定名为"万宁宫"。由此，北京最早的中轴线端倪也就在白莲潭畔东侧出现了。

而在金中都基础上所新建的元大都是经过周密规划而成，以琼华岛为核心，以太液池为重点规划皇城，将金代的白莲潭分为两部分，皇城外称积水潭，内为太液池。而将积水潭的东北岸作为整个都城的几何中心，今天鼓楼的位置成为中心点，建立"中心阁"，并与皇宫的中轴线相接，由此确定了元大都中轴线的南北端。

明代的北京中轴线虽基本沿袭元大都的中轴线，但又有了很大的发展。钟鼓楼在元代中心阁的原址上修建，使中轴线的北段完美收尾。在明永乐年

---

* 陈衡，应用文理学院中国史硕士研究生；朱永杰，应用文理学院副研究员。

间，随着都城和皇城的南移，原元朝的城市中轴线也相应南移。而在嘉靖二十三年（1544 年）为了防止蒙古人的不断入侵，嘉靖帝又在城南加筑了外城，周 28 里，开 7 门，南中门为永定门。这样，中轴线便向南延伸至永定门。

清代则继承明代的制度，中轴线虽然没有大的变动，但在清前期也有一些变化。如顺治年间，重修紫禁城三大殿，改称太和殿、中和殿、保和殿；重修承天门，改称天安门。乾隆年间，又重修永定门，增加箭楼，使中轴线起点更加突出；并于景山前建绮望楼，山后建寿皇殿，山上对称地建立五座亭子，最高峰为万春亭，亭与绮望楼、寿皇殿均在中轴线上，雄伟壮观，将北京城中轴线推向更完美的顶峰。

这条中轴线南起永定门，北至钟鼓楼。从北向南依次经过钟鼓楼和地安门外大街，地安门内大街，景山公园，故宫，天安门和天安门广场，正阳门城楼和箭楼，前门大街，天桥和永定门。

中轴线地名背后的文化内涵更是体现出了古都北京的深厚底蕴和中国语言文字的独特魅力。以下将分类别论述北京皇家特色地名、商业特色地名和其他标志性建筑地名背后的文化内涵，并简述北京中轴线地名的保护策略。

二、北京中轴线地名的文化特点

（一）皇家地名文化

1. 祭祀类地名

北京中轴线上祭祀类别的地名主要是天坛、先农坛、太庙、社稷坛。

天坛位于北京正阳门外东侧，是明清历代皇帝祭祀皇天、祈求风调雨顺的场所。始建于明永乐十八年（1420 年），并命名为天地坛，同时用来祭祀天与地，此后在嘉靖十三年（1534 年）由于嘉靖皇帝认为天地合祭不符合明太祖所定下的天地分祭的礼仪，因此在北郊新建地坛专门用来祭祀皇地祇神，于是原来的天地坛正式改名为天坛，成为专门用于祭天的场所。

先农坛位于正阳门的西南，与东面的天坛建筑群遥相呼应。同样始建于永乐十八年（1420 年）的先农坛是专门用来祭祀农业神的场所。1916 年，先农坛被改建为城南公园。此后又成为先农坛体育场。1991 年开始成为北京古代建筑博物馆的所在地。

太庙位于天安门的东北侧，始建于永乐十八年（1420 年），是明清两代皇帝祭祖的地方。在民国成立后的 1924 年改名为和平公园。之后又在 1950

年改为北京市劳动人民文化宫。

社稷坛位于天安门的西北侧，和天安门东北侧的太庙相对，形成左祖右社的皇家祭祀格局。始建于永乐十八年（1420 年），是明清两代皇帝祭祀土地神和五谷神的地方。1914 年，开始向公众开放并改名为中央公园。1925年，孙中山逝世后其灵柩曾在中央公园停放，于是在 1928 年为了纪念孙中山而将这里更名为中山公园。

2. 宫殿类地名

对于北京中轴线来说，最为重要的建筑群当属地处中轴线中心的明清两朝的皇宫——紫禁城。现存最早的采用"紫禁城"名称的明代文献是万历时期的《会典》，万历《会典》除了是目前来看最早记载紫禁城尺度的官修书籍，也是唯一正式使用"紫禁城"名称的官方文献。而从 1925 年开始，故宫这一名称的确立则代表着封建王朝的政权正式在中国失去原有的地位，这里作为封建王朝皇宫的功能正式结束。

3. 城门类地名

北京中轴线地名中与城门类相关的主要有天安门、正阳门、中华门。

天安门位于紫禁城的南侧，是明清两代王朝的正门，永乐十八年（1420年）模仿南京的承天门建成。而清朝在建立后统治者越来越注重采取"安"与"和"的政策来安抚民心从而维护统治。于是承天门在清顺治八年（1651年）被更名为天安门，取其"国泰民安"和"长治久安"的含义。

正阳门位于天安门的南侧，这座城门在明代永乐十九年（1421 年）修建完成，最初的名称是丽正门。丽正的含义是附着于正道，出自《易·离》："日月丽乎天，百谷草木丽乎土，重明以丽乎正，乃化成天下。"正统四年（1439 年），重新修建的丽正门被改名为正阳门。正阳指的是南面的日中之气，既体现了城门所处的位置，也蕴含着天地正气的寓意。由于这座城门地处皇宫的正前方，在民间俗称为前门。由此可见，明清时期的皇家文化和平民文化并不相互抵触，而是有各自的发展空间，并行不悖。

地处北京中轴线上的毛主席纪念堂是曾经中华门的原址所在地。中华门在明代永乐年间建成之后被命名为大明门，清朝顺治元年（1644 年）大明门被改名为大清门。而在 1912 年辛亥革命推翻清朝统治之后，为了体现民主共和的政治理念，大清门又被改名为中华门。从新中国成立后的 1952 年开始，由于在天安门前开始修建天安门广场，中华门在 1954 年被拆除。1976 年毛主席逝世后，在中华门的原址上修建了专门纪念毛主席的纪念馆。

4. 御道类地名

北京中轴线地名中与皇家文化御道类相关的是正阳门大街。

由于地处正阳门的前方，这条街道被命名为正阳门大街。明清时期这条大街既具有政治功能，也具有交通功能，这里是当时皇帝出内城到天坛、先农坛进行祭祀的御道。民国时期有轨电车在这里通行之后，这条街道仅作为交通要道来发挥作用，御道这一名称失去了实际的意义。

5. 园林类地名

紫禁城北侧的皇家园林景山则是中轴线上另一处重要的皇家地名。永乐时期，朱棣下令摧毁元代的皇宫，并在原先的基址上面建造一座新的紫禁城。此外，朱棣还下令将从元代宫殿拆除下来的废砖和挖掘的护城河的泥土，在紫禁城的北侧堆成一座土山，并命名为镇山，目的是断绝元朝的皇气。

景山的另一种名称万岁山则最早出现在明代专门记述北京的《春明梦余录》卷六中。此外，景山在明代被民间称为煤山。关于"煤山"名称的来历，明朝文学家沈德符在《万历野获编》中提及，民间相传这座土山下埋了很多石炭作为京城遭遇军事袭击时的备用燃料。

而"景山"这一名称则是在清代从万岁山改变而来的。在《清史编年》的第一卷中记载，在顺治十二年的六月初四，顺治帝命令将紫禁城北面的万岁山正式改名为景山。而景山的含义体现在《诗经》中的"望楚与堂，景山与京"。景山这个名称一直沿用至今。

6. 小结

从上面的例子可以看出北京中轴线上的地名与明清的皇家文化息息相关，并且与政权更迭相呼应，当一个政权被另一个政权所取代，这个地名必然会被新的名称所替换。中轴线上这类地名的文化内涵凸显出历史上北京这座五朝古都深厚的文化底蕴和不断变化的政治图景。

（二）商业地名文化

北京中轴线地名中与商业文化特色相关的主要有大栅栏、天桥、什刹海等。

位于北京中轴线上前门附近的大栅栏商业街发源于明代永乐年间，当时被称为廊房四条。"廊房"当时指的是一种商业贸易点，这类贸易点由修建的长廊所组成，商人们就在这里面储存商品并进行交易。明朝建都北京后为了发展商业，在城门周围建造了廊房并引入商贩。当时的正阳门附近成为商业贸易的集中区域，同时也是北京最为繁华的街区。为了防止盗贼进入这些地方，明清时期朝廷都在商贸繁华的街道门口设立栅栏派人防守，并在夜晚关闭。由于在廊房四条所设立的栅栏规模较大，并且具有地标性的作用，因此廊房四条在明代末期被命名为大栅栏，并出现在明末专门记述北京的《春明梦余录》之中。从此这一名称一直保留到今天。

地处中轴线南城区域的天桥这一商业街区的名称来源于元代在这里所建立的一座名为天桥的桥梁，出现在晚清诗人方济川的《方济川天桥纳凉诗》中。元明时期这里还是一片江南水乡的沼泽景象，是当时游人赏景的重要观景地方。直到清代，天桥由于处于外城的中心地带，开始出现商业贸易。此后，这一街区的民间艺人越来越多并且大都身怀绝技，天桥这一地名成为北京平民文化的代名词并且全国闻名。

什刹海商业街区是北京城内面积最大、历史文化风貌保存最完整的一片历史街区。什刹海商业街区的名称源自元代的积水潭。明朝迁都北京以后，京城的达官显贵在积水潭附近兴建了一批佛教寺庙，于是被这批寺庙所包围的水域被民间称为什刹海。这里也逐渐成为北京的商业街区之一。

从以上三处北京中轴线上的商业街区的地名变迁可以看出民间命名在这一方面也有一定的影响，这与皇家地名完全由朝廷命名有着很大的不同，这些地名与皇家地名相比市井气息更加浓厚，命名的因素也更加多样。

（三）其他地标性地名文化

北京中轴线地名中还有与地标性建筑相关的钟鼓楼和天安门广场。

北京的钟鼓楼可以说是旧时北京最为著名的地标，坐落于北京中轴线北端，同时也是元大都中轴线的中心所在。北京城的钟鼓楼始建于元代至元九年（1272 年），当时处于元大都的中心位置。此后在明永乐十八年（1420年）钟鼓楼得到重建，从此确立了其位于都城中轴线北端的重要位置。

中华人民共和国成立后对天安门广场的改建，体现出人民当家做主的崭新的城市文化。人民英雄纪念碑的建成，人民大会堂和国家博物馆的陆续修建，集中体现了社会主义新中国不断蓬勃发展的城市风貌和中国共产党强大的政治与文化领导力。因而，天安门广场不仅是北京的旅游和文化地标，也是全国人民心目中政治文化中心的象征性地标。

三、北京中轴线地名的保护策略初探

地名是一种文化现象。地名的产生得益于人们对周边环境的认识和了解，它不仅是注记地理实体或地域空间的一种符号，而且是一种既可视又可悟的文化景观。它真实地反映了城市地理、历史、语言文化和风俗习惯等,是地方历史文化的见证,蕴藏着丰富的文化内涵。因此,地名系统也可以称得上是一部地域文化史。地名文化遗产保护近年来日益受到重视,并成为地名工作的热点问题,但其没有被纳入《北京市地名管理办法》,这使得地名文化遗产保护缺少纲领性指导及法理依据。目前,《地名文化遗产鉴定》是我国唯一的地名文化遗产鉴定标准,具有一定局限性。

为了能更好地对这些传承着北京历史文化的中轴线上的地名进行进一步的保护,需要地方政府更加重视,例如,对于中轴线街道路牌的维护,以及在条件允许的情况下恢复一些旧有的地名,从而可以起到保护包含历史文化内涵的作用。

中轴线历史地名的保护也离不开历史研究者的参与和协助,中轴线上一些不为人所知甚至接近于消失的古老地名需要历史研究者进一步的调研,通过实地调查、资料考证等方法,全面厘清中轴线的地名文化保存情况,收集地名的拼写、读音、位置,以及历史沿革、原有含义等文化属性信息,系统掌握中轴线地名文化遗产资源数量、分布、现状和存在的问题。在调查现有中轴线地名的同时,要注重调查已消失不用的地名,保护珍贵的历史地名。要运用多种方式全面记录中轴线地名信息,深入挖掘、系统整理、综合利用地名文化遗产资料,建立中轴线地名文化遗产信息系统,推进中轴线地名文化遗产保护信息化。

地名文化遗产保护的力度缺乏和地名规划、相关的法规保障缺失有关,只有出台或修订健全的地名管理法规,才能更好地促进规划的制定和实施,切实保护中轴线地名文化遗产。另外,也希望通过政府基层部门加强对北京中轴线历史文化的宣传,带动各社区居民投入到中轴线地名文化的保护工作中来,充分发挥广大群众的力量,让北京市民担负起保护中轴线和其他相关地名文化的责任。

参考文献

[1] 佚名. 北京中轴线的历史演变及文脉传承创新 [J]. 工会博览, 2020 (5): 19-20.

[2] 李洋. 天坛的历史沿革与内坛建筑构造 [N]. 团结报, 2019-6-20 (5).

[3] 韩洁, 曹鹏. 北京先农坛的变迁及其保护规划的建议 [J]. 西安建筑科技大学学报, 2005, 37 (2): 220-221.

[4] 侯杨方. 被忽视的太庙 [J]. 环球人文地理, 2013 (13): 10.

[5] 刘鹏. 古代社稷坛 今日游乐园——记北京中山公园 [J]. 北京档案, 2006 (5):

44 – 45.

[6] 李燮平. "紫禁城" 名称始于何时 [J]. 紫禁城, 1997 (4)：28 – 29.

[7] 佚名. 天安门名称的变迁 [J]. 教育理论与实践, 2008 (9)：54.

[8] 杨婧. 试论明清时期的正阳门 [J]. 北京史学, 2018 (2)：195 – 196.

[9] 程尔奇. 明清北京皇城的历史演变及文化意蕴 [M]. 北京：群言出版社, 2016：88 – 89.

[10] 朱凤荣. 北京的前门大街 [J]. 北京档案, 2012 (5)：42 – 43.

[11] 周乾. 北京景山的那些 "曾用名" [N]. 科技日报, 2020 – 4 – 17 (8).

[12] 孙慧羽. 清代皇家档案里的北京栅栏 [J]. 北京档案, 2019 (7)：56 – 58.

[13] 陈镭, 王淑娇. "同一个" 天桥：北京天桥的空间变迁与文化记忆 [J]. 城市学刊, 2018 (6)：89 – 90.

[14] 艾君. 探寻 "漂来的北京" 与 "什刹海" 之名来源 [J]. 工会博览, 2019 (23)：42 – 43.

[15] 玄胜旭. 中国佛教寺院钟鼓楼的形成背景与建筑形制及布局研究 [D]. 北京：清华大学, 2013.

前门老字号分类研究

孟昕蕾　顾　军[*]

摘　要　前门是北京非常著名的商业区，位于北京城的中轴线上。这一带的老字号颇多，共计 88 家，创始年代跨越四个时期：明代、清代、民国和新中国，经营方向基本涵盖了日常生活的方方面面。前门地区集中了北京中心城区一半以上的老字号，这里不仅传承着优秀的物质和非物质文化遗产，而且对于研究北京中轴线与推动北京中轴线申遗都起到了很重要的作用。

一、引　言

前门大街是北京非常著名的商业大街，位于北京城的中轴线上。这一带有非常多的老字号，是北京悠久而深厚的历史文化产物。老字号所承载的传统文化及其经久不衰的品质与服务，都是今天需要继承和发扬的。

二、"老字号"的由来

据《现代汉语词典》（2005 年版）说明："老字号"一词的意思是"开始年代久的商店"。但在国人心中，一个老企业，一个老商号，甚至一个老招牌，它独特的经营方式和文化内涵得到了大众的认可和信赖，并且在数十年甚至上百年间长盛不衰，它就会被称为是"老字号"。

我国字号的起源非常早，至少早在春秋时期，人们就已经开始把陈列于市的实物悬挂在货摊招徕顾客，在实物陈列的基础上演变发展成了类似招牌或幌子等的店铺标记。《晏子春秋》中有类似记载："君使服之于内，而禁之

---

* 孟昕蕾，应用文理学院中国史专业硕士研究生；顾军，应用文理学院教授。

于外，犹悬牛首于门，而卖马肉于内也。"到了宋代，类似记载更多，比如《东轩笔录》中记载："京师置杂物务，买内所须之物，而内东门复有字号，径下诸行市物，以供禁中。"还有《东京梦华录》《梦粱录》《武林旧事》等宋代笔记中，甚至《清明上河图》这样的风俗画中都记载了大量当时繁华的市井景象及大量字号。在漫长的历史进程中，字号一直在商业舞台上扮演重要的角色，现如今国家高度重视老字号的保护、传承和创新工作，不仅因为它深厚的民族文化底蕴，也因为老字号是中华民族的优秀资产。

三、中心城区老字号概况

根据 2001 年北京市商委的调查，全市老字号共约 320 家，但随着时代发展，一些老字号品牌在市场竞争中退出了历史舞台。根据 2012 年、2014 年对东城区、西城区老字号的调研统计，中心城区共有老字号 169 家，其中东城区 74 家，平均年龄 142 岁；西城区 95 家，平均年龄 145 岁。其中百年以上老字号中东城区 45 家，平均年龄 212 岁，约占东城区老字号总数的 61%；西城区 41 家，平均年龄 145 岁，约占西城区老字号总数的 43%。

前门、王府井是东城区老字号最集中的地区，除此之外，崇文门、隆福寺、东华门等地区也有老字号分布。其中 15% 以上的老字号发源于前门地区，但随着前门的改造，一部分老字号停业待恢复或搬迁异地经营。

四、前门老字号的创始年代

前门大街成为一条商业街，是在明朝中期。明嘉靖以后，各省在京做官的人为了解决进京应试举子的住宿问题，在前门大街两侧建立了各地会馆。举人们常到前门大街来购买生活用品或饮酒作乐，促使前门大街成为一条繁华的商业街。由于商业的发达，前门大街两侧还出现了大栅栏、鲜鱼口、珠（猪）市口、煤市口、粮食店等集市和街道。清初把东城的灯市挪到前门一带，而且为了维护皇权的尊严，戏院、茶园、妓院只准许开设在城外，于是前门大街较前朝又有了进一步的繁荣。大街两侧陆续形成了许多专业集市，如鲜鱼市、肉市、果子市、布市、草市、猪市、粮食市、珠宝市、瓜子市等。附近胡同内随之出现许多工匠作坊、货栈、车马店、旅店、会馆，以及庆乐、三庆、华乐等戏园。大街的席棚房逐渐改建成砖木结构的正式房，形成了东、西侧房后有里街的三条街。东侧里街为肉市街、布巷子、果子市，西侧里街为珠宝市、粮食市。前门外正街的店铺创立时间大部分晚于里街的店铺。因此，现存的前门老字号中大部分字号的创始年代为清代，创始于明代的老字号不足整条街的 1/10。而少部分的字号创始于民国及新中国成立后。

五、前门老字号的经营方向

（一）衣

"头戴马聚源，脚踩内联升，身穿八大祥，腰缠四大恒"，这是老北京家喻户晓的俗语，也是那个年代的时尚风向标。这里的马聚源指马聚源帽店，内联升指内联升鞋店，八大祥指八家经营绸缎呢绒布匹等的店铺，四大恒指四家信誉卓著的银号。据《北京老字号》记载，"八大祥"为瑞蚨祥、谦祥益、瑞林祥、瑞增祥、益和祥、瑞生祥、瑞成祥、瑞庆祥。关于"四大恒"有 3 种说法，一说为恒和、恒利、恒源、恒裕；一说为恒和、恒利、恒源、恒兴；《旧京琐记》记载了第三种说法："银号首推恒和、恒肇等四家，谓之四大恒"。

在前门地区，服装行业的老字号有 18 家，数量虽然不及饭庄的老字号多，但却能够满足人们所有的穿衣需求，从头到脚，从生到死。

（二）食

民以食为天，前门老字号中关于"吃"的老字号占了 1/3。据统计，前门改造前的餐饮业老字号共 30 家。俞蛟在《春明丛说》中写道："珠市，当正阳门之冲。前后左右，计二三里，皆殷商巨贾，列肆开廛；凡金绮珠玉，以及食货，如山积。酒榭歌楼，欢呼酣饮，恒日暮不休，京师之最繁华处也。"这描绘了当时的前门大街，纸醉金迷、声色犬马的情况，同时也说明了当时的前门大街上已经有了好几家大饭馆。

咸丰五年（1855 年）"便宜坊烤鸭店"在此开张营业；同治三年（1864年）肉市开设了"全聚德挂炉烤鸭店"；"都一处"饭馆与乾隆皇帝的传说一直流传到现在。光绪年间这里还有"致美斋"的馄饨、"九龙斋"的酸梅汤（大栅栏东口）、"六必居"的酱菜、"正明斋"的满汉糕点等著名食品商店。民国以后，以卖酱羊肉著名的"月盛斋"也迁到前门大街。

前门地区的老字号饭庄风味各异，有本地的美味，也有外地的佳肴；有宫廷的仿膳，也有民间的小吃；有汉族的，有满族的，也有回族的，甚至还有佛家的素菜肴，种类繁多，既能满足一饭千金的贵族口味，也能满足百姓物美价廉的需求。

（三）医药

前门地区现存的明代老字号中，大半都是医药行业的老字号。以鹤年堂为首的老字号药店共有 10 家，各家医药堂都有自己的独门技艺。《旧京琐记》记载："药肆有专售秘制一种，传之数百年成钜室者，其可数者如酱坊胡同之庄氏独脚莲、土儿胡同同德堂之万应膏、观音寺雅观斋之回春丹、鹿犄角胡同雷万春之鹿角胶，皆以致富。此外熟药铺则菜市口之西鹤年堂、大栅栏之同仁堂，每年所作膏丹行之各省，亦至钜万。"其中提到的同德堂、雅观斋、鹤年堂、同仁堂等一些医药行业的老字号，如今只剩下鹤年堂和同仁堂了。

（四）茶

前门的老字号茶庄有 5 家，张一元、庆林春、吴裕泰、启元茶庄和天福茗茶，前三家的传统技艺都与茉莉花相关，但只有张一元的传统技艺被评为国家级非物质文化遗产。2006 年张一元被认定为中华老字号，2008 年张一元茉莉花茶窨制技艺被列入国家级非物质文化遗产保护名录。这一技艺传承自张一元茶庄创始人张昌翼，光绪十年（1884 年）后技艺逐渐成形稳定并传承，现已传承至第四代，前三代的传承均为家族传承，第四代为师徒传承。

（五）工艺美术

前门的工艺美术类老字号共有 12 家，包括文房、钟表、金器、珠宝、鼻烟等的制作。其中有不少已被评为国家级非物质文化遗产，如王麻子剪刀锻制技艺、戴月轩湖笔制作技艺、一得阁墨汁制作技艺、荣宝斋木版水印制作技艺、北京宫毯织造技艺、金漆镶嵌髹饰技艺等。这一类老字号虽然占比不大，但所拥有的技艺都是非物质文化遗产的重要组成部分，都是前人的生产生活方式在现今的"活"的显现。

（六）其他

前门地区还有一些其他商业零售类的老字号，如中和戏院、大北照相馆、中国书店、大观楼、亿兆百货、兴华园等，共计 10 家。其中，公兴纸店和前门自行车商店都是发源于前门本地的老字号。这一类的老字号创建时间普遍较晚，基本成立于 20 世纪。

六、结　语

北京城的老字号是北京文化的象征，也是北京历史的活化石。新中国成立后，老字号经过公私合营、"文化大革命"和改革开放三次历史变迁，一些品牌已经退出了历史舞台，留下的都是精华。它们集中在北京的中心城区，遍布在中轴线附近，最集中的地区之一就是前门，甚至很多老字号发源于此。前门老字号总计 88 家，创立于明代的有 8 家，创立于清代的有 58 家，创立于民国的有 16 家，创立于新中国成立以后的有 6 家；服装类 18 家，餐饮类 30 家，医药类 10 家，茶酒类 8 家，工艺美术类 12 家，其他商业零售类 10 家。这些老字号都有自己的绝活、绝技或绝艺，这些是用现代技术不能替代的，老字号里原汁原味的东西就是祖先留下的非物质文化遗产，是需要拯救、保护和传承的个性和味道。

参考文献

[1] 侯式亨. 北京老字号 [M]. 北京：中国环境科学出版社，1991.

[2] 韩凝春，李馥佳. 京商老字号研究 [M]. 北京：中国商务出版社，2017.

[3] 何庄. 北京老字号档案的特点和价值 [J]. 业务研究，2011 (4).

[4] 王岗. 北京老字号述略 [N]. 中国文物报，2015 - 3 (6).

[5] "北京老字号发展研究"课题组. 北京市老字号的发展现状及对策研究 [J]. 北京行政学院学报，2004 (3).

[6] 杨英梅. 论北京老字号文化特征 [J]. 现代商业，2013.

附 录

前门老字号

衣	
1. 盛锡福（皮帽制作技艺）1911 年	11. 瑞林祥（传统殉葬用品制作技艺）1875 年
2. 内联升（千层底布鞋制作技艺）1853 年	12. 祥义号（传统丝绸制衣技艺）1896 年
3. 同陞和（传统手工布鞋制作技艺）1902 年	13. 广盛祥（手工布鞋制作技艺）1879 年
4. 京式旗袍（传统制作技艺）	14. 瑞增祥（瑞生祥分店）1875 年
5. 瑞蚨祥（中式服装手工制作）1893 年	（手工布鞋制作技艺）
6. 马聚源（传统制帽制作技艺）1817 年	15. 益和祥（谦祥益分店）1840 年
7. 步瀛斋（手工制鞋技艺）；1858 年	（传统丝绸制衣技艺）
8. 谦祥益（传统丝绸制作技艺）1840 年	16. 天成斋（靴鞋制作技艺）1842 年
9. 黑猴儿（毡靴帽手工制作技艺）1644 年	17. 隆庆祥（传统手工缝纫技艺）明嘉靖年间
10. 瑞生祥（传统寿衣鞋帽制作技艺）1875 年	18. 普兰德洗染店（传统衣物染洗技艺）1927 年
食	
1. 全聚德（挂炉烤鸭技艺）1864 年	16. 爆肚冯（传统爆肚制作技艺）光绪年间
2. 壹条龙（清真涮羊肉技艺）1785 年	17. 锦芳小吃（清真小吃制作技艺）1926 年
3. 便宜坊（焖炉烤鸭技艺）1416 年	18. 会仙居（现名天兴居）1862 年
4. 王致和（腐乳酿造技艺）1669 年	（传统炒肝制作技艺）
5. 老正兴饭庄（本帮菜制作技艺）同治元年	19. 祥聚公（传统糕点制作技艺）1908 年
6. 六必居（酱菜制作技艺）1530 年	20. 力力餐厅（川菜制作技艺）1954 年
7. 东来顺（涮羊肉制作技艺）1903 年	21. 正阳楼饭庄（传统鲁菜制作技艺）1843 年
8. 瑞宾楼（传统火烧制作技艺）光绪年间	22. 稻香村（传统糕点技艺）1773 年
9. 月盛斋（酱烧牛羊肉制作技艺）1775 年	23. 永丰莜面（清真餐饮制作技艺）1862 年
10. 天福号（酱肘子制作技艺）1738 年	24. 狗不理（包子制作技艺）1858 年
11. 都一处（传统烧麦制作技艺）1738 年	25. 茶汤李（传统茶汤制作技艺）1858 年
12. 九龙斋（酸梅汤制作技艺）乾隆年间	26. 小肠陈（传统卤煮制作技艺）20 世纪 20 年代
13. 通三益（秋梨膏制作技艺）1876 年	27. 羊头马（羊头老汤制作技艺）道光年间
14. 正明斋（北京糕点制作技艺）1864 年	28. 丰泽园（综合性涉外饭店）1930 年
15. 致美斋（馄饨制作技艺）嘉庆年间	29. 年糕钱（传统年糕制作技艺）光绪初年
	30. 金糕张（泰兴号）（传统京糕制作技艺）清末

医药	茶酒
1. 同仁堂（传统中药材炮制技艺，安宫牛黄丸制作技艺）1669 年	1. 张一元（茉莉花茶窨制技艺）1900 年
2. 长春堂（消暑药制作技艺）乾隆六十年	2. 庆林春（茉莉小叶花茶制作技艺）1927 年
3. 南庆仁堂（传统中药制作技艺）1918 年	3. 吴裕泰（茉莉花茶制作技艺）1887 年
4. 永安堂（传统中药制药技艺）明永乐年间	4. 天福茗茶（传统制茶技艺）1993 年
5. 永仁堂（中药材古法炮制技艺）1932 年	5. 启元茶庄（传统制茶技艺）民国二十年
6. 庆颐堂（传统中医药技艺）	6. 菊花白（酒传统酿造技艺）1862 年
7. 广誉远（中医药茶馆技艺）1541 年	7. 红星（烧酒蒸馏技艺）1949 年
8. 鹤年堂（传统养生技艺）1405 年	8. 龙徽（红酒制作技艺）1910 年
9. 马应龙（八宝古方及眼药制作技艺）1582 年	
10. 正阳门药房（传统中药制作技艺）	
其他	工艺美术
1. 中和戏院（中国戏曲技艺）清末	1. 戴月轩（湖笔制作技艺）1916 年
2. 大北照相馆（摄影技艺）1921 年	2. 一得阁（墨汁制作技艺）1865 年
3. 中国书店（书籍收藏技艺）1952 年	3. 华孚（钟表制作技艺）
4. 公兴纸店	4. 荣宝斋（木板水印制作技艺）1672 年
5. 大观楼（电影播放技艺）1905 年	5. 亨德利（钟表修复技术）1874 年
6. 南豫丰（关东烟草制作技艺）	6. 天惠斋（鼻烟制作技艺）道光年间
7. 亿兆百货 1935 年	7. 益德成（鼻烟制作技艺）1710 年
8. 前门自行车商店	8. 北京宫毯织造技艺 元代
9. 立新百货（黑猴儿）清初	9. 金漆镶嵌饰技艺 清末
10. 兴华园（浴汤制作技艺）20 世纪 40 年代	10. 王麻子（传统剪刀锻造技艺）1651 年
	11. 德兴永（金箔制作技艺）顺治年间
	12. 周大福（珠宝切割打造设计技艺）1929 年

日照市莒县门楼村"二月二"节日的风俗考察

杨桂珍　张　勃*

摘　要　我国历史悠久、面积广阔，在从古到今的历史长河中形成了丰富多彩的文化习俗和内涵。"二月二"又叫春龙节、农事节，因为该节日的日期在农历二月初二而得名，中国民间都很重视这个节日，人们最常挂在嘴边的关于"二月二"的谚语是"二月二，龙抬头，大仓满，小仓流"。这里主要讲述的是山东省莒县门楼村在 2000 年左右"二月二"节日里的习俗，从而思辨传统节俗的保护问题。希望将这里的独特之处讲与世人，在璀璨的文化星海中记录上一点点微光。本地二月二的习俗主要有：剪头发、炒料豆、撒灰囤。

一、引　言

我国传统的习俗是劳动人民在生产、生活过程中不断总结经验，是在与天斗、与地斗的过程中不断地积累起来的宝贵财富。"二月二"节日便是我国古代劳动人民生活生产的结晶，是我国劳动人民很重视的一个节日。这一天的习俗包括龙抬头、炒料豆、撒灰囤等，各地习俗差异较大。

二、"二月二"节日与"龙抬头"的起源与内涵

人们提及"二月二"时，常说的是"二月二龙抬头"。而从张勃老师《先有"二月二"，后有"龙抬头"——"二月二"的起源、流变及其文化意义》一文中可以知道，"二月二"与"龙抬头"并不是同时产生的，是先

---

* 杨桂珍，应用文理学院中国史硕士研究生；张勃，北京联合大学北京学研究所研究员。

有了"二月二"，通过对星象的了解与"二月二"的结合后有了"龙抬头"一说。

（一）"二月二"的起源与内涵

节日一般起源于原始的崇拜和迷信，当然也与农业社会的生产、天文、历法等相关联。在中国传统节日体系中，"二月二"是个较晚出现的节日，其成为节日最早可以追溯到唐朝，与中和节的创设密切相关。

"二月二"一般出现在"惊蛰"前后，正是万物复苏的时节，气温逐渐升高，我国黄河流域地区降雨量逐渐增多。充足的雨水有利于农作物的生长，人们用想象中的方法举行纪念活动，祈求上苍保佑风调雨顺。山东大学民俗学研究所所长张士闪认为，"从民俗学'层累'的眼光来看，虽然'二月二'的节俗传统定型于唐代，但是源头却可以追溯得更为久远，自古及今融汇了惊蛰节、春社日、填仓节、龙头节、中和节、挑菜节、花朝节等节俗。这些节日大多已经消亡，但其内在的文化因子和外在的仪式活动，在消亡的过程中，多多少少被转移和保留在了'二月二'上头"。

（二）龙抬头传说的由来

殷寄明的《说文解字精读》记载："龙：鳞蟲之长。能幽，能明，能细，能巨，能短，能长。春分而登天，秋分而潜渊。"这应当就是"春龙节"习俗的最早记载。古人观测星空，将黄道附近的星象划分为二十八组，叫作"二十八宿"，以此作为观测天象参照物。按照东、西、南、北四个方位，"二十八宿"又被划分为四组，按照它们大致的模样，"四象"就产生了：东方苍龙，西方白虎，南方朱雀，北方玄武。不难看出，东宫七宿正是被想象成一条巨龙。而每年的农历二月初二晚上，苍龙星宿开始从东方露头，接近子夜时分，代表"龙爪的星宿也现身了，这就是"龙抬头"。

三、日照市莒县门楼村"二月二"的习俗

（一）门楼村简介

门楼村属于山东省日照市莒县东莞镇，位于莒县的最西北。该村东、西、北三周环山，距离村子近的平坦的土地一般用来种植蔬菜、桑等，从山下到山上分成好多阶层，每层边上用石头垒起的石坝；南面是平坦的耕地。村后、村东各有一个水库，是耕地、洗衣的主要水源，每年春夏之际耕地时，水量会大量减少，漏出河底，这时也是孩子们的快乐时光，在河里捉鱼、抠螃蟹、摸泥鳅、摸河蚌等。等到暑假时期雨水增多，水库中的水便又满溢起来。

本村物产比较丰富，主要农作物是花生、小麦、玉米、烟草、红薯等。村里的老人们说在很多年前先人们来到这个地方时，这里到处是一片废墟，只在村子中间位置孤立着一个门楼子，另有一棵不知年龄的空心槐树在，所以便取名为门楼。到今天，老人们口中的门楼子早已不见，但那棵饱经沧桑的空心槐树还依然在春长冬眠的循环中，像极了一位风烛残年的老者在默默地注视着这方天地的变化。

（二）门楼村的"二月二"习俗

门楼村里的民俗也有很多，除去传统节日，比较有特色的有"二月二"吃料豆、三月三爬五山、中秋吃羊肉等。下面主要介绍门楼村农历"二月二"的习俗。

1. "二月二"剪头发

在这里的人们流传着正月不剪头发的说法，认为在正月里剪头发会死舅舅。虽然现在很多人已不再相信这一说法，但是很遵循着这个习俗，村民们抱着宁可信其有不可信其无的想法，希望家人都可以健健康康的。过完正月到了二月初二，便是一年中春回大地、万物开始复苏的时节，苍龙星象在这一天也开始显现，人们选择这一天剪头发也是为了顺应自然的规律，占一年开始的时机，希望一年都可以勤劳有所收获，当然剪头发可以防止不必要的掉发、减少头部的一些疾病。村里的孩子剪头发，有的会去理发店，有的找村中经常为别人剪头发的人，还有的是家长为自己的孩子剪几下，为的是孩子这一年中有个好的开始，可以健康成长，学有所成。

2. "二月二"撒灰囤

"撒灰囤"也叫"打灰囤""打囤"等。在2000年左右的门楼村，烧火做饭用的材料都是草本植物，其中引火用的是秋天后在山上割的晒干后的野草；主要燃烧的柴火是农作物的杆，包括玉米秆、烟杆、花生秧、地瓜秧等。

在"二月二"这一天，母亲会早早地起床，将锅底下的草木灰扒出来盛放在簸箕中，然后抖动簸箕用草木灰在院子中画出8个仓囤，中间的一个最大，其他的相对要小一些，院外画一个灰囤，寓意粮食大丰收，家中都放不下了。在画出的每个仓囤中要放上小米、谷子、玉米等粮食，同时口里往往念着"二月二，龙抬头，大囤尖，小囤流"的习语。有的仓囤外面会画上梯子，以表明仓囤里粮食堆得高，只有登上梯子才能放置或取到粮食。所有这些都是为了祈求今年庄稼大丰收。

"二月二"跟惊蛰日期接近，也有人认为"龙抬头"指的是百虫苏醒的时间，如俗话说"二月二，龙抬头，蝎子、蜈蚣都露头。"此时正值二十四节气中"惊蛰"前后，天气变暖，河里的冰开始融化，万物复苏，藏在泥土或洞穴中冬眠的蛇虫鼠蚁等慢慢醒来。草木灰的主要成分是碳酸钾，具有防潮除湿的功效。"二月二"这一天除了用草木灰画仓囤外，门楼村的人们还会用草木灰绕房子墙根撒一圈，用来防潮、驱除蛇虫鼠蚁等。正如明代沈榜在《宛署杂记》中说："宛人呼二月二为龙抬头。乡民用灰自门外委婉布入宅厨，旋绕水缸，呼为引龙回。"

现在的门楼村用草木灰画仓囤、绕房子撒草木灰的习俗已不多见了。

3. "二月二"吃炒料豆

我国一直都有民以食为天的说法，传统节日的习俗也都与饮食沾边。对于门楼村人来说，"二月二"的记忆，少不了与"吃"有关的习俗。在门楼村中的传统民俗，这一天要吃炒料豆，主要方式是干炒。

在"二月二"的前一天小孩子放学回家放下书包后，拿上小铁锹和筐一起去东边的山脚附近挖一种叫作"石岗"的石头。这里的"石岗"是村民们通俗的叫法，通过查询资料得知，这种石头学名叫页岩，是一种由黏土脱水胶结成的岩石，具有明显的薄层理构造，外表看上去像一片片的粘合在一起的样子，颜色主要是青灰色，页岩强度较弱。小孩子们用铁锹不用费很大的力气，便能轻松地收集满一筐的页岩碎片，在打闹和欢笑声中回家。母亲会将他们挖来的页岩带到村中公用的碾上将大块的页岩碾碎成小块，装好带回家备用。

"二月二"的当天孩子们正常去上学，母亲在家先将黄豆清洗干净，放进水中浸泡，一般时长为两个小时，然后晾起来。这里泡黄豆是为了之后炒熟的黄豆更酥脆。待黄豆晾干后，便在屋里刷干净大锅（那时几乎每个人家屋里都会有连接炕的大炉灶，上面安一个大锅，这便是一年四季做饭的地方和冬季取暖的主要方式），用庄稼秸秆烧火，锅热后将晾干水分的黄豆和前一天碾碎的页岩一起放进锅中进行翻炒，不久锅中便飘出黄豆与页岩掺杂在一起的阵阵香味。然后，继续翻炒，待到很多黄豆都破皮了，拿出几颗尝尝是否炒熟，很多村民都是凭经验来判断黄豆是否炒熟。小孩子们放学后便急匆匆地跑回家，迫不及待地抓着料豆放进嘴里嘎嘣嘎嘣地吃起来。在那个时代，农村中的小孩子零食很少，这炒熟的料豆便是他们极好的零食。每个小孩子都会抓几把料豆放进口袋中，呼朋引伴地出去玩耍。后来随着经济的发展，门楼村人的生活水平也在不断提高，在"二月二"这一天人们吃的零食花样开始增多，有用糖炒料豆的，也有用糖霜炒花生米等。

现在人们会考虑，为什么选择用"石岗"炒料豆，用"石岗"炒料豆对人体是否有害？询问村中的老人，回答说，用"石岗"炒料豆一是可以防止将料豆炒糊，就像炒花生用沙子一样；二是"石岗"干净，炒出来的黄豆也干净，不会硌牙，至于是否会影响身体健康，这就不知道了，从老一辈人那里传下来的习俗，到现在没听说过有人吃出问题的。现在的门楼村就不用担心用"石岗"炒的料豆是否会影响身体健康的问题了，因为现在几乎很少有人会在"二月二"炒料豆了，更不用说用"石岗"来炒料豆，只怕现在村里的孩子们都没有听说过用"石岗"炒料豆了。

四、对"二月二"节俗演变的思考

"二月二"是传统的节日，我国各地都有不同的节日习俗，但其大意都是为了祈求风调雨顺、农事生产可以大丰收。"二月二"这个节日起源很早，其文化也是源远流长、形式丰富多彩，随着社会经济技术和工业化的发展，"二月二"节日在现代化社会发生了巨大变化。这种改变有好的一面，比如门楼村在"二月二"用"石岗"炒黄豆的方法，无法判断对人体是否有不好的影响，这样的习俗是可以先去掉的；但节俗的变化给国人展现出的更多是不良的一面，从总体上来看，像"二月二"这样的传统节日色彩已经淡化了，很多人忽视这一天的习俗，"二月二"没有了节日的氛围，其鼓励农桑祈祷丰收的表层文化含义也在逐渐淡化。

"二月二"这个节日和春节、清明节、端午节、中秋节、元宵节等共同构成了中国多姿多彩的节日文化。"二月二龙抬头"节俗里包含着农业文化的内涵，也包含着健康安全等方面的内涵，它是我国传统文化的沉淀，与人们的生活关系密切。以小见大，我国的一些传统文化与"二月二"节日一样都面临着走向衰弱淡化的道路。对于这种变化，人们必须重视起来，尤其是当代的学生也要好好思考这个问题，对于学生价值观念的形成有很大的影响。

中华民族的"形"与"魂"凝聚在我国优秀的传统文化中，要求中国人继承、弘扬和发展中华民族的传统美德。现在国家将二十四节气纳入了小学课本，这对于传承二十四节气具有很大的帮助。所以保护我国传统文化长远地传承下去，需要政府主导政策的制定，加大弘扬的力度，需要每个华夏子孙来宣传和发扬。

五、结　语

门楼村是山东省数千农村中的一个，这里没有发生过轰轰烈烈的历史事件，也几乎没有出现过声名显赫的人物，这里一直是平平淡淡的。但就是这样平平淡淡的数千农村的发展共同促进了中华民族发展演变的历史长河。对于传统文化，在这里有传承、有发展；对于经济发展科技的冲击，这里也随之发生着改变。门楼村和其他数千村庄一起，共同点缀了中华优秀传统文化的这片星海。中国传统历史文化的发展演变就像春风一样，吹拂着大地上的每一个角落，或早或晚。

南北朝庾信的诗《徵调曲》（其六）中记载："落其实者思其树，饮其流者怀其源。"意思是吃树上结的果实，便想到了结果实的树，喝河中的水，便想到了河水的源头。这就是成语"饮水思源"的由来。中国文化不是凭空产生的，它是中华文明五千多年历史上产生的文化积淀，是中华民族重要的精神载体。我国优秀传统文化需要不断地弘扬，让每一代人都了解包括"二月二龙抬头"在内的传统文化的伟大，增强文化自信，我国传统文化足以让每个国人自豪。更希望能记录门楼村附近独特的风俗，让后人可以知道自己家乡曾经的风俗。

参考文献

[1] 张媛，雷珊珊．不可不知的民俗全书［M］．海口：南海出版公司，2013：50－51．

[2] 吕红艳．"二月二"节俗流变考析［J］．哈尔滨学院学报，2006（5）．

[3] 王忠范．二月二与老家的民谣［J］．农村·农业·农民（A版），2014（3）．

[4] 农历二月初二：别具一格的节日［J］．乡村科技，2014（2）．

[5] 郑娜．二月二：春龙抬头 土地复苏［N］．人民日报海外版，http：//topics.gmw.cn/2012－02/24/content_3648382_2.htm，2012.02.24．

[6] 上官云．"二月二"的民俗记忆：除了理发还有这些［J］．台声，2019（2）．

民国初期北京郊外讲演活动探析

吴慧佩　李自典*

摘　要　讲演是民国初期实施社会教育的重要方式，主要针对未能接受学校教育的社会底层人民。因教育经费支绌，北京郊外讲演的举办时间要晚于城区。郊外讲演活动不仅是官方组织，还有乡村士绅的参与，其共同推进乡村教育的发展。此举意味着教育向社会底层的进一步深入，扩大了受众范围，使更多底层人民接受教育。讲演在相对闭塞的乡村传播新思想、新知识，一定程度上改善了乡村教育薄弱的困境，促进了郊外乡村思想文化的进步。

一、郊外讲演的兴办

1912 年 1 月，教育部通电各省筹办社会教育，"惟社会教育，亦为今日急务"，并认为"入手之方，宜先注重宣讲"。6 月又发电催促"现在国体变更，非亟课社会教育之进行，不能应时势而收速效……各省教育司对于社会教育一项，亦应有暂时办法以谋急进"。1912 年 5 月，京师学务局成立，管理北京地区学务，下设三科：小学教育科、中学教育科、通俗教育科。同年，即在京师兴办讲演所，开展讲演活动。至 1915 年 9 月，学务局已经在京师内外城开办 11 处公立讲演所，还在人流量大的庙会市集举行巡行讲演。与城内相比，因为教育经费困难，四郊讲演活动的开展较晚。1915 年 4 月底，郊外才建成京师西郊四王府私立讲演所。该讲演所并非官方所建，而是由西郊公立第七初等小学校长文福创办，学校其他教员共同管理。考虑到校长薪资有限，为维持该讲演所的长久运行，京师学务局也拿出经费补贴。1916 年 3

---

*　吴慧佩，应用文理学院专门史硕士研究生；李自典，应用文理学院副教授。

月，京师学务局筹划先在郊外选定庙会市集举行巡行讲演。次年8月，4处固定的讲演所才建成。（见表1）

表1 1918年京师郊外讲演所一览

名称	地址	开办日期
京师公立东郊通俗教育讲演所	朝阳门外关庙路西	民国六年八月
京师公立西郊通俗教育讲演所	京西海甸街路西	民国六年八月
京师公立南郊通俗教育讲演所	广安门外关庙路北	民国六年八月
京师公立北郊通俗教育讲演所	德胜门外关庙路西	民国六年八月
四郊庙会讲演	东郊羊坊药王庙、高碑店娘娘庙、西郊京西万花山、蓝靛厂广仁宫、西直门外万寿寺、静宜园泛冷泉村、南郊阜城汛八里庄、广安门外造甲庙、北郊北顶娘娘庙、东直门外行宫庙、朝阳门外东岳庙	民国五年

（数据来源：中国第二历史档案馆．中华民国史档案资料汇编·第三辑·教育［M］．南京：江苏古籍出版社，1991：561．）

郊外讲演活动的兴办离不开劝学员的协助。讲演所和劝学所同属京师学务局管理，后者负责北京地区的兴学、劝学事务，不仅涉及社会教育，还有学校教育。两者关系密切，民国初期，讲演所所长一职一直由各学区劝学员兼任。与城区先设置讲演所，再派人巡行讲演不同。正如前述，郊外起初没有讲演所，是由学务局派讲员来讲演。于是郊外讲演活动的管理即落到当地劝学员的肩上，起初举行的庙会市集讲演，由劝学员安排行程制定计划上报学务局批准。在固定讲演所建立后，四郊的劝学员成为各讲演所的所长。直到1917年4月，取消京师内外城公立各讲演所所长一职，派金庚绪一人为京师内外城公立各讲演所暨巡行巡回讲演经理员，但四郊讲演所所长仍由各郊四位劝学员担任。

除了劝学员外，还有步军统领衙门和乡绅的支持。步军统领衙门在讲演活动中担任护卫工作，尤其是在庙会市集这种人流量大的场合。教育部规定讲员下乡讲演时，由京师学务局请步军统领衙门转知各营汛派兵保护。因此在下乡前，京师学务局会向步军统领衙门请示。有时巡行讲员在往返讲演所途中，他们还会派人护送。通过讲演报告，可大致了解这一经过。"是日上午八时，由本所起身率同德胜汛派来巡缉目兵四名，赴清河镇，路途泥泞，不良于行。及抵该镇，天已十时矣，当即由德胜汛业经派定驻扎该镇第六中队队长、汛缉官牟等招待至官厅稍息，即会同本镇官绅、巡缉目兵等前往九顶娘娘宫庙前布置讲演会场。"

乡绅在乡村的思想文化建构中历来都发挥着引导的作用，教育事项自然也不例外。在举行巡行讲演时，讲员常需要与其沟通。开明的士绅会为讲演活动安排布置场地，还能召集乡民来听。为此，在讲演活动接近尾声时，讲员会特地向到场的乡绅还有营汛官表示感谢。京师学务局曾言"地方公正士绅，有足为一方人望，并经劝学员确认，其力能补助学务者，可令其参加讲演，以坚人民信仰"。这些都从侧面反映出乡绅在乡村社会中的影响力。社会教育在乡村的开展，离不开他们的支持与协助。

二、郊外讲演的内容及方式

郊外讲演的内容及方式具有明显的特点，即"浅显易懂"。京师郊外讲演的内容与城内基本相同。主要有三大主题，一是普及常识，二是传递政令，三是劝人进步。首先，是普及常识，包括耕地养蚕等农业技术、防止触电等急救知识、公共防疫等卫生知识，以及简单的理工化学实验知识。其次，是传递政令，政府可通过讲演将命令传达到群众，还有一些法律规程通过讲演使百姓理解知晓。再次，是劝人进步，讲员通过讲述中外历史故事，引导人养成勤劳、孝顺、节俭等传统道德，还有教人爱护国旗、剪辫子等思想。考虑到鸦片屡禁不止的社会实情，禁烟也是时常讲的。如1916年总统下令禁种、禁运、禁吸，责成教育部，转饬各讲演社编具浅说，悉力开导。京师学务局令各宣讲所、巡行巡回宣讲员"速行编具浅说切实讲演，并将浅说送局，以备审核报部"。在第三类主题中，劝学在郊外讲演中出现的频率相较城内高。之所以如此，是因为郊外经济教育水平较低，入学率远不如城内。因此希望通过讲演的方式，劝导更多的乡民送孩子去读书。还会配合散发劝学浅说，如《劝学龄儿童宜读书》《学习注音字母之必要》《来秋勿令学生旷课》。虽说讲演范围广泛，但也有禁例，即宗教和政治。起初在郊外庙会讲演时，考虑到"郊外向无此等讲演处所，骤然听之，恐滋误会"，讲员会先讲明宗旨，"说明巡行讲演为京师学务局所创设，重在劝学，不谈政治，不为个人鼓吹，更谆谆以不谈宗教相掬示"。

因为讲演主要面向文化程度低的大多数群众，故讲演员根据上述主题编辑讲稿时，在语言组织上要力求浅显，但言辞不可粗鄙。讲解时需用白话，还要口齿清楚，声音洪亮，精神充足，言辞动人。讲演开始前，为聚集听众，会先振铃。中场还会播放留声机或者演奏乐器，此举是因为讲演通常持续三个小时，需要讲员轮番上台讲三四个话题，为了避免视听疲劳，采用这种措施既可留住人，还可能吸引更多的人前来。另外，若条件允许的话，还会播放幻灯，演示理化实验。讲演结束后，会散发印刷品，有《郊外劝学浅说》及《京师教育画报》。1912 年 5 月章太炎、于右任等发起通俗教育研究会，其《宣言》谓"传布通俗教育之方术，不外二大端：一为借语言艺术及娱乐事物以传布者，二为借印刷出版物以传布者"。当时的讲演活动将两者结合起来，以言语为主，印刷出版物为辅，促进了教育效果的提升。

三、郊外讲演的社会效应

郊外讲演扩大了社会教育的受众范围，使更多社会底层的人民有机会接受教育。民国初期"乡人知识不开，于讲演尤需要"，在这种背景下，讲演应需而开设，主要面向收入低，没有能力接受学校教育的大多数人。北京地区讲演活动从京师内外城到郊区的延伸，使社会教育的受众更加广泛。由于讲演对听众既不收费，又不限制社会地位，因此听众老幼咸集，贫富皆有。讲演记录有"多数年老者为之额首不止，且有啧啧赞可者""年长听众均欣悦倾听，啧啧称是""始终听讲不去者有四五十人，以年老者占多数。"除了老者，人群中的幼童也颇醒目，"听众较少，幼童居三分之一，均静听无哗，甚为可爱"。开放的庙会讲演中，女性也不在少数。在听众类型方面，以农商居多，尤其是庙会市集讲演，这也是由当地人的职业特点决定，像城区则以工商居多。（见表 2）

表 2　1918 年京师讲演所听众数量统计表

名称	每日平均听众	名称	平均每日听众
京师公立东郊通俗教育讲演所	50	京师公立第四通俗教育讲演所	60
京师公立西郊通俗教育讲演所	50	京师公立第五通俗教育讲演所	70
京师公立南郊通俗教育讲演所	20	京师公立第六通俗教育讲演所	60
京师公立北郊通俗教育讲演所	40	京师公立第七通俗教育讲演所	—
四郊庙会讲演	各郊情形不同，每次讲演听众均达 200 人以上	京师公立第八通俗教育讲演所	80

续表

名称	每日平均听众	名称	平均每日听众
京师公立第一通俗教育讲演所	120	京师公立第九通俗教育讲演所	102
京师公立第二通俗教育讲演所	90	京师公立第十通俗教育讲演所	100
京师公立第三通俗教育讲演所	130	京师内外城庙会讲演	200

（数据来源：中国第二历史档案馆. 中华民国史档案资料汇编·第三辑·教育［M］. 南京：江苏古籍出版社，1991：561.）

从表2中不难看出，郊外讲演所平均听众数量比不上京师内外城讲演所，不过庙会讲演与后者差不多。这或许与乡村人口密度相对较低，并且接受教育的认识与态度相对较弱有关。郊外刚举行讲演活动时，遇到过百姓因不知何事不去听讲的情况，据讲演报告载"乡间风气不开，骤闻铃声不知何事，经本区劝学员及本汛牟兵在庙外说明邀之，入听猶多，越趑不前或远立门外，入坐者仅数人及幼童而已。及开讲后，人来渐多"。在讲演活动中，讲员依据听讲状态，观察此处风气，可见有民风渐开的记载。如"是日风大，乡间沙尘尤甚，讲演时听众几不能竚立，有蹲伏报头静听者，盖风气渐开，亦知注意讲演也"。"讲至社会恶习应如何改良暨法律所以维持道德等切要处，有为之鼓掌者，有为之额首者。然秩序整齐，听众无哗，足见该镇风气日开也"。虽然人数不及城内，但是从每日听众数量来看仍不可小觑，因为讲演所是逐日讲演，除"除国家庆祝日及四节休息日外，非遇大风雨雪及京师学务局特别通知，不得停讲"。作为一种教育方式，讲演的效果很难具体量化。它不求立时颠覆人心，图一时之功，而是通过经年累月地散播新观念，以起潜移默化之效。

四、结　语

讲演是由于民国初期经济教育水平低，学校教育落后，政府为提升整体国民素质而采取的措施。与城区相比，贫困的郊外乡民对此类免费且通俗易懂的教育方式的需求更加迫切。郊外讲演活动的举办是政府将社会教育引入乡村的试验，它的成功运作离不开乡村士绅等各方的支持。此举为闭塞的乡村环境注入了新思想、新知识，虽然短时间内难以见效，但能在潜移默化中影响着地方的风气。

参考文献

［1］李桂林，戚名琇，钱曼倩. 中国近代教育史资料汇编·普通教育［M］. 上海：上海教育出版社，1995：951，963.

［2］京师学务局. 公牍［J］. 京师教育报，1915（17）：6.

［3］孙刚. 民国初期京师地区开展讲演活动史料［J］. 北京档案史料，2016（3）：53，65，72，73.

［4］京师学务局. 公牍［J］. 京师教育报，1916（29）：14.

［5］王永芬. 1916年京师模范通俗教育讲演所宣讲禁鸦片稿二则［J］. 北京档案史料，2017（3）：3.

［6］刘晓云. 近代北京社会教育史料汇编［M］. 石家庄：河北科学技术出版社，2011：94，102，107.

近代旅京的外国人

秦思薇　李自典*

摘　要　道光二十年（1840 年），鸦片战争一役，英国侵略者打开了清王朝闭关锁国的大门，自此中国历史进入近代时期。随着外国侵略者对华侵略的不断加深，越来越多的外国人进入中国。北京作为首都，备受外国人青睐，旅京外国人群体日益扩大，对京城社会发展以及民众生活产生越来越深刻的影响。透过这些穿越在京城里的外国人群，可以管窥到更加鲜活生动的城市近代化转折的步伐。

一、吸引外国人旅京的因素

北京作为五朝古都，历史悠久，政治文化积淀深厚，加之自然风光及皇家园林景致旖旎，这成为吸引外籍人士来京游历的一个重要因素。而促成外国人能够旅京的重要前提即是清政府的对外开放，尽管这种开放带有被迫的意味。无论如何，鸦片战争后，尤其是随着《天津条约》《辛丑条约》等一系列不平等条约的签订，外国人被允许进入中国内地游历，欧美列强在北京建立使馆区，这为外国人旅京提供了先决条件。于是，不同国籍、不同身份的外国人纷纷来京游历，人数不断增加。此后，一些国外的旅游公司看到开拓旅京业务的商机，在 20 世纪初期先后在北京设立旅行社，总揽外国人旅京事务，为更多的外国人来京游历提供便利服务。到 20 世纪三四十年代，为繁荣北平，开始启动建设游览区计划，北京城市公共交通、旅馆业、餐饮服务业等在政府推动下得以优先发展，这为进一步推动外国人来京游历提供了方

---

　*　秦思薇，应用文理学院专门史专业硕士研究生；李自典，应用文理学院历史文博系副教授、研究生导师。

便条件。

在具备较为便利的基础条件下，北京旅游指南类的书籍和文章大量出现，这丰富了外籍人士了解北京的渠道，促使他们了解更多北京的风土人情，使北京这座城市更加鲜活地展现在外籍人士面前。其中，在当时销量最高、名气最大的便是旧报人马芷祥于1941年编写的《北平旅行指南》一书，为游客们来京提供了较为详细的参考。书中详细介绍了北京历史沿革、建筑形制、人口分布以及风土人情等，还详细地划分了城市的游览区域，讲述了北京较为有名的各个庙宇景点，周边的政府机构和服务业的情况。为了更加方便游客自行游览，有些北京指南类的书籍还对当时北京的火车、渡船的行运时间、价格、沿途等做了介绍，对饭馆的经理、地点、名菜、电话等进行了逐一说明，对市内公共交通工具、旅馆规格、位置做了介绍，甚至还详细地把北京的旅馆和国外酒店的不同之处做了区别，方便游客进行选择。这种旅行指南的出版，对吸引外籍人士到北京进行游览具有重要作用，对于推动当时北京旅游业发展也起到了一定的作用。

二、旅京外国人的社会构成

自晚清到民国初期，在京的外国人整体数量还不是很多，据不完全统计，在光绪二十六年（1900年）前，来自欧美地区的主要外籍人士加起来还不到50人，其中在赫德领导的海关事务驻北京的税务公司里有12人，汇丰银行有2人，还有2个外国商店店员和一些传教士。《辛丑条约》签订后，由于使馆区的建立，使馆卫队、驻京大使，以及来京游历的外国人开始迅速增长。据海关总税务司赫德的估计，光绪三十一年（1905年）在京的外国人（含使馆区人员）大约达到两三千人。

在第一次世界大战期间，在京的外国人整体数量开始呈现下降趋势，欧洲的主要参战国使馆卫队几乎全部撤出北京。1914年后，俄国的使馆卫队也逐渐撤出北京，苏联成立后没有在北京派驻卫队。这一时期，来京的美国人却较前增多，尤其是使馆卫队中的人员在全部外国人群中的比重越来越大。到20世纪三四十年代，随着中外交流的增多，以及北平成为特别市之后，在城市定位方面侧重文化发展，着重游览事业，在这种背景下，北京越来越成为外籍人士心中重要的游历城市，成为当时外国人来华主要的游历目的地和北方城市游历发展的中心。1931年，美国领事 Julean Amold 在上海扶轮社聚餐会上还专门做过《中国发展游客事业之机会》的演讲，在其中即提出，北平应成为中国游览的中心区域。在多种因素的共同作用下，这时期每年来北平的外国人，仅游历者就达数万人。

在近代中国人口的统计中，对在京的外国人没有专门系统的调查统计，尤其是一些来京游历的人士，其总体规模和具体人数没有准确的数据，但是这些来京游历的外国人，他们到达北京后，除了由旅行社安排旅馆等进行住宿外，在解决居住需求方面，另一重要选择就是租房。当时，外籍人士在京租房都要填写具体职业信息。从一份警察局统计的外侨职业数据表中，一方面可以了解当时外籍人士在京租房的情况，另一方面也可以大致了解当时在京游历的外籍人士的构成情况。（见表1）

表1　1935年北京外侨职业统计

职业	英国	美国	德国	法国	白俄	日本	其他	无国籍	合计
农业						1	3		4
矿业	3		1			2			6
工业	4	12	6	4	24	32	32		114
商业	21	31	34	15	22	140	203	3	469
交通	4	3			2	24			33
公务	17	50	4	7	3	34	12		127
自由职业	52	133	41	38	17	116	46	1	444
人事服务	21	21	9	9	6	70	31		167
其他	63	233	48	56	173	546	518		1637
无业	51	106	21	42	24	150	683	2	1079
共计	236	589	164	171	271	1115	1528	7	4081

资料来源：北平市政府警察局编印：《北平市政府警察局户口统计》，1937年。

由表1可见，1935年在京的外国人中，日本侨民占据的比重是最大的。这一方面与当时日本在我国东北、华北的势力日益扩张有着直接关系；另一方面也与这时期日本观光局不断扩大经营业务，通过多渠道宣传吸引越来越多的日本人来北京有一定联系。有资料记载，那时在北京的车站内，每次进出列车，都有不少日本人上下，北京的一些游览胜地，也经常能看到很多日本人。

总体来说，近代以来在北京的外国人大致有三类人群，其一是因政府委派有工作任务的在北京长期居住的人士，以及进行传教活动的传教士；其二是通过旅行团或者自由来京进行游历的游客，他们来北京主要是进行短期的游览参观；其三是在京外国人的家属，有的上学，也有的工作，可能也有一些没有具体的职业。无论如何,近代来北京的这些外国人,成为当时京城社会的特殊构成部分,他们的到来给京城的生活带来新鲜的血液,他们的一举一动也受到当时人们的关注。

三、旅京外国人对近代北京城市的影响

近代以来,在京的外国人,构成成分较为复杂,他们来北京的目的各有不同,这与自身需求有关,也与其本国的政治环境联系紧密。他们在北京的工作、社交活动及集会等,均对北京城市社会发展产生很大的影响。

首先,旅京外国人影响着北京城市建设的发展。在北京初建外国使馆区时,使馆区的建筑成为西方城市文明在北京展现的一个重要窗口,不同的建筑风格彰显着东西方文化的差异。随着东交民巷使馆区的建成,它所体现出的西方城市现代化中先进的市政建设与管理制度一时成为北京市政建设学习的典范。其中,外国人在使馆区进行的道路修建和维护工作非常明显地为北京城市建设做了示范。中国城市的道路条件越是接近使馆区,使馆区的存在对其产生的影响就越明显。总的来说,东交民巷使馆区的存在对近代北京市政现代化建设做出了积极的示范作用,通过使馆区外国人对城市的管理举措,使近代北京的现代化转型开始了艰难的起步。

其次,旅京外国人对近代北京城市社会生活带来潜移默化的影响。近代旅京的外国人中,非常重要的一个构成部分即是传教士。在当时北京的外国教会中,由欧美人士主导的基督教对北京城市建设的影响最深。教会为了更好地进行传教活动,在当时北京城内除了办教堂以外,还组织开办学校和一些教育活动,成立教会医院,组织医疗卫生活动,设立孤儿院并开展慈善救济活动等。这些传教士通过他们举办的社会活动,与北京本地居民进行交往互动,无形之中对北京近代教育、医疗事业的现代化发展起到积极的促进作用。

在学校教育方面,由外国教会及外国人所设立的学校占到当时北京全市学校总数的15%左右,其中吸纳的女教职员和女学生的数量明显比例更高,尤其是在大学里。在中、小学教育领域,欧美教会所属的学校也占有重要的地位,这不仅体现在其所属学校所接受的中国学生的数量多,更体现在教育理念和教学质量上,在当时的教会学校里,现代教育的一些理念已经付诸实践并且取得了成功,教会学校一度担当了中国教育改革的排头兵。

在卫生医疗方面,来京的外国人通过创办西式医院,对中国卫生事业发

展起到促进作用。对此，罗素曾评论说："对于没有任何卫生措施、流行病频发的中国来说，具备充分的科学医疗知识对于中国来说意义重大。"在慈善救济方面，由于外国教会自身的仁爱性质及传教需要，在北京的欧美教会开办起孤儿院、养老院、小型工厂、半工半读的学校等慈善机构，有时也会采用"粥厂"等中国传统的方式进行慈善救济。

最后，旅京外国人对近代北京城市经济的发展也产生了重要影响。在北京市政府的努力和社会各方力量的参与下，发展外国人来京旅游的确给北京城市经济带来了收益。据统计，1935 年，仅颐和园、农事试验场、管理坛庙事务所的收入即占到当年市财政总收入的 1.5%。如果将外国人在京的交通、食宿、消费等收入计算在内，当时外国人在京旅游消费为市财政带来的经济效益会更大。另有统计，1937 年春季，北京旅游收入高达 100 万美元。由于旅游业涉及的行业众多，无法具体判断旅游业在当时是否成为北京的支柱产业，但是无论如何，不可否认旅游业的发展的确为北京城市经济带来了变化。

总之，旅京外国人的到来，使得近代北京的城市面貌开始慢慢由传统向现代化方向蜕变，北京的城市社会生活也随之发生着改变，城市经济也渐次转型。可见，旅京外国人对北京的近代化发展确实具有一定的影响力。

四、结　语

不管是受到政治上的被迫开放，还是城市发展过程中积极影响的作用，近代来京游历的外国人越来越多，他们的到来对于北京的发展产生的影响也是多方面的。大量来京的外国人在北京生活，成为北京特殊的"洋市民"。他们对北京城市的发展无形之中起到重要的促进作用，不仅推进了北京城市化的进程，还让更多的人了解到国外城市发展的先进之处；在和旅京外国人的相处中，北京也不在处于只闻无识的状态，由开始对于外籍人士的恐惧、好奇，发展到可以把一些常住在北京的外籍人士当作朋友看待，促进了中外文化的交流。此外，北京整座城市的变化，不管是在建筑发展、社会生活，还是卫生教育方面，通过旅京外国人的口耳相传与游记记载，让世界人民更清晰地看到近代北京的变化，从北京这个窗口进而了解到中国城市的变化，使得北京逐渐发展成为一个对外籍人士具有强烈吸引力的国际化都市，这潜移默化之中也有利于中国城市形象的传播与塑造。

参考文献

[1] 史明正. 走向近代化的北京城——城市建设与社会变革 [M]. 北京：北京大学出版

社，1995.

［2］马寅虎．试论近代中国的入境旅游［J］．吉首大学学报（社会科学版），2000，21（3）．

［3］胡忠良．从档案谈晚清欧洲人在华游历［J］．历史档案，2002（2）．

［4］文岚．试论近代中国旅游的产生发展及其影响［D］．湘潭：湘潭大学，2002.

［5］贾鸿雁．略论民国时期旅游的近代化［J］．社会科学家，2004（2）．

［6］许春晓．当代中国旅游规划思想演变研究［D］．长沙：湖南师范大学，2004.

［7］崔普权．老北京的旅游业［J］．北京档案，2005（6）．

［8］王淑良．中国现代旅游史［M］．南京：东南大学出版社，2005.

［9］唐跃工．陈光甫首创中国旅行社及其旅游管理思想述论［J］．湖南商学院学报，2006（6）．

［10］王京传，刘以慧．1912—1937年的北京旅游开发［J］．历史教学（高校版），2007（10）．

［11］李晶，王庆国．中国近代旅游研究综述［J］．绥化学院学报，2007（3）．

［12］梁怡：北京近代历史中的外国人及其影响［J］．社会科学战线，2011（2）．

［13］孙琼．传教士眼中的北京（1840—1911）［J］．黑龙江史志，2014（19）．

［14］李少兵，齐小林，蔡蕾薇．北京的洋市民［M］．北京：北京师范大学出版社，2016.

［15］贾迪，李少兵．"首要建设"：1924—1948年北京的都市旅游与公共交通［J］．北方论丛，2017（2）．

1929 年山西的旱灾与救济探析

樊　荣　李自典[*]

摘　要　山西独特的地理位置，加上其典型的温带大陆性季风气候，使得以干旱为主的自然灾害在山西极易发生。1929 年山西发生的大旱灾是 20 世纪初山西最为严重的灾害之一，当时农业歉收，物价飞涨，人民生活处在水深火热之中。此次旱灾发生后，政府和以华洋义赈会为主的社会组织展开救济工作，取得一定成效。对此展开研究，总结有益经验，对当代的灾害救济具有一定的启示意义。

一、引　言

1929 年，山西发生大旱灾，这是民国时期山西最为严重的灾害之一，也是 20 世纪以来继 1901 年特大旱灾和 1920 年旱灾后，在山西发生的又一次重大灾害。旱灾具有非常大的破坏力，而山西旱灾又频发，据统计，从 1912 年到 1937 年间，山西共有 18 年发生过旱灾，平均 1.44 年就要发生一次灾情。在夏明方所著《民国时期自然灾害与乡村社会》一书中，有记载山西相关旱灾的情况，其中民国时期旱灾年份较重的有 1920 年、1928 年、1929 年，遭受旱灾的县分别有 63 个、77 个、63 个，当时全省共 105 个县。

关于山西旱灾方面的研究，目前学界已有一些成果。例如，在邓云特的《中国救荒史》、李文海的《近代中国灾荒纪年》等著作中记录了 1929 年山西旱灾的情况；在王建华所著的《山西灾害史》、安介生和穆俊的《略论民国时期山西救灾立法与实践》，这些著作主要侧重对灾况的记录和相关法律、

　＊　樊荣，北京联合大学中国史专业硕士研究生；李自典，北京联合大学副教授。

实践的研究。几乎没有从旱灾情况及其原因、政府和社会组织的救济措施来做具体的、完整的分析。本文从旱灾详情及其原因、救济情况、意义及启示等方面来对 1929 年山西的旱灾与救济做具体的分析。

二、旱灾详情及其原因

1929 年，山西发生严重的大旱灾，其受灾范围在全省内不断扩展，此次旱灾持续时间长、波及区域广、干旱程度重、受灾人民多，灾害损失大。下面从旱灾详情和旱灾发生的原因两方面对其进行详细阐述。

（一）旱灾详情

1929 年山西的旱灾是 20 世纪前半期非常罕见的灾害之一，灾情的详情可从受灾区域情况、受灾人口情况、受灾其他情况三个方面进行分析。

1. 受灾区域情况

旱灾发生后，几乎整个山西省都处在灾情中。从范围来看，旱灾发生在山西省的南部东至平顺，西至稷山；北部东至灵邱，西至偏关；西部东至平定，西至临县。自从进入春天以来，旱灾遍布千里。其中，南部地区的灾情最为严重。在 1929 年年初的时候，夏县的旱灾救济委员会在报告当时的灾情状况时指出，所见灾民实可分为三类：极贫灾民、次贫灾民、稍贫灾民。受灾害的县共有 81 个，其中灾情比较严重的县一共有 70 多个。由此可见，1929 年的旱灾影响范围之广。

2. 受灾人口情况

1929 年旱灾发生后，省赈务会根据其他各个县的相关报告，总结出当时受灾人口占整个县人口的一半。据不完全统计，极度贫困的人口有 27860 人，贫困人口有 49392 人。山西省省政府与晋南旱灾救济会对此次旱灾也做了一个详细的调查，经过统计，晋区灾情调查如表 1 所示。

表 1　1929 年晋区旱灾灾情调查

县名	总人口（人）	灾民人口（人）	受灾人口占总人口的百分比（%）
临汾县	150745	12319	8.17
襄陵县	68736	9314	13.55
洪洞县	117501	25046	21.37
浮山县	52446	26498	50.52
汾城县	81904	29613	36.15
安泽县	64936	13496	20.78

县名	总人口（人）	灾民人口（人）	受灾人口占总人口的百分比（%）
曲沃县	87104	66870	76.77
翼城县	97536	38371	39.34
吉县	90859	44655	49.14
乡宁县	61660	36526	59.23
永济县	119360	48915	40.98
临晋县	93996	71869	76.45
虞乡县	79693	10419	13.07
万泉县	89210	24451	27.40
猗氏县	88688	42448	47.86
解县	57228	32531	56.84
安邑县	104364	23373	22.39
夏县	126047	40682	32.27
平陆县	86961	29847	34.32
芮城县	74576	39659	53.17
新绛县	106404	32579	20.61
河津县	99038	66194	66.83
闻喜县	124520	21872	17.56
稷山县	110252	23348	21.17

注：此表根据《申报》1929年6月23日《晋南灾区之调查》所制。参考郭少丹《1928—1930年晋豫陕旱灾探析——以〈申报〉为视角》，湘潭大学2012年硕士学位论文。

从表1可以清晰地看出，受灾人数达到总县人数一半的县有9个，分别是曲沃、临晋、解县、河津、浮山、芮城、乡宁、猗氏、吉县。其中，曲沃县和临晋县分别达到了76.77%和76.45%。总的来说，仅仅这25个县的灾民就达80余万人，其生存状况非常令人担忧。

3. 受灾其他情况

随着1929年旱灾的发生，到当年5月，受灾地区粮食价格上涨，小麦的价格在一年之中涨到了五倍以上，匪患的发生加上连年的战争，还有自然灾害叠加，使得山西的灾情日益加重，灾民死亡人数不断上涨。由此可见，残酷的灾情，对于处在战乱年代的民众社会生活产生的影响是深远而广泛的。

（二）旱灾发生的原因

关于旱灾发生的原因，首要的是山西特殊的地理位置和气候条件。山西位于黄土高原的东面，华北大平原的西面，处在太行山与黄河中游的峡谷之间。山西的气候具有典型温带大陆性季风气候特征，气温季节变化明显，冬季寒冷夏季炎热。全省的年降水季节分配不平衡，季风的影响十分大，夏季降水充足，如果季风减弱或推迟，非常容易发生旱灾。

当时山西的一些社会原因在一定程度上加深或者延长了这场灾难。概括起来，主要有地方政府的政治腐败和经济剥削、军阀之间的战争、自然环境的破坏和人口的不断增加三大方面。

三、救济情况

1929 年山西灾情的严重性，引起社会各界的关注。为了稳定社会秩序，恢复正常的生产活动，国民政府和社会团体都进行了相应的救济。

（一）政府救济

旱情发生后，政府对此高度关注，据《大公报》记载，"接得灾民死之报告后，颇以为虑。"省政府主席阎锡山很快召集各官员进行研究，考虑到山西的实际经济情况，实在无法独立承担此次灾害的赈济，于是山西省党部向南京国民政府发电请求快速拨款。山西省政府对此次灾情采取了以下救济措施。

1. 赈款赈粮的发放

政府对于灾情的救济首先是赈款的发放。面对这个严重的灾情，不管是国民政府还是省政府，都对灾区给予了一定程度的救济。1929 年 5 月底，省赈务会发出来以下材料："……所以现在要想根本办法，非筹大宗赈款，定买大批粮食不行。"从这份材料可以看出，省赈务会在积极地为筹集赈款来购买充足的粮食而努力。

其次是赈粮的发放。1929 年 9 月 5 日的《大公报》记载，"省赈务会发放各灾县十万元赈米"。在此基础上，山西省政府独自筹集了国币 100 万元用来灾区的救济。后来由于灾情得不到缓解，粮食的价格已经涨到普通人没法用资金买到的程度，所以就需要政府发放粮食稳定粮食价格，帮助灾民渡过难关。

2. 工赈的实施

实施工赈是政府救济的另一措施，这对于灾区来说也是一种有效的方法。通过实施工赈，灾区的人民不仅可以解决最基本的生活需求，而且可以达到提高生产，促进社会发展的目的，所以当时"以工代赈同蒲铁路修筑之呼声，以客岁各季宣传，为最盛。"工赈的实施，不仅在省政府提倡的工赈活动中得到良好效果，而且在其他各县各村也有较小规模的工赈来缓解灾情，收效良好。工赈不仅有助于缓解当时的灾情，对以后灾害的救济也提供了有益经验。

3. 捐薪助赈的实施

灾情不断扩大，捐薪也成为救济的措施之一。作为在公职的工作人员，每个月都需要扣一部分工资来救济灾区。山西省执行委员会在进一步查清楚当地的灾情后，"决议自六月份起，党部各职员一律捐薪助赈"。

政府以组织者和领导者的身份，在赈灾过程中采取了一系列措施，包括发放赈款赈粮、实施工赈、实施移民政策、同媒体联手宣传、捐薪助赈等，这表现出了其积极的一面。除此之外，在此次赈灾的过程中，社会力量也发挥了很大作用，尤其是华洋义赈会对山西旱灾救济做出了较大贡献。

（二）社会救济

社会救济主要表现在一些社会组织等社会力量进行的相关救济，主要有中国济生会、中国红十字会、华洋义赈会、中华总幼协济会，以及一些个人的救济。其中，华洋义赈会的救济最为突出。在山西有华洋义赈会的分会，即山西华洋义赈会。华洋义赈会对1929年旱灾的救济是它成立以来进行的第二次大规模的救济活动。下面将从现金粮食的发放、工赈的办理、耐旱种子的试种等方面来阐述华洋义赈会的具体救济措施。

1. 现金粮食的发放

现金粮食的发放是华洋义赈会最开始进行的救济措施。对于旱灾发生后受灾的灾民，华洋义赈会对此及时给予很多现金粮食的救济。从《民国十八年度赈务报告书》中记载的关于山西华洋义赈会分会的救济方法的报告可知，当时山西华洋义赈会拨发的现金救济有69100元，发放用来购买粮食的有379246元。通过现金和粮食的发放，灾民的生活得到一些改善。它还提出以"筹办赈济天灾，提倡防灾事业为办赈方针"，非常注重防范灾害的重要性，努力地建设山西的救灾事业，能够运用比较积极的救灾方法。

2. 工赈的办理

工赈的办理是华洋义赈会实施的又一救济措施。华洋义赈会当时曾讲："华洋义赈救灾总会之防灾工作，不仅直接有利于民，而且间接实能促进国家之经济建设。"正是因为有这样的救灾思想的指引，工赈的办理成为华洋义赈会实施救灾过程中的中心。在工赈中，公路的修筑是重中之重。修筑公路不仅可以加强各地之间的联系，而且可在救灾时较迅速地把赈灾物资运到灾区，更重要的是对于以后的社会经济发展会带来积极影响。

3. 耐旱种子的试种

在这次赈灾的过程中，华洋义赈会所做的最为值得称赞的事情，即是提倡国内试种耐旱种子。把耐旱种子引入灾区进行播种，能从根本上缓解灾区的灾情，解决旱灾带来的农业收成低、饥民多等一些问题。于是华洋义赈会筹妥经费向美国购买耐旱种子等，除去少部分分给陕北种植以外，其余都分配给山西省省内的农民使用。义赈会在发放耐旱种子之后，还专门派相关技术人员对农民的种植进行指导。不但体现了华洋义赈会科学的、先进的赈灾思想，而且还体现了农业科技的提高对灾荒救济起到巨大的促进作用。

综上所述，1929 年的山西旱灾是十分严重的，对于人民的生产和生活产生了严重的破坏。当灾害发生后，政府和社会力量均发挥了重要的救济作用，其举措很有借鉴意义。

四、结 语

在 1929 年山西的旱灾及相关救济中，政府和一些社会力量作为领导者和组织者在此次救济中做出了一定的贡献，而且此次赈灾过程中，赈灾主体、救济方式多样化为后来的灾害救济提供了重要参考。

在以前的救灾过程中，政府包括中央政府和地方政府是最为重要的赈灾主体，但是在此次赈灾中，出现了一些以华洋义赈会为主的社会组织的救济，它们在此次赈灾中发挥了超越政府的作用。赈济方式多样化，为以后的救灾提供了借鉴。在此次赈灾过程中，除了有传统的急赈、平粜的赈济方式外，更重要的是有工赈、农赈等赈济方式的广泛应用。工赈在山西的主要行为就是修路和掘井。农赈在此时对于山西最大的贡献就是引入了耐旱种子。这些有现代化色彩的救济方式使得山西的农业得到恢复和发展，也为以后灾害的救济带来相关参考价值，促进社会稳定、经济良好发展是应对灾害、预防灾害的最好途径。

总而言之，通过对 1929 年山西的旱灾与社会救济的研究分析，对 1929 年山西的旱灾情况，救济背景、内容、意义等有了大致了解。通过对山西旱灾的救济研究，为今后救灾工作的开展提供了一定的经验。

参考文献

［1］行龙．近代山西社会研究：走向田野与社会［M］．北京：中国社会科学出版社，2002．

［2］夏明方．民国时期自然灾害与乡村社会［M］．北京：中华书局，2000．

［3］殷梦霞，李强．民国赈灾史料续编（第一册）［M］．北京：国家图书馆出版社，2009．

［4］邓拓．中国救荒史［M］．北京：北京出版社，1998．

［5］张正明，赵云旗．山西历代人口统计（上册）［M］．太原：山西人民出版社，1992．

［6］李文海．近代中国灾荒纪年续编［M］．长沙：湖南教育出版社，1993．

［7］郭铁民．中国合作经济发展史［M］．北京：当代中国出版社，1998．

［8］薛毅，章鼎．章元善与华洋义赈会［M］．北京：中国文史出版社，2003．

［9］中国第二历史档案馆．中华民国史档案资料汇编：第五辑［M］．南京：江苏古籍出版社，1992．

［10］安介生，穆俊．略论民国时期山西救灾立法与实践［J］．晋阳学刊，2015（2）．

［11］郭少丹．1928—1930年晋豫陕旱灾探析——以《申报》为视角［D］．湘潭：湘潭大学，2012．

［12］王艳．民国时期山西灾荒及救济研究（1912—1937）［D］．太原：山西大学，2009．

中华门历史变迁及数字化复原[*]

倪凯松　孟昕蕾　顾　军[**]

摘　要　中华门，北京皇城内城城门之一，称"皇城第一门"。它始建于明永乐十五年，当时称大明门，清代改为大清门，民国又改为中华门。中华人民共和国成立后，1959年为迎接国庆十周年庆典，对天安门广场扩建，中华被拆除。迄今为止，少有学者对其进行细致考据和深入分析。因此，首先梳理明、清、民国和新中国成立后中华门的历史；其次，研究中华门的功能和典故，提出中华门是皇城的"中卫"和"护卫门"的观点，并明确大清门匾是用大明门匾背面做成的典故实属讹传；最后，考据中华门建置规格，实现对中华门数字化复原，为北京中轴线的申遗提供资料。

一、中华门的由来

（一）明代初建大明门

明成祖朱棣定都北京，仿制南京洪武门建造大明门。大明门作为明朝北京宫殿"外围六门"之一，始建于永乐十五年（1417年）被尊称为"国门"。永乐四年（1406年），朱棣命人修建北京城的宫殿和城墙。明朝宫殿的外围即皇城，据《明史》记载："宫城周六里十一六步，亦曰紫禁城……宫城之外为皇城，周一十八里有奇。门六，正南曰大明，东曰东安，西曰西安，北曰北安，大明门东转曰长安左，西转曰长安右。"可见，大明门为明朝皇城的正南门，位置为"与正阳门相峙"。

---

　*　本研究为北京学高精尖学科学生创新项目成果。

　**　倪凯松，应用文理学院专门史专业硕士研究生；孟昕蕾，应用文理学院中国史专业硕士研究生；通讯作者，顾军，应用文理学院教授。

清顺治元年（1644 年）正月初三，李自成在西安称王，国号"大顺"。他攻占北京城后，修改明代礼仪制度，"四月初一日，改大明门为大顺门"。不过，大明门的匾额还没来得及更换，便惨败清、吴联军，遗憾地撤出京城。

（二）清代更名大清门

清顺治元年（1644 年），明朝亡国后，清摄政王多尔衮入北京，沿用明代城池，总体布局未做变动，只是不断增建和重修许多建筑，并将大明门改名为大清门，命人按照大明门匾的材料和尺寸，制造满汉合璧的大清门匾，"顺治元年，定鼎燕京，上大清门牌额"。

光绪二十六年（1900 年）爆发庚子国难，八国联军入侵北京城。联军进入正阳门，击破大清门。慈禧太后、光绪帝等人逃往西安避难。在这场国难中，正阳门城楼、箭楼、文德和武功牌坊等建筑被毁，而大清门仅是门和南侧琉璃瓦损毁，后来被修复。光绪二十八年（1902 年），慈禧、光绪两宫回銮，驾进大清门。

（三）民国定名中华门

1912 年中华民国成立，将大清门改名为中华门，其"中华"二字，象征着民族和国家，又将武昌起义之日设定为国庆日，后称"双十节"。同年 10 月 10 日，全国各地举行第一次国庆活动。在此活动中，"举行'中华门开幕'仪式"，各官员、团体代表到场庆祝，中华门挂上新制作的新匾，门前搭起彩牌楼，牌楼上写"与民同乐"四个大字。

（四）新中国时期

为迎接中华人民共和国成立十周年，北京市政府决定对天安门广场扩建，其中拆除中华门是一项重要内容。当时对于中华门的拆除和保留，存在分歧。主张派表示："拆掉中华门可使天安门广场更加开阔壮观，更方便举行大型庆祝活动。"但保留派认为："侧重中华门的历史文化价值，认为它是天安门广场的重要建筑物之一，其作为皇城的南大门，经历了'大明门''大清门'到'中华门'的时代演进过程，是朝代更迭的历史见证。"最终，为了天安门广场更加开阔，中华门于 1959 年被拆除了。

1976 年毛主席逝世，党中央决定修建毛主席纪念堂。纪念堂建在何处成为首要问题，经过多方讨论，汲取建议，最终决定在原中华门遗址上建立纪念堂。

二、中华门的功能与典故

（一）中华门的功能

1. 皇宫的"中卫"

明朝修建正阳门、大明门以及天安门是保卫皇宫的三道屏障。正阳门是皇宫的"前卫"，大明门是皇宫的"中卫"，天安门则是皇宫的"后卫"。大明门修建的目的：一是皇帝不愿让老百姓在"国门"前肆意摆设摊位；二是为了保卫皇宫，抵御外敌。

光绪二十六年（1900年），八国联军入侵北京城，进入正阳门。因大清门平时不开，只有庆典时才开门，侵略军误认为大清门后有埋伏，于是侵略军用机枪扫射大清门，"致大清门的六扇金钉朱门毁坏，门上南边的黄琉璃瓦也被粉碎"。光绪二十八年（1902年），时任顺天府尹陈璧修复大清门，给其换上新门，也零星地更换了黄琉璃瓦。

2. 皇城的"护卫门"

明清两朝，中华门虽然有"国门"的称号，但皇城的正门实际上是天安门，据记载："皇城居都城之中……其门凡为四。南曰天安门……南为大清门，东为长安左门……西为长安右门。"从仅有文字能够看出皇城正南面是天安门，而中华门和长安左门、长安右门，实际形成了天安门前"瓮城"轮廓，起到护卫天安门的作用。作为皇城中仪式性的正阳门和天安门，都由城墙、城台和城楼组成，均是重檐歇山顶。中华门和它们相比较，显得相对矮小，形制简单朴素。但若要打起仗来，中华门如天安门前的一道屏障，凸显其防御性作用。

（二）中华门的匾额典故考据

中华门历经三次换匾，从单体匾改成双体匾，又改成立式的单体额。通俗讲，横挂叫"匾"，竖挂叫"额"，匾额相互区分：匾有单体匾和合璧匾，额有单体额和合璧额。

中华门第一次换匾在1644年。此匾是长方形横挂在斗拱上，采用天蓝色金星石的质地，匾上刻有"大明门"三个金字。明朝亡国后，清摄政王多尔衮入北京，按照大明门匾的材质和尺寸，制造满汉合璧的合璧匾，匾上左边是大清门三个字，右边则是两个满文字，靠左边的满文大楷字为"Da Qing"，译为"大清"，靠右边的满文大楷字为"Men"译为"门"。

据传说，多尔衮命明朝工部旧臣，限期制造大清门匾。因当时战乱，交通不便，找不到与大明门匾同样材质、大小的天蓝色金星石。但时间紧促，旧臣们急中生智，把大明门匾翻过个儿，门匾后面刻上大清门三个字，就万事大吉。这群旧臣担心若明朝复国治他们毁匾之罪，故采用此法制造新匾。后来宫城中官吏、匠役和太监们信以为真，以讹传讹，最后"大清门的匾翻过个儿"成为清初到清末犯忌禁的话。其实，大明门匾的背后"不仅没有字，而且所用材料质地粗糙且比较薄，已然没有法子刻字，"故大清门匾是用大明门匾背面做的说法，实属谣言，这实际上反映他们"反清复明"的心态。

中华门第二次换匾在1912年。中华民国成立，大清门被改名为中华门，原来的合璧匾被摘下，换上刻有"中华门"字样的新匾，旧匾移存当时"古物陈列所"。中华门新匾也是横悬挂在斗拱之上，尺寸与明清两朝一致，但材质和颜色换成黑底金字木匾。当时，由于袁世凯克扣制匾工人的工钱，此匾贴金采用彩画的金箔，不是赤足黄金，经过风吹雨淋后，匾上的字变成银白色，看上去很不吉利。

中华门第三次换匾在1914年。袁世凯妄图称帝，认为中华门原来的匾，黑底白字十分不吉利，故此仿照天安门额的样式，换成了黑底金字竖立式的单体额。旧匾曾存在先农坛内，现已不知去向。

三、中华门建置考据

（一）中华门建筑数据考

关于中华门尺寸和结构的资料很少，相关文献中只寥寥记载"其门三阙，单檐歇山顶，砖石结构"。根据参考《北京城中轴线古建筑册图集》里的中华门所测绘出的数据如下：

中华门，面阔五间37.34米，进深14.57米，高18余米（水平线至正脊上皮）。下有汉白玉须弥座，须弥座南方向有锯齿形斜面坡道。中华门为红色粉灰墙皮，有东西二墙，墙厚1.5米。中华门有3个火焰式拱券门，中门洞宽5.14米，门宽5.64米，门下条石铺地，东、西两门洞各宽4.45米，门宽4.92米，门下立砖铺地，每扇门均有81颗门钉，厚均为0.2米。中华门屋顶为单檐歇山顶，顶覆黄琉璃瓦，装饰五样黄色琉璃吻兽、垂脊兽，屋顶下有重昂五踩斗拱，斗拱上挂有"中华门"三字的单体额。门前一对石狮子，后移至正阳门箭楼门前。

结合中华门老照片和现存同类建筑实物比较，进一步考证中华门建筑规制与细节。如明朝修建北京十三陵大红门，中国古代"帝王逝世后的'阴宅'按照其'阳宅'都城（尤其是皇宫）修建"。故明十三陵与明北京城建置上存在对应关系：长陵神道上的石牌坊、大红门、碑亭和华表、神道和石象生等，分别对应明北京城正阳门和五牌楼、大明门、天安门和华表、天安门与午门之间的御道、仪仗队等。故推断中华门和大红门属于同一建置，它们属于皇家"过道门"，一般的皇家宫殿、园囿和祭祀场所等正门基本属于这一建置。

再结合明十三陵长陵陵门，砖石结构，面阔为五间，开有3个拱券门，墙身为红色。长陵陵门额枋之上为单昂三踩斗拱，其屋顶为单檐歇山顶建筑，顶覆有黄琉璃瓦，装饰琉璃吻兽和垂脊兽。参考十三陵长陵陵门，能够大致推测中华门内部墙体的结构。中华门中门洞券顶以下为砖石结构，券顶以上为砖木混合结构（见图1、图2）。

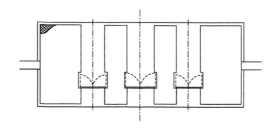

图1　中华门中门洞券顶以下砖石结构平面示意图（图片来源：自制，比例1:200）

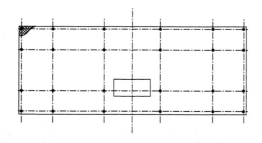

图2　中华门券顶以上砖木混合结构平面示意图（图片来源：自制，比例1:200）

根据《北京城中轴线古建筑实测绘图集》中华门剖面图数据，平身科大斗底部至正心瓜拱上方的槽升子顶端为34厘米。结合清工部《工程做法则例》中斗口二寸重昂柱头科中记载："大斗一个，长八寸，高四寸，宽六寸……正心瓜拱一个，长一尺二寸四分，高四寸，宽二寸四分八厘……槽升四个，各长二寸六分，高二寸，宽三寸四分四厘。"换算结果为33.33厘米，近似吻合当时测量的尺寸，故推断出中华门重昂五踩斗拱平身科、柱头科、角科的相应部件尺寸为斗口二寸重昂斗拱作法，后对其斗拱进行三维建模复原（见图3）。

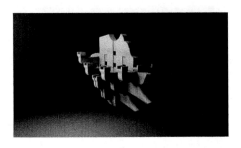

图3　中华门平身科模型（资料来源：自制）

（二）中华门彩画考

清代，旋子彩画使用比较广泛。旋子彩画种类很多，用金量不同，有金琢墨石碾玉、烟啄墨石碾玉、金线大点金、墨线大点金、金线小点金、墨线小点金、雅伍墨、雄黄玉八种。旋子彩画的主要特点是：枋心用线括起来，两端藻头内画旋花纹样，枋心部分和盒子部分可随着等级的高低而采用龙纹、龙凤、凤纹、锦纹、夔龙、卷草和花卉等。

中华门上的彩画为旋子彩画。根据《北京城中轴线古建筑实测绘图集》，结合《中国建筑彩画图案》，参考现存建筑彩画，如天坛北天门上部分彩画图案，分析中华门斗拱上檐檩、大额枋上彩画特点：蓝色枋心画双龙，或是花卉，"藻头画旋子'一整二破，加二路。'破绿盒子画栀花。绿楞线，绿箍头，青岔口"，为旋子金线大点金彩画，属于旋子彩画较高级的做法，即"分段大线均沥粉贴近，并退晕，枋心画龙锦"（见图4）。

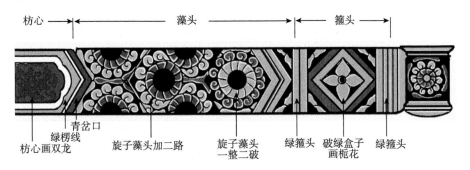

图4　中华门局部彩画复原（资料来源：自制）

（三）中华门数字化复原

结合中华门建筑数据考、中华门彩画考和历史文献中记载的信息，运用 CAD、Photoshop 和 Cinema 4D 三种软件工具，对中华门的进行三维数字建模（见图5）。通过复原中华门的内部结构、斗拱构造、彩画装饰等展现此建筑的完整信息。

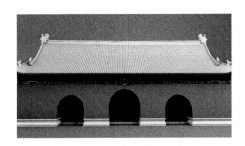

图5　中华门数字化复原（模型及效果图：自制）

四、结　语

第一，中华门拥有500多年的悠久历史。它与天安门、正阳门相比较，地位不是很高，低于皇城正门和北京城正门。但是中华门在天安门、正阳门之间，它东西两侧红矮墙与皇城相接，形成"凸"字形的"瓮城"，作为皇城的正门前的一道屏障，即皇城中的"护卫门"，起到了防御和保护皇城正门的作用。

第二，关于中华门的匾额有多种传说，据查询相关文献考证，大清门的合璧匾是用大明门匾的背面制作的，属于谣传，原来大明门匾的背后，不只没有字，而且剥层如鳞，质地粗薄，已然无法刻字。

第三，根据中华门形制测绘数据的研究，建立了斗拱三维复原模型，总结其相关建筑形制。同时，对中华门的彩绘也进行了虚拟复原，确定了中华门的彩画属于旋子金线大点金彩画。故对中华门的建筑形制和彩画等级给予了明确的结论。

最后，中华门作为北京中轴线上已经消失的重要古建筑，对其历史沿革、建筑形制和功能进行详细的考据，有助于为北京中轴线的研究和申遗提供重要史料方面的支撑。

参考文献

[1] 张廷玉，等. 明史：卷40［M］. 北京：中华书局，1974.

［2］蒋一葵．长安客话［M］．北京：北京出版社，1982.

［3］计六奇．明季北略［M］．北京：中华书局，1984.

［4］昆冈，等．钦定大清会典事例：卷863［M］．刻本．1899（光绪二十五年）．

［5］中华民国第一届国庆纪事［J］．东方杂志，1912（第6号）．

［6］蔡青．百年城迹1900—2010北京城貌及古建筑的百年嬗变［M］．北京：金城出版社，2014.

［7］伊桑阿纂修．大清会典 康熙朝：卷49［M］．南京：凤凰出版社，2017.

［8］王南．明十三陵规划设计的象征含义与意境追求［A］//中国建筑学会建筑史学分会．建筑历史与理论第十辑（首届中国建筑史学全国青年学者优秀学术论文评选获奖论文集）．中国建筑学会建筑史学分会，2009：14.

［9］清朝工部颁布；吴吉明译注．清工部《工程做法则例》［M］．北京：化学工业出版社，2018.

［10］刘同和．油漆工手册：第2版［M］．北京：中国建筑工业出版社，1999.

［11］张旭勉．解读颐和园［M］．合肥：黄山书社，2013.

［12］北京文物整理委员会．中国建筑彩画图案［M］．北京：人民美术出版社，1955.

山西凤山庙会的民俗文化研究

王雅星　顾　军*

摘　要　庙会，是民间广为流传的一种传统民俗活动，在中国的各个地方都普遍存在。山西离石地区的凤山庙会从明代延续至今，该地区的民众仍然保留着上头香和唱戏等民俗活动，这些活动不仅是传统文化的延续，更为该地区群众娱乐和交流的提供了机会，至今凤山庙会依然对当地人的精神生活中发挥着重要的作用。

一、引　言

庙会，作为传统民俗文化的其中一部分，它在形成和发展过程中与当地寺庙的宗教活动息息相关，通常在寺庙的节日或特殊规定的日期举行，地点多设在庙内及其附近，人们在其中进行祭神、娱乐和贸易活动，因此称为庙会。山西吕梁市离石区的凤山庙会也是如此。

凤山庙会，又称天贞观庙会，它起源于对本山道士孙真人的祭祀活动，据记载已经有五百多年的历史，是吕梁市离石区一年中非常重要的民俗活动。孙真人，出生于明朝洪武年间的离石玉亭街（今离石南关旧街），本名为孙浩远，字云际。在天贞观真人殿的《云际先生记》石碣中记载，云际先生天资颖悟，自幼即怀慕道之心，七岁时被父母送入州南玄都万寿宫出家，拜刘义天师为师习道。十七岁时转入凤山道院，拜于陈希夷祖师道场门下苦心修炼，矢志不移四十余载。孙云际羽化后，其弟子姜浩渊请石州阴阳俱往，并告请知县，组织了规模较大的葬仪，并建楼三间塑天尊真人像，将孙真人诞

---

*　王雅星，应用文理学院中国史专业硕士研究生；顾军，应用文理学院教授。

辰日正月二十六日作为道观祭祀日，因其在凤山道院守持经四十年，为州人祈雨求福，悬壶济世，州人感云际先生之洪恩，自发祭拜，久而久之，这种纪念活动就形成了闻名遐迩的凤山庙会。数百年来，凤山庙会在离石民众中享有盛望，当地民众一直把孙云际的诞生日作为凤山庙会之日进行祭祀。

二、凤山庙会中的民俗内容

（一）上头香

凤山庙会一般在正月二十六举行，但在正月二十五的晚上，离石地区的人们会自发来到天贞观，等到当天晚上的十二点来抢着上头香，它是人们在这次庙会活动中主要的民俗之一。正月二十五夜晚的气候还是非常寒冷的，但这丝毫不能降低人们去天贞观上头香的热情。他们往往很早就穿上厚实的衣服在通向天贞观的小路上排队等候，等到开庙门的时间一到，便开始争抢着到天贞观前上香。这时因为人太多已无法跪下来祭拜神灵，当地民众只能将他们事先买好的香扔进天贞殿前面放置的一个香盆里，香盆里的香会和里面的香纸一起燃烧，火光冲天，根本不是点香，而是烧香。之所以有这样的行为，是因为在当地人的心中，能抢到上头香的机会，便代表着自己的心愿会比别人实现得更快一点。同时，他们也认为叩拜神佛之后，只有通过上香，才能把自己的心愿传达到，否则神佛是不会知道自己的心愿的。"佛香作为一种人与神之间的媒介，烧香这种行为方式是联通两个世界的一种手段。"而在烧香的过程中产生的烟雾，正是对神灵的邀请，世俗世界和神佛之间，只有通过上香这一纽带，才能得以真正进行精神上的交流。

（二）戏曲

在上完头香之后，人们还会通过戏曲这一形式，来达到愉悦神灵以此来使之保护他们一年生活中平安康健的目的。至于戏曲的种类，如《离石县志》所载多为晋剧，"清末，县内古会、庙会就盛行演唱晋剧。民国年间，离石城内人邢遇春办有中路梆子娃娃班'翠梨园'，十多年时间，培养出四十多名戏剧人才，名丑马海兴、青衣安会（本县城内人）即出此园。"凤山庙会在现在依然会遵循这一惯例。每年在凤山脚下的凤山底村，在庙会期间都会邀请专业的晋剧团，来为凤山上的神佛唱戏。当地的民众只要听到唱戏的礼炮响起时，便会自发的聚集在戏台前，站着或自带一个小马扎坐下开始认真地听戏，有的人听得入迷时，会跟着一起在嘴里哼唱着，等到戏结束之后还意犹未尽地会和自己的同伴交流，然后才晃晃悠悠地回家。

三、凤山庙会与民众的精神需求

"民间信仰是民众的一种文化创造，它来源于并且服务于民众的生活。"凤山庙会中祭祀的各类神仙，与当地民众的生活密切相关，几百年来满足了人们的精神需求。

（一）祈雨

离石位于山西省西部的黄土高原，"属暖温带大陆性气候区，一年之内四季分明，冬季主要受蒙古高原冷高压气团控制，多偏北和西北气流，气候寒冷少雪；夏季主要受太平洋亚热带气团控制，炎热多雨。因受西北大陆气团影响，常出现干旱现象。"但当时人们的认识水平有限，认为天不下雨，是惹怒神仙的象征。明代孙云际在世时，如果碰到这种干旱的情况，离石地区的官员会邀请他来祈雨，在这之后往往不久就会有降雨的现象。现在天贞观真人殿所存碑文《赠三阳山云际孙先生祷雨有感记》便是对孙真人祈雨成功的记载。同时《康熙永宁州志》也记载道，"孙云际以符药济人，得五雷天心正法。每遇岁旱，太守率僚属、里老请祷，立应"。过去，以农业为生的人们来凤山庙会的主要目的便是在真人殿祈求这一年风调雨顺，庄稼大丰收。

（二）婚配

"婚姻是维系人类自身繁衍和社会延续的最基本的制度和活动。"在传统社会里，离石人也一直把结婚当作是一件非常重要的大事，不仅要遵循"父母之命，媒妁之言"，男女双方的父母大多会到天贞观通过抽签的方式，判断二人是否适合婚配。新中国成立后，随着《婚姻法》的出台，需要符合法定的年龄并且要到民政部门进行登记。但过去，当地的人们由于受教育水平低，地区封闭落后，受传统婚姻观的影响依然很深。这里的人们往往会在二十岁之前就成家，不论男女一旦超过这个年龄，就会被周围的人视为大龄青年，很难嫁娶。因此很少有人进行婚姻登记。如果要结婚就到天贞观通过上香的方式来祈求神仙的认可，他们认为向神仙祈祷过就是受神仙保佑的良配了。

（三）求子

"父母与子女、夫与妻这两种关系是家庭组织的基本轴心。但在中国所谓的家，前者的关系似乎更为重要……在农村中，结成婚姻的主要目的，是为了保证传宗接代。选聘媳妇的主要目的是为了延续后代……妇女在生育了孩子以后，她的社会地位才得到完全的确认。同样，姻亲关系只有在她生育孩子之后才开始有效"。同时，这也是"个人满足亲子感情和人生成就感、死后能够受到祭祀的必要条件"。受这种"不孝有三，无后为大"传统思想的影响，离石人也把生孩子，尤其是生男孩一直视为每个家庭非常重要的一个任务。所以直到现在当地有生子困难的家庭，也会去天贞观求子。

人们在向凤山庙会中的各路神仙祈愿时，并不是单方面向他们索求，而是会有一定的承诺。当向神灵祈求的愿望实现后，他们还会回到这里履行他们当初的承诺。有的会给神灵送红纱灯、匾幅，以及会为他们重塑金身。除此之外，还会为他们送写着"有求必应"的锦旗，为表对神灵的虔诚，会根据自己的财力捐款为神灵重修庙宇。

四、凤山庙会在当代的发展

"庙会的最初形式是酬谢神灵，举办庙会的目的就是将神灵拟人化，百姓认为神灵也像人一样喜欢各种活动。随着社会的不断变迁，认知能力的提高，酬神的功能渐渐消退，民众开始占主导地位，娱神转变为娱人。"凤山庙会也正在向这一趋势发展。

如今，人们来参加凤山庙会的主要目的已不再只是单纯的向神灵祈愿，品尝美食和游山玩水才是他们到这里来的真正意图，因此，庙会更像是一种群众的联欢活动。随着凤山公园的建立，凤山庙会中除祭祀以外的活动都转移到这里。居住在庙会附近的居民，会利用这一优势，在这里摆摊，有的摆上各种各样的香火来供香客选择。有的摆放着各种传统的民间手工艺品：小风车、薄薄的"琉璃咯嘣"、陀螺、琉璃弹儿、泥捏的小动物哨、手面人、草编的吉祥物等。当然美食也是必不可少的，各种离石地区的特色小吃，如碗团、黑冷子、莜面、炒恶等也会出现在庙会上，使人垂涎欲滴。

凤山庙会一直以来都是民间组织的民俗活动，政府一般不干涉。但是，近年来政府也逐渐参与管理。因在近几年，来凤山庙会的人数逐年增加，但是通往天贞观里的道路十分狭窄，超过了它本身的承载量。有一年甚至发生了严重的踩踏事件，致使安全问题成了凤山庙会中一个值得引人关注的问题。此后，每年在凤山庙会前，离石区政府便会召开关于凤山天贞观庙会的安全管理工作会议，部署庙会安全管理工作。庙会期间，公安交警部门和救援队会派人轮流分班执勤，保障凤山庙会的安全进行。2020年春节期间，由于新冠肺炎疫情的发生，政府为民众的安全着想，凤山庙会被暂时取消。

　　山西凤山庙会距今已有五百多年的历史，至今离石地区的民众仍然保留着上头香和唱戏的民俗活动，这些活动不仅满足了民众日常的精神层次的需求，现今还为该地区群众提供了节日联欢的机会。在这种欢乐的气氛中，民众暂时忘却了生活中的烦恼与苦闷，全身心体验庙会所带来的一年中难得的放松时光，基于此，凤山庙会成为离石地区长期以来坚持筹办的民俗活动。

参考文献

［1］冯骥才．中国民俗艺术 汉族卷（2015 版）［M］．北京：华语教学出版社，2016：48.

［2］胥志强．择日：时间与生命形式［D］．济南：山东大学，2006：52.

［3］李文凡．离石县志［M］．太原：山西人民出版社，1996：578.

［4］吴博．民国以来山西万荣上朝村的姑母信仰［D］．太原：山西大学，2009：43.

［5］李文凡．离石县志［M］．太原：山西人民出版社，1996：43.

［6］钟敬文．民俗学概论［M］．上海：上海文艺出版社，1998：172.

［7］费孝通．江村经济——中国农民的生活［M］．北京：商务印书馆，2001：43.

［8］王守恩．诸神与众生——清代、民国山西太谷的民间信仰与乡村社会［M］．北京：中国社会科学出版社，2009：148.

［9］王浩．保德古会的民俗文化学研究［D］．西宁：青海师范大学，2019：35.

基于国情探析文物保护利用发展路径

吴玉娟　顾　军*

摘　要　文物是历史文化的物质载体，是传承弘扬中国优秀传统文化的宝贵财富。本研究是立足当前中国国情统筹分析我国文化事业建设下的文化遗产保护利用现状，把握文化遗产保护利用的突出矛盾，以问题为导向并结合国情发展需要，提出文物保护利用的发展思路以及路径模式。本研究主要采用文献分析法和案例列举法。党的十八大以来，党和国家高度重视优秀传统文化的传承弘扬和文化遗产的保护利用，习近平总书记也提出许多文化遗产保护传承的新方法、新理念，并要求努力走出一条合乎国情的文物保护利用之路。以下便是利用文化遗产学相关理论并结合国情现实需要对文物保护利用路径探索做初步分析研究。

一、引　言

自新中国成立至今的 70 余年，中国文物保护事业在不断与世界文化遗产保护接轨的同时，也走向了中国特色社会主义文物保护利用的道路。由于国情的特殊性，不同阶段不同文物面临着不同的问题，对此要具体分析问题并因地制宜与时俱进。从新中国成立开始，到"文革"时期，再到改革开放后，我国的文物保护工作在各个阶段都呈现出不同特点，并与国情密不可分。尤其是在改革开放以后，我国加强文物保护的立法工作，逐渐与国际社会接轨。

目前，党和国家高度重视文物保护利用工作，习近平对文物工作做出重

---

* 吴玉娟，应用文理学院文物与博物学专业硕士研究生；顾军，应用文理学院教授。

要指示，要切实加大文物保护力度，推进文物合理适度利用，努力走出一条符合国情的文物保护利用之路。这对我国文物保护事业来说既是时代给予的良好机遇，也是一次历练挑战，为我国文物保护利用事业做出了指引。因此，更应该投身于国家文化建设中，保护好祖国丰富的文化资源，坚持以马克思主义社会科学理论、新时代中国特色社会主义理论思想为指导，深刻分析当前国情和文物保护利用现状，为我国文物事业的可持续发展做贡献。我国的文化遗产工作既要符合国情发展需要也要遵从实践规律。

二、文物保护利用现状国情分析

（一）基本国情分析

中国进入了新时代，社会主要矛盾已经发生转化，然而基本国情仍保持不变。党的十九大报告指出，我国社会主要矛盾已经转化为人民日益增长的美好生活需要和不平衡不充分的发展之间的矛盾。这是中国特色社会主义进入新时代的重要特征，也是对我国发展形势做出的重大判断。我国的基本国情是我国仍处在并将长期处于社会主义初级阶段，这是由生产力水平决定的。

人民的需求日益呈现出多元化广泛化趋势，不仅对物质生活保障有更高要求，而且对精神文化的需求日益提升。而美好生活需要正是体现在文化、社会、生态环境等多方面的需求，总言之，公众对生活质量的要求提升了。不平衡、不充分发展表明我国在一些领域发展效益不高，如"中华文化在国际上的影响力、竞争力乃至贡献力，与当前中国国际地位不相适应，与中国五千年文明积淀的丰厚文化资源不相适应"。因此，基于国情，文物保护事业要加快步伐满足人民日益增长的对美好生活的需要，平衡文物保护工作中的突出矛盾。

（二）文物保护利用现状

据文物普查统计，我国现有不可移动文物 76.7 万处、有可移动文物 1.08 亿件套，以及数量众多的民间文物，全国博物馆有 5000 余家。近年来我国的文物保护利用水平不断提高，取得显著成就，但部分文化遗产由于各方面原因，在保护利用上仍存在不少问题，总体表现为文物传承利用整体质量不高，遗产价值未得到有效传承弘扬。再如遗产价值未得到充分发掘阐释；保护管理力量薄弱，治理能力水平有待提升，文物安全形势严峻；利用方式不合理，脱离遗产价值；活化利用手段较为单一死板，亟须创新；传播传承能力不强，没有讲好中国故事；社会效益较低等问题。

三、符合国情的文物保护利用道路的理念目标

（一）符合国情的文物保护利用理念原则

我国文物保护利用以"保护为主、抢救第一、合理利用、加强管理"的文物工作方针为指导，并遵循以下理念原则：坚持依法保护文物，注重保护文物的真实性、完整性；坚持创造性转化、创新性发展，加强文物价值的挖掘阐释和传播利用，让文物活起来；统筹文物保护和经济社会发展，科学利用文化遗产开展文化、文物旅游；因地制宜、实事求是，从文化遗产的实际情况出发，扬长避短，对症下药，寻求"最优解"；坚持党对文物工作的领导，发挥统揽全局协调各方的作用。

（二）符合国情的文物保护利用发展道路的目标

中国文物保护利用的基本目标是在保护好的前提下，合理利用文化遗产资源。文化遗产乃是国家的记忆，关乎国家历史文化的"根"与"魂"。其根本目的是服务于人民，满足人民群众日益增长的对美好生活的需求，同时增强国家文化自信和文化软实力，最终成为文化强国。我国是人民当家做主的国家，文化遗产的发展是以人为本，归根结底是在保护的前提下活化文化遗产，让其更好地服务于公众，在此过程中需要公众的倾听、理解与参与。

四、符合国情的文物保护活用发展路径探索

在认识和把握我国基本国情和文物保护利用现状的基础上，需进一步分析文化遗产保护利用现存的基本问题，结合文化遗产学科理论和国家政策方针提出符合国情、公众向往、多重效益的文物保护活用发展路径。

（一）当前国情下文物保护利用现存的基本问题

1. "千址一面"

诸多文化遗产地在利用模式存在同质化现象，因此造成一些遗产大肆地复建或兴修古建筑，搞文化旅游。这在一定程度上是对文物本体价值的亵渎，甚至造成文化遗产地建设性破坏。究其原因，此类现象的发生主要在于没有分析宏观国情而缺乏远见，微观上对文物价值的认知和阐释不足，并且在文化遗产管理方面缺乏专业性指导，急功近利，追求眼前的经济效益。对此，习近平总书记也给出相关指示"保护好文物也是政绩""历史文化是城市的灵魂，要像爱惜自己的生命一样保护好城市历史文化遗产"。

2. 文物安全隐患

文物安全问题一直是文物保护工作的重心。对于可移动文物而言，库房安全和考古挖掘出土的抢救性保护显得极为重要。虽然国内有关文物安全防护理念和技术已取得较大进步，但仍存在疏漏，年年都有文物损坏的案例。对于不可移动文物来说，由于部分遗产地面积大，地理位置偏僻，存在被人为盗掘破坏的风险。部分区位优势大，保存完整的遗产地也面临着过度开发建设，破坏遗存本体的问题。

3. 缺乏公众认同

文化遗产事业不断发展，需要公众的倾听、理解与参与。现如今，文化遗产还未完全走进公众的视野中，公众对遗产的认知还停留在模糊阶段。我国对于文化遗产的管理通常是自上而下的，由政府和学者主导，而缺乏公众参与，这一方面是由于公众知识水平有限，另一方面是国内尚未提供成熟的社会参与环境。

4. 文化产业效益低

近年文创产品大热，如故宫文创深得民众喜爱。然而文创产品同质化、缺乏专业人才参与博物馆文创研发设计、缺乏现代科技与传统文化碰撞等问题使得多数博物馆文创产品的社会效益不高。这是由于国内有关文化遗产的文化产业链较短，没有形成网络，规模不大。因此，国内文物相关的文化产业还在成长期，经济效益低，难以成为国民经济的支撑点。

（二）符合国情的文物保护活用路径具体策略

1. 文物保护利用与区域经济相挂钩

我国当前以经济建设为中心，经济依然是国家发展首要考虑的问题。在文物保护工作中，同时也要积极协调区域经济发展和文物保护之间的关系。由于文物具有不可再生性、稀缺性、脆弱性等特点，加之其具有珍贵的历史、科学、艺术价值，文物也成为一种特殊的经济资源。然而经济目标往往是即时性的，追求效率，而文物保护利用重在得到公众理解认同并提升文化感召力。文化的效能往往是穿越时空的，是无法用经济学价值来衡量的。因此，文物保护利用在与区域经济融合的过程中，必须依法保护，坚持底线原则。

没有历史文化的城市和国家是空洞的没有灵魂的。因此，文博行业一方面致力于保护管理好文物本体，另一方面要响应国家"一带一路建设""乡村振兴战略"，因地制宜地发掘当地文物价值并加以深刻阐释利用，强化文物与区域的融合度，发展文化产业，逐步形成特色产业结构。

2. 文物保护利用与文化建设相融合

我国是文化大国但尚未成为文化强国，文物保护利用就是促进我国文化建设，提升全民文化素养，增强民族自信和文化自信。不仅要尊重历史文物，继而在遵循文化发展基本规律的基础上，加以创造性转化，并且要在公众、国家、社会整体共同作用下生成有利于平衡现实矛盾，符合国情的新文化形态。在文化建设中，要防止一刀切思维下的文物保护利用行为，注重文物本身的价值与历史环境等。此外，文物保护利用发展道路的核心在于价值感召力而非产品推销，满足公众精神文化需求是必要的，但文化建设也应超越需求达到吸引公众，引导公众在文物与历史故事中找到更高层次的文化追求。

3. 文物保护利用与公民参与相协作

健全社会参与机制，坚持政府主导、多元投入，调动社会力量参与文物保护利用是十分必要的。在政府引导下公众参与文化遗产建设当中，营造社区文化，构建社区认同，化被动为主动，这样才能在潜移默化中改变居民对遗产的价值认知，触发内心深处的共鸣。这种建造内在组织的方式，创造了公众对文化遗产的认同感以及归属感，既提升了公众对文化遗产的价值认知度，又满足了当地公众良性合理开发建设遗产地从而获得一定经济文化效益的需求。

4. 文化遗产数字化趋势

在科教兴国战略、人才强国战略的引导下我国各个行业都加强了对互联网、新兴技术的应用。在"互联网＋"大背景下，文博行业也要搭乘科技的快车道，走上新的站点，拥有更多重的角度和视野发展文物事业。如利用沉浸式技术在博物馆中，强现实（AR）、虚拟现实（VR）、混合现实（MR）、交叉现实（XR）等，作为一种大众传媒工具，会改变对博物馆中文物的认识方式。这些技术的利用大大增强了观众对博物馆藏品的感观体验。

后疫情时代，线上云游览博物馆既方便快捷，又有效控制了线下实体博物馆的人流量。这种利用线上网络技术，采用积极合理的方式对博物馆等文化遗产地进行宣传，能有效提升文化影响力。因此，我国鼓励运用互联网、大数据、云计算、人工智能等信息技术，推动文物展示利用方式的创新。

（三）文物保护活用路径保障措施

加强有关文物政策法规方面的建设，不断完善细则，根据发展需求，制定可持续性保护规划。此外，及时更新学术动态，将学术研究成果展现在文物保护利用中，通过展示让大众了解学术发现。同时，学术研究也是为了更好地保护和利用文化遗产。对一些问题可以展开定期专项小组去解决提升。最后，文物事业的发展离不开政府由上而下式的指导和扶持，一方面是优惠政策，另一方面是财政投资。

有关文物的相关法律法规和政策为文物保护利用保驾护航。文物法规政策具有前瞻性指导作用、先进性治理作用、系统性规划作用、优惠性鼓励作用等。相关的法律法规、落实政策措施也会引导文博行业的发展方向。政策法规也是在结合现实需求和行业势态基础上不断修改和完善的。如文化产业在国民经济中发挥越来越重要的作用，文化产业正朝着成为国家支柱性产业的方向发展，在这个过程中必定是需要政府由上而下的指导鼓励的，近年来政府也对文化产业的政策扶持，尤其是在税收优惠上给予文化产业正面积极的鼓励。

五、结　语

综上所述，在文物保护利用的道路上，将有以下大趋势：文化遗产保护活化，文化创意产业崛起，多种途径挖掘传递文物文化内涵；文化遗产保护数字化，提升文化互动与体验；文化遗产保护法规细致化，从地区或者遗产分类等多种层面细化文物法；文化遗产保护公民化，鼓励公众积极参与文化遗产保护，逐步形成文化认同和文化自觉。基于国情、现状和公众需求来保护利用文化遗产才是具有中国特色文化遗产事业。只有在符合国情下采取的保护利用措施，才更科学长远。

参考文献

[1] 欧阳雪梅. 努力走出一条符合国情的文物保护利用之路——习近平总书记文化遗产观研究 [J]. 湖南社会科学，2018（6）：8-14.

[2] 刘林元. 毛泽东社会主义基本矛盾理论与改革开放的实践 [J]. 东岳论丛，2019，40（3）：5-13.

[3] 国家文物局召开新闻发布会 解读《关于加强文物保护利用改革的若干意见》[N]. 中国文物报，2018-10-12（1）.

[4] 中央全面深化改革委员会. 关于加强文物保护利用改革的若干意见 [Z]. 2018-07-06.

[5] 国务院办公厅. 关于促进全域旅游发展的指导意见 [Z]. 2018-03-09.

试析《近代中国社会的新陈代谢》

钟志伟[*]

摘　要　《近代中国社会的新陈代谢》是陈旭麓先生晚年的力作，也是中国近代史不可多得的佳作，该书凝聚了陈先生多年的治学思想，突破了当时以阶级斗争为主线研究史学的桎梏，开创了以近代化的新旧嬗变为线索的研究方式，广受史学界的好评。该书通过对近代中国社会结构、社会生活和社会意识各方面的演变过程进行深入研究，全面展现了近代中国社会的演变历程。书中所体现的史料和哲学相融合的写作手法、内外因相结合的研究方法，值得借鉴和思考。

一、引　言

《近代中国社会的新陈代谢》是在陈旭麓先生逝世两年之后，经他的学生整理出版的，全书 20 章，共 30 余万字。陈先生从宏大的近代历史中截取几个重要的板块进行集中论述，避免了因盲目堆砌史料所导致的叙述模式烦琐，语言简洁凝练、准确严密、通俗易懂。从社会结构、社会意识和社会生活各方面还原近代中国社会的原貌，为理解近代中国社会的演变过程提供了一个新的视角，笔者在拜读完陈先生的这部作品后，有感而发，谈一谈对这部作品的理解。

二、史料和哲学相融合的写作手法

（一）灵活运用史料

该书史料的灵活运用体现在对人物思想性格的深入剖析。在浩如烟海的

＊　钟志伟，应用文理学院中国史专业硕士研究生。

文字记载中，记录在案的事件是"死"的，而事件当中的人物却是鲜活的，透过历史事件，可以剖析人物心理，了解人物的内心世界，反过来又可以看清事件的本质。为了说明太平天国的历史和失败的原因，陈先生运用了大量的笔墨和史料来分析洪秀全的思想，大多数史料见诸于中国近代史资料丛刊中有关太平天国的部分，例如《天京游记》《太平天日》《奉天讨胡檄布四方谕》《金陵省难纪略》等，拜上帝是洪秀全的核心思想，他创立拜上帝教的目的很明确，那就是借助上帝煽动民众入教推翻清王朝。但是这一思想显然具有很大的局限性，在此之前，儒道佛思想已经在中国本土扎根深厚且久远，突然从《圣经》搬来一个上帝思想是无法服众的，作为拜上帝教的创始人，洪秀全也没能完全领会基督教里面的知识，"一方面，他的基督教知识主要是自学揣摩出来的，期间不免会有对于本意的误解、臆测和附会"。这一思想的局限性为太平天国运动的失败埋下了祸根，通过史料的灵活运用，不仅展现了一个鲜明的人物形象，同时为理解太平天国运动背后失败的原因提供一个参照物。

自幼接受传统儒教洗礼的叶名琛，也是通过史料分析人物性格的代表之一。26 岁中进士，12 年后升为巡抚，成为总督只花了 5 年时间，陈先生认为叶名琛的仕途可谓是顺风顺水，"因为如此，他志锐气盛而不知世事之多艰多难"。面对《南京条约》到期后列强提出的会谈修约，他对其置之不理，在要求会见钦差大臣时，甚至提出了在"一个河边的仓库"里接见英国公使，他试图从精神上的贬抑来争取民族利益，维护清政府的体面，容易让人联想到鲁迅笔下的阿Q精神，陈先生将这一性格特点概括为"自信变成了虚骄"。当英法联军集结广州，意图攻城时，反观叶名琛的所作所为，再次流露出他"镇静"的人物性格，城外炮火连天，他却"不战、不和、不守"。丝毫没有抢占先机的意思，战事的紧急没有积极应对，而是寄托于天命，把希望置于占卜上。叶相曰："姑待之，过十五日，必无事矣。乃乩语也。"强寇入侵借助的是炮火，叶名琛应战借助的却是毫无根据的迷信思想，广州被占领不仅是因为交战双方军事方面的悬殊，也是因为思想上的巨大差距。战后，叶名琛从封疆大吏变成了英国人的阶下囚，陈先生认为，"盲目镇静的性格使他在战争中迷失自我，从而转向了自欺，一个迷信自傲的官僚跃然纸上。"

（二）哲理性语言风格

陈先生在这本书中没有通过历史事件来进行单纯的说教，而是用富于哲理性的语言来反映社会现实，给人启迪，引人思考。

在"庚申之变"一节，美法等列强的联军攻陷大沽，入侵天津，翌年京师陷落，清政府被迫同列强签订《天津条约》和《北京条约》。通过条约的签订，领土、通商、赔款等，列强的欲望都得到了一一满足。当听闻咸丰皇帝出巡热河，联军逼近京师时，清廷重臣曾国藩正在与太平天国相持于东南，面对此般景象，曾国藩也只能"不知所以为计"。由此可见，士大夫的心态也发生了许多变化，由自信变成了茫然和自我怀疑。"'庚申之变'这个名称本身就说明，中国社会中的人们已经体会到有一种不受欢迎，但又无法抗拒的变化正在发生"。陈先生由此及彼，通过上层官僚群体的心态延伸到更为广泛的社会群体意识，引发思考鸦片战争失败的原因和思考鸦片战争对中国社会造成的影响。

紧随其后的"地主阶级的分化"一节，继续论及"庚申之变"带来的影响，作为《北京条约》的签订者，一时间，奕䜣、文祥被推向了风口浪尖，以致在今后很长的一段时期里，仍然有许多历史学家批判他们，仿佛他们成了历史罪人。陈先生说："虽然如此，许多人还是喜欢宽容战败的军人而苛责签署条约的文官。尤甚者则因之而推论奕䜣、文祥一辈为甘心卖国。在这种推论下，历史就像是一锅混煮的粥了。"他并不认同把奕䜣和文祥当作卖国贼来看待，认为处于近代中国社会有三种类型的人，分别以文祥、耆英、徐广缙为三类代表，而恰恰是文祥这类人有更多的勇气，一面是面对列强的船舰利炮的不妥协，另一面是在传统体制下谋求富国强兵学习西方先进技术的妥协，"这三类人中，能够顺乎时序而为中国谋利的，应当是文祥这样的人。"以往许多历史学家对文祥这一类人嗤之以鼻，认为他们只不过是尽心尽力替行将崩溃的清王朝收拾残局的奴才，以至于许多学习近代史的后人都受其影响，曲解文祥这类人的功过，对其产生厌恶感，而陈先生能够摒弃过去的史学观念，根据他们所处的社会背景，辩证地看待他们在近代中国社会演变过程中所发挥的作用，为理解近代社会发展变迁提供一些新的思路。

概而言之，史料的灵活运用和人物性格的细致分析，不仅为全书提供了一个有力的支点，又使生硬的文字充满生机和活力；富于哲理性的语言风格，是探寻历史真相的一个新视角，也是打开近代中国社会大门的一把钥匙，富有启迪意义。

三、内外因相结合的研究方法

（一）新陈代谢的内因

陈先生在谈到近代各种社会运动时提道："近代中国的革新运动，许多都是外因通过内因起作用。"可见，内因在事物发展过程中占据着主导地位。

在中国社会走向近代化的过程中，不可忽视的是地主阶级和资产阶级在变局中所起的作用。地主阶级洋务派在意识到西方的先进文化和技术后，为了维护清王朝统治，为了徐图富国强兵，发起了一系列军事和民生方面的运动。以中央为首的洋务派代表有奕䜣、桂良和文祥等人，在地方则有曾国藩、左宗棠和李鸿章等人。洋务派前期以自强为目标，大致在 19 世纪六七十年代，以官督商办和官商合办为主要方式，创办了一大批军事企业，例如江南制造总局、福州船政局、湖北枪炮厂等，取得了一定的成效，提升了清朝的军事实力，不论是从认识上还是从成果上，洋务派都比以往的地主阶级更进了一步，"比之魏源'师夷长技以制夷'的命题，洋务派的认识无疑已更深入了一层"。洋务运动不但增强了清朝的军事实力，而且对于民族资本主义的发展也起到了一定作用。自 19 世纪 70 年代开始，洋务派在自强的基础上转向了求富，创办了一大批民用企业，如上海轮船招商局、开平矿务局和上海机器织布局等，促进了社会经济发展。在自强求富的同时，清政府开展了一系列文化教育事业，例如，创办京师同文馆等学馆招揽学生翻译西书、派遣留学生赴外国学习先进科学技术，为近代中国社会的发展提供必要的人才。陈先生认为洋务运动对于推动近代化进程发挥了巨大作用，"从某种意义上说，洋务运动汲取来的西方知识对中国传统社会的冲击，比十次旧式农民战争更大"。虽然洋务运动很快随着甲午战败宣告破产了，但在推动近代中国社会的新陈代谢中仍占据着重要地位。资产阶级改良派在洋务运动失败后开始崛起，但相对于洋务派，改良派的力量实在是过于微弱，只不过是昙花一现。

光绪二十七年（1901 年），在签订完《辛丑条约》后的清王朝试图继续挣扎，实施新政，挽救统治，然而军制改革所编练的新军却为资产阶级革命派提供了军事基础，政治改革则不过是机构的更名，收效甚微。在此产生重大影响的是教育改革，废科举、兴学堂、奖游学这些措施都为新式人才的培养奠定了基础，陈先生因而说："晚晴新政中最富积极意义而有极大社会影响的内容当推教育改革，而教育改革又是从废科举开始的"。清末新政虽然没有对拯救清王朝起到实质性效果，却促进了中国社会由传统走向近代。资产阶级革命派在此期间顺势而起，清政府的军事改革为其提供了军事基础，经济改革为其提供了阶级基础，革命党人的势力逐渐膨胀，最终推翻了清王朝，结束了延续两千多年的封建帝制，对推进中国近代化历程具有深远意义。南京临时政府成立后，颁布了一系列政令推进社会改革，如禁缠足、禁鸦片、禁赌博，倡女权、易服饰、废跪拜等，在经济上则颁布一系列振兴实业的法令条例，如《商业银行条例》等，社会的各个方面都在发生改变，有力地加速了近代中国社会的新陈代谢。

（二）新陈代谢的外因

毛泽东说："外因是变化的条件，内因是变化的根据，外因通过内因而起作用。"外因的作用不容忽视，曾经居于世界中心的东方，没能抵挡住西方的船舰利炮，被迫打开了开放的大门，开启了近代化进程，促成了中国社会由传统过渡到近代，这是新陈代谢的外因。

该书的第二章就介绍了东西方因为不同的发展理念和对外方式，昭示了二者不同的前途命运。论船队规模和远洋航行时间，郑和和哥伦布相比都占据着得天独厚的优势，然而地理大发现却是由哥伦布他们主导的，因为他们有指南针和天文地理学在航海上的应用，使他们得以开拓世界的新航路，加上强韧持久的进取精神，为航海贸易和入侵东方奠定基础。

"炮口下的震撼"一章，介绍了鸦片战争对中国社会的影响。一向把西方国家视为蛮夷的官僚阶层开始开眼看世界，反思自身劣势，主张学习西方先进科学技术。林则徐被誉为"睁眼看世界的第一人"，在他的主持下，介绍西方国家地理和历史的《四洲志》《华事夷言》先后编译出版，为民众了解西方世界提供指南。鸦片战争后清政府被迫同列强签订了《南京条约》《望厦条约》等，通过条约的签订，列强攫取了在华的各种特权，其中包括割地、赔款、通商、领事裁判权等，中国社会也发生了许多新的变化。首先，经济上，传统的自然经济受到列强商品倾销而逐步走向解体。"从香港和五口输入的外国商品，开始冲击中国的自然经济，几千年来的社会经济结构被侵蚀而逐步改组"。其次，在政治上，领事裁判权打破了传统的夷夏之防，中西方的外交关系逐渐走向对等。"它的实现，会使天朝体制裂开一个大洞并促成夷夏之防的逐渐崩溃。另外，透过这种具体的平等权利又会泄漏出一点资本主义的一般平等观念。"此外，外国来华经商和传教人数增多，随着中西交往的密切，出现了一个新的阶层——买办。这些新的社会变化都是借助外力而引发的，既造成了近代中国经济和文化的落后，也推动了中国社会的转型。

内外因的研究方法是辩证法的一个分支，陈先生在这本书中随处可见辩证法的思想。在"变与不变的哲学"一章，保守派和维新派围绕如何看待孔子和学习西方展开激烈争论，传统和革新发生思想上的碰撞，不仅促进了思想上的解放，也为推动近代化提供思想基础；谈及革命派与改良派的关系时，陈先生用了"不同一性中的同一性"来分析二者的联系和差别，指出二者都把中国的出路寄托在发展资本主义和反封建主义上的方向上。

　　《近代中国社会的新陈代谢》出版至今二十余年，书中难免会有一些陈旧的思想和观念，但仍不失为一部优秀的学术性作品，为理解近代中国社会的新旧嬗递提供新的线索，同时也为近代史的研究领域做出杰出的贡献。

参考文献

[1] 方豪．中西交通史［M］．上海：上海人民出版社，2008：541．

[2] 陈旭麓．近代中国社会的新陈代谢［M］．北京：生活·读书·新知三联书店出版社，2017：67－92．

[3] 马士．中华帝国对外关系史．上海：上海书店出版社，2007：465．

[4] 贾祯．筹办夷务始末［M］．北京：中华书局，2014：1233．

[5] 曾国藩．曾文正公手书日记［M］．南京：凤凰出版社，2010：41－58．

[6] 毛泽东．毛泽东选集［M］．北京：人民出版社，1991：277．

后疫情时代高校毕业生"慢就业"现象分析及思考[*]

曹　敏[**]

摘　要　由于受新冠肺炎疫情影响，就业形势严峻复杂，高校毕业生更是面临求职难的突出问题。高校毕业生就业问题关乎经济发展和社会稳定大局，新冠肺炎疫情的常态化管理给毕业生就业带来了新的挑战。本文分析了后疫情时代，从社会、学校、个人和家庭几个层面解析了造成"慢就业"现象的主要原因，提出了引导大学生正确认识就业形势，深度挖掘精准匹配的就业岗位，开展困难毕业生就业帮扶等解决措施和建议。

一、引　言

就业是最大的民生，事关经济发展和社会稳定大局。2021 届全国普通高校毕业生 909 万人，比 2020 年增加了 35 万人。新冠肺炎疫情的暴发给 2020 年高校毕业生就业带来了影响和冲击，创纪录的应届毕业生人数叠加经济下行压力，对高校毕业生就业的影响延续到 2021 年。习近平总书记提出要让高校毕业生顺利毕业、尽早就业。

高校毕业生"慢就业"主要是指一些大学生不遵循"毕业就参加工作"的传统理念，完成学业之后，不立即投入工作，而是选择继续深造、等待就业或尝试创业的一种待业现象。"慢就业"心态下的学生就业行动过于迟缓，在就业准备工作方面花费较长时间。近年来，由于连年扩招，大学生人数激增，从而导致高校毕业生就业压力越来越大，受新冠肺炎疫情的影响，就业

---

　*　北京联合大学项目资助（项目号：BPHR2018CS05；SK50201905）

　**　曹敏，北京联合大学管理学院讲师。

形势严峻复杂，越来越多的高校毕业生主动或被动地成为"慢就业"群体。大学生"慢就业"趋势越发明显，大学生就业难问题越发凸显。

二、后疫情时代学生"慢就业"现象的成因分析

（一）从社会层面分析

1. 后疫情时代我国经济发展仍面临许多深层次的矛盾和问题

国内经济产能过剩、产业结构调整等问题尚未得到有效解决，而国外以美国为首的发达资本主义国家千方百计打压我国经济发展。如禁止美国投资者对部分中国企业进行投资、过度打压华为等高科技企业，使我国经济发展面临严峻的外部形势。经济运行中的诸多矛盾和问题在一定程度上制约了我国经济的发展，大学生就业的经济基础有待进一步稳固。疫情暴发后，虽然国家相关部门相继出台了一系列新政策促进大学生就业，如支持毕业生灵活就业、鼓励毕业生创新创业、优化就业服务、扩大应届生招录比例等，但政策效应的充分发挥还须时日。

2. 受疫情影响，企业招聘需求锐减

受新冠肺炎疫情的冲击，很多企业被迫压缩人力资源支出，招聘需求下降，不少小型企业甚至直接倒闭。据调查，"2020 年总体招聘需求下降 34%，应届毕业生招聘需求下降 44%，小微企业招聘需求下降 52%"。企业提供的就业岗位数量锐减是高校毕业生就业难的重要原因。

（二）从学校层面分析

1. 高校人才培养模式与市场需求失衡

高等教育同质化现象严重，没有独特性，缺乏创新性，专业结构调整速度跟不上新兴行业和新兴职业对人才素质要求的变化。高校普遍存在重学术型人才的培养，大学生普遍存在实践操作能力差和适应社会能力差的问题，难以适应用人单位的要求。高校的发展滞后于社会发展，导致大学生就业难。

2. 职业规划教育滞后

高校都开设职业生涯规划与就业指导课程，但课程缺乏系统性，形式单一，方法简单，不能依据学生的个性特点进行有针对性的帮扶和指导，没有重视学生的主体地位和参与的积极性，缺乏吸引力。再者，很多高校都设立大学生就业指导和帮扶中心，旨在为大学生提供一站式的就业指导和服务，但在具体实践过程中，这个中心大多变成召开就业宣讲和发布招聘信息的简单平台，存在重就业数量而轻就业质量的现象，对于提高大学生的职业规划

管理能力和就业能力的作用十分有限。

（三）从学生个人角度分析

1. 抗挫折能力弱，求职信心不足

高校毕业生本来就承受着毕业和就业双重压力，新冠肺炎疫情使这种压力更大。世界其他国家严峻的疫情形势使得准备出国深造的毕业生推迟甚至放弃出国计划，也使国外留学的毕业生纷纷回国就业，求职人数总量进一步上升，加大了毕业生的求职竞争激烈程度。"95后"大学生中独生子女的比例较大，在父母庇护和生活无忧的环境中长大，缺乏磨砺的机会，不了解生活的艰苦和不易，导致大学生缺乏吃苦耐劳和承受挫折的能力。面对严峻的就业形势和巨大的就业压力，一些学生不能勇敢面对，更多地采用回避的消极态度，慢慢沦为"慢就业"人群。即使是能够顺利毕业的大学生面对着铺天盖地的"疫情与就业"的新闻也难免产生较大的心理焦虑，导致求职信心不足。

2. 追求个性爱好和自我发展

当代大学生成长于经济快速发展时期，享受着改革开放后富裕的生活，有很强的自我独立意识，兴趣爱好广泛，个性张扬、注重自身情感需求和自由，反对生活工作中条条框框的束缚。所以，在就业中追求个性化的发展，符合自身的兴趣爱好，符合自己的个性特点，如果一时找不到满意的工作，宁愿再等而不将就，在一些高校的就业季甚至出现了"老师比学生急"，学校"唱独角戏"，就业宣讲会现场"招聘人员比学生还多"的尴尬局面。

3. 自我认知不清，职业规划不明确，就业意识怠惰

很多毕业生自我认知不清，客观自我评价失真，职业规划不明确，造成了就业意识觉醒慢，就业心理缺乏主动性，形成"慢就业"心态。在"慢就业"的心态下，就业意识较为怠惰，缺乏职业探索精神，抓不住就业机会。同时在面试过程中和面试过程后都会出现犹豫不决的状态，错失就业机会，导致学生在就业过程中找不到"自我满意"的工作。

4. 个人求职期望过高

当前，多数高校毕业生对就业要求较高，对高额薪酬待遇、工作环境、专业对口程度、未来发展前景、就业地点等相关因素都抱有较高期望。单一就业岗位难以满足高校毕业生的所有需求，在客观上造成"就业难"的现象。

有更多高校毕业生希望提升学历，执着于考研；部分同学执着于公务员

考试,"不达目的誓不罢休",在连续备考与应考中逐渐形成"慢就业"的局面。除此之外,部分高校毕业生希望能够持续提升自我,提高核心竞争力,执着于"考证",比如司法考试、会计师考试等,这些考试难度较高,容易在长期备考过程中导致"慢就业"。

(四)从家庭层面分析

"95后"大学生从小生长在改革开放后经济快速发展的时代,多数高校毕业生都是家庭中的独生子女,家庭生活富裕,无须承担"养家糊口"的重任。在压力减缓的情况下,毕业生有了更加从容的就业选择,往往不急于就业,形成了"慢就业"现象。还有部分毕业生就业过于依赖父母,甚至让父母帮助寻找工作,加剧了"慢就业"现象。

三、后疫情时代下促进高校毕业生就业的对策分析

就业是最大的民生,高校毕业生能否顺利就业不仅关乎学生个人及其家庭的幸福,更关乎社会稳定和国家发展。后疫情时代下,可从政府层面、社会层面、家庭合力、个人提升四个方面来解决高校毕业生"慢就业"的问题。

(一)政府层面

(1)政府部门要充分发挥"有形的手"宏观调控的作用,坚决贯彻落实新发展理念,大力推进产业结构的优化升级和供给侧结构性改革,不断提高经济发展质量,打牢高校毕业生就业的经济基础。

(2)新冠疫情暴发以来,从中央到地方,出台了一系列就业政策和措施,涉及就业渠道、资金支持、服务保障、研究生和事业单位扩招等方面,全力保民生、促就业,各地政府也要制定符合本区域特征的就业政策,创造更多就业岗位。同时政府部门要监督、保障相关就业政策执行到位。因此,在确保疫情防控到位的前提下,各级政府严格落实好就业方针政策,是解决高校毕业生就业问题的关键。

(3)政府要提高就业服务水平和能力,大力监管就业市场,打破就业中存在的性别歧视、暗箱操作,营造公平合理的就业竞争环境。政府还应做好就业保障工作,开展丰富的就业培训,提升高校毕业生群体的就业竞争力,让毕业生能够快速地融入社会。在后疫情时代,要组织动员全国各级各类公共就业服务机构和市场服务机构,集中开展行业性、特色化的现场招聘活动,动员线上线下力量,共同推动高校毕业生实现更充分、更好的就业,缓解

"慢就业"现象。

（二）社会层面

（1）就企业而言，人才资源是企业发展的关键所在，企业要积极配合相关政府部门、高校做好毕业生的就业工作，从而树立高度的社会责任感，建立起良好的企业形象，从而吸引更多的人才加入，为企业发展效力。企业在招聘过程中要科学设立工作岗位，不要刻意抬高门槛，也不要过于注重毕业生的工作经验和实践经历，从而降低毕业生的求职难度。

（2）就高校而言，各高校在设置学科专业时应做好充分调研，结合市场需求科学设置学科专业。高度重视后疫情时代下高校毕业生的就业工作问题，努力开拓就业市场，深入各行各业为毕业生挖信息、找岗位。对大学生的就业指导工作要贯穿大学生四年，根据大学生所处的不同阶段，对大学生的职业生涯规划、大学生内涵的培养、专业技能的强化、综合能力和综合素质的提升、正确就业观念和就业目标的建立和选择等多个方面给予切实的帮助，成体系地帮助毕业生做好职业规划，增强大学生的社会竞争力，帮助大学生顺利毕业和就业。此外，还要切实加大对困难毕业生，如贫困毕业生、偏远山区毕业生等的帮扶力度，帮助他们顺利就业。

（三）家庭合力

通过家庭与父母的影响和教育，形成家庭合力，引导毕业生形成正确的就业观。父母应尊重毕业生的自由选择，允许和鼓励毕业生依照自身的兴趣爱好选择职业，杜绝父母"大包大揽"，要让学生自主完成就业，并给予毕业生适当的指导，帮助毕业生及时、科学、理性就业。

（四）个人提升

（1）坦然面对现实，克服焦虑情绪。毕业生应当树立发展的就业观，要坚信未来的道路是光明的，同时做好准备走曲折道路的心态。在求职就业的过程中会有失败和碰壁，但是不能因为几次的失利而丧气。毕业生更应该增强受挫能力，脚踏实地、迎难而上，努力提升自身的求职能力，学会在摸索尝试中前进。

（2）高校毕业生要树立正确的就业观、合理地对自己定位，保持合理的就业期待。后疫情时代下，就业岗位数量增长有限，且高校毕业生并无工作经验，在参加就业时应从基层做起，对工作职位、薪酬待遇有着合理的要求。

（3）毕业生应多途径就业，如去西部、去基层、"三支一扶"等。同时，毕业生要转变就业心态，"边干边学"，在工作过程中累积经验，而不应盲目等待就业。

（4）高校毕业生务必要掌握扎实的专业基础知识，积极参加各类社会实践、实习活动，尽早了解社会，认识自己的不足，努力提升求职就业的核心竞争力。

四、结　语

尽管在后疫情时代下，高校毕业生就业形势仍然严峻，但党中央、国务院高度重视毕业生的就业工作问题，及时做出了一系列重要决策部署，已经为高校毕业生就业危机提供了转化平台。毕业生更应该切实增强自身的责任感和使命感，有思考更要有行动。通过多方合作的共同发力，确保高质量完成毕业生就业工作。

参考文献

[1] 2021 届高校毕业生总规模预计达 909 万人 [EB/OL]. 新华网，http：//www. xinhuanet. com/politics/2020 – 12/01/c_1126808878. htm.

[2] 2020 年疫情对中国就业的影响、高校毕业生的就业形势及就业去向分析 [EB/OL]. http：//www. chyxx. com/industry/202007/878892. html.

[3] 郑晓明，王丹. 高校毕业生"慢就业"现象的成因与治理策略 [J]. 社会科学战线，2019（3）.

[4] 郑东，潘聪聪. 大学生提速"慢就业"的服务策略 [J]. 江苏高教，2019（2）.

[5] 田晓清. 坚定信仰，砥砺前行——疫情时期实现高校毕业生精准就业研究 [J]. 劳动保障世界，2020，571（15）：11，13.

[6] 曹佳. 后疫情时代促进高校毕业生就业的建议 [N]. 中国劳动保障报报，2020 – 07 – 06.

[7] 陈敏. 疫情影响下高校毕业生就业工作对策探究 [J]. 中国农村教育，2020，（18）：22 – 23.

基于学习质量保障（AoL）的商学院社会责任体系构建机制及协同路径研究

姜鹏飞*

摘　要　科学的质量保障体系是提升人才培养质量的关键因素。文章基于学习质量保障（AoL），以北京联合大学商学院为例，探讨社会责任体系的构建机制及协同路径，希望能为商学院的人才培养质量提升提供借鉴，增加商科学生的社会责任感。

一、引　言

高质量发展是高等教育内涵式发展的内在要求，科学的质量保障体系是提升人才培养质量的关键因素。学习品质保障体系（Assurance of Learning，AoL）是作为全球商学院三大权威国际认证体系之一的国际高等商学院协会认证（The Association to Advance Collegiate Schools of Business International，AACSB）的核心内容，基于 AACSB 认证标准，旨在能形成一个促进教学质量持续改进的闭环系统，全面提高地方高校商学院的人才培养质量。

北京联合大学商务学院（以下简称"学院"）自 2013 年 6 月申请成为 AACSB 会员，是全国为数不多的参与该认证的地方高校商学院，也是北京市第一所参与该认证的地方高校商学院。学院将"践行社会责任、推动应用创新、培养商界骨干、服务区域发展"作为使命，提高学生的社会责任感是学院人才培养的重要目标之一，本文以北京联合大学商务学院为例，从学习品质保障体系的构建过程出发，探讨商学院社会责任体系的构建过程及协同路

*　姜鹏飞，北京联合大学副教授。本文受北京联合大学项目资助（项目号：BPHR2018CS05；SK50201905）

径，希望能为相关学校的人才培养提供借鉴。

二、学习品质保障体系（AoL）简介

学习品质保障体系（AoL）坚持"学习成果为导向"的价值取向、"学生为中心"的教育理念以及"持续改进"为目标的质量文化，依据"使命驱动、全员参与、组织保障、过程管理、科学评估、持续改进"的基本原则，建立一套完整的、严格的、系统化的程序来确保学生学习目标的实现。AoL涉及学习目标、课程体系、教学方法及学习成果评价等。

AoL的建设流程包括以下步骤：确定培养目标（Learning Goals，LG）→明确课程图谱（Curriculum Map）及相关支撑内容→确定课程检测方案或标准（Rubrics）→开展检测并形成课程检测报告（Reports）→分析学习目标的达成情况然后进行调整和改进→确定新阶段的学习目标。如此形成一个闭环，再进行下一轮的循环。

三、基于 AoL 的社会责任体系形成机制

学院以使命为驱动，以提高质量为目标，基于 AoL 关键要素之间的相互联系、相互支撑的作用，形成了人才培养的目标链、内容链、课程链、方法链、评价链来保障教育质量的持续改进。

（一）构建目标链，细化社会责任的能力目标

学院基于内外部资源情况和利益相关者期望，凝练使命和愿景，经过多轮论证，确立了"践行社会责任、推动应用创新、培养商界骨干、服务区域发展"的使命和"成为深受业界好评的国际商学院"的愿景。基于以上使命和愿景，学院通过利益相关者的调研与分析，在综合考虑学生期望（Students' Expectation）、教育期望（Educational Expectation）以及公众期望（General Expectation）的基础上，确立了人才培养的核心能力目标（LG），将社会责任感作为商科学生的核心能力之一，进而明确商科学生社会责任能力的内涵及培养目标。

学院肩负着培养合格的社会公民和未来商界精英的双重使命。商科学生承担的主要社会角色包括两种，首先是社会公民角色，其次是未来的商业骨干角色。合格的商科毕业生必须是具有社会责任感的合格公民，首先履行公民责任，完整的公民责任包括一般责任与公共责任；其次，合格的商科毕业生应该凸显公民责任中的经济道德，即遵守商业伦理，树立商业伦理观念。

商业伦理属于个体社会责任范畴，是商科学生面向商界应该具备的经济德行要求。商业伦理教育是基于商科人才职业素养的一种德行教育和价值观教育，目的在于寻求"经济人"与"道德人"之间的平衡，从而培养出德才兼备的道德型商界领导。因此，商学院明确了社会责任能力提升的两个具体能力目标（Learning Objects，LO），即社会责任能力为商业伦理意识。

（二）完善课程链与活动链，支撑学习目标实现

从两个 LO 入手，明确社会责任培育的内容。在公民社会责任方面，学院重在提高商科学生的责任认知，明确责任要求增强责任情感，锤炼责任意志，认真履行责任，使学生成为有利于国家和人民的人才，在奉献社会的过程中升华品格，实现人生价值；在商科人才商业伦理方面，学院要求学生掌握商业伦理的基本知识，明晰商业流通、企业管理中的伦理问题，遵守商场伦理秩序，从而树立商业伦理观念、坚定职业道德信念。

学院根据 LG、LO 要求，按专业设置了六个项目，并依据内容设置了配套的活动。基于人才培养目标确定各专业（项目）的人才培养的核心能力，构建课程图谱。课程图谱中的多门课程与能力目标具有相关性。强相关课程培养的核心能力与 LO 匹配程度高。强相关课程与弱相关课程之间相互联系，共同支撑课程目标的实现。商业伦理作为核心课程设置了商业伦理、企业社会责任基本理论、伦理规范与伦理决策的工具与方法，以及基于不同利益相关者的商业伦理问题分析及社会责任研讨等专题。各专业根据专业特点在专业课中设置商业伦理教育相关的章节，思政课程则关注公民社会责任培养。团委根据 LG 组织社会责任相关的社会实践、志愿服务，增强学生的社会责任实践体验。学院通过以上课程和活动综合提升学生的社会责任能力。

（三）完善方法链，创新学习的形式与载体

学院构建"学生社会责任感提升战略子计划"，将商业伦理设置为面向商务学院全体本科学生的一门通识教育必修课程，任课教师通过案例教学、情景教学、研讨、课堂展示等教学方式，将热点事件及案例导入课堂教学，系统传授相关理论。通过课堂学习启发学生的社会责任意识，使学生了解了商业伦理的概念及含义，理解和掌握商业伦理基本规范及决策工具，能够初步辨识企业管理过程中的伦理问题，从而形成对商业伦理的基本认知。

在课程基础上，学院搭建"理论学习＋实践学习＋公益实践＋参与式研学"的师生互动平台。通过实践调研，促进学生的商业伦理认同；通过在公益实践等真实场景中与企业、社会组织互动，增强学生的商德情感；通过社

会责任研究加深对商业伦理和社会责任的理解，从而营造氛围，推动社会责任教育优质、高效、纵深发展。

（四）强化评价链，构建成果评价矩阵

以学生能力提升为中心，紧紧围绕学生社会责任培育目标，按照"确定学习目标—明确能力目标—构建能力矩阵"的思路，根据两个 LO，基于价值引领与方法应用两个维度，构建社会责任能力评价矩阵。从"应该做什么"（社会责任认知）、"不该做什么"（商业伦理规范）、"做得怎么样"（社会责任评价方法）、"怎么解决问题"（商业伦理决策工具）四个方面确定检测标准（Rubrics）。进而进行检测，收集、整理相关数据，分析检测结果，从而形成课程检测报告，根据目标达成情况，学院对教学方案进行调整并改进教学方法，从而促进学生达到学习目标。

四、基于 AoL 关键要素的社会责任提升协同机制

（一）构建全方位的社会责任培育体系，系统提升学生的社会责任感

学院制订"学生社会责任感提升战略子计划"，统筹全院资源、配套系统性的实施方案，形成了社会责任培养的长效机制。学院"集散为合"，将分散在不同课程、不同活动中的社会责任教育内容整合到一起，并进行有效补充，不仅丰富了社会责任教育的内容，还优化了社会责任教育的结构，从而促进知识的融合、能力的协同，综合提升学生的社会责任感。

（二）以能力为导向，制定分阶段、递进式的解决方案，促进学生社会责任认知能力和商业伦理决策能力稳步提升

学院基于"使命驱动—平台课程助推—专业课程嵌入—实践助推—科研内化"的逻辑开展社会责任教育。首先，扎实建设理论学习模块。专门开设商业伦理课程，并在其他专业课程中嵌入相关内容，启迪学生的社会责任意识和商业伦理观念。其次，有序开展校外实践活动，通过社会责任调研活动并撰写报告，来提升学生对社会责任的感悟和理解，提升学生对商业伦理问题的认知和辨识能力。再次，强化服务学习模块，通过暑期游学实践和志愿服务活动，内化社会责任意识。最后，通过参与式研学模块，持续拓展理论深度和实践高度。通过递进式的实施方案，循序渐进地提升学生的社会责任认知能力和商业伦理决策能力。

（三）关注主体间性，倡导互动交流

社会责任教育不仅是本体问题和客观环境问题，还是主体间性问题。教

师主体和学生主体既相互独立，又密不可分地统一在学习实践当中，形成共建文化。

首先，以"理实结合"的"双师"队伍建设，提高教师的执教能力。其次，搭建"理论学习＋实践学习＋服务学习＋参与式研学"的支撑平台，通过理论学习、社会调研、志愿服务、本科科研计划以及大赛等模块，促进理论和实践的融合。再次，充分发挥参与式研学的作用。通过教师指导学生科研活动和学生参与教师科研项目等方式，在理论课程和社会实践之间搭建桥梁，通过本科科研计划、公益大赛等活动，加强学生的参与式学习，帮助学生克服社会责任理论与实践相脱节的问题，提升社会责任感。最后，教师和学生共同建构实现目标，彼此形成一个真正的"学习共同体"，进而推动学院社会责任教育优质、高效、纵深发展。

参考文献

［1］郑丽，杨宜，翟晶．国际商科认证视角下学习品质保障（AOL）体系的构建［J］．黑龙江教育（高教研究与评估），2018（8）：46－49．

［2］刘新颖．基于AACSB认证的AOL体系的建立与运行——以会计学专业为例［J］．财会通讯，2018（25）：39－41．

［3］易开刚．商科人才的企业社会责任教育：理念、困境与对策［J］．教育研究，2012，33（1）：152－157．

我国数字档案馆信息服务研究综述

管建飞[*]

管建飞[*]

摘　要　数字档案馆的建设越来越成为我国档案部门重视的一项推动档案事业蓬勃发展的工作，同时也越来越成为我国档案学术界一项重要的研究课题。本文通过对国内数字档案馆信息服务的研究情况进行统计分析，整理出我国数字档案馆信息服务领域的研究现状、成果以及现阶段还存在的一些问题，最后将我国数字档案馆信息服务未来的研究重点和发展方向进行了进一步展望，对于我国数字档案馆信息服务工作的进一步发展具有重要的理论与实践意义。

一、引　言

近年来，数字档案馆信息服务一直是国内档案学界所关注的问题之一，在全国范围内，已经有越来越多的城市加入到建设数字档案馆的浪潮之中，数字档案馆信息服务作为一个档案学界新兴的研究课题也被越来越多的学者所密切关注。

二、文献数据来源

本文以"篇名"作为检索项，以"数字档案馆"和"信息服务"作为检索词对我国 2010—2020 年发表在中国知网数据库中的有关数字档案馆信息服务的文献进行文献计量和分析，目的是了解掌握近十年间数字档案馆信息服务领域国内的研究情况。在文献检索过程中共得到 74 条文献记录。

---

* 管建飞，应用文理学院图书情报专业硕士研究生。

三、数字档案馆信息服务研究文献计量与分析

（一）期刊论文的年度分布

通过检索统计可得，研究数字档案馆信息服务的论文在近十年间呈上下波动式发展，并在 2016 年发文量达到了历史高峰，年发文量达 16 篇。但在发文量达到历史高峰之后，却呈现出明显的下降趋势，由此可见，虽然有关数字档案馆信息服务的研究开始受到档案学者和档案工作者的关注和重视，但是由于近几年对数字档案馆信息服务课题的理论研究和实践创新研究视野不够开阔，导致相关研究的论文发表量呈断崖式下滑，直到 2020 年发文量才有所回升。

（二）文献刊载的期刊分布

我国档案馆、档案局等档案部门，以及国内高校的档案专业为数字档案馆信息服务的研究主体，但除此之外，图书情报、计算机科学等领域也成为相关课题研究的后起之秀，陆续掀起研究热潮。有关数字档案馆信息服务研究的文章约有 64% 刊载在档案学类期刊上，尤其以《兰台世界》《黑龙江档案》《兰台内外》等期刊所载数字档案馆信息服务的研究论文居多。从相关研究刊载的主体期刊，我们不难看出档案学类期刊对数字档案馆信息服务的研究格外关注。但同时我们也发现，一些数字档案馆信息服务相关研究的文献也刊载在了科技类期刊上，说明数字档案馆信息服务研究在科技领域与档案领域相互影响、相互交融。

（三）文献作者分析

从可确定作者所属单位的 74 条记录来看，主要发文单位还是属于高校档案专业，研究实力较为强劲。自数字档案馆信息服务成为人们关注的研究课题以来，各高等院校的档案和信息管理等相关专业逐渐成为该领域研究的中流砥柱，其中南昌大学、上海大学、河北科技大学等高校的研究最为活跃，研究成果颇丰。档案馆、档案局等档案部门也在数字档案馆信息服务领域掀起研究热潮。此外，企事业单位面临着单位数字档案馆信息服务的管理和利用问题，因此也成为数字档案馆信息服务研究的一股重要力量。

（四）研究内容分析

数字档案馆信息服务，可以理解为在数字时代下，档案馆通过网络、计算机、新媒体等一系列先进技术来满足用户信息需求的一种服务形式。回顾

数字档案馆信息服务的发展历程，主要经历了三个发展时期。第一个发展时期，数字档案馆首先要明确自身的定位，确定自身建设的发展方向，这一时期的主要目标是做好在数字环境下最基本的档案信息查询工作；第二个发展时期，开始注重将信息技术和档案管理进行更深层次的交互，使检索起来更加方便高效；第三个发展时期，重视知识管理方式的引入，强调档案信息资源具有知识性的特征。在数字档案馆信息服务相关研究中，国内已有较多的研究成果，接下来主要从以下几个方面对已有相关研究进行综述。

1. 数字档案馆信息服务中信息资源建设的研究

拥有丰富信息资源的数字档案馆是进行信息服务的必要条件，因此很多学者都把研究重心移到信息资源的利用上。比如，张东华教授明确指出了我国数字档案馆在目前信息服务的信息资源开发中，存在信息资源只是浅层次开发、对信息资源的共享能力差、无法准确分析用户信息资源需求等问题；而殷楠教授则阐明了在大数据时代，数字档案馆信息服务要进行信息资源建设的价值共创，以用户需求为导向，根据用户利用的倾向和公众需求的特点对信息资源建设的重点进行及时更新调整，利用数据挖掘技术明确信息资源与需求之间的关联。

2. 数字档案馆信息服务中有关计算机技术的研究

数字档案馆在进行信息服务时必然少不了计算机的参与，因此，计算机能否安全稳定的运作直接影响了数字档案馆信息服务的质量。在文献统计时，我们发现很多文献是对数字档案馆信息服务中有关计算机技术问题进行论述的。比如郭靖华的《谈谈数字档案馆信息服务的技术保障》从基础性技术、网络安全技术、网络交流技术等几个方面来论述数字档案馆信息服务的计算机技术保障方法和对策，重点强调了计算机技术作为信息服务的技术支持和运行保障的原理和实际工作方法，使数字档案馆信息服务在计算机技术层面形成一个完备的功能网络。数字档案馆信息服务中有关计算机技术研究的还有勒秀华的《数字档案馆信息服务的技术保障》，贡树为、宜建军的《数字档案馆信息服务技术保障研究》等。

3. 数字档案馆信息服务法律问题与知识产权的研究

在"依法治国"的理念下，每个行业和领域都开始着手建立健全相关法律法规。数字档案馆刚兴起不久，自然缺乏相关领域下的法律法规，尤其是在数字档案馆信息服务中涉及信息资源的隐私权、传播权、知识产权等方面的法律法规还不明确，造成数字档案馆信息服务在实际运行过程中产生很多知识产权纠纷等法律问题，这也直接导致了数字档案馆信息服务进一步发展受阻。

目前，我国没有专门关于数字档案馆信息服务领域的法律法规，因此，很多专家学者对数字档案馆信息服务的法律法规问题开展了深入研究。比如，李艳华、任先国、于淑丽等专家学者，都阐述了数字档案馆在积极满足公众档案信息需求的同时，应充分保障档案信息的安全及相关主体的知识产权，这些研究都为日后不断建立健全相关法律法规确立了底线保障。

4. 针对个性化服务的数字化档案馆信息服务的研究

如今用户对于数字档案馆信息服务的需求更加多样化、个性化，数字档案馆必须顺应时代发展潮流做出改变，才能继续蓬勃发展，因此有一个研究热点开始被人们所关注到，那就是探讨数字档案馆如何满足用户日新月异的个性化信息需求。比如万玲玲教授主要阐述了数字档案馆要为用户提供个性化的信息服务，就要根据不同用户的不同信息需求进行差异划分，将具有相同信息需求的用户安排到同一个群体，并为该群体架构一个信息交流沟通平台，并将与之相关的信息资源发布到该平台上，使具有不同信息需求的群体都能得到与需求高度契合的信息资源。目前，我国的数字档案馆对于以用户为导向的个性化信息服务开始重视，并且有很多数字档案馆已经做了很多很有成效的尝试。

5. 数字档案馆信息服务模式的研究

在整个数字档案馆信息服务领域中，其实研究文献数量最多的还是对数字档案馆信息服务模式的研究。形成这一研究热点归根于当前数字档案馆信息服务领域在国内尚未形成一个统一的模式，数字档案馆的信息服务模式仍在探索阶段。地方数字档案馆在探索的同时，很多学者也就数字档案馆信息服务的模式提出了自己的观点，为数字档案馆信息服务模式的建设提供了理论基础。比如，负霄雄、翟菲、李莉等专家学者的相关研究都详尽地介绍了一系列信息服务模式。一般而言，数字档案馆的信息服务模式主要有集成服务模式、个性化服务模式、小众化服务模式和知识服务模式等类型。

四、数字档案馆信息服务研究中存在的问题

（一）研究内容重理论，轻技术

在大数据时代下，数字档案馆也不断在信息化、网络化、个性化等方面进行更新和改进，研究专业性强的计算机技术和网络信息技术以保障数字档案馆的正常稳定运行，并进一步完善档案馆和用户进行信息交互服务，本应

该是数字档案馆信息服务研究的一个研究重点，但就目前研究来看，有关数字档案馆信息服务领域的研究还多停留在服务模式和信息资源建设的理论研究上，缺少实践中成功可操作的案例说明和实证性研究，缺乏对数字档案馆信息服务的信息安全保护技术和备份存储方案优化设计等相关技术的研究，难以满足未来数字档案馆信息服务发展的需要。

（二）研究成果的相互借鉴和吸收较少

目前，我国关于数字档案馆信息服务的研究，还多局限在档案学相关领域现有的研究成果中，缺少对复杂性问题的跨学科研究、跨层面分析和多维度关联，这势必会限制数字档案馆信息服务研究的深入发展。研究者应突破学科、地域限制，利用相关领域、其他国家的研究成果，来共同推动我国数字档案馆信息服务研究的进一步发展。

（三）研究方法比较单一

通过文献统计分析显示，我国学者进行数字档案馆信息服务研究的方法，绝大多数采用文献调研法、对比分析法，只有少部分学者综合采用了统计分析法等，总体来说研究方法比较单一。对于数字档案馆信息服务的研究，应全面、综合地运用案例分析法、定量分析法、调查问卷法等多种研究方法，才能更好地为数字档案馆信息服务发展提供更深层次的理论指导。

（四）研究主体较为分散,合作创新意识不强

总体来讲，我国数字档案馆信息服务的主要研究团体较为分散，各研究团体之间缺乏合作创新观念。目前，我国数字档案馆信息服务的研究多以个人为基本单位，这种独立式、分散性的研究，由于缺少组织机构作为项目支撑，研究者的研究视野往往不够广阔、研究的深度有局限，尤其缺少集思广益、优势互补的群体智慧。同时，高校档案专业和信息管理等专业在数字档案馆信息服务领域相关研究的发文数量并不多，而且相关科研单位的研究热情也不高。因此，在今后数字档案馆信息服务的研究中，档案学界和其他相关领域应当发挥群体智慧，突破专业壁垒，加强学科交叉，强化研究主体的合作创新观念。

五、结　语

综上所述，国内数字档案馆信息服务研究在一定程度上取得了一些成果，比如在信息资源建设方面的研究、计算机技术的研究、法律问题与知识产权的研究、服务模式的研究等方面都积累了一定的理论基础。但研究中仍存在

一些不足，主要包括研究内容多偏重于理论研究，计算机技术和网络信息技术等方面的研究相对较少，尤其对各种实际运用技术的适用性分析、测试和绩效评估等方面的研究都极其缺乏；研究成果的相互借鉴较少；研究主体合作意识不强；研究方法比较单一；对于数字档案馆信息服务运行中存在的问题以及之前研究的误区缺乏研究说明，且相关研究过程多为定性研究，缺少必要的定量分析和实证研究等。

因此，下一阶段我国数字档案馆信息服务的发展要树立正确的服务理念；优化档案信息环境，完善法律法规；加强与外界交流，建立档案用户反馈机制；不断深化信息服务模式的创新和统一等。同时，我们应努力打破档案领域的局限，强化各领域之间的合作创新观念，注重综合运用多种研究方法，最终实现数字档案馆信息服务相关研究的蓬勃发展。

参考文献

［1］张东华，姚红叶．信息生态视阈下数字档案馆信息服务研究［J］．档案学通讯，2011（5）：56－58．

［2］郭靖华．谈谈数字档案馆信息服务技术保障［J］．兰台世界，2013（S2）：91－92．

［3］李艳华．浅淡数字档案馆信息服务侵权风险的规避［J］．黑龙江档案，2013（3）：66．

［4］于淑丽．数字档案馆信息服务中的法律问题［J］．兰台世界，2010（4）：17－18．

［5］负霄雄．浅析构建以用户为中心的数字档案馆信息服务模式［J］．办公室业务，2018（22）：88．

［6］刘玲玲．数字档案馆信息服务能力提升研究［J］．办公室业务，2015（16）：93．

［7］张年红．论数字档案馆档案信息服务模式创新［J］．新西部（理论版），2013（Z1）：146，151．

［8］张红博．数字档案馆信息服务模式比较［J］．兰台内外，2011（2）：12．

教育硕士培养方案研究与实践

——以北京联合大学为例[*]

张　莉[**]

摘　要　本文论述了研究生培养方案制订的意义、原则，对研究生培养方案制订的几点思考，以及我校在教育硕士培养方案制订过程中的实践。

一、研究生培养方案制订的意义

研究生培养是研究生教育工作的中心任务，也是保证研究生教育质量的重要环节。为了把学生培养成国家需要的合格人才，一定要有明确的培养方案。

研究生培养方案是培养单位进行培养和管理的主要依据，它体现了学科对学生进行专业培养的基本要求，明确了研究生培养的过程和环节，是检查研究生培养质量的准绳。

培养方案制订工作应以立德树人为根本，以优化和创新课程体系为核心，要强化产教研融合人才培养理念，体现专业型硕士的特点，同时要保证教育硕士研究生培养质量，为实现培养优质教育人才的目标提供了有效支撑。

二、培养方案制订原则

（一）重视课程体系的构建，优化课程结构

制订培养方案要结合市场对人才的需求，优化课程体系，优选相关学科

　＊　本文为北京联合大学 2020 年校级教育教学改革立项重点项目"教育硕士师范生信息化教学能力培养研究"（JY2020Z003）的研究成果之一。

　＊＊　张莉，北京联合大学师范学院科研处。

课程。培养方案的制订既要符合全国教育专业学位研究生教育指导委员会的要求，又要兼顾课程体系的宽度、广度，突出专业硕士的应用型特点，推行案例教学、实践教学，提高实践教学课程的数量、比重。在全球数字化教育浪潮涌动的今天，要适时引入先进的教学手段，拓宽学生的眼界，跟上时代的步伐。

（二）贯彻实践育人的理念

要充分利用各类资源，多层次、多方向、多形式加强学生实践能力的培养。在培养方案制订时，要明确规定实践环节的时长、学分，以及培养过程的考核要求，提升实践环节的内涵和质量。

（三）重视培养环节的要求和考核细则

考核细则是研究生培养质量的基本保障，也是学科质量评估的必要文件。要加强对各培养环节（包括见习、实习、论文开题、中期考核）的要求，强化对培养过程的管理。

三、我校教育硕士培养方案制订及实践

我校教育硕士专业学位点于 2014 年 7 月获得国务院学位办批准，开设了小学教育、心理健康教育和特殊教育三个专业，于 2015 年首次面向全国招生。我校教育硕士点充分利用了首都教育的地缘优势，突出学术性与基础教育领域职业性的紧密结合，为研究生打造了优质教育平台，实现了校内外、国内外优质教育的有效衔接，几年来为北京及周边省份基础教育领域培养了众多高层次应用型人才。

我校教育硕士培养方案自 2015 年招生以来经历了几次修订。学科依据全国教育专业学位研究生教育指导委员会颁布的《全日制教育硕士专业学位研究生指导性培养方案》，通过广泛调研、深入研究，并在培养实践中不断修正，形成了目前我校教育硕士研究生培养方案文件。培养方案在研究生培养过程中发挥了积极作用。

（一）我校教育硕士培养方案特点

我校教育硕士学科点通过调研、分析，结合我校实际，制订了培养方案，并在培养实践中不断修订完善，形成了目前切实可行的培养方案。培养方案主要包括培养目标、专业领域、招生对象、学制年限、课程设置（含学位基础课、专业必修课、专业选修课、补修课）、实践教学（校内实训：微格教学、课例分析；校外实践：教育见习、教育实习、教育研习，学术活动）、

实践教学的实施、培养方式、考核方式、学位论文等。培养方案具有以下特点：

（1）培养目标旨在培养知识素养过硬、有正确价值观、社会适应力强、具备较强学习能力、品德好素质高的优秀教育人才。

（2）课程设置以培养学生的专业素养、人文素养为主。结合北京地区对基础教育人才需求的特点，学科增开了文学修养类课程，满足用人单位对全科人才的需求。

（3）生源多元化，培养无死角。我校教育硕士生源比较复杂，跨专业考生较多，部分学生本科既非师范生，又非本专业学生，在培养过程中遇到很多障碍。学科在对培养方案修订时，充分考虑了实际情况，开设多门补修课，以帮助这些学生补齐短板。

（4）实行双导师制，加强实践教学管理。在培养方案中明确表述，我校教育硕士实行双导师制。在入学当年，学生通过双向选择机制，除选择在校指导教师，还可有1名校外指导教师。学校依托中关村一小、三帆附小、汇文中学等知名中小学和北京健翔学校等特殊教育学校建立了教育硕士实践基地，这些单位设施完备，教学质量高、配备有高水平的实践指导教师，作为我校研究生的校外导师，指导学生的实习实践活动，并有校内老师定期随访，了解学生实践情况。

（5）加强培养全过程管理。为保证教学质量，学校加强培养全过程管理。从教师的教学质量，到学生的校外实践环节，都采取了有效的管理措施，如要求导师定期提交导师指导手册，了解导师的指导频率、内容、效果。学生在校外见习、实习情况也通过校外导师签字的见习手册、实习手册等过程资料体现。

过程管理的材料统一存档。学校和培养学院均配有专用档案柜，保存研究生个人档案、学籍、培养方案、教学大纲、课表、教育实习与见习手册、开题报告、答辩记录、学位申请书、毕业生登记表、毕业论文等材料。

四、结　语

（一）课程设置规定动作过多

全国教育专业学位研究生教育指导委员会颁布了《指导性培养方案》，对各高校制订培养方案起到了引领、规范的作用，但同时也带来一些问题。由于教指委规定的课程较多，且大部分学校教育硕士的学制只有两年，这就使学校在自主开设课程时处于比较尴尬的境地，课程开多了学生没时间上，开少了体现不出学校教学特点，特色课程无法完成。因此，个别院校被迫延长学制，改成三年学制，但由此带来的问题是招生遇冷。

（二）学科建设经费管理适切性需要加强

教育硕士的特点是注重实践环节的培养。学校在培养方案实施过程中，实践基地建设是重要的环节。基地建设包括学校的选择、校外导师的聘任，基地运营的维护，校外导师指导经费的支出。个别高校没有专项基地建设经费，或以项目形式下拨。但项目考核标准是发表论文，显然项目设置目的与结项要求不匹配，影响了基地建设的效果。

教育是立国之本，是国之大计，是民族振兴和社会进步的基石。高等师范院校担当着实现民族振兴的重任。作为教育硕士的培养院校，我们要不辱使命，从最基础的培养工作做起，力争为社会培养更多的合格教育人才。

参考文献

［1］邹玉叶，倪子仙. 大数据背景下应用统计专业学位研究生培养方案改革研究——以上海海事大学为例［J］. 科技经济导刊，2020，28（30）.

［2］曹小玉. 全日制林业硕士实践能力培养研究［J］. 高等农业教育，2020，10（5）：104－107.

［3］敖恩，李书海，孟凡珍. 全日制教育硕士（学科教学·数学）专业学位研究生培养方案的比较研究——以3所高校为例［J］. 教育教学论坛，2020（7）.

专业学位硕士研究生培养质量保障
体系构建研究

闫　晔*

摘　要　专业学位研究生教育是培养高层次应用型专门人才的主渠道。构建专业学位硕士研究生培养质量保障体系是确保培养质量的重要内容。目前专业学位硕士研究生培养质量保障体系还存在一些问题。本文探索了专业学位硕士研究生培养过程各环节的质量保障措施，构建了从全过程进行管理和监督的专业学位硕士研究生培养质量保障体系。

一、专业学位研究生教育背景

专业学位和学术学位是现代高等教育学位体系的两大组成部分，二者都是建立在共同的学科基础之上，培养学生掌握学科基本理论和基础知识与技术，但在人才培养目标、知识结构、培养模式及人才质量标准上有本质区别。学术学位主要面向学科专业需求、培养在高校和科研机构从事教学和研究的专业人才，重在培养具有学术创新精神和能力的研究型人才。专业学位研究生教育主要针对社会特定职业领域需要，培养具有较强专业能力、职业素养及能够创造性地从事实际工作的高层次应用型专门人才，其目的重在知识、技术的应用能力。

专业学位研究生教育是培养高层次应用型专门人才的主渠道。发展专业学位研究生教育是经济社会进入高质量发展阶段的必然选择，是主动服务创新型国家建设的重要路径，也是学位与研究生教育改革发展的战略重点。我

---

* 闫晔，北京联合大学研究生处讲师。

国自1991年开始实行专业学位教育制度，2009年起招收以应届本科毕业生为主的全日制专业学位研究生。随着专业学位教育种类不断增多，培养规模不断扩大，专业学位研究生教育已成为我国培养高层次应用型专门人才的主渠道。截至2019年，已针对行业产业需求设置了47个专业学位类别，累计授予硕士专业学位321.8万人、博士专业学位4.8万人，基本覆盖了我国主要行业产业，有力支撑了行业产业发展，为经济社会发展做出重要贡献。

教育部印发的《专业学位研究生教育发展方案（2020—2025）》中指出，到2025年我国硕士专业学位研究生招生规模扩大到硕士研究生招生总规模的三分之二。随着招生规模的不断扩大，提升专业学位研究生教育质量，建立健全专业学位研究生培养质量保障体系变得尤为重要。

二、构建专业学位研究生培养质量保障体系具有重要意义

专业学位研究生教育质量保障体系是指由专业学位研究生教育机构、相关质量保障单位或机构在专业学位研究生教育过程中形成的相互联系、相互制约的运作机制，从而实现研究生教育质量的全面提升。教育部、国务院学位委员会关于《学位与研究生教育发展"十三五"规划》明确提出，为适应新时期经济社会发展对高层次人才的需要，全面提高学位与研究生教育质量，必须完善研究生教育质量评价机制，建立健全主体多元、多维分类、公开透明的评价监督保障体系。因此，建立健全教育质量保障体系，对推动专业学位研究生教育发展具有重要意义。

三、目前存在的问题

目前，专业学位硕士研究生培养质量保障体系还存在一些问题：

（一）培养目标定位不明确，存在重学术学位、轻专业学位的观念

一些高校在设立培养目标时对专业学位研究生教育的认识不够深入，简单套用学术学位发展理念、思路、措施，培养目标没有体现出人才市场对专业学位硕士研究生的职业素养和能力需求。培养目标定位不准确，势必严重影响专业学位研究生的培养质量。

（二）培养模式需要改革

我国研究生教育长期单一的学术型人才培养模式造成了课程体系、师资配备、培养质量监督、学位论文要求等方面"学术化"倾向明显，课程设置未能凸显与学术学位的差异，一些高校为了节约教学资源，采取专业学位与

学术学位研究生共同授课、无差异考核的方式，未能体现出专业学位研究生注重实践能力培养、与职业资格衔接的特色，产教融合机制得不到落实。

（三）双导师制落实不到位

原则上专业学位硕士研究生应采取校内导师和行业导师共同指导的"双导师制"。但实际培养过程中，由于校外导师时间安排、工作压力等原因，参与指导时间较少，很难真正完成培养任务，达到应有的效果。

（四）质量监督评价机制不够健全

专业学位研究生培养应体现职业性与学术性的高度统一，建立人才需求与就业状况的动态反馈机制，学位论文的评价也不能按照学术论文的标准进行。目前，高校的监督主体仍局限于学校内部质量保证体系的建设，缺乏企业的参与和第三方监督，亟待完善专业学位研究生培养质量的评价机制，建立健全主体多元、多维分类、公开透明的评价监督保障体系。

四、专业学位硕士研究生培养质量保障体系的构建

建立以职业需求为导向的硕士专业学位研究生教育发展机制应"聚焦立德树人，突出职业道德；聚焦培养质量，强化特色定位；聚焦行业需求，强调职业胜任"。因此构建专业学位硕士研究生培养质量保障体系应突出实践性与理论应用性相结合的特点，从全过程进行管理和监督。

（一）完善招生制度，建立合理的选拔机制

生源上应考虑前序专业与报考专业的一致性或相关性，严格资格审查，提高生源质量。优化招生选拔方式，采用统考与高校自主考试相结合的方式。高校自主考试应将创新实践能力作为专业学位硕士研究生的选拔标尺，重点考查考生综合素质、运用基础理论和专业知识分析解决问题的能力，建立符合专业学位研究生教育特点的评分标准，完善专业学位研究生招生办法。在公平公正公开的原则下，对于实际能力较强的学生可优先录取。

（二）创新专业学位研究生培养模式，全面提高培养质量

1. 科学制订培养方案，完善课程体系

研究生培养方案是学校实施研究生培养工作的根本性指导文件，规定了人才培养的过程及各环节应达到的具体要求。科学合理的培养方案是研究生教育质量的保障。专业学位研究生培养方案的制订应注重体现专业性和实践性的培养目标。教育部《关于做好全日制硕士专业学位研究生培养工作的若

干意见》中指出，全日制专业学位研究生的课程设置要以实际应用为导向，以职业需求为目标，以综合素养和应用知识与能力的提高为核心，科学合理制定（修订）培养方案。应完善课程体系，优化课程结构，增加实践课程比例，课程学习与实践课程要紧密衔接，职业相关实践能力的培养应贯穿于整个培养过程。在课程设置和培养目标上应与职业资格和专业技术能力考核有效衔接，对学生不仅要求要熟练掌握专业基础知识，还应着重培养学生具备较强的职业技能和职业素养。

2. 改革教学模式，加强案例教学

教育部《关于加强专业学位研究生案例教学和联合培养基地建设的意见》中强调，"加强案例教学是强化专业学位研究生实践能力培养，推进教学改革，促进教学与实践有机融合的重要途径，是推动专业学位研究生培养模式改革的重要手段"。

专业学位硕士研究生的课程教学内容要强调理论性与应用性课程的有机结合，突出案例分析和实践研究；培养单位要根据培养目标及教指委制订的指导性培养方案，明确案例教学的具体要求，规范案例教学程序，提高案例教学质量，强化案例教学效果。教学过程要重视运用团队学习、案例分析、现场研究、模拟训练等方法，注重培养学生研究实践问题的意识和能力，同时加强授课教师与学生的双向交流，引导学生独立思考、主动参与、团队合作，建立以学生为中心的教学模式。

3. 加强实践基地建设，深化产教融合机制

实践基地是培养单位为加强专业学位研究生实践能力培养，与合作单位共同搭建的人才培养平台，是专业学位研究生进行专业实践的主要场所，是产学结合的重要载体。加强基地建设是专业学位研究生实践能力培养的基本要求，是深化产教融合培养模式改革、提高培养质量的重要保证。《专业学位研究生教育发展方案（2020—2025）》中指出，鼓励有条件的行业产业制定专业技术能力标准，推进培养单位与行业产业共同制订培养方案，共同开设实践课程，共同编写精品教材，设立用人单位"定制化人才培养项目"，将人才培养与用人需求紧密对接。支持培养单位联合行业产业探索实施"专业学位＋能力拓展"育人模式，使专业学位研究生在获得学历学位的同时，取得相关行业产业从业资质或实践经验，提升职业胜任能力。此外，培养单位还必须对研究生实践环节考核和过程进行严格管理，保证实践质量，使实践不流于形式，真正发挥实践基地的作用。

4. 加强导师队伍建设，落实校内外"双导师"制

导师是研究生培养的第一责任人。优秀的导师队伍是保证全日制专业学位硕士研究生教学质量的关键。根据专业学位硕士研究生培养目标的要求，专业学位硕士研究生导师不仅在学术上有较高的水平，而且需要有丰富的实践经验，能指导学生提高解决实际问题的能力。各高校应制定符合专业学位硕士研究生导师标准的选聘和考核制度，鼓励导师在行业产业锻炼实践或主持行业产业课题研究、项目研发，在岗的专业学位研究生导师每年应有一定时间带队到行业产业中开展调研实践。同时健全行业产业导师选聘制度，聘任相关学科领域专家、实践经验丰富的行业企业专家作为校外导师，落实"双导师"制。专业学位硕士研究生的指导以校内导师为主，校外导师参与实践过程、项目研究、课程与论文等多个环节的指导，共同承担专业学位研究生的培养工作，真正发挥"双导师"制的作用。

5. 加强创新创业教育，培养创新能力

将创新创业教育融入育人体系中，鼓励研究生积极参加社会实践、科技竞赛、科研课题或自主创业等创新创业活动，创新创业成果、设计、技能展示等应用性成果也作为专业学位水平评估"在学成果"指标进行考核。

（三）建立专业学位硕士研究生教育质量评价和反馈机制

1. 加强学位论文评审，提高论文质量

学位论文是研究生申请学位的依据之一，学位论文评价和学位授予标准是把控研究生质量的关键，也是出现问题最多的环节。专业学位研究生的学位论文应与学术学位论文要求不同，论文选题应来源于应用课题或现实问题，必须有明确的职业背景和应用价值。应强化专业学位论文的应用导向，可以将调研报告、规划设计、产品开发、案例分析、项目管理、艺术作品等作为主要内容，以论文形式呈现。因此，学位论文评阅人和答辩委员会成员中应有相关行业实践领域具有高级专业技术职务的专家，在论文审核和评价时需要严格把握专业学位研究生学位论文的规格和标准，实现评价的多样化。

2. 发挥校内质量管理体系与校外监督保障体系作用

培养单位在质量保障体系中占主体地位，承担主要责任，培养单位内部建立的质量管理体系是整个保障体系的核心和基础。高校应结合国家开展的专业学位合格评估、水平评估等各类评估工作，依据国务院督导办制定的《全国专业学位水平评估实施方案》的评估指标体系，科学构建评价指标体系并定期开展自评工作，严格制度落实、规范过程管理，注重对教育过程质

量的评价，运用多种指标综合权衡人才培养质量。政府应强化质量监控，充分发挥第三方机构在研究生教育质量调查研究、标准制订、绩效评估及学风建设等方面的重要作用，鼓励引导第三方机构积极参与研究生教育质量监督与评估，逐步建立独立、科学、公正及以社会评价为主的多样化评估认证机制。校内质量管理体系与校外监督保障体系要相互促进、相互协调，以实现教育质量反馈体系的良好运行。

3. 建立需求与就业动态反馈机制，提高毕业生职业发展质量

《专业学位研究生教育发展方案（2020—2025）》中提出"行业产业部门应建立人才需求和就业状况动态监测机制，每年发布人才需求和就业状况报告。依托用人单位调查、毕业生追踪调查等，对各单位人才培养质量进行真实反映"。培养单位应以全国研究生参与教育质量评价的平台为基础，在协助教育部完成信息上报工作的同时，对就业质量、用人单位满意度、服务贡献与社会声誉等方面进行追踪调查，建立本校毕业生职业发展质量反馈机制，提高专业学位硕士研究生的人才培养质量与社会需求的衔接度和适应度。

参考文献

[1] 李鹏. 论专业学位研究生培养质量保障体系构建［J］. 继续教育研究，2016（10）：105 – 106.

[2] 梁珍淑，刘忠，李昌模. 全日制专业学位硕士研究生质量保障体系初探［J］太原师范学院学报（社会科学版），2017（7）：110 – 112.

[3] 宋李俊，金善应. 全日制专业学位研究生培养过程质量保障措施研究［J］. 教育现代化，2016（11）：18 – 21.

[4] 甄良，康君，英爽. 专业学位研究生培养质量评价及保障体系的构建［J］. 研究生教育研究，2012（12）：52 – 55.

[5] 袁青. 全日制专业学位研究生培养质量保障体系研究［J］. 文教资料，2015（7）：83 – 85.

[6] 王丽婧. 全日制专业学位硕士研究生教育质量保障体系研究及构建［J］. 理论观察，2019（1）：109 – 111.